北京高校思政课教学基本功比赛优秀教学案例集

北京市委教育工委

编

人民日报出版社
北京

图书在版编目（CIP）数据

北京高校思政课教学基本功比赛优秀教学案例集 / 北京市委教育工委主编. —北京：人民日报出版社，2024.10

ISBN 978-7-5115-8134-1

Ⅰ. ①北… Ⅱ. ①北… Ⅲ. ①高等学校—思想政治教育—教学研究—北京 Ⅳ. ①G641

中国国家版本馆CIP数据核字（2023）第248119号

书　　名：北京高校思政课教学基本功比赛优秀教学案例集
BEIJING GAOXIAO SIZHENGKE JIAOXUE JIBENGONG BISAI YOUXIU JIAOXUE ANLIJI

主　　编：北京市委教育工委

出 版 人：刘华新
责任编辑：吴婷婷
封面设计：中尚图

出版发行：人民日报出版社
社　　址：北京金台西路2号
邮政编码：100733
发行热线：（010）65369527　65369846　65369509　65369512
邮购热线：（010）65369530
编辑热线：（010）65369844
网　　址：www.peopledailypress.com
经　　销：新华书店
印　　刷：炫彩（天津）印刷有限责任公司
法律顾问：北京科宇律师事务所（010）83632312

开　　本：710mm × 1000mm　1/16
字　　数：375千字
印　　张：24.5
版次印次：2024年10月第1版　2024年10月第1次印刷

书　　号：ISBN 978-7-5115-8134-1

定　　价：98.00元

序　言

思想政治理论课是高校落实立德树人根本任务的关键课程。党的十八大以来，高校思政课建设迎来新的春天，习近平总书记亲自主持召开党的历史上首次学校思想政治理论课教师座谈会，对推动新时代高校思政课守正创新、改革发展提出重要要求。中央有关部门出台一系列重要政策文件，深化体制机制改革，为高校思政课建设提供坚实的制度支持，构建起高校思政课内涵式发展的“四梁八柱”。广大思政课教师牢记习近平总书记重要嘱托，在落实“六要”要求、做到“八个统一”上狠下功夫，不断优化思政课教学理念、创新思政课教学方法、凝练思政课教学模式、探索思政课教学规律，高校思政课的吸引力和亲和力得到显著提升，政治引导能力和价值引领功能得到充分彰显，马克思主义在高校意识形态领域的指导地位进一步巩固，课程思政与思政课程协同融合取得显著进展。

推动党的二十大精神准确、全面、系统融入高校思政课教学是当前和今后一段时期的首要政治任务，是高校思政课建设的头等大事。2022 年 11—12 月，北京市教育工委组织开展北京市第十二届高校思想政治理论课教学基本功大赛，比赛在北京航空航天大学马克思主义学院、相关课程学会以及在京高校马克思主义学院的共同参与和支持下取得圆满成功。本届比赛以“推动党的二十大精神融入思政课教学”为主题，分预赛、决赛两个环节进行，重点考查思政课教师学深悟透党的二十大精神，推动党的二十大精神融入课堂教学的能力水平，特别是立足京华大地生动实践讲好“大思政课”的能力。

为进一步集中展现北京高校思政课教师推动党的二十大精神融入思政课教学的能力水平，展现广大思政课教师立足京华大地生动实践、讲好“大思政课”的能力，我们在本届比赛选手中择优遴选部分获奖教师的参赛教案，汇编整理，结集成书，供全国高校思政课教师参考借鉴。

这本教案汇编有三个突出特点。一是课程覆盖广。教案覆盖了“习近平新时代中国特色社会主义思想概论”“思想道德与法治”“中国近现代史纲要”“马克思主义基本原理”“毛泽东思想和中国特色社会主义理论体系概论”“形势与政策”等全部本科生必修思政课和研究生思政课。二是理论主题新。理论主题是课程教学的灵魂，课程教案的设计必须紧紧围绕理论主题展开。本书汇编的教案，在理论主题上紧扣党的二十大精神，围绕党的二十大报告提出的新概念、新术语、新论断、新思想、新战略展开教学设计，在探索党的二十大精神融入思政课教学上进行大胆创新，充分体现政治性与学理性的内在统一，生动彰显北京高校思政课教师用学术讲政治的专业化能力。三是教学要素全。教案是课程要素的系统集成和体系化表达，反映教师课程设计能力和课堂驾驭水平。本书汇编的教案，既有精准的学情分析，也有独到的问题意识，能够紧扣学生思想困惑展开针对性教学；既立足教材体系，又探索教材体系向教学体系转化的多维路径，能够让严肃的政治理论活跃起来、生动起来；既有理论的高度，也有历史的厚度，还有情感的温度，能够真正做到知情意行的内在统一；既有思政课教学的一般特征，也有立足各自学校实际、学科背景和专业特色的个性化特征。以上这些特点都充分反映在教学要素的精心设计和教案结构的合理布局上，教案具有一定的推广和应用价值，从这个意义上说，本书可以作为广大思政课教师特别是刚刚走上思政课讲台的青年教师的参考书。

习近平总书记强调，思政课的本质是讲道理。把道理讲清楚、讲通透、讲生动，关键在教师。在新时代新征程上，我们将深入贯彻落实习近平总书记关于思政课建设的重要讲话精神，以“金课”标准推动北京高校思政课高质量发展，加强思政课教师队伍建设，用好讲课比赛这个重要工作机制，深化以赛促学、以赛促研、以赛促教，不断提升思政课教师讲好道理的能力和本领。

本书编写组
2024 年 7 月

目　录

CONTENTS

新时代青年奋斗的正确打开方式

一、基本信息

【课程名称】思想道德与法治

【课程性质】本科生思想政治理论课，必修，48学时，3学分

【授课对象】中央财经大学本科一年级学生

【本讲名称】新时代青年奋斗的正确打开方式

【对应章节】绪论章第二节

【单元学时】1学时，45分钟

【教师简介】姚文杰，中央财经大学马克思主义学院讲师，荣获第十二届北京高校思想政治理论课教学基本功比赛决赛特等奖。

二、教学简介与教学目标

1. 教学简介

本单元对应教材绪论章第二节“新时代呼唤担当民族复兴大任的时代新人”。绪论作为课程的导论，主要作用是引导学生为接下来的学习做好方位、方向和方法上的准备。第二节在绪论中承上启下，目的是使学生在明确历史方位的基础上，把握青年的时代使命。

本单元以新时代青年奋斗的正确方式为线索，讲授党的二十大报告对广大青年立志做有理想、敢担当、能吃苦、肯奋斗的新时代好青年的期许和要求，主要内容包括“有理想”昭示奋斗目标、“敢担当”开拓奋斗天地、“能吃苦”锤炼奋斗意志。

学情调研围绕学生的奋斗现状与相关困惑展开。通过调查发现，多数学生认可奋斗的价值，但在奋斗意愿、思想认知与行动之间存在矛盾，问题主要有：缺乏奋斗动力和方向，容易陷入“躺平”“内卷”困境；担当精神不强，奋斗只为小确幸；奋斗意志薄弱，缺少行动韧劲。

2. 教学目标

认知层面：使学生全面理解“有理想”“敢担当”“能吃苦”与“肯奋斗”之间的关系，从整体上深化对“新时代好青年”的认识。

情感层面：使学生认同科学理论指导下的远大理想、“小我”融入“大我”的担当以及在实践中知难而进、迎难而上的历练对人生奋斗之路的重要意义，生发主动追求的意愿。

行为层面：使学生提高奋斗本领，争做新时代好青年。

三、重点难点与党的二十大精神融入

1. 重点难点

第一，以系统思维解读“新时代好青年”的要求，既呈现出“有理想”“敢担当”“能吃苦”“肯奋斗”的不同侧重点，又将四者贯通为一个整体；

第二，论证科学理论指导下的远大理想作为首要标准的重要意义；

第三，将“小我”与“大我”的辩证关系讲深、讲实，引发学生的认同。

2. 解决方案

第一，选取“有理想”“敢担当”“能吃苦”“肯奋斗”中的一点作为枢纽，通过问题链形成的关系网将“新时代好青年”呈现为一个有机整体；

第二，从与学生日常体验密切相关的“躺平”“内卷”切入，通过分析成因，论证科学理论指导下的远大理想之于青年成长成才的重要意义；

第三，从理论逻辑、历史逻辑和现实逻辑出发，论证“小我”与“大我”的辩证关系，注重发挥学生的主体性，激发学生的担当精神。

3. 党的二十大精神融入

将奋斗融入对新时代大学生青春使命的论述中。“奋斗”一词在党的二十大报告里出现了 28 次，充分彰显其对于全面建设社会主义现代化国家、全面推进中华民族伟大复兴的重大意义。通过选取“肯奋斗”作为解读“新时代好青年”的枢纽，既可以凸显奋斗之于青年担当历史使命的重要性，又能以奋斗为线索将四点要求贯通起来，使之呈现为一个环环相扣的整体。

将马克思主义的重要意义融入对以何种理想昭示奋斗目标的论述中。党的二十大报告指出，拥有马克思主义科学理论指导是我们党坚定信仰信念、把握历史主动的根本所在。通过分析这一论断背后的逻辑，帮助学生理解科学理论指导下的远大理想对于青春奋斗的关键作用。

将历史性成就与我国发展面临的战略环境融入对以担当开拓奋斗天地的论述中。通过从正反两方面讲清为何团结奋斗是中国人民创造历史伟业的必由之路，激发学生勇毅担当的责任感、使命感，使学生自觉将青春“小我”融入祖国“大我”、人民“大我”、时代“大我”之中。

四、教学内容与教学安排

1. 教学过程示意图

2. 教学内容及设计

教学阶段	教学内容	教学环节设计
导入	1. 展示课前关于奋斗问题的调查结果中存在的矛盾：学生认可奋斗价值，却对为何奋斗存在困惑。 高达 89.3% 的同学认同“奋斗的人生更值得过”，并且在“如果不奋斗也可以生活，人为什么还要奋斗？”的追问下，指出奋斗本身就有意义。然而与此同时，不少同学对为何奋斗存在困惑。 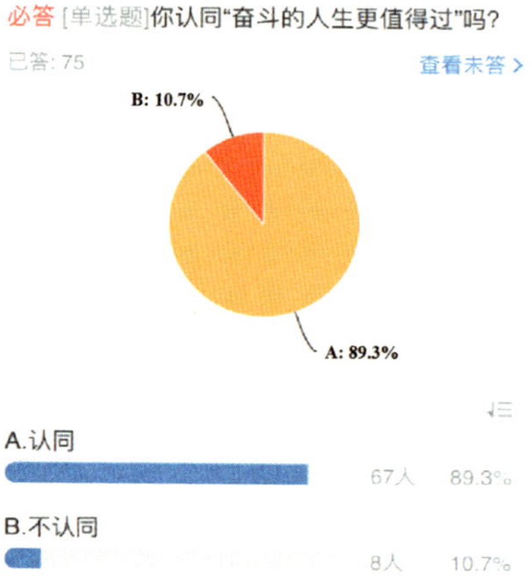 “你认同‘奋斗的人生更值得过’吗？”答案统计图 2. 基于党的二十大报告对广大青年提出立志做新时代好青年的期许和要求，指出新时代青年奋斗要打好一套“组合拳”。 ◆抛出关于奋斗的时代之问：新时代呼唤何种青春奋斗，新时代青年的奋斗方式又该如何打开？	呈现课前面向授课班级学生做的问卷调查结果。
阶段 1：“有理想”昭示奋斗目标	1. 论证奋斗必须有目标，才能战胜无动力的“躺平”，摆脱无方向的“内卷”。 “早八快到，挣扎着从被窝中爬出来，我不明白，自己到底为什么努力；高数难懂，高代复杂，我不明白，自己到底为什么努力；打开电脑，一个又一个 deadline 望不到头，我不明白，自己到底为什么努力……” 努力却不知道为什么的状况令人苦闷、迷茫。奋斗就像踮起脚尖去摘果实，如果是在一棵看不见果实的树下盲跳，很容易放弃，出现“躺平”念头。	通过一封学生的邮件展现困扰青年奋斗的现实问题。

续表

教学阶段	教学内容	教学环节设计
阶段1：“有理想”昭示奋斗目标	◆与学生互动：不“躺平”是否就是在奋斗？“内卷”与奋斗有何不同？ 目标和方向是区分二者的关键词。不少同学指出，“内卷”往往是盲目的，因为没有目标，只能盯着别人，即使“卷”赢了，也会有太多低效、无意义的消耗。 2. 论证并非任何目标都能为奋斗指明方向、注入动力，指明唯有远大理想才能为新时代青年的奋斗之路导航定向，提供不竭动力。 【案例】大学生中出现的“空心病”现象 几年前，大学生中出现了一种类似抑郁症的现象：空心病。通常的表现有情绪低落、兴趣减退、快感缺乏。展示患者剖白：“学习好工作好是基本的要求，如果学习好，工作不够好，我就活不下去。但也不是说因为学习好，工作好了我就开心，我不知道为什么要活着。”① ◆点出能够作答人生之问、价值之间的不是目标本身，而是昭示目标的理想。论证理想与目标的辩证关系，以及远大理想对于青年奋斗的重要意义。 【案例】王飞雪逐梦北斗的奋斗历程② 王飞雪，镌刻在中国北斗问天征程中一个极其闪亮的名字。24 岁，还在读博的他就率领团队攻克了一个困扰整个系统 10 年的难题。一战成名背后扛下的是巨大的压力。他的方案刚拿出来的时候，很多专家是质疑的。而他也并非研究这一方向，接受北斗任务，意味着先前的努力清零。做还是不做？王飞雪没有犹豫，相反，他说自己想要攻克这一难题的愿望强烈到走路也想、吃饭也想、睡觉也想，他一头扎进夜以继日的攻关，在三年后实现突破。	

① 徐凯文：《时代空心病与焦虑经济学》，中国网教育。

② 程雪、张照星、王轶、滕福民：《浩瀚星空 北斗闪耀》，中国军网—解放军报，2021 年 12 月 10 日，http://www.81.cn/ll/2021-12/10/content_10116987.htm?spm=0.0.0.0.yDt4k1。

续表

教学阶段	教学内容	教学环节设计
阶段1：“有理想”昭示奋斗目标	◆与学生互动：为什么王飞雪能够不被困难动摇？ 评析思路：点出能够回答“为什么而奋斗”的理想，不是只局限于自身眼前的利弊衡量，而是装下了民族、国家、世界与时代的宽阔远方。 3. 论证理想不仅要远大，其背后是否有科学理论指导也将决定奋斗方向是否明晰、奋斗意志和行动是否坚定。 党的二十大报告指出，拥有马克思主义科学理论指导是我们党坚定信仰信念、把握历史主动的根本所在。这不单是理论推导出的结果，百年党史中更是布满它的印证。 【案例】方志敏同志在中国革命低潮时期的奋斗 1927 年大革命失败后，共产党人遭遇了一场腥风血雨的风暴。“有人退伍，有人落荒，有人颓唐，有人叛变”①，但也有人革命意志不减，奋斗脚步不停，方志敏同志就是其中一位。他说自己“是一个马克思主义笃诚的信仰者，大革命虽遭受失败，但我毫无悲观失望的情绪”②。他潜回家乡深入开展土地革命，组织发动弋横农民暴动，逐步建立起的赣东北革命根据地成为当时全国六大革命根据地之一。 ◆与学生互动：马克思主义作为一种科学理论，如何使人明晰奋斗方向、坚定奋斗意志和行动？ 评析思路：人们在奋斗过程中的焦虑、彷徨乃至退缩，很大程度上是由于对未来的不确定产生的。作为一种揭示人类社会发展规律的科学，马克思主义能够帮助人们穿透繁杂的表象，洞察细微的征兆，把握住历史的必然，从而前瞻到未来的走向，由此坚定朝向目标不懈奋斗的信心和脚步。	

① 鲁迅：《非革命的急进革命论者》，《鲁迅全集》第 4 卷，人民文学出版社 2015 年版，第 2479—2480 页。

② 方志敏：《我从事革命斗争的略述》，《可爱的中国》，中国青年出版社 2019 年版，第 29 页。

续表

教学阶段	教学内容	教学环节设计
阶段 2："敢担当"开拓奋斗天地	1. 由"如果只讲个人奋斗，就会变成'精致的利己主义者'"[①] 切入，论证奋斗不能缺少担当精神的理论逻辑、历史逻辑。 ◆化用恩格斯致信约瑟夫·布洛赫时提出的历史合力论，阐述奋斗不能只为自己的理论逻辑。 "历史是这样创造的：最终的结果总是从许多单个的意志的相互冲突中产生出来的……有无数互相交错的力量，有无数个力的平行四边形，由此就产生出一个合力，即历史结果……每个意志都对合力有所贡献，因而是包括在这个合力里面的。"[②] 化用此法则，点出奋斗是有方向的，若人人无担当，则在奋斗的不同朝向之间，磅礴合力难以汇聚，久之，社会难有进步，谈何个人利益！ ◆通过对比分析中国近代史中的深重苦难与中国共产党百年奋斗的重大成就，阐述奋斗不能只为自己的历史逻辑。 展示三组对比照片：1900 年与 2022 年的东便门角楼、1900 年与 2021 年的中国外交官、1900 年与 2019 年的故宫。 "中国人不知群之物为何物，群之义为何义也，故人人心目中但有一身之我，不有一群之我。昔日本将构衅于中国，或有以日本之小，中国之大，疑势力之不敌者。日相伊藤博文曰：中国名为一国，实则十八国也。其为一国，则诚十余倍于日本，其为十八国，则无一能及日本之大者，吾何畏焉……中国群力之薄弱，固早已暴著于天下矣。"[③] 【案例】全国规模的抗美援朝运动 "当时国家刚从长期战乱中复苏，人民的生活水平还很低。但是从 1951 年 6 月 1 日开始掀起全国规模的捐献飞机大炮运动以来，许多群众节衣缩食，积极捐款。到 1952 年 5 月底，全国	小组研学活动：如何评价有人说过去青年要"为中华之崛起而读书"，现在中国已经崛起了，我的奋斗不能更多只为自己吗？

① 《加强对五四运动和五四精神的研究》，《论党的青年工作》，中央文献出版社 2022 年版，第 203 页。

② 《恩格斯致约瑟夫·布洛赫（1890 年 9 月 21—22 日）》，《马克思恩格斯选集》第 4 卷，人民出版社 2012 年版，第 605—606 页。

③ 梁启超：《中国积弱溯源论》，《梁启超全集》第 2 集，中国人民大学出版社 2018 年版，第 261 页。

续表

教学阶段	教学内容	教学环节设计
阶段2："敢担当"开拓奋斗天地	人民在一年中捐款的总额，约计可购买战斗机3710架，充分显示出动员起来的中国人民的雄厚力量。"[①] 评析思路：中国共产党成立后，何以能在百年间使中国改天换地？习近平总书记在庆祝中国共产党成立一百周年大会上的讲话中强调，一百年来，我们取得的一切成就，是中国共产党人、中国人民、中华民族团结奋斗的结果。 2. 引导学生论证奋斗不能只为自己的现实逻辑。 今天，我们比历史上任何时期都更接近、更有信心和能力实现中华民族伟大复兴的目标。但同时，"我们的家底还不厚，同发达国家相比还有较大差距"[②]。当前国际形势严峻复杂，来自外部的打压遏制随时可能升级。 党的二十大报告指出，我国发展进入战略机遇和风险挑战并存、不确定难预料因素增多的时期，各种"黑天鹅""灰犀牛"事件随时可能发生。面对风高浪急甚至惊涛骇浪的重大考验，唯有继续勇毅担当、团结奋斗！ 3. 论证"敢担当"是一种双向奔赴。 【案例】神舟十五号航天员邓清明备份24年终圆梦 不久前，神舟十五号载人飞船成功发射，航天员邓清明曾为此备份了24年10个月。一般人一次备份都难免失落，邓清明在此次出征太空前曾四次进入备份乘组。他坦言自己为此流泪过，为之奋斗了20多年，每一次都是全力以赴，每一次都要重新"归零"。但他又说，既是为国出征，那么"谁完成任务都是完成任务，谁在飞都是航天员在飞"。"宁可备而不用，绝不用而不备"[③]，这份担当将他的奋斗融在中国叩问苍穹的征途里，无数航天工作者陪伴着他，托举着他飞天圆梦。	

① 《抗美援朝（上）》，《毛泽东传》，中央文献出版社2013年版，第1115页。

② 《党旗所指就是团旗所向》，《论党的青年工作》，中央文献出版社2022年版，第159页。

③ 王军利：《邓清明替补24年终圆梦 奋斗路上他始终"在场"》，《中国青年报》2022年11月30日第8版。

续表

教学阶段	教学内容	教学环节设计
阶段2：“敢担当”开拓奋斗天地	评析思路：担当，担的是责任。责任使一个人与一群人产生命运与共的联结，一个人的奋斗由此融入国家和时代。“一切把负重前行当吃亏、一切‘躲进小楼成一统’逃避责任的思想和行为，都是要不得的，都是成不了事的，也是难以真正获得人生快乐的。”①	
阶段3：“能吃苦”锤炼奋斗意志	1. 论述以“懒惰”“仰卧起坐”式“躺平”为表现的意志薄弱是困扰青年奋斗的一大制约因素。 “奋斗是艰辛的，艰难困苦、玉汝于成，没有艰辛就不是真正的奋斗。”② 奋斗就要准备好与困难短兵相接，若意志力薄弱，懒惰都难以克服，更不必谈战胜挫折。 ◆分析青年中出现的“仰卧起坐”式“躺平”现象，指出如果“遇挫即躺”的惯性形成，将侵蚀心理和行动上的韧劲，削弱人们的奋斗意志。 2. 论证遇挫而不被挫败的历练对于锤炼奋斗意志、增强行动韧劲不可或缺。 “青年时期多经历一点摔打、挫折、考验，有利于走好一生的路。”③ 【案例】习近平的知青岁月 习近平总书记在回忆自己的知青岁月时，曾坦言自己初到梁家河也有过迷茫、苦闷。他们当时住的土窑洞有虱子、跳蚤、臭虫、老鼠，偶尔还有蛇和蝎子。农村劳动强度大，一天下来手上全是泡。因为插队时父亲在遭批判，要忍受各种不公平。生活苦、精神难，彷徨失落难免，但他不诉苦、不抱怨，关关难过关关过。④	

① 《在纪念五四运动一百周年大会上的讲话》，《论党的青年工作》，中央文献出版社 2022 年版，第 210—211 页。

② 《在 2018 年春节团拜会上的讲话》，新华社，2018 年 2 月 14 日。

③ 《在同各界优秀青年代表座谈时的讲话》，《十八大以来重要文献选编（上）》，中央文献出版社 2014 年版，第 282 页。

④ 梁家河编写组：《窑洞里长满了故事》，《梁家河》，陕西人民出版社 2018 年版，第 62—120 页。

续表

教学阶段	教学内容	教学环节设计
阶段3："能吃苦"锤炼奋斗意志	评析思路：吃过苦，才会不怕苦，打倒困难一次，才会更有勇气迎战下一次。正如习近平总书记在红旗渠青年洞考察时所强调的，年轻一代要继承和发扬吃苦耐劳、自力更生、艰苦奋斗的精神，摒弃骄娇二气，像我们的父辈一样把青春热血镌刻在历史的丰碑上。 3. 引导学生将自己在急难险重时刻爆发的奋斗激情融贯到日常生活的默默耕耘中。 今天的年轻人并非不能吃苦。郑州暴雨、北京冬奥、重庆山火，90后、00后白衣为甲、逆行出征；筑起"人肉防洪墙"，与洪水较量；顶着刺骨的冷在雪地轮班值守；在50摄氏度的体感高温里运送物资。 ◆与学生互动：为何在急难险重面前不惧艰苦的青年，生活中却动辄要躺平摆烂？ 【案例】黄旭华：誓干惊天动地事，甘做隐姓埋名人 中国核潜艇之父黄旭华，因为研究工作的机密和危险，扎根无名小岛隐姓埋名30年。在黄旭华的入党申请书里有这样一段话："党需要我把血一次流光我做到，党如果不是要求一次流光，而是一滴一滴慢慢流，一直流尽为止，我也坚决做到。" 评析思路：人们往往更易被大事激励、被小事淹没，默默耕耘的苦更需要一个人的毅力、耐力、定力。艰苦奋斗要在每一个时刻的踏实积累和对每一项任务的全力以赴中见精神。	
总结	梳理"有理想""敢担当""能吃苦"与"肯奋斗"的关系，展示"新时代好青年"的系统性。鼓励同学们在奋斗中与祖国同行，在同行中成就自己的闪耀青春。 思考题：如何以习近平新时代中国特色社会主义思想指引当代青年的青春奋斗？	

3. 板书设计

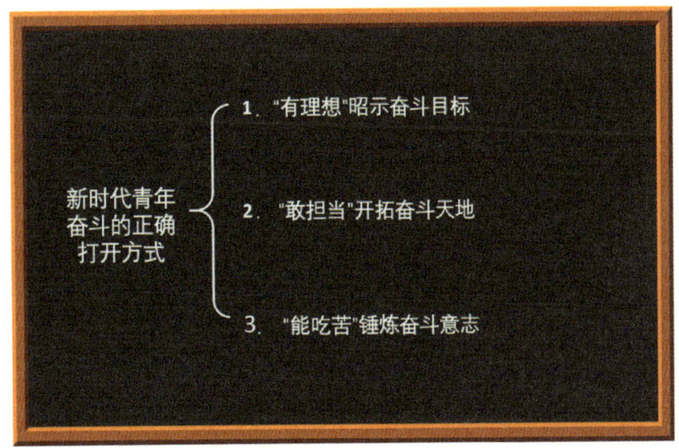

五、教学小结

1. 教学创新及其效果

在结构方面，以基于奋斗问题链生成的立体结构替代了对四点要求逐一论述的平面结构。通过对“为什么而奋斗”“为谁而奋斗”“如何奋斗”的回答，“有理想”“敢担当”“能吃苦”被纳入解读新时代青年奋斗方式的逻辑链条中，更易体现“新时代好青年”的系统性。在内容方面，注重细节辨析，如在“躺平”之外进行了对奋斗与“内卷”的区分，对比分析了青年在关键时刻不惧艰苦与在日常生活中动辄摆烂的原因，细节处理有助于使内容更贴近学生实际，增进学生对价值引领的认同和接受。

2. 教学反思

要继续在增强内容的理论深度上用力。无论是理想、担当、吃苦还是奋斗，都是学生非常熟知的主题，要想将老话题讲出新意、深意，避免从结论到结论的讲授方式，必须进一步深化对上述主题的理论研究。此外，讲奋斗不能只有小清新的巧思，更要讲出磅礴的气势，要继续思考如何使内容更具冲击力，使教学温度与力度兼具，既要理解当代青年面临的困难和压力，又要引领同学们砥砺奋斗，知难而进、迎难而上。

六、阅读文献及拓展资料

1.《恩格斯致约瑟夫·布洛赫（1890 年 9 月 21—22 日）》，《马克思恩格斯选集》第 4 卷，人民出版社 2012 年版。

2.《高举中国特色社会主义伟大旗帜 为全面建设社会主义现代化国家而团结奋斗——在中国共产党第二十次全国代表大会上的报告》，人民出版社 2022 年版。

3.《论党的青年工作》，中央文献出版社 2022 年版。

4. 梁家河编写组：《梁家河》，陕西人民出版社 2018 年版。

5.《邓清明：时刻准备出征》，2018 年中央电视台七套《军旅人生》播出。

宪法权威源自人民的真诚信仰

一、基本信息

【课程名称】思想道德与法治

【课程性质】本科生思想政治理论课，必修，48 学时，3 学分

【授课对象】首都师范大学本科一年级学生

【本讲名称】宪法权威源自人民的真诚信仰

【对应章节】第六章第三节

【单元学时】1 学时，50 分钟

【教师简介】张秋婷，首都师范大学马克思主义学院讲师，荣获第十二届北京高校思想政治理论课教学基本功比赛决赛特等奖。

二、教学简介与教学目标

1. 教学简介

主要内容：我国宪法的形成和修改过程、我国宪法的地位及其确立的基本原则，理解加强宪法实施与监督的重要性，维护宪法权威。本单元在课程体系中发挥关键性作用，承上启下，一方面有助于进一步理解社会主义法律的特征和法律运行的方式，进一步深化对全面依法治国的理解；另一方面引导学生了解以宪法为统帅，以宪法相关法、民法商法等多个法律部门的法律为主干，由法律、行政法规、地方性法规等多个层次的法律规范构成的中国特色社会主义法律体系，为学生自觉尊法学法守法用法打下基础。

学情分析：本课程授课对象为大一新生，该群体经过中小学阶段道德与

法治课程的学习，已经较为全面地了解了我国以宪法为统帅的中国特色社会主义法律体系的法律知识，基本树立了规则意识，初步具备依法维护自身合法权益的意识和能力。结合本课时内容分析其存在的不足如下。一是大部分学生仅知其然、不知其所以然，即仅能够识记中国特色社会主义法治体系的有关内容，对于“宪法具有最高的法律地位、法律权威、法律效力”的表述耳熟能详，但并不能深刻理解宪法为什么具有最高的法律地位、法律权威、法律效力，缺乏转识成智这一核心转化环节。二是本科阶段的学生已经积累了一定的关于遵守法律的个人经历和体会，生活中遵守基本的社会规则、不侵害他人合法权益、不触犯法律等。但这种经验和意识大多是从个体的角度对中国特色社会主义法治实践的理解，未将其上升到治国理政的高度来理解。三是本科阶段进入了专业教育阶段，与中小学阶段较大的不同点在于班级学生的知识背景呈现多元化，如部分专业的学生在高考中未选择政治科目或不同专业的学生对法治知识的兴趣程度、认可程度存在较大的差异。因此，在授课时需要根据学生背景的不同，适时调整课程讨论的话题与案例，培养学生的学习兴趣。

2. 教学目标

主题目标：将党的二十大报告的主要内容体系化地融入思想道德与法治课堂教学。

知识目标：通过讲授我国宪法的形成和修改过程、我国宪法的地位及其确立的基本原则，理解加强宪法实施与监督的重要性，维护宪法权威，讲清社会主义宪法是党的主张和人民意志的统一，坚持依法治国首先要坚持依宪治国，坚持依法执政首先要坚持依宪执政，使依宪治国、依宪执政成为治国理政的核心理念。

能力目标：通过对案例的讨论分析，掌握法律逻辑，学习正确的法律搜索方法（避免被网络错误法律知识误导），提高逻辑思考能力。

情感态度价值观目标：澄清疑难问题，批判错误认识，通过阐明中国社会主义依宪治国、依宪执政与西方宪政的区别，加强学生对中国特色社会主义法治道路的理论认同，实现制度自信、道路自信和理论自信的综合统一，进而培育宪法自信，树立宪法权威。

三、重点难点与党的二十大精神融入

1. 重点难点

选择“宪法”作为将党的二十大精神体系化融入本课时的联结点，同时讲清我国社会主义宪法是党的主张和人民意志的统一，以及我国依宪治国、依宪执政与西方宪政的本质区别。

2. 解决方案

通过具体生活中法治实践情境的创设，引导学生将“个体与全体人民”之间、“生活实践与宪法”之间建立起联系。通过这两个层面上联系的建立，来深入理解抽象的宪法制度，同时在构建联系的过程中使学生从法治角度加深对我国社会主义制度的理解，树立制度自信。

3. 党的二十大精神融入

党的二十大报告中，首次将法治建设作为单独一个部分进行论述和专门部署，强调全面依法治国是国家治理的一场深刻革命，提出在法治轨道上全面建设社会主义现代化国家。报告全文中与法治相关的词汇共出现了142次，这充分体现了以习近平同志为核心的党中央对法治建设的高度重视，充分体现了我们党是信仰法治、坚守法治、建设法治的党，充分体现了全面依法治国是国家治理的一场深刻革命，充分体现了党领导全国人民在法治轨道上全面建设社会主义现代化国家的决心。

通过对党的二十大精神融入课时教学的内容要点的分析，发现简单点对点的融入存在知识点割裂的缺陷，无法深刻展现党的二十大精神的理论脉络。因此，结合本课时的基础教学内容，选择以“宪法权威源自人民的真诚信仰”作为教学的切入点，由此形成完整的逻辑理路闭环，实现帮助学生将党的二十大精神融会贯通的教学目的。

宪法权威源自人民的真诚信仰，是维护宪法权威的逻辑起点。因为，人们服从某种权威，是基于内心的信念同意、认可或赞同某种价值。因此，权威的本质是内在的认同，而不是基于外在的强制而形成。宪法权威，就是宪法得到社会普遍认同、自觉遵守、有效维护的理念和理由。而宪法之所以成为价值共识而具有最高权威，根本上源于其性质和产生方式——宪法是以人民的名义制定的，人民意志具有最高性与根本性。我国宪法是“人民主权”的最高规范表述，宪法是全体人民共同意志的集中体现。在此基础上才能使学生理解我国宪法至上地位的逻辑必然性，以及我国宪法的显著优势。这种显著优势体现在我国宪法的地位和基本原则之中。我国宪法至上地位主要体现在其特有的作用、效力和内容等方面。正是我国宪法至上地位决定了坚持全面依法治国，推进法治中国建设，首先要坚持依宪治国，坚持依法执政首先要坚持依宪执政，完善以宪法为核心的中国特色社会主义法律体系，从理论逻辑上水到渠成地融入党的二十大报告中的相关重要论述。特别是其中强调的“完善以宪法为核心的中国特色社会主义法律体系”。同时也妥善解答了我国社会主义宪法法律体现了党的主张和人民意志的统一这一教学难点。

宪法权威源自人民的真诚信仰，是维护宪法权威的逻辑终点。本课时教学的最终目的也是使人民在价值认知上体现宪法权威，源自每一个个体对宪法的确信。这种确信既是对宪法文本的尊重，也是对宪法理念的信仰，同时是对宪法所维护的社会共识的自信。加强宪法实施与监督，就是在社会生活中体现宪法权威，是使人民树立宪法自信的有效途径，所以说“宪法的生命在于实施，宪法的权威也在于实施”。党的二十大报告指出：“加强宪法实施和监督，健全保证宪法全面实施的制度体系，更好发挥宪法在治国理政中的重要作用，维护宪法权威。加强重点领域、新兴领域、涉外领域立法，统筹推进国内法治和涉外法治，以良法促进发展、保障善治。推进科学立法、民主立法、依法立法，统筹立改废释纂，增强立法系统性、整体性、协同性、时效性。完善和加强备案审查制度。坚持科学决策、民主决策、依法决策，全面落实重大决策程序制度。”这是对教材中通过坚持依宪执政、坚持依法立法、坚持严格执法来加强宪法实施的最新部署。

四、教学内容与教学安排

1. 教学过程示意图

2. 教学内容及设计

教学阶段	教学内容	教学环节设计
导入	宪法是以人民的名义制定的，人民意志具有最高性与根本性。我国宪法是“人民主权”的最高规范表述，宪法是全体人民共同意志的集中体现。	游戏：人民在哪里？ 选取四个生活中的法治实践情境，分别涉及“立法”“执法”“司法”“守法”四个环节，请学生找到“人民”在其中所扮演的角色和发挥的作用。

续表

教学阶段	教学内容	教学环节设计
提出问题	通过讲解人民代表大会、人民政府、人民法院和人民在宪法中的关系，由具体法治实践体验上升到抽象宪法规范。	思考：为什么在法治实践的全链条中都存在而且必须存在“人民”的身影？
讲解	我国宪法的形成和修改。 通过回顾我国宪法的形成和发展的历史，来阐述我国宪法是全体人民共同意志的集中体现，并在其中讲明宪法探索中党发挥的掌舵领航的作用以及宪法制度与政治制度紧密相连，有什么样的政治制度，就必须实行与之相适应的宪法制度。	讨论：宪法中处处都有“人民”的身影是如何实现的？
小结	我国社会主义宪法是党的主张和人民意志的统一。 《中华人民共和国宪法》 我们党领导人民制定的宪法，是中国历史上第一部真正意义上的人民宪法，具有鲜明的社会主义属性。 中华人民共和国的一切权力属于人民。 中国共产党领导是中国特色社会主义最本质的特征。 是党和人民共同意志的集中体现，其产生是最广泛人民民主的结果，其内容具有普遍性和稳定性。 党领导人民制定宪法法律，党领导人民实施宪法法律，党自身必须在宪法法律范围内活动。	板书
解读	中华人民共和国宪法 宪法是国家的根本法，是治国安邦的总章程，是党和人民意志的集中体现，具有最高的法律地位、法律权威、法律效力。 宪法的根基在于人民发自内心的拥护，宪法的伟力在于人民出自真诚的信仰。 我们要完善以宪法为核心的中国特色社会主义法律体系，加强宪法实施和监督。	思考：为什么宪法是中国特色社会主义法律体系的核心？

续表

教学阶段	教学内容	教学环节设计
解读	我国宪法的基本原则。 宪法的基本原则贯穿宪法的制定、实施、遵守等环节，是起指导作用的基本准则，体现了社会主义法治的根本性质。	组织讨论：结合宪法原则所体现的社会主义法治的根本性质，讨论我国依宪治国、依宪执政与西方宪政的区别。
小结	我国依宪治国、依宪执政与西方宪政的本质区别。 依宪治国 依宪执政 领导核心 带头尊崇和执行宪法 总揽全局 协调各方 领导立法、保证执法支持司法、带头守法	对学生讨论进行评析。
解读	加强宪法实施与监督，就是在社会生活中体现宪法权威。 结合法治实践情境，分析以下两个问题：一是如何坚持依宪执政、坚持依法立法、坚持严格执法；二是如何完善宪法监督。 宪法的生命在于实施，宪法的权威也在于实施。 “加强宪法实施和监督，健全保证宪法全面实施的制度体系，更好发挥宪法在治国理政中的重要作用，维护宪法权威。” ——党的二十大报告	回顾游戏：人民在哪里？ 再次挖掘“立法”“执法”“司法”“守法”四个法治实践情境。

续表

教学阶段	教学内容	教学环节设计
总结	1. 再次重申本课时教学主题； 2. 简单回顾授课逻辑，引导同学整理思路加深理解。	带领学生共同完成课程思维导图。
课后思考	在党的二十大报告中明确指出：“必须更好发挥法治固根本、稳预期、利长远的保障作用，在法治轨道上全面建设社会主义现代化国家。”	思考：宪法是如何具体发挥法治固根本、稳预期、利长远的保障作用的？

3. 板书设计

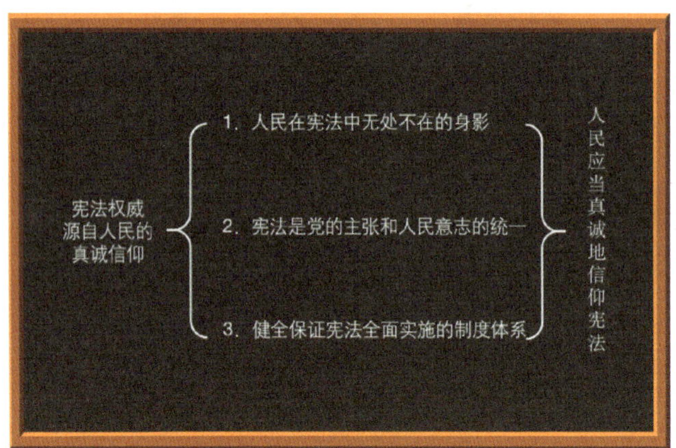

五、教学小结

1. 教学创新及其效果

创设游戏环节，激发学习兴趣。本课创设“人民在哪里”游戏，引导学生以游戏的方式寻找宪法中的“人民”，并通过学生自己寻找答案的过程，建立“个体与全体人民”的联系，并在得到答案的基础上进一步讲清宪法中的抽象制度，实现“生活实践与宪法”联系的构建。在游戏环节，鼓励学生思考并参与课堂，实现主导性和主体性相统一。由浅入深，将抽象法律制度具体化、生活化，实现讲清重难点的教学目标。

2. 教学反思

教学中需要注意的问题主要有：第一，增加现实案例能够更加直观地帮助学生理解我国依宪治国、依宪执政与西方宪政的本质区别；第二，在对比中应当带领学生进一步思考这种根本不同背后的深层原因，并明确我国社会主义制度的优越性；第三，在我国宪法的制定环节增强历史厚度，提升课堂内容的丰富性；第四，增强理论性分析。

六、阅读文献及拓展资料

1.《高举中国特色社会主义伟大旗帜 为全面建设社会主义现代化国家而团结奋斗——在中国共产党第二十次全国代表大会上的报告》，人民出版社2022年版。

2.《在庆祝中国共产党成立100周年大会上的讲话》，人民出版社2021年版。

3.《论坚持全面依法治国》，中央文献出版社2020年版。

今天我们该怎样爱国

一、基本信息

【课程名称】思想道德与法治

【课程性质】本科生思想政治理论课，必修（必选），54 学时，3 学分

【授课对象】中国人民大学本科一年级学生

【本讲名称】今天我们该怎样爱国

【对应章节】第三章第二节

【单元学时】1 学时，50 分钟

【教师简介】任劭婷，中国人民大学马克思主义学院副教授，荣获第十二届北京高校思想政治理论课教学基本功比赛决赛特等奖。

二、教学简介与教学目标

1. 教学简介

本章内容上承理想信念教学专题，下启社会主义核心价值观教学专题，以继承优良传统，弘扬中国精神为主要内容。实现中国梦必须弘扬中国精神，即以爱国主义为核心的民族精神和以改革创新为核心的时代精神。本单元以新时代爱国主义为主要讲授内容，引导学生分析和总结新时代爱国主义的新特征和新问题，帮助学生合理认识爱国主义的时代处境、解析新时代爱国主义的基本要求。在实践导向方面，培养学生积极进取、开放包容、理性平和的爱国心态，进而引导学生将爱国主义情感转化为努力学习、成长成才、全面建设社会主义现代化国家的实际行动。

本门课程的授课对象为中国人民大学本科一年级新生，大一学生尚未全面了解社会，知识结构也很零散，对思想政治理论课所涉及的大政方针问题、立德树人问题、社会热点问题、理论思维问题等具有怀疑和批判心态，在授课时尤其需要重视对学生思想倾向的准确把握，有针对性地加强思想引导。同时，本门课程的授课对象主要来自非马克思主义理论类的专业，也经常存在由跨专业学生组成的教学班，在授课时需要充分考虑到学生专业背景的多元性，因材施教，适时进行知识背景的补充和教学教法的调整。

2. 教学目标

本讲旨在引导学生正确认识新时代爱国主义的时代处境与基本要求，增强学生的爱国主义情感，引导学生坚定“四个自信”，激发学生建设社会主义现代化国家的使命感与责任感。

知识目标：理解爱国主义的时代处境，明确新时代爱国主义的基本要求。

能力目标：将爱国主义情感转化为刻苦学习、成长成才、振兴中华的实际行动，努力掌握建设祖国的本领，自觉承担对国家应尽的责任和义务，维护国家利益和改革、发展、稳定的大局，促进民族团结和祖国的统一。

素质目标：增强爱国主义情感和民族自尊心、自信心、自豪感，增强忠于祖国、献身人民的义务感、责任感、使命感。

三、重点难点与党的二十大精神融入

1. 重点难点

（1）新时代爱国主义教育之“新”：新特点、新问题、新要求。

（2）正确认识新时代爱国主义的内涵和本质，深刻理解爱国爱党爱社会主义的内在统一性。

（3）把握历史文化是民族生生不息的丰厚滋养，透彻分析“历史虚无主义思潮”对当代爱国主义教育造成的危害与挑战。

2. 解决方案

（1）课前面向教学班学生发放爱国主义问题相关问卷，了解学生关注的问题，以此为切入点，有针对性地引导学生一起分析和总结新时代爱国主义的新特点、新问题、新要求；

（2）将“爱国爱党爱社会主义的内在统一”这一问题细化为理论、历史和现实三个方面，帮助学生理解统一并非同一，这种统一是具体的、现实的，同时通过组织课堂讨论来针对性地答疑解惑，多角度、多层面地处理这一重难点问题；

（3）通过具体案例的讲解帮助学生认识历史虚无主义的各种表现形式，引导学生识别、分析错误思潮，与错误思潮作斗争。

3. 党的二十大精神融入

（1）结合党的二十大报告中“坚持和完善‘一国两制’制度体系，落实中央全面管治权，落实‘爱国者治港’‘爱国者治澳’原则，落实特别行政区维护国家安全的法律制度和执行机制”等相关内容，介绍台湾、港澳问题的历史、现状以及具体的政策方针，向学生讲明新时代爱国主义基本要求之“维护和推进祖国统一”这一知识点的现实指向。

（2）围绕党的二十大强调的“知史爱党、知史爱国”，联系本节课“尊重和传承中华民族历史文化”“旗帜鲜明反对历史虚无主义”等知识点，向学生阐明“知史”与“爱国”之间的关系，引导学生深入理解为什么“灭人之国，必先去其史”。同时，帮助学生进一步从历史的角度理解爱国爱党爱社会主义的内在统一这一重难点问题。

四、教学内容与教学安排

1. 教学过程示意图

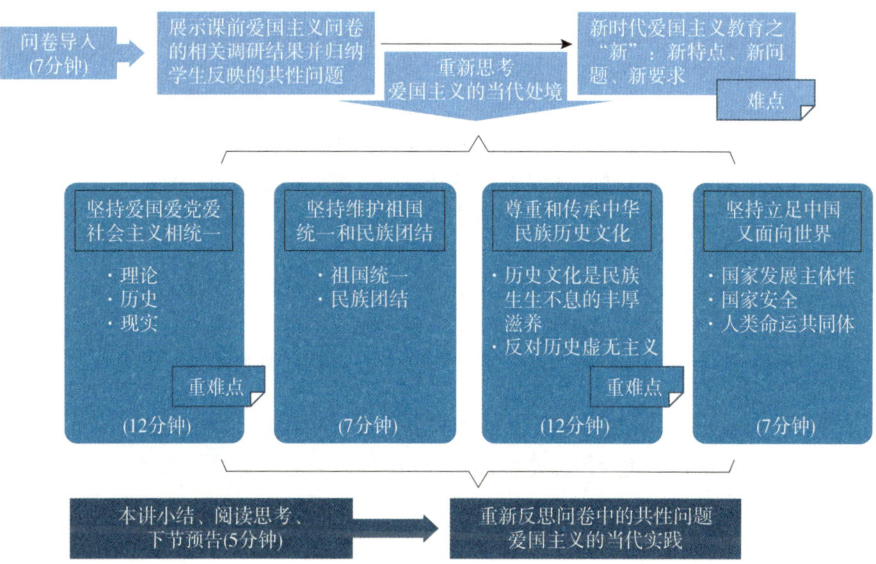

2. 教学内容及设计

<table>
<tr><th>教学阶段</th><th>教学内容</th><th>教学环节设计</th></tr>
<tr><td>导入</td><td>
从课前发放给授课班学生的爱国主义问卷谈起，呈现本班学生对爱国主义教育的基本认识和思想倾向。
第 3 题　你认为我国在爱国主义宣传教育方面做得怎么样？　[单选题]
<table>
<tr><th>选项</th><th>小计</th><th>比例</th></tr>
<tr><td>A.卓有成效，深入人心</td><td>86</td><td>71.67%</td></tr>
<tr><td>B.效果较好，基本满意</td><td>16</td><td>13.33%</td></tr>
<tr><td>C.效果一般，有待改进</td><td>17</td><td>14.17%</td></tr>
<tr><td>D.效果很差，流于形式</td><td>1</td><td>0.83%</td></tr>
<tr><td>本题有效填写人次</td><td>120</td><td></td></tr>
</table>
追问选择 B、C、D 选项的学生：“你认为我国爱国主义宣传教育方面需要改进的是什么？”
针对学生反映的爱国主义教育的“形式化”和“疏离感”设置场景提问。
</td><td>以爱国主义相关问卷为切入点，有针对性地引导学生一起分析和总结新时代爱国主义的时代处境。</td></tr>
</table>

续表

教学阶段	教学内容	教学环节设计
导入	1. 有同学举升旗仪式的例子，认为过于形式化。我们换一个场景：在奥运赛场上，为什么我们看到五星红旗在国歌声中冉冉升起时会有热泪盈眶的感觉？政治生活中的仪式感本身是无用的吗？ 2. 有同学说爱国主义宣传不够深入，缺乏认同感。我们换一个场景：如果爱国主义本身只是一个空洞无物的形式，为什么我们在自然灾害发生的时候，会全力支持党和国家的作为、关心同胞的生死、贡献自己的力量呢？ 结论：非紧急状态下，在某种日常的机械重复中削减了情感共鸣，产生了所谓的“形式化”“疏离化”问题。 进一步提问：哪些时代因素可能在潜移默化地削减我们的国家认同？	通过设置场景提问，引导学生反思性地分析自身对我国爱国主义教育的基本认识，并由此引出爱国主义面临的新问题。
阶段 1：爱国主义的时代处境	案例 1：2014 年苏格兰公投，2022 年苏格兰地方政府的首席大臣斯特金再次声称要在 2023 年 10 月 19 日举行苏格兰第二次独立公投。 案例 2：塞缪尔·亨廷顿在《我们是谁：美国国家特性面临的挑战》中认为美国国家认同正遭受着两方面的夹击：1. 超国家层面的“跨国家认同”；2. 国家内部的“次国家认同”。 结合两则材料，从比较政治学的视角解析英美国家认同削弱的时代根源，引导学生比较中西差异，并思考哪些影响国家认同的因素是值得我们警惕的。同时，追问如下问题： ● 经济全球化对国家认同会造成怎样的影响？ ● 个人主义思潮的泛滥对国家认同会造成怎样的影响？ ● 多民族国家、移民国家中族群认同对国家认同会造成怎样的影响？ ● 你认为目前全球范围内的国家认同是强化还是弱化了？ 结论：这些使得爱国主义有可能面临挑战的时代背景正是我们在新时代强调爱国主义教育的现实原因。要厘清相关理论误区、走出国家认同的时代迷思，必须大力弘扬新时代爱国主义。	从比较政治学的视角引导学生理解使得爱国主义面临挑战的时代背景，并对此进行理论分析。
阶段 2：新时代爱国主义的基本要求	（一）坚持爱国爱党爱社会主义相统一 从理论、历史、现实三个方面阐释爱国爱党爱社会主义的内在统一。 ● 理论：爱国主义必然包含政治维度吗？ ● 历史：民族独立和人民解放的集体记忆为什么重要？ ● 现实：以何种态度评估社会主义道路？	

续表

教学阶段	教学内容	教学环节设计
阶段 2：新时代爱国主义的基本要求	带着这些问题，解读以下两则材料。 材料一 “有人说不爱社会主义不等于不爱国。难道祖国是抽象的吗？”[①] ——邓小平 材料二 “爱国主义是具体的、现实的。在当代中国，弘扬爱国主义就必须深刻认识到，中国共产党领导和中国社会主义制度必须长期坚持，不可动摇；中国共产党领导中国人民开辟的中国特色社会主义必须长期坚持，不可动摇；中国共产党和中国人民扎根中国大地、借鉴人类文明优秀成果、独立自主实现国家发展的大政方针必须长期坚持，不可动摇。我们要增强中国特色社会主义道路自信、理论自信、制度自信、文化自信，坚定不移沿着中国特色社会主义道路守护好、建设好我们伟大的国家。”[②] ——习近平 （二）坚持维护祖国统一和民族团结 1. 维护和推进祖国统一 ● 台湾问题 从“和平统一、一国两制”的基本方针到《反分裂国家法》的出台。	采用问题式教学法，引起学生的思考和参与。同时，为学生提供能够帮助理解“爱国爱党爱社会主义相统一”这一论述的文本材料，在与学生一道解读文本材料的背景和内容的过程中分析相关问题。
	党的二十大报告 台湾是中国的台湾。解决台湾问题是中国人自己的事，要由中国人来决定。我们坚持以最大诚意、尽最大努力争取和平统一的前景，但决不承诺放弃使用武力，保留采取一切必要措施的选项，这针对的是外部势力干涉和极少数“台独”分裂分子及其分裂活动，绝非针对广大台湾同胞。国家统一、民族复兴的历史车轮滚滚向前，祖国完全统一一定要实现，也一定能够实现！	结合党的二十大报告，介绍台湾、港澳问题的历史、现状以及具体的政策方针。

① 《邓小平文选》第 2 卷，人民出版社 1994 年版，第 392 页。

② 《在纪念孙中山先生诞辰 150 周年大会上的讲话》，人民出版社 2016 年版，第 5 页。

续表

教学阶段	教学内容	教学环节设计
阶段 2：新时代爱国主义的基本要求	• “爱国者治港”“爱国者治澳” 党的二十大报告 （1）坚持和完善“一国两制”制度体系，落实中央全面管治权，落实“爱国者治港”“爱国者治澳”原则，落实特别行政区维护国家安全的法律制度和执行机制。 （2）发展壮大爱国爱港爱澳力量，增强港澳同胞的爱国精神，形成更广泛的国内外支持“一国两制”的统一战线。坚决打击反中乱港乱澳势力，坚决防范和遏制外部势力干预港澳事务。 【拓展延伸】 “民族自决原则”的适用性问题。 历史：严格适用于殖民地的民族独立。 前提条件：母国没有提供合法善治，母国违反了国际法，母国违反了相关自治协议，母国侵犯了最基本的人权。 结论：并不构成“台独”“港独”势力的法理依据。 2. 促进民族团结 • 孙中山《临时大总统就职宣言书》。 “国家之本，在于人民，合汉、满、蒙、回、藏诸地为一国，即合汉、满、蒙、回、藏诸族为一人。是曰民族之统一。”[①] • 1913 年，内蒙古乌兰察布和伊克昭两盟王公联合通电，宣布我蒙同系中华民族，自宜一体出力，维持民国。 • 抗日战争时期，民族融合在联合抗日的过程中进一步加快加深。 （三）尊重和传承中华民族历史文化 1. 历史文化是民族生生不息的丰厚滋养 中华文明经历了 5000 多年的历史变迁，但始终一脉相承，积淀着中华民族最深层的精神追求，代表着中华民族独特的精神标识，为中华民族生生不息、发展壮大提供了丰厚滋养。[②] • 大多数民族国家都具有“政治共同体”和“文化共同体”的双重属性。 • 中国的“文明国家”特征。	在学理上讲明所谓的“民族自决原则”绝不适用于我国台湾问题。

① 《孙中山全集》第 2 卷，中华书局 1981 年版，第 2 页。

② 《习近平谈治国理政》第一卷，外文出版社 2018 年版，第 260 页。

续表

教学阶段	教学内容	教学环节设计
阶段 2：新时代爱国主义的基本要求	2. 旗帜鲜明反对历史虚无主义 （1）历史虚无主义的表现 ①夸大党史上的失误和曲折，歪曲党的历史、攻击党的领导、诋毁党的领袖； ②不信正史信野史，将党史庸俗化、娱乐化； ③美化侵略史，否定革命史，鼓吹“全盘西化”； ④贬损、丑化革命烈士、英雄模范，为刽子手、卖国贼做“翻案文章”。 （2）历史虚无主义的危害 历史虚无主义的泛滥必然要以一个政治共同体的分崩离析为代价，以一代人的政治理想和社会价值的毁灭为代价。历史是过去的现实，现实是未来的历史。拿革命史、新中国史做文章，为的也是搞乱人心，煽动推翻党的领导和社会主义制度。 历史是多样化的统一，是一个民族的共同创造和共同记忆，构成了一个民族的生命本源。人们尽可以探讨不同历史阶段前人行事的是非得失，但没有理由简单地全盘否定和抹杀属于民族共同体的历史记忆。因为历史正是爱国主义最深厚的根基所在。 （四）坚持立足中国又面向世界 1. 维护国家发展主体性 经济全球化时代，我们一方面要维护国家利益，发展自己；另一方面要维护国家主权和尊严，坚持自己的政治制度和民族文化。 2. 自觉维护国家安全 确立总体国家安全观： • 系统性 • 全面性 • 辩证性 3. 推动构建人类命运共同体 • “人类命运共同体”的概念提出与理论发展。 提问：如何理解“爱国主义”与“世界主义”的关系？	结合“中华民族”这一称谓的形成过程讲明民族团结的历史逻辑与现实意义。 解析历史虚无主义的各种表现形式，引导学生识别、分析错误思潮，与错误思潮作斗争。

续表

教学阶段	教学内容	教学环节设计
阶段3：爱国主义的当代实践	互动：请同学们简要描述对以下网络热词的基本印象： • “公知”“自干五”“小粉红” 正面理解：“爱党爱国”。 反面理解：“偏激反智”。 总体评述：动机之“好”和效果之“差”的背离。 案例： 2019年法国巴黎圣母院遭遇大火、很多文化瑰宝毁于一旦的时候，网络上很多人联想160年前英法联军火烧圆明园，大喊“活该”“烧得好”，这就是“报应”。 思考：攻击性的“网络民族主义”是真正的爱国吗？ 解析思路： （1）培养积极进取、开放包容、理性平和的爱国心态； （2）将爱国主义情感转化为努力学习、成长成才、建设社会主义现代化国家的实际行动。	结合案例，引导学生在分析和反思中培养正确的爱国心态。
总结	思考： 党的二十大报告强调“知史爱党、知史爱国，不断坚定中国特色社会主义共同理想”，请结合历史虚无主义的危害谈谈你对这句话的认识。 课后作业： 阅读《新时代爱国主义教育实施纲要》，谈谈你对新时代爱国主义教育重大意义的理解。（1000字左右）	通过课后作业，进一步引导学生对新时代爱国主义教育的当代价值及意义进行思考。

3. 板书设计

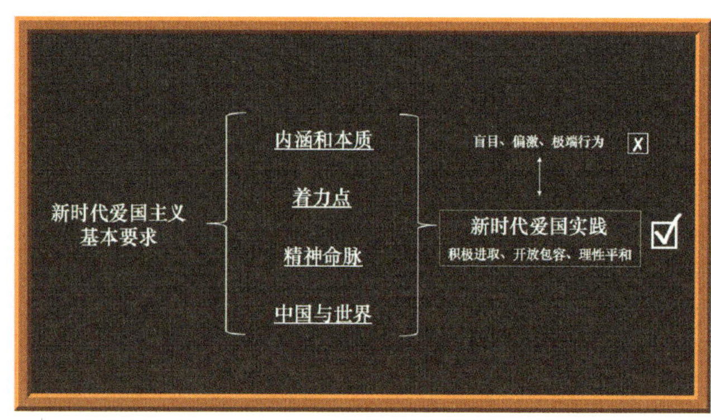

五、教学小结

1. 教学创新及其效果

（1）课前面向授课班级发放爱国主义相关问卷，以问卷结果的归纳展示引入本单元课程。这一做法一方面有利于授课教师把握授课对象对爱国主义的基本认识和思想倾向，另一方面能够有针对性地引导学生分析和总结新时代爱国主义的时代处境，自然地引出授课内容，增加学生的参与感，在教学实践中得到了较好的反馈。

（2）在课堂教学中，综合运用了问题式教学法、案例式教学法、研究式教学法等多种教学方法，通过具体的现实案例或理论观点，将教材知识体系转化为教学问题体系，并且鼓励学生与授课教师一起提出问题、分析问题、解决问题，让学生有更大的参与感和主体性。

2. 教学反思

本单元教学内容较多，在讲授过程中需特别注意各个知识点的时间分配，务求详略得当。如果授课班级较为活跃，在互动讨论的教学环节中往往无法给予学生足够的课堂表达机会，可根据具体情况适时进行调整。

六、阅读文献及拓展资料

1.《新时代爱国主义教育实施纲要》，人民出版社 2019 年版。

2.《中国社会科学院历史虚无主义批判文选》，中国社会科学出版社 2015 年版。

法律何以获得普遍遵守

一、基本信息

【课程名称】思想道德与法治

【课程性质】本科生思想政治理论课，必修，51 学时，3 学分

【授课对象】北京语言大学本科一年级学生

【本讲名称】法律何以获得普遍遵守

【对应章节】第六章第一节

【单元学时】1 学时，50 分钟

【教师简介】孙迎春，北京语言大学马克思主义学院副教授，荣获第十二届北京高校思想政治理论课教学基本功比赛决赛一等奖。

二、教学简介与教学目标

1. 教学简介

本单元的教学内容分为法律的概念和法律的运行两部分。法律的概念部分，详细阐释法律概念中“国家强制”“国家制定或认可”“统治阶级意志体现”“社会关系”四个要素；法律的运行部分，探讨“法律何以获得普遍遵守”这一问题，引导学生发现法律的普遍遵守除了需要“国家强制”，还需要“价值认同”和“道德支撑”两个要素。

学情分析：授课对象为一年级非法学专业，大部分学习过法律与生活、政治生活、经济生活、思想政治——生活中的法律常识等课程。学生已经具备遇事找法、解决问题用法、化解矛盾靠法的感性认识，但缺乏对法治和

法治思维丰富内涵的理性认识，也缺乏运用法治思维和法治方式解决问题的能力。

2. 教学目标

知识目标：加深学生对法律概念及运行规律的理性认识；引导学生理解法律和价值观、道德之间的密切联系；破解“法律无用论”“法律万能论”“法治法家论”等错误倾向，树立正确法治观。

能力目标：回应现实关注，帮助学生完成从理性认识到实践的飞跃；引导学生在理解法律与价值观、道德关系的基础上，自觉尊法守法学法用法。

素质目标：弘扬社会主义法治精神，传承中华优秀传统法律文化，引导学生做社会主义法治的忠实崇尚者、自觉遵守者、坚定捍卫者。

三、重点难点与党的二十大精神融入

1. 重点难点

教学重点有三个：法律概念的四要素，即“国家强制”“国家制定或认可”“统治阶级意志体现”“社会关系”；法律获得普遍遵守的三要素，即“国家强制”“价值认同”“道德支撑”；“价值观”“法律”“道德”三者之间的关系。

教学难点有两个：“价值观”“法律”“道德”的关系是什么？为什么要坚持依法治国和以德治国相结合？

2. 解决方案

从法律概念出发，深度讲解法律的内涵与外延。

立足大历史观，分析中国古代法制发展史，明确法律获得普遍遵守所需的诸要素，讲解“价值观”“法律”“道德”三者之间的关系。

3. 党的二十大精神融入

在法律获得普遍遵守所需要素部分，通过“为什么要坚持依法治国和以德治国相结合”“为什么要把社会主义核心价值观融入法治建设、融入社会发展、融入日常生活”两个问题，融入“坚持依法治国和以德治国相结合，把社会主义核心价值观融入法治建设、融入社会发展、融入日常生活”的内容。在中国古代法制发展史讲解中，明确中国古代法律的当代价值，融入“传承中华优秀传统法律文化”的内容。在鼓励大学生“自觉尊法学法守法用法”部分，融入“引导全体人民做社会主义法治的忠实崇尚者、自觉遵守者、坚定捍卫者”的内容。

融入党的二十大报告能够增加教学内容的体系性，为学生掌握重点难点提供理论指导和思维框架。

四、教学内容与教学安排

1. 教学过程示意图

2. 教学内容及设计

教学阶段	教学内容	教学环节设计
导入	**党的二十大精神点题** 全面依法治国是国家治理的一场深刻革命。党的二十大报告，第一次以专章的形式对法治建设进行部署，这充分体现了以习近平同志为核心的党中央对法治建设的高度重视。	1. 以党的二十大精神点题，讲解党的二十大报告中的新思路、新举措和新方法；

续表

教学阶段	教学内容	教学环节设计
导入	党的二十大报告指出，要“弘扬社会主义法治精神，传承中华优秀传统法律文化，引导全体人民做社会主义法治的忠实崇尚者、自觉遵守者、坚定捍卫者”。大学生要尊重法律权威、学习法律知识、养成守法习惯、提高用法能力，不断提升自己的法治素养。 这一切的前提，首先要知道法律是什么。	2. 明确大学生法治学习的目标； 3. 提出“法律是什么”的问题。
阶段 1：法律是什么？	1. 什么是法律？ 学生举例 《中华人民共和国宪法》 《中华人民共和国民法典》 《中华人民共和国刑法》 《中华人民共和国民事诉讼法》 《中华人民共和国刑事诉讼法》 《中华人民共和国消费者权益保护法》 2. 拓展思考：以下行为规范是法律吗？ 拓展思考 《中华人民共和国政府信息公开条例》 《医疗机构管理条例》 《甘南藏族自治州住宅物业管理条例》 《海口市传统村落保护规定》 《XX大学中国本科生管理规定》 《XX大学中国本科生住宿管理条例》 这些行为规范很难从名字判断出是不是法律。在研究国外法律和古代法律时，这个问题格外突出。比如，法律在古代有“刑、法、律、令、典、式、格、科、比、例、诏”等表述方式。要判断哪些行为规范是法律，需要掌握法律的内涵。	1. 通过“什么是法律”和“法律是什么”两个大问题，引导学生对法律的内涵产生兴趣和思考； 2. 通过当代中国法律形式对比、古今中外法律形式对比，讲明掌握法律内涵的重要性，进入“法律是什么”的学习；

续表

教学阶段	教学内容	教学环节设计
阶段1：法律是什么？	法律是由国家制定或认可并由国家强制力保障实施的，反映统治阶级意志的，调整社会关系的行为规范体系。 国家强制 国家制定或认可 统治阶级意志 社会关系	3. 通过“国家强制”“国家制定或认可”“统治阶级意志”“社会关系”四个要素详细讲解法律的概念和内涵。
阶段2：法律的遵守：国家强制	**阶段主题：国家强制是法律获得普遍遵守的必要要素** 天下之事，不难于立法，而难于法之必行。将法律何以获得普遍遵守讲清楚、弄明白，有利于我们深刻理解中国特色社会主义法治道路的鲜明特点，争做社会主义法治的忠实崇尚者、自觉遵守者、坚定捍卫者。 **法律的遵守：国家强制** 法律是由国家强制力保证实施的行为规范。但当我们拉开中华文明波澜壮阔的历史画卷，不难发现在秦朝之后，没有任何一个盛世奉行纯粹法家的治国之道。 秦帝国用法家治国“以刑去刑”的历史实践，错在何处？ 法律何以获得普遍遵守 国家强制 总结 01 万万不行 缺乏国家强制 02 远远不够 仅靠国家强制 秦 横扫六合 并吞八荒 万世宏愿 二世而亡 国家强制 ？ ？ 法律的普遍遵守	1. 立足大历史观，分析中国古代法制发展史，引导学生思考“法律获得普遍遵守所需的诸要素”； 2. 用“万万不行”和“远远不够”对问题的答案进行总结，便于学生掌握国家强制是法律获得普遍遵守的必要而不充分要素； 3. 从“远远不够”展开延伸，引导学生思考法律要想获得普遍遵守，一定还有其他深层次的原因。

续表

教学阶段	教学内容	教学环节设计
阶段 3：法律的遵守：价值认同	**阶段主题：价值认同是法律获得普遍遵守的自觉要素** **法律制度与守法主体之间存在价值认同**  法律何以获得普遍遵守 国家强制 法律的生命不在于逻辑而在于经验 价值认同 法律制度 守法主体 高度契合：普遍遵守 多元冲突：难以遵守 **价值认同的前提是“法律制度彰显正确价值观”** 思考：1. 躺平式抗疫的价值选择错在何处？ 2. 中国战疫法令的价值选择是什么？ 在对比中讲明，面对生命健康与社会经济发展的冲突，中国战疫法令做出了正确的价值选择，人民至上、生命至上，平等保护每一个人的生命权，上至耄耋老人，下至刚出生的婴儿。正是这一正确的价值选择为全民守法提供了前提。 **价值认同的基础是“守法主体形成核心价值观”** 思考：良好的法律得不到普遍遵守的原因是什么？ 对比中美战疫中人民群众的法令遵守情况，分析深层次原因。 在社会价值观冲突严重的国家，法律背后的价值永远得不到广泛的认同，法律很难得到普遍的自觉遵守。民众甚至用个人的价值观比如自由至上、财产至上来否定法律的正当性，对抗法律的执行。 **以社会主义核心价值观提高价值认同、促进自觉守法** 在推进法治中国建设中，党和国家高度重视社会主义核心价值观的凝聚作用。这是党的二十大报告第八部分的内容。一方面，要把社会主义核心价值观融入法治建设，确保法律制度及其运行能够彰显具有先进性、人民性、真实性的价值观；另一方面，要把社会主义核心价值观融入社会发展、融入日常生活来凝聚社会共识。	1. 法律的生命不在于逻辑，而在于经验。引导学生从生活的经验来思考“我们基于价值认同而遵守法律”； 2. 通过中外战疫法令价值选择的对比，讲明价值认同的前提是“法律制度彰显正确价值观”； 3. 通过中美人民群众对疫情法律遵守情况的对比，讲明价值认同的基础是“守法主体形成核心价值观”； 4. 及时进行总结，为学生构建“法律遵守”“价值认同”“法律制度”“守法主体”四者关系的框架； 5. 融入党的二十大报告第八部分，讲明白为什么要“把社会主义核心价值观融入法治建设、融入社会发展、融入日常生活”。

续表

教学阶段	教学内容	教学环节设计
阶段 4：法律的遵守：道德支撑	**阶段主题：道德支撑是法律获得普遍遵守的强化要素** 思考：价值认同如何增强呢？ 仅靠普法是远远不够的，还需要道德支撑。就是要坚持依法治国和以德治国相结合。 **历史经验的总结** 康熙年间，灵寿知县陆陇其遇兄弟争财告状，并不用正常诉讼程序，乃不言其产之如何分配，及谁曲谁直，但令兄弟互呼，此唤弟弟，彼唤哥哥，未及五十声，已各泪下沾襟，自愿息讼。 ——《陆稼书判读：兄弟争产之妙判》 **对治国理政规律的深刻把握** 新时代，党和国家更加重视依法治国和以德治国相结合。“德法兼治”作为习近平新时代中国特色社会主义思想中的重要主张，已经成为当代中国国家治理的鲜明特点和显著优势。	1. 在厘清法律与价值观二者关系的基础上，引导学生思考道德的支撑作用； 2. 在历史经验总结部分，使用经典案例说明纠纷处理中德法并举将获得良好的社会效果。
总结：从党的二十大报告看如何自觉尊法学法守法用法	**阶段主题：从党的二十大报告看尊法学法守法用法** 一方面要意识到国家强制力的存在。党的二十大报告指出，要“扎实推进依法行政”“严格公正司法”。大学生要将违法必究铭记于心，学习掌握基本的法律知识，避免因不知法而触犯法律。 另一方面要意识到价值认同和道德修养在提升自觉守法上的重要作用。党的二十大报告指出，要“坚持依法治国和以德治国相结合，把社会主义核心价值观融入法治建设、融入社会发展、融入日常生活”。大学生要积极主动深入学习社会主义核心价值观，提升道德修养，达到随心所欲不逾矩的守法境界。 **作业** 选取两个依法治国和以德治国相结合的例子，一个来自中华优秀传统文化的历史长河，一个来自当代中国法治建设的生动实践。结合二者，将中国特色社会主义法治的鲜明特色讲述给你的国际朋友听。要求能够用中文和英文深刻阐释。	1. 以法律获得普遍遵守的三个要素为框架，融入党的二十大报告的内容； 2. 作业题围绕教学重点“坚持依法治国和以德治国相结合”设计。

3. 板书设计

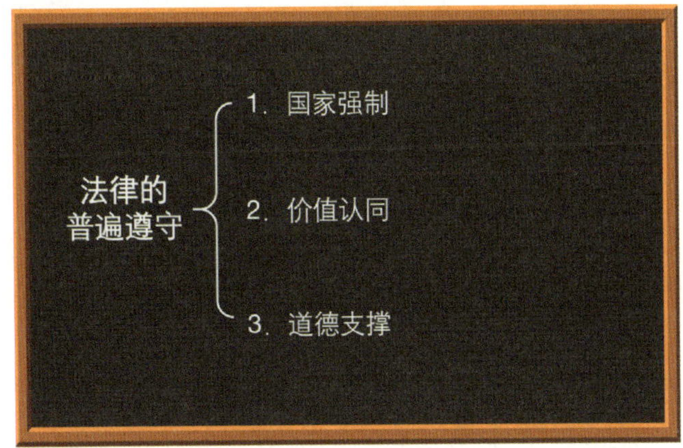

五、教学小结

1. 教学创新及其效果

方法上采用“自问自答”教学法。为了提升在线教学的效果，教师采用“自问自答”的方法进行教学。整堂课平均2分钟抛出一个问题。期望用教师“自问自答”的方式吸引学生的注意力，引导学生围绕教学主题进行思考。效果方面，既能保证学生课堂参与，又能保证授课节奏。

结构上采用“支架式”授课结构。教师围绕教学主题，使用经济学、法学、心理学等应用学科的案例、假设、模型构建情境，一步一步地为学生的学习提供适当的、小步调的线索、提示或问题（支架）。效果方面，学生通过这些支架一步一步地攀升，逐渐发现和解决学习中的问题，掌握所要学习的内容，解决问题的能力得到提高。

内容上构建“价值观”“法律”“道德”三者的有机联系框架。帮助学生打通本课程第四章、第五章和第六章的脉络，帮助学生深化理解价值观、道德与法律在国家治理中的重要性和各自的作用，为学生看待、处理社会关系提供多元思路。

2. 教学反思

本讲内容兼具法治理论、意识形态、政治理论等多重属性，教学过程要注意立场正确，观点明确，理论联系实际，及时回应学生的现实关注与思想困惑。

反思：课前应要求学生在慕课平台或网络上对相关知识进行基本了解，尤其本讲涉及的中国古代法制发展的话题；课中通过系统讲解，引导学生寻求正确答案。

六、阅读文献及拓展资料

1.《高举中国特色社会主义伟大旗帜 为全面建设社会主义现代化国家而团结奋斗——在中国共产党第二十次全国代表大会上的报告》，人民出版社2022年版。

2.《论坚持全面依法治国》，中央文献出版社2020年版。

3.《习近平法治思想学习纲要》，人民出版社、学习出版社2022年版。

什么是大国国民心态

一、基本信息

【课程名称】思想道德与法治

【课程性质】本科生思想政治理论课，必修，56 学时，3 学分

【授课对象】北京科技大学本科一年级学生

【本讲名称】什么是大国国民心态

【对应章节】第三章第二节第四目

【单元学时】1 学时，45 分钟

【教师简介】许慎，北京科技大学马克思主义学院副教授，荣获第十二届北京高校思想政治理论课教学基本功比赛决赛二等奖。

二、教学简介与教学目标

1. 教学简介

本单元选自第三章第二节第四目“立足中国又面向世界”，从内容上看，主要包括两个关键词：爱国主义、国民心态。

第一，弘扬新时代的爱国主义，要求我们正确处理立足中国与面向世界的辩证统一关系。一方面，新时代的爱国主义要求我们要尊重各国的历史特点、文化传统，尊重各国人民选择的发展道路，从不同文明中寻求智慧、汲取营养，增强中华文明的生机活力；另一方面，新时代的爱国主义要求我们要积极倡导求同存异、交流互鉴，促进不同国度、不同文明的相互借鉴、共同进步，共同推动人类文明发展进步。具体来说，一是维护国家发展主体性，

二是自觉维护国家安全，三是推动构建人类命运共同体。

第二，准确把握国民心态的内涵与本质。其一，国民心态的内涵。国民心态是社会心态的重要内容，它深植于一国的历史、文化和社会经济发展现实，是国民对现实社会的心理反应的总和。它是衡量大国真正崛起的一个重要指标，也是社会结构系统和国际力量结构系统中的“风向标”。其二，国民心态的影响因素。国民心态的养成，不是一蹴而就的，包括但不限于国家实力的积聚过程、文化自信与文化涵养的提升过程、立足中国又面向世界的横向比较优势。其三，国民心态的本质。国民心态本质上是爱国情感与行为的统一。对每一个中国人来说，爱国是本分，也是职责，是心之所系、情之所归。国民心态的提出与培育本质上就是要倡导知行合一，推动爱国之情转化为实际行动，使人们理性表达爱国情感，反对极端行为。培养国民心态也是新时代中国崛起并日益走近世界舞台中央的客观要求。

第三，完整把握大国国民心态的丰富内涵。一是理解好“务实进取”“理性平和”的丰富内涵。基于幅员辽阔、人口众多的大国国情与中国日益走近世界舞台中央的风险挑战，理解好“务实进取”“理性平和”的丰富内涵。二是理解好“自信自立”“团结奋斗”的丰富内涵。基于中国人民和中华民族从近代以后的深重苦难走向伟大复兴的光明前景，从来就没有教科书，更没有现成答案理解好“自信自立”“团结奋斗”的丰富内涵。三是理解好“开放包容”“责任担当”的丰富内涵。基于中华文明胸怀天下、爱好和平等宝贵精神与中国共产党是为中国人民谋幸福、为中华民族谋复兴的党，也是为人类谋进步、为世界谋大同的党的政治属性，理解好“开放包容”“责任担当”的丰富内涵。在此基础上，克服错误心态的消极影响。

从学情看，本课程教学对象为大学本科一年级的学生，他们求知欲强、个性鲜明，对新形势、新问题非常关注，但是缺乏对问题本质的认识和把握，对一分为二的矛盾分析方法掌握不够深刻，没有形成系统的理论分析框架，对中国化时代化的马克思主义理论认识不足。尽管学生通过高中课程学习已经培养了一定的问题意识，但是在具体问题思考过程中方向感还不明确，缺乏系统发现问题、分析问题和解决问题的能力，在信息处理中还存在一定空间。

2. 教学目标

知识目标：通过讲授国民心态与大国国民心态的内涵，使学生掌握概念，对以往“很了解”的问题有进一步的认知和理解。

能力目标：引导学生建立发现问题、分析问题和解决问题的思维意识，能够运用所学内容对与坚持立足中国又面向世界有关的爱国主义问题进行分析和思考。

素质目标：基于对大国国民心态的学习，帮助学生正确理解在百年未有之大变局中我国将面对更多逆风逆水的外部环境，从而坚定和自觉维护中国特色社会主义制度、中国化时代化的马克思主义理论成果。

三、重点难点与党的二十大精神融入

1. 重点难点

本节课教学重点包括三个方面。

第一，培育国民心态，是新时代爱国主义教育的必然要求。从国民心态的一般概念入手，掌握国民心态的影响因素与本质是较为重要的知识点。

第二，系统讲解大国国民心态，基于“大国”之“大”辐射大国国民心态的完整内涵。

第三，灵活运用各种教学方法将知识点讲通、讲透。教学过程中学生的注意力的吸引与知识点的补充，是课程效果的重要方面。

本节课的教学难点集中体现为——

第一，什么是“国民心态”，这是基础问题。通过梳理案例，从感性到理性地引导学生思考国民心态变化的过程、国民心态的表现、国民心态的本质，从具体的案例中把握中国人民变动中的心态，从“国民心态的反作用”方面，确认培育国民心态的重要性，以及进入下一个知识点的过渡。这是从教学维度进行设计的，但学生在实际中是否能真的理解，这是本节课教学内容的第一个难点。

第二，什么是大国国民心态，这是核心问题。通过案例讲述与理论解答，使学生深刻认识到大国有大国的优势、大国有大国的难处，以及在国家强大的过程中我们忽略了国民心态的培养，使得现在仍有不符合我国形象的事情发生等；使学生认识到在我国，培育大国国民心态与实现中华民族伟大复兴之间的联系，培育大国国民心态与应对身边舆情问题的重要性，使得爱国主义在新时代具有更加旺盛的生命力，特别是青年学生能够在学习生活中理解并践行，这是本节课教学的难点之二。

2. 解决方案

鉴于存在以上教学难点和重点，结合授课对象的基本特征，在课堂教学过程中主要采取以下措施：

第一，通过京华大地生动实践与党的二十大报告发展目标亮点词汇帮助学生了解国民心态的内涵与重要性；

第二，采用中华优秀传统文化的经典表述，从中国人重德的视角，以“三不朽”为兴趣点，帮助学生理解我们的国家是如何大、我们应该有什么样的心态；

第三，通过互动式讨论的教学方法，调动学生的热情和积极性，并通过眼神交流和手势互动的方式密切关注学生对教学内容的课堂反应，根据情况灵活调整授课进度和内容。

3. 党的二十大精神融入

将党的二十大报告中的隐性与显性的独特性与艰巨性融入大国国民心态的培育中，使学生能够体会到：一方面，国民心态与国家建设之间的作用与反作用，明确培育国民心态的必要性；另一方面，大国不仅是客观上的国土大、人口多，还包括困难与风险，更包括一个国家自身的品格。这种融入，既是爱国主义的教育内容，也是结合形势与政策的视角，带领学生更加深刻地体会爱国主义的时代内涵与具体要求。

四、教学内容与教学安排

2. 教学内容及设计

教学阶段	教学内容	教学环节设计
导入	国民心态是一种信号，也是一种能量 它与国家实力相适应 焦虑恐慌 → 松弛有度 制度优势 战略主动 科学治理	结合社会热点事件与国民心理变化，举例直接进入主题，展示国民心态的概念与关键词。

续表

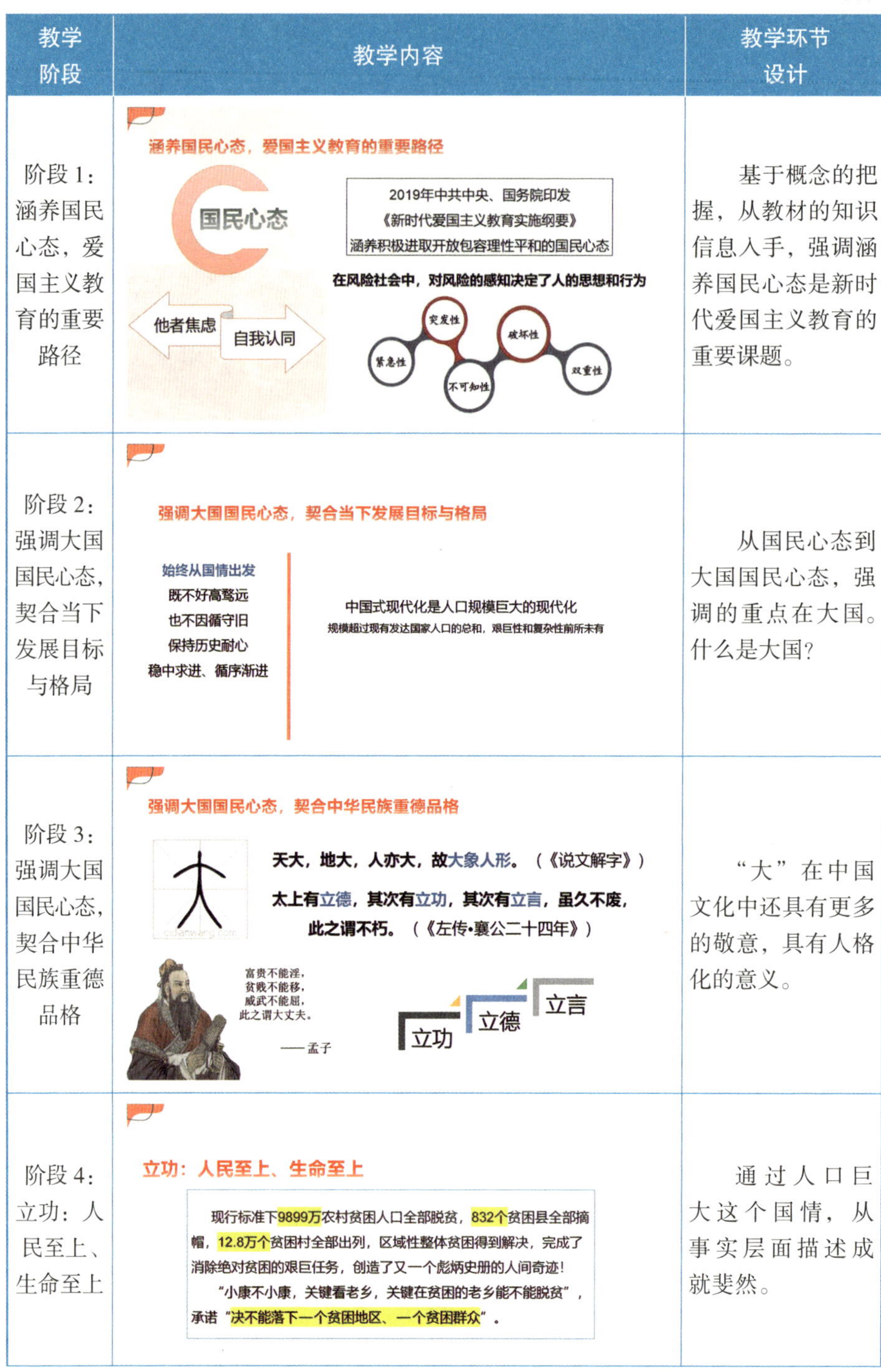

教学阶段	教学内容	教学环节设计
阶段 1：涵养国民心态，爱国主义教育的重要路径	涵养国民心态，爱国主义教育的重要路径 国民心态 2019年中共中央、国务院印发 《新时代爱国主义教育实施纲要》 涵养积极进取开放包容理性平和的国民心态 在风险社会中，对风险的感知决定了人的思想和行为 他者焦虑 自我认同 紧急性 突发性 不可知性 破坏性 双重性	基于概念的把握，从教材的知识信息入手，强调涵养国民心态是新时代爱国主义教育的重要课题。
阶段 2：强调大国国民心态，契合当下发展目标与格局	强调大国国民心态，契合当下发展目标与格局 始终从国情出发 既不好高骛远 也不因循守旧 保持历史耐心 稳中求进、循序渐进 中国式现代化是人口规模巨大的现代化 规模超过现有发达国家人口的总和，艰巨性和复杂性前所未有	从国民心态到大国国民心态，强调的重点在大国。什么是大国？
阶段 3：强调大国国民心态，契合中华民族重德品格	强调大国国民心态，契合中华民族重德品格 天大，地大，人亦大，故大象人形。（《说文解字》） 太上有立德，其次有立功，其次有立言，虽久不废，此之谓不朽。（《左传·襄公二十四年》） 富贵不能淫，贫贱不能移，威武不能屈，此之谓大丈夫。 ——孟子 立功 立德 立言	“大”在中国文化中还具有更多的敬意，具有人格化的意义。
阶段 4：立功：人民至上、生命至上	立功：人民至上、生命至上 现行标准下9899万农村贫困人口全部脱贫，832个贫困县全部摘帽，12.8万个贫困村全部出列，区域性整体贫困得到解决，完成了消除绝对贫困的艰巨任务，创造了又一个彪炳史册的人间奇迹！ “小康不小康，关键看老乡，关键在贫困的老乡能不能脱贫”，承诺“决不能落下一个贫困地区、一个贫困群众”。	通过人口巨大这个国情，从事实层面描述成就斐然。

续表

教学阶段	教学内容	教学环节设计
阶段5：涵养务实进取、理性平和的国民心态，就是要尊重事实、尊重规律、尊重科学	立功：人民至上、生命至上　大有大的优势，大有大的难处 涵养务实进取、理性平和的国民心态，就是要尊重事实、尊重规律、尊重科学。 • 实行扶持对象、项目安排、资金使用、措施到户、因村派人、脱贫成效**“六个精准”**。 • 实行发展生产、易地搬迁、生态补偿、发展教育、社会保障兜底**“五个一批”**。 • **全部实现“两不愁三保障”**，脱贫群众不愁吃、不愁穿，义务教育、基本医疗、住房安全有保障，饮水安全也都有了保障。 • **广大扶贫干部舍小家为大家**，同贫困群众结对子、认亲戚，常年加班加点、任劳任怨，困难面前豁得出，关键时候顶得上，把心血和汗水洒遍千山万水、千家万户。	从事实层面讲明我们所做的是必要的，也是正确的；西方的舆论是如何罔顾事实、抹黑事实的。同时得出结论：务实进取、理性平和。
阶段6：立德：用好制度优势，走好自己的路	立德：用好制度优势，走好自己的路 • 脱贫攻坚取得举世瞩目的成就，靠的是党的坚强领导，靠的是中华民族自力更生、艰苦奋斗的精神品质，靠的是新中国成立以来特别是改革开放以来积累的坚实物质基础，靠的是一任接着一任干的坚守执着，靠的是全党全国各族人民的团结奋斗。 • 我们集中精锐力量投向脱贫攻坚主战场，全国累计选派25.5万个驻村工作队、300多万名第一书记和驻村干部，同近200万名乡镇干部和数百万村干部一道奋战在扶贫一线，鲜红的党旗始终在脱贫攻坚主战场上高高飘扬。	陈述事实，在脱贫攻坚中我们依靠中国特色的制度与国情，走出了一条脱贫的中国道路。
阶段7：涵养自信自立、团结奋斗的国民心态，就是要结合实际、把握规律、掌握主动	立德：用好制度优势，走好自己的路　命运牢牢掌握在自己手中 涵养自信自立、团结奋斗的国民心态，就是要结合实际、把握规律、掌握主动。 • “志之难也，不在胜人，在自胜。”脱贫**必须摆脱思想意识上的贫困。**我们注重把人民群众对美好生活的向往转化成脱贫攻坚的强大动能，实行**扶贫和扶志扶智相结合。** • 我们引导贫困群众树立“宁愿苦干、不愿苦熬”的观念，鼓足“只要有信心，黄土变成金”的干劲，增强“弱鸟先飞、滴水穿石”的韧性。	脱贫攻坚没有模板，每个国家都是按照自己的实际情况因时因地地调整战略实现发展的。

续表

教学阶段	教学内容	教学环节设计
阶段8：立言：共建共享、合作共赢	立言：共建共享、合作共赢 • 改革开放以来，按照现行贫困标准计算，我国7.7亿农村贫困人口摆脱贫困；按照世界银行国际贫困标准，我国减贫人口占同期全球减贫人口70%以上。 • 特别是在全球贫困状况依然严峻、一些国家贫富分化加剧的背景下，我国提前10年实现《联合国2030年可持续发展议程》减贫目标，赢得国际社会广泛赞誉。 • 我们积极开展国际减贫合作，履行减贫国际责任，为发展中国家提供力所能及的帮助，做世界减贫事业的有力推动者。	从事实层面谈中国在脱贫攻坚中的贡献。
阶段9：涵养开放包容、责任担当的国民心态，就是要促进相知相亲，注入发展希望	立言：共建共享、合作共赢　构建人类命运共同体是前途所在 涵养开放包容、责任担当的国民心态，就是要促进相知相亲，注入发展希望。 • 《人类减贫的中国实践》白皮书指出，贫困是人类社会的顽疾，是全世界面临的共同挑战。贫困及其伴生的饥饿、疾病、社会冲突等一系列难题，严重阻碍人类对美好生活的追求。消除贫困是人类梦寐以求的理想，人类发展史就是与贫困不懈斗争的历史。 • 中国在减贫实践中探索形成的宝贵经验，既属于中国也属于世界，拓展了人类反贫困思路，为人类减贫探索了新的路径。	通过中西对比，阐明贫困是人类共同的敌人，摆脱贫困的经验可以互相分享和借鉴。
总结	小结：大国国民心态本质上是国家观念 立功：•务实进取 •理性平和 立德：•自信自立 •团结奋斗 立言：•开放包容 •责任担当 课后思考与延伸 1．结合讲授内容与新近发生的爱国舆情，谈一下你是如何应对的。 2．从2008年夏奥会到2022年冬奥会，你觉得，国民心态有什么变化和表现？	对课堂内容进行简要总结；从立功、立德、立言三个层面阐释大国国民心态；留下课后思考题。

3. 板书设计

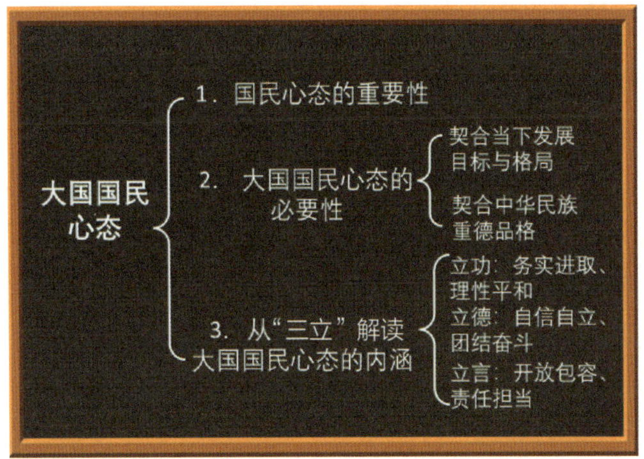

五、教学小结

1. 教学创新及其效果

本单元选用2021年版教材的信息介绍框中关于《新时代爱国主义教育实施纲要》的国民心态内容，同时结合党的二十大报告的宏伟目标，对于学生理解在这个大的历史潮流中我们对祖国的“感情”如何理性表达具有重要意义，具有一定的创新性。

2. 教学反思

第一，互动方式与深度进一步加强。在学生互动环节，进一步提炼讨论的问题，注重案例选取的效果，调动尽可能多的学生参与，充分发挥学生的主体作用。

第二，教学手段进一步多样化。增加多种教学手段在课堂中的运用，进一步增加课程的吸引力。

第三，课程理论性内容进一步简单易懂。通过学生的反馈与交流，以学生容易接受的方式对课程内容进行进一步科学化的编排，增加课程的趣味性与逻辑性，提高课堂教学效果和学生学习效果

六、阅读文献及拓展资料

1. 王炳林:《大国追梦》，人民出版社 2020 年版。

2. 王义桅 :《海殇：欧洲文明启示录》，上海人民出版社 2013 年版。

3. 刘建军:《因为祖国：寄给青年朋友们》，湖南人民出版社 2014 年版。

4. 张智、李金平:《新时代爱国主义教育培育大国国民心态论》,《学校党建与思想教育》2021 年第 2 期。

5. 纪录片《领航》第十四集《胸怀天下》。

坚定共产主义远大理想何以可能

一、基本信息

【课程名称】思想道德与法治

【课程性质】本科生思想政治理论课，必修，48 学时，3 学分

【授课对象】北京理工大学本科一年级学生

【本讲名称】坚定共产主义远大理想何以可能

【对应章节】第二章第二节第一目

【单元学时】1 学时，45 分钟

【教师简介】李洁，北京理工大学马克思主义学院助理教授、特别副研究员，荣获第十二届北京高校思想政治理论课教学基本功比赛决赛二等奖。

二、教学简介与教学目标

1. 教学简介

讲解“内涵与特征：理解理想”，通过案例教学的方式引导学生了解理想的内涵与特征，理解理想之于个体发展和社会进步的重要意义。

讲解“现实与未来：理解共产主义远大理想”，通过对“共产主义理想何以科学”“共产主义理想何以远大”两个核心问题的讲解，破而后立，为学生更好理解共产主义远大理想解疑释惑。

结合实践教学手段，丰富学生课后生活，引导学生参与课外实践，培养学生发现身边问题的意识，并着手解决问题，达成知行统一。

2. 教学目标

知识与能力目标：学生能够在理解理想的内涵和特征的基础上，掌握共产主义的深刻内涵，并能够回应对共产主义远大理想的种种误读，从而坚定共产主义远大理想。

情感与价值目标：学生通过理论学习厘清共产主义远大理想的科学性，明确实现共产主义远大理想的长期性和艰巨性，从而在学理认识的基础上坚定共产主义远大理想，自觉为实现这一理想而奋斗。

三、重点难点与党的二十大精神融入

1. 重点难点

教学重点：通过现实与未来两个维度逐步引导学生思考共产主义的科学性、长期性和艰巨性，从而使学生认识到胸怀共产主义远大理想的必要性，引导学生坚定远大理想。

教学难点：通过学理分析、案例分析和历史分析回答学生对共产主义的理论困惑，在问题链的解答中引导学生逐步认识到共产主义的科学内涵的未来指向，使其自觉地坚定共产主义远大理想。

2. 解决方案

理论教学法：通过对马克思主义经典著作的理论阐释，引导学生理解共产主义的科学内涵；并通过反驳种种理论误读，帮助学生澄清和辨明共产主义，提高学生的认知水平，引导学生自觉树立共产主义远大理想。

问题链教学法：通过设置“共产主义理想何以科学”“共产主义理想何以远大”等学生关心关切的问题，在解疑释惑中增进学生对共产主义远大理想的理解和认识。

3. 党的二十大精神融入

党的二十大强调要加强理想信念教育，引导全党牢记党的宗旨，自觉做共产主义远大理想和中国特色社会主义共同理想的坚定信仰者和忠实实践者。通过引导和讲解共产主义远大理想，使学生理解其科学内涵，不断坚定信仰，接过接力棒，勇敢投入实现共产主义远大理想和中国特色社会主义共同理想的实践洪流之中。

四、教学内容与教学安排

1. 教学过程示意图

2. 教学内容及设计

教学阶段	教学内容	教学环节设计
导入	在中西方文明中，有各种学说探寻人类社会最美好的理想生活，如中国古代的“大同”理想，倡导“天下为公，选贤与能，讲信修睦”。在西方，柏拉图也提出了“理想国”，认为这是一个合乎理念的美好世界，人人各司其职，共同创造一个没有纷争、安居乐业的社会环境。正因有了理想，人类才能够在追寻理想的过程中实现发展，将人类文明不断地向前推进。对于个人而言，理想也是促进人不断成长、不断进步的重要精神力量。因此，对个人和社会而言，理想都是必不可少的。	从中西方文明对社会理想的追求出发，引出主题。

续表

教学阶段	教学内容	教学环节设计
阶段1：内涵与特征：理解理想	**一、内涵与特征：理解理想** 问题一：什么是理想？ 从马克思的《青年在选择职业时的考虑》出发，引导学生思考：马克思认为青年应当如何确立理想？ 教师总结：青年应充分考虑自身实际情况、个人与社会的关系、个人所处的时代特征。 引出教材中理想的内涵：理想是人们在实践中形成的、有实现可能性的、对未来社会和自身发展目标的向往与追求，是人们的世界观、人生观和价值观在奋斗目标上的集中体现。 问题二：理想有何特征？ 1. 讲解“实践之维” 问题引入：理想与空想、幻想之间的区别是什么呢？ 互动阐释：引用鲁迅先生的名言：“青年所多的是生力，遇见深林，可以辟成平地的；遇见旷野，可以栽种树木的；遇见沙漠，可以开掘井泉的。”使学生认识到实践性是理想的重要特点之一。教师引导学生从实际出发思考，理想在实践中表现为哪些不同的样态，是否可以对理想的内容加以分类，从而按性质、时序、内容、主体对理想类型作以概说，使学生明确理想的多层次性。 2. 讲解“时代之维” 问题引入：实践一定是具体的、历史的、现实的人在特定的历史情势下的活动，那么不同的时代是否会形成不同的理想呢？ 互动阐释：引用冯友兰和流沙河《理想》中的名句讲解理想的时代性。结合百年党史，讲解中国共产党如何在理想的指引下带领中国实现从站起来、富起来到强起来的伟大飞跃。 3. 讲解“超越之维” 问题引入：理想的时代性是不是意味着在确立理想时只能着眼现实，而不能放眼未来？ 互动阐释：讲解“精卫填海”和“西西弗神话”，使学生看到理想是源于现实但超越现实的，是一种推动人们创造美好生活的巨大力量。	从马克思《青年在选择职业时的考虑》出发，以互动的方式引出理想的内涵。 从“实践之维”“时代之维”“超越之维”三个角度阐明理想的特点。

续表

教学阶段	教学内容	教学环节设计
阶段1：内涵与特征：理解理想	理想源于社会实践，根植当下的奋斗目标，通往对美好生活的憧憬，是对现实的超越，会被时代塑造，同时也在现实实践中产生、发展和实现。因此，理想不是幻想也不是空想，实现理想是漫长、艰辛、曲折的过程，这体现了理想与现实的张力。	第一部分的内容作以小结，并引用毛泽东的观点，过渡到第二部分的教学。
阶段2：坚定共产主义远大理想何以可能?	**二、坚定共产主义远大理想何以可能?** 过渡：通过“共产主义”在马克思主义发展史上遭受的责难和追捧，引出当前坚定共产主义理想信念的复杂和艰巨，提出问题。 引用《共产党宣言》中的论述，展示共产主义从其诞生之日起就遭受到各方势力的诬蔑、诋毁，进而展示在整个马克思主义发展史上人们对它采取的两种截然不同的态度，既有偏见、误解、调侃、仇恨，也有追随、信仰、践行、发展，以此给人以冲击感，引出坚定共产主义远大理想这个问题的复杂性、艰巨性，最后提出“坚定共产主义远大理想何以可能”的问题。 （一）摆脱空想，发挥真理力量 从社会主义的发展历程来看，分别展示16—17世纪的《乌托邦》《基督城》《太阳城》，18世纪的《自然法典》以及19世纪的三大空想社会主义学家，阐释他们的核心观点。 马克思主义阐述的共产主义与空想家们提出的理想社会最大的区别就在于其科学性。是什么促使社会主义从空想到科学的发展呢？是马克思的“两大发现”。 具体阐释社会主义是如何由空想发展到科学的。从唯物史观与剩余价值两个层面来揭示科学社会主义的科学性，指出马克思的共产主义是在找到现实路径的基础上提出来的，因此得出“两个必然”的结论，避免了空想社会主义学家提出理想社会时的空想色彩。 思考：提出“两个必然”是否意味着共产主义可以很快实现呢？	从历史的视野展示社会主义的发展，引出社会主义如何由空想到科学的问题。 阐述马克思的“两大发现”促使社会主义从空想发展为科学。

续表

教学阶段	教学内容	教学环节设计
阶段 2：坚定共产主义远大理想何以可能？	历史上，我们曾天真地以为只要大干快建，就可以跑步进入共产主义，这种共产主义速成论已被实践证明是行不通的，今天即使有人鼓吹“共产风”，也不可能再刮起来。我们已经确切地认知到，在“两个必然”的基础上，还有“两个决不会”，即“无论哪一个社会形态，在它所能容纳的全部生产力发挥出来以前，是决不会灭亡的；而新的更高的生产关系，在它的物质存在条件在旧社会的胎胞里成熟以前，是决不会出现的”。 面对这样的客观规律，有的人称，那共产主义实在是离我们太遥远了，远得叫人望眼欲穿，与我们这代人无关，甚至与我们下一代、再下一代人都无关，今天来谈共产主义实在是太过虚无缥缈，那我们为什么还要坚持共产主义呢？用列宁和胡乔木对共产主义的经典论述进一步阐释共产主义是一种科学的思想体系。 经典原著： “马克思提出共产主义的问题，正像一个自然科学家已经知道某一新的生物变种是怎样产生以及朝着哪个方向演变才提出该生物变种的发展问题一样。” ——《列宁专题文集：论马克思主义》，人民出版社 2009 年版，第 255—256 页。 “我们已经走到上泰山的中途，当然可以证明这泰山是确实存在的，因而泰山顶也可以预料是确实存在的；尽管没有到泰山顶，还不能预先测定它的具体形状，但是绝不能说它是虚无缥缈的。” ——《胡乔木文集》第 2 卷，人民出版社 1993 年版，第 543 页。 理论一旦彻底就能说服人，只要说服人就能掌握群众，进而变成物质力量，以此说明共产党人一直将共产主义作为改变世界的精神武器。 （二）摆脱神秘，坚定价值立场 此部分主要对人们普遍习惯对共产主义进行细节性考察而陷入某种神秘主义陷阱的现象进行分析，引导学生在理解共产主义时要抓住共产主义的本质，摒弃细节性考察。这既是符合理论发展规律的，也是符合认识发展规律的。	主动回应历史问题，分析历史失误，解答学生思想困惑。 以经典原著批驳“虚无缥缈论”。 引导学生理解科学理论向精神武器转化的原理。

续表

教学阶段	教学内容	教学环节设计
阶段 2：坚定共产主义远大理想何以可能？	首先，展现问题：对于共产主义，马克思恩格斯对其进行了一些原则性的勾勒，比如生产力高度发达、物质财富极大丰富、消费资料按需分配等。但现实中，人们总是想刨根究底地进行一番细节性的考察，比如有人将“按需分配”理解为“要啥有啥”，甚至认为要实行“共产共妻”，对共产主义社会到底是什么样子充满了神秘的好奇感。 其次，运用马克思恩格斯的经典论述进行回答，说明马克思主义不是占卜学，共产党人也不是算命先生，无法一板一眼地预测遥远未来的社会面貌。对于类似未来的社会究竟是什么样子的神秘论调，马克思恩格斯本人也进行过批判。 最后，在马恩经典作品关于共产主义的描述中理解“自由个性”。 从马克思主义关于社会“三形态”说的理论出发来阐释共产主义，揭开人们关于共产主义的神秘化理解，进而摆脱神秘，引导学生坚定价值立场。 （三）坚定信仰，勇投实践洪流 围绕社会生活中对共产主义的实践检验问题的责难，以共产主义本身就是“消灭现存状况的现实的运动”的思想来解答疑问，进而说明建设中国特色社会主义就是在建设共产主义，引导学生投入社会主义现代化强国建设的伟大实践洪流之中。 理想之所以能够成为推动人们创造美好生活的巨大力量，就在于它不是对现状的简单描绘，而是一场伟大的实践运动。 用中国共产党领导全国各族人民进行革命、建设、改革的历史过程，说明共产主义是一种接续奋斗的伟大实践。过去，我们的先辈、父辈与兄辈为了这个理想前赴后继，在血与火的磨砺中，用牺牲与奉献托举起一个站起来、富起来以及正在强起来的新中国；现在，实现中华民族伟大复兴、为共产主义理想而奋斗的使命交到了我们这一代手中，中华民族伟大复兴将在我们这一代人手中实现。	引出神秘主义现象的问题。 引导学生理解共产主义的本质特征。 运用“三形态”说揭示共产主义的深层次本质。 阐释我们的革命、建设、改革是共产主义实践的组成部分，进而引导学生投入共产主义实践的洪流之中，在实践中坚定共产主义远大理想。

续表

教学阶段	教学内容	教学环节设计
总结	**总结思考** 今天，我们站在两个百年奋斗目标的历史交汇点上，开启强国新征程的关键时刻，从真理、价值、实践三个维度共同探讨了坚定共产主义远大理想这个话题，以真理之力摆脱空想，以价值之力摆脱神秘，以实践之力勇投实践洪流，让我们进一步看到我们应该而且可以坚定共产主义远大理想。 思考： 2022 年 5 月，习近平总书记在中国人民大学考察时，引用毛泽东为陕北公学的题词："要造就一大批人，这些人是革命的先锋队。这些人不是狂妄分子，也不是风头主义者，而是脚踏实地富于实际精神的人们。"正如元代诗人范梈所说："人生万事须自为，跬步江山即寥廓。"请观看电影《革命者》，思考今日的我们怎样立足所学专业，成为强国先锋和复兴栋梁。	温故知新，组织学生结合自身专业，思考如何将"小我"融入"大我"。

3. 板书设计

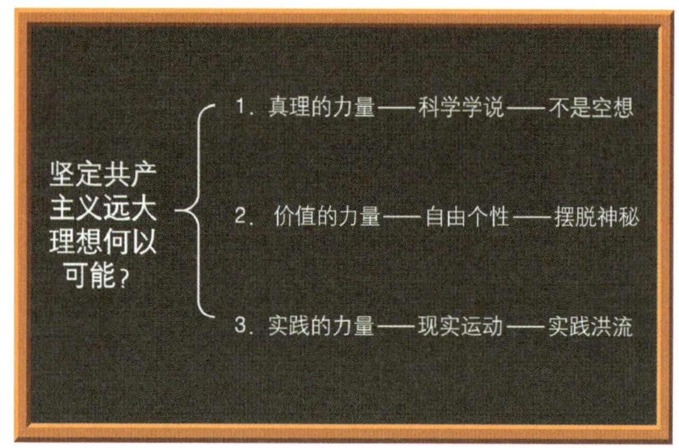

五、教学小结

1. 教学创新及其效果

课前，通过问卷调研、个别访谈等方法，全面了解学生对马克思主义、共产主义、中国特色社会主义等的认知情况，并针对学生的疑惑点指导学习小组开展课程预习，要求学生以教材为蓝本提出思想困惑的同时尝试解答其他同学的思想疑惑。通过调研发现，学生希望突出内容，结合现实，贴近生活，增加讨论、辩论和互动，提升参与感。本次授课着重在以理论的深刻性来说服人的基础上，直面学生思想困惑和社会的责难，同时丰富课堂教学形式，让学生参与进来，通过引导与学生共同分析问题、解答问题。

2. 教学反思

本次教学注重辨析学生的思想疑惑，吸收参与式教学的核心思想，重视学生在学习过程中的作用与角色，增加学生自主学习讨论的比重，充分考虑学生的学习特点和学习需求，尽可能使教学过程符合学生的认知规律，增强学生在课堂中的参与认同感。

六、阅读文献及拓展资料

1.《共产党宣言》,《马克思恩格斯选集》第 1 卷，人民出版社 2012 年版。

2.《国家与革命》,《列宁选集》第 3 卷，人民出版社 2012 年版。

3.《唯心历史观的破产》,《毛泽东选集》第 4 卷，人民出版社 1991 年版。

4.《在武昌、深圳、珠海、上海等地的谈话要点》,《邓小平文选》第 3 卷，人民出版社 1993 年版。

5.《坚定理想信念 补足精神之钙》,《求是》2021 年第 21 期。

6.《青年在选择职业时的考虑》,《马克思恩格斯全集》第 40 卷，人民出版社 1982 年版。

7.《青春》,《李大钊全集》第 1 卷，人民出版社 2013 年版。

8.《习近平的七年知青岁月》，中共中央党校出版社 2017 年版。

9. 柏拉图:《理想国》，郭斌和、张竹明译，商务印书馆 1987 年版。

10. 俞良早:《经典作家探索理想社会与实现中国梦》，人民出版社 2017 年版。

11. 叶顶编著:《一封家书》，江苏凤凰文艺出版社 2019 年版。

理想信念的内涵及重要性

一、基本信息

【课程名称】思想道德与法治

【课程性质】本科生思想政治理论课，必修（必选），40 学时，2.5 学分

【授课对象】北京联合大学本科一年级学生

【本讲名称】理想信念的内涵及重要性

【对应章节】第二章第一节

【单元学时】1 学时，45 分钟

【教师简介】陈旻，北京联合大学马克思主义学院副教授，荣获第十二届北京高校思想政治理论课教学基本功比赛决赛二等奖。

二、教学简介与教学目标

1. 教学简介

本单元主要内容：

首先，正确认识和把握理想信念的内涵及其特征。

其次，正确认识和理解理想信念是精神之“钙”。具体表现在：理想信念昭示奋斗目标，理想信念催生前进动力，理想信念提供精神支柱，理想信念提高精神境界。

最后，正确认识和把握理想信念的重要意义和作用。大学生只有正确树立并坚定崇高的理想信念，才能激发起自己为民族复兴和人民幸福而勤奋学习、不断进取的强烈责任感与历史使命感，掌握建设祖国、奉献社会、服务

人民的本领。

本单元在课程体系中的方位：

在培养时代新人过程中正确指引方向，在落实立德树人根本任务过程中科学铸魂育人，在提升大学生思想道德素质和法治素养过程中培育核心素质，在激励大学生为民族复兴奋斗过程中提供精神支柱。本单元在课程体系中的方位主要是通过正确认识、深入探讨、致力解决的基本问题、核心问题、现实问题展现出来的。

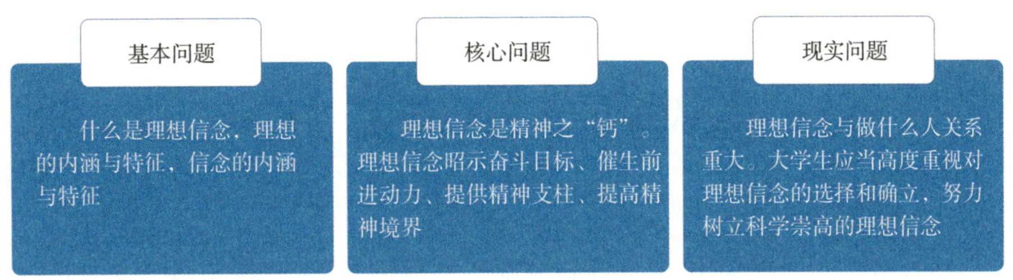

学情分析：

本课程的授课对象主要是00后大学生。进行学情分析，就必须了解和研究大学生，把握00后大学生的知识结构、心理变化和接受特征等。从知识结构来看，00后大学生既有理科学生也有文科学生。一般来说，理科学生比较侧重于数理化知识的积累，但对一些社会问题的关注度不够，社会科学方面的知识储备相对有限；文科学生虽然有一定的政治理论常识，但逻辑推导能力和抽象思维训练相对不足。

从心理变化和接受特征来看，00后大学生视野开阔、思维活跃、好学上进、知识面广，但他们也有一些不足，特别是有些学生理想信念比较淡薄，精神支柱不够牢靠，对中国特色社会主义和共产主义存在认识上的困惑等。因此，在授课过程中，教师应当坚持问题导向，结合学生实际，有针对性地进行教育教学，因材施教、因专业施教，这样才能既增强学生的获得感又提高教学的实效性。

2. 教学目标

知识目标：学生能够识记并陈述关于马克思主义的世界观、人生观、价值观、道德观、法治观等方面的基本知识和理论，能够简要了解关于马克思主义的世界观、人生观、价值观、道德观、法治观等方面的前沿最新成果。

能力目标：学生能够运用所学马克思主义的世界观、人生观、价值观、道德观、法治观等方面的基本知识和理论分析解决社会现实中的道德与法律问题，从而提升自身的思想道德素质和法治素养。

素质目标：学生能够通过理论学习和实践体验，树立坚定的理想信念和正确的价值观念，陶冶高尚的道德情操，崇尚法治、尊重法律，增强明大德守公德严私德和尊法学法守法用法的自觉性，不断提高自身的思想道德素质和法治素养。

三、重点难点与党的二十大精神融入

1. 重点难点

如何引导大学生正确树立并坚定崇高的理想信念，这既是重点又是难点。

2. 解决方案

第一，优化教学理念，钻研吃透教材；第二，遵循教学规律，科学设计教案；第三，厘清教学思路，改进教学方法；第四，扎实开展教学，鼓励学生参与；第五，讲准讲深讲活，理论联系实际；第六，用好教学资源，开展社会实践。要通过有质量、有温度的教学，引导大学生牢固树立崇高理想、坚定信仰信念信心，科学把握理想与现实的辩证统一，正确认识个人理想与社会理想、共同理想与最高理想、立志高远与始于足下的关系，自觉将大学期间的学习与将来的职业和实现中国特色社会主义共同理想联系起来，自觉将远大理想和崇高信念转化为努力学习、艰苦奋斗、成长成才的实际行动。

3. 党的二十大精神融入

要在全面学习贯彻党的二十大精神的基础上，着重将党的二十大报告中关于加强理想信念教育、新时代十年的伟大变革、开辟马克思主义中国化时代化新境界、新时代新征程中国共产党的使命任务、培养新时代好青年等重要论述，通过讲授、案例、研讨等方式方法有机融入本单元教学之中。

四、教学内容与教学安排

1. 教学过程示意图

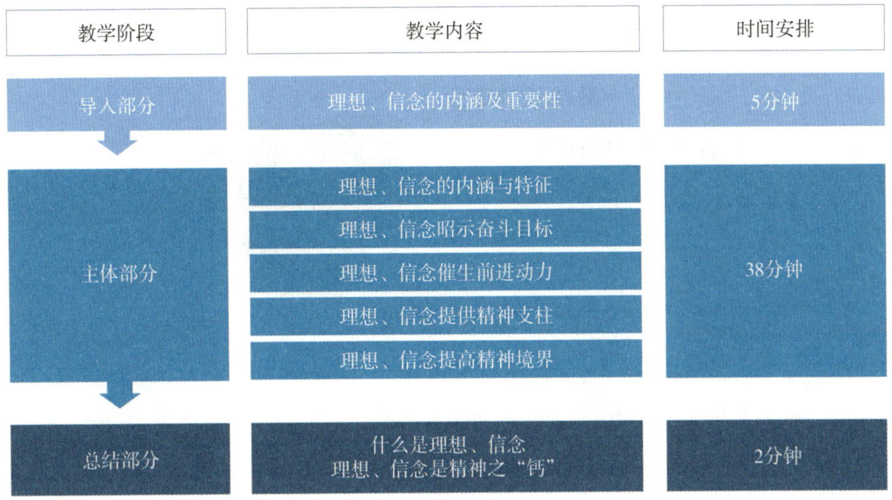

2. 教学内容及设计

教学阶段	教学内容	教学环节设计
导入	**第一节 理想、信念的内涵及其重要性** 课程导入 案例：美国哈佛大学30年前曾对当时在校学生做过一项调查，发现没有目标的人占27%，目标模糊的人占60%，短期目标清晰的人占10%，长期目标清晰的人只有3%。30年后追踪结果表明，第一类人几乎都生活在社会的最底层，长期在失败的阴影里挣扎；第二类人基本都生活在社会的中下层，他们没有多大的理想和抱负，整日只知为生存而疲于奔命；第三类人大多进入了白领阶层，他们生活在社会的中上层；只有第四类人，他们为了实现既定的目标，几十年如一日，努力拼搏，积极进取，百折不挠，最终成了行业领袖或精英人物。 人为什么要有理想?	案例解析，互动提问。

续表

教学阶段	教学内容	教学环节设计
阶段 1：什么是理想、信念	**“世界上最快乐的事，莫过于为理想而奋斗。”** **——苏格拉底** Socrates 苏格拉底 （一）理想的内涵与特征 1. 理想的内涵 **理想是人们在实践中形成的、有实现可能性的、对未来社会和自身发展目标的向往与追求，是人们的世界观、人生观和价值观在奋斗目标上的集中体现。** 2. 理想的特征 （1）理想具有超越性。 **理想，源于现实，又超越于现实。源于现实，所以有现实可能性。超越现实，所以它指向未来，是创造美好生活的巨大力量。**	引经据典，概念解析，分析案例，关系分析。

续表

<table>
<tr><th>教学阶段</th><th>教学内容</th><th>教学环节设计</th></tr>
<tr><td>阶段 1：什么是理想、信念</td><td>（2）理想具有实践性。

人类的对象化劳动
理想在实践中产生、发展和实现

立志以定其本，居正以持其志。
——（宋）胡宏
黑发不知勤学早，白首方悔读书迟。
——（唐）颜真卿
宝剑锋从磨砺出，梅花香自苦寒来。
——（宋）李清照

（3）理想具有时代性。

理想具有历史性、时代性，人们的理想总是那个具体的历史时期的产物。

饥饿的年代，理想是温饱；
温饱的年代，理想是文明；
离乱的年代，理想是安定；
安定的年代，理想是繁荣。
——流沙河

3. 理想与幻想、空想的区别

◆空想、幻想不能等同于理想，其重要区别就在于是否具有实现的可能性。
◆空想、幻想是一种脱离现实且在一定条件下不具有实现可能性的想法，而理想是通过努力可以实现的向往与追求。</td><td></td></tr>
</table>

续表

教学阶段	教学内容	教学环节设计
阶段 1：什么是理想、信念	案例分析：2004 年马加爵事件 从中，我们可以看出：没有理想的指引，人生就会失去方向，迷茫而空虚。 （二）信念的内涵与特征 1. 信念的内涵 **信念是人们在一定的认识基础上确立的对某种思想或事物坚信不疑并身体力行的精神状态。信念是认知、情感和意志的有机统一体。** 2. 信念的特征 （1）信念具有执着性。 **信念一旦形成，就不会轻易改变。** **坚定的信念使得人们具有强大的精神定力。** （2）信念具有支撑性。 **任何一种理想的实现都不是轻而易举的，会遇到各种各样的困难和波折，人必须有坚定不移的决心和坚忍不拔的意志，才能不断战胜困难，把理想变为现实。**	

续表

教学阶段	教学内容	教学环节设计
阶段1：什么是理想、信念	（3）信念具有多样性。 **一方面，不同的人会形成不同的信念；另一方面，同一个人也会形成不同类型和层次的信念。** 3. 理想与信念的区别 **理想的侧重点在于标志人与奋斗目标之间的关系，主要是指向未来的，为人们的行动指明方向；信念的侧重点在于标志人对事物、观念的看法和态度，主要是面对现实的，为人们的行动提供精神支持。** 4. 理想与信念的联系 **理想和信念是相互依存的：理想是信念所指的对象，信念则是理想实现的保障。** 播放视频：习近平的知青岁月 案例评析： 无数杰出人物之所以能在平凡的岗位上做出不平凡的业绩，在极其困难的条件下创造奇迹，一个重要的原因就在于他们具有崇高坚定的理想信念，从而具有披荆斩棘、锲而不舍的动力。	

续表

教学阶段	教学内容	教学环节设计
阶段 2：理想、信念是精神之“钙”	首先，我们来看一幅图片（反映几个年轻人组合的图片）：看到此幅图片，大家会想到什么？ 回答：青春。 看视频并思考一个问题：青春是什么？ 引出问题：习近平总书记与青年的沟通方式有哪些？ 答：书、信等。 问题引申：这些书和信传递给大家的都是一种信念。 得出结论：从领袖的榜样的力量我们可以看出，新时代的大学生应当有坚定的理想信念。 理想信念是精神之“钙” 课堂思考 **理想信念为什么重要，它对我们大学生成长成才到底有什么重要的意义和作用？** 1. 理想信念是精神之“钙”，其第一个重要的意义：昭示人生的奋斗目标。 中国式现代化是物质文明和精神文明相协调的现代化。物质富足、精神富有是社会主义现代化的根本要求。 加强理想信念教育，传承中华文明，促进物的全面丰富和人的全面发展。 ——习近平在中国共产党第二十次全国代表大会上的报告（2022 年 10 月 16 日） 2. 理想信念是精神之“钙”，其第二个重要的意义：催生人生前进的动力。 举例比喻：火箭升空 3. 理想信念是精神之“钙”，其第三个重要的意义：提供人生的精神支柱。 正如习近平总书记在纪念五四运动一百周年大会上的讲话中所说的，自古英雄出少年。在漫漫历史长河中，人类社会青年英雄辈出，中华民族青年英雄辈出。	通过播放学生喜闻乐见的视频，将情感带入，开展情景式教学。 问题导入，师生互动，教师总结，课堂思考，引经据典。

续表

教学阶段	教学内容	教学环节设计
阶段2：理想、信念是精神之“钙”	由此我们想到中国共产主义运动的先驱李大钊，为了革命，38岁英勇就义。他说：“试看将来的环球，必是赤旗的世界。” 理想信念是精神之“钙” 课堂思考 是什么支撑他们向死而生？ 坚定正确的理想信念！ 4. 理想信念是精神之“钙”，其第四个重要的意义：提高人生的精神境界。 黑格尔说：“理想的人物不仅要在物质需要的满足上，还要在精神旨趣的满足上得到表现。” 2021年9月1日，“开学第一课”非常有趣，三位在太空“出差”的英雄，分别分享他们关于理想的故事。我们通过视频来看一看吧。 从太空航天员的例子我们可以看出： 理想信念是精神之“钙” 一个人的理想信念越崇高、越坚定，其精神境界和人格就会越高尚。	课堂思考，师生互动，教师举例比喻。通过打比方的方法进行讲解，让学生能够把抽象的知识点通过更加形象和易于接受与理解的方式内化于心。 师生互动，教师总结，提升知识点的深度、广度。

续表

教学阶段	教学内容	教学环节设计
阶段 2：理想、信念是精神之“钙”	理想信念是精神之“钙” 把个人的奋斗志向同国家和民族的前途命运紧紧联系在一起，他们的思想境界和人格都得到了提升，他们对社会的贡献越来越大，他们的人生也就变得越来越有意义。 两位伟人：马克思、恩格斯。 列宁说：“马克思和恩格斯的关系超过了古人关于人类友谊的一切最动人的传说。” 马克思与恩格斯之间友谊的核心就是共同的理想信念。 案例： 理想信念是精神之“钙” 1934年11月下旬，在湘江之战中，陈树湘率领的部队付出重大牺牲，在完成掩护红军主力和中共中央、中央军委机关抢渡湘江的艰巨任务后，他不慎负伤被俘。1934年12月18日，在敌人押送前往长沙的途中，陈树湘趁敌不备，忍着剧痛，从伤口处掏出肠子，用力绞断，壮烈牺牲，时年29岁。	前后呼应，结合案例，让学生能够把所学的知识很好地融入和贯通到实践当中。
阶段 3：课程内容升华	习近平总书记在党的二十大报告中寄语新时代青年：“广大青年要坚定不移听党话、跟党走，怀抱梦想又脚踏实地，敢想敢为又善作善成，立志做有理想、敢担当、能吃苦、肯奋斗的新时代好青年，让青春在全面建设社会主义现代化国家的火热实践中绽放绚丽之花。”	引入党的二十大报告关于理想信念部分的相关表述，让同学们在新时代新征程的背景下，对理想信念有更加深入的探析和体悟。

续表

教学阶段	教学内容	教学环节设计
总结	理想信念是精神之“钙” 思考题 通过阅读参考书目，结合自身实际，谈谈当代大学生应当具有什么样的理想信念？为了实现这个理想信念，在大学期间你觉得应该做好哪些准备？	课后总结、巩固课堂知识点。

3. 板书设计

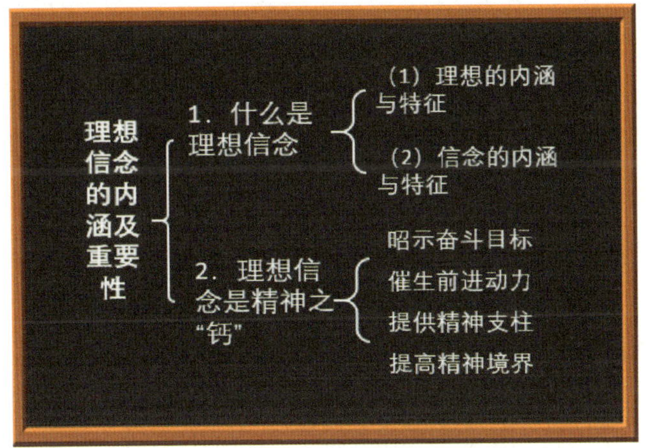

五、教学小结

1. 教学创新及其效果

本单元的教学设计和课堂教学符合大一学生的认知规律和实际水平，能够激发学生的学习热情和学习兴趣，使学生学有所获、学有所得，从学生的反馈来看基本达到教学的目的和要求，取得了良好教学效果。本单元所体现的一定的教学创新具体表现为：一是用心用情投入课堂教学，努力讲准讲深讲透讲活；二是坚持理论联系实际，针对学生的思想情况和现实表现，把思想政治教育的内容和元素有机融入课堂教学的各环节全过程；三是切实改进教学方法，综合运用传统和现代等多种教学方法进行教学，把握学生的个性化问题，体现教师的风格和特点，着力增强课程的针对性、实效性和吸引力、感染力。

2. 教学反思

通过认真总结、查找不足、借鉴经验，主要有如下三点教学反思。

第一，进一步用好主渠道。一是要钻研教材内容，把握重点难点；二是要运用多种教学手段和方法，广泛应用现代信息技术；三是要着力打造思政“金课”，培养担当民族复兴大任的时代新人。

第二，进一步突出针对性。一是要把握当前形势发展和时代方位；二是要锚定学校定位及其人才培养目标；三是要了解和研究学生，准确把握大学生的思想状况、心理变化和接受特征。通过有针对性的教育和引导，增强大学生的获得感，提高教学的实效性。

第三，进一步把握规律性。一是要注重贴近学校实际、学生实际、教学实际；二是要坚持“大思政课”的理念、坚持以学生为中心的理念、坚持问题导向目标导向的理念；三是要不断探索新时代立德树人规律、思政课程建设规律、学生成才成长规律。

六、阅读文献及拓展资料

1.《高举中国特色社会主义伟大旗帜 为全面建设社会主义现代化国家而团结奋斗——在中国共产党第二十次全国代表大会上的报告》，人民出版社2022年版。

2.《在纪念马克思诞辰200周年大会上的讲话》，人民出版社2018年版。

3.《习近平关于实现中华民族伟大复兴的中国梦论述摘编》，中央文献出版社2013年版。

4.《习近平与大学生朋友们》，中国青年出版社2020年版。

5.《习近平的七年知青岁月》，中共中央党校出版社2020年版。

如何建设法治中国

一、基本信息

【课程名称】习近平新时代中国特色社会主义思想概论

【课程性质】本科生思想政治理论课，必修，48 学时，3 学分

【授课对象】中央财经大学本科一年级学生

【本讲名称】如何建设法治中国

【对应章节】第八讲第三节

【单元学时】1 学时，50 分钟

【教师简介】李扬，中央财经大学马克思主义学院讲师，荣获第十二届北京高校思想政治理论课教学基本功比赛决赛一等奖。

二、教学简介与教学目标

1. 教学简介

本节为第八讲“全面依法治国”的第三节“如何建设法治中国”。

学生已经学过本讲前两节，理解了为什么要全面推进依法治国和全面依法治国的总目标，对于法治固根本、稳预期、利长远的作用有较深的理解，也懂得了“建设中国特色社会主义法治体系、建设社会主义法治国家”这一全面依法治国的总目标。

2. 教学目标

第一，让学生了解如何建设法治中国，从科学立法、严格执法、公正司法、全民守法四个方面，全面了解法治中国建设这一系统工程；

第二，让学生全面了解以宪法为核心的中国特色社会主义法律体系，基本了解依法执政的重要举措，系统了解新时代司法为民的重要举措，基本了解法治社会建设的主要举措；

第三，帮助学生树立知法、懂法、守法、用法的正确法治观。

三、重点难点与党的二十大精神融入

1. 重点难点

重点是让学生全面了解以宪法为核心的中国特色社会主义法律体系，全面了解新时代司法为民的重要举措。

难点在于，学生对如何建设法治中国还缺乏了解，不知道应该从哪几方面着手、具体进行哪些建设工作。而且，学生并没有学过法学，而本讲又涉及大量法学专业知识，这就为教学增加了难度。

2. 解决方案

破解难题的根本方法在于，用清晰严谨的逻辑、通俗易懂的语言，把新时代十年法治建设的最主要成就串讲出来，使学生能够较全面地看到法治建设的系统性成就。

3. 党的二十大精神融入

党的二十大报告总结新时代十年法治中国建设成就时说："社会主义法治国家建设深入推进，全面依法治国总体格局基本形成，中国特色社会主义法治体系加快建设，司法体制改革取得重大进展，社会公平正义保障更为坚实，法治中国建设开创新局面。"

一方面，让学生看到，新时代十年法治中国建设尤其是司法体制改革的成就之大；另一方面，让学生看到，党的二十大报告总结用字之精。这种鲜明对比，充分展现了党的二十大报告的微言大义。

四、教学内容与教学安排

1. 教学过程示意图

2. 教学内容及设计

教学阶段	教学内容	教学环节设计
导入	法治建设包括四方面内容：立法、执法、司法、守法。 第一，在立法层面，完善中国特色社会主义法律体系； 第二，在执法层面，深入推进依法行政，加快建设法治政府； 第三，在司法层面，保证公正司法，提高司法公信力； 第四，在守法层面，增强全民法治观念，推进法治社会建设。	PPT 展示法治中国建设的四大领域：科学立法、严格执法、公正司法、全民守法。
阶段 1：完善中国特色社会主义法律体系	1. 事例引入——基层立法联系点 全国人大代表、上海市长宁区虹桥街道虹储居民区党总支书记朱国萍说，她所在的街道被列为全国人大常委会法工委 4 个基层立法联系点之一，而且是唯一一个街道试点。朱国萍的责任，是把群众对于立法的建议反映给全国人大常委会法工委办公室，让立法更好地体现人民意志。 比如“反家暴不仅仅要保护妇女儿童，还要保护老人”这条建议，就在立法中得到体现。	PPT 展示事例及朱国萍的照片。

续表

教学阶段	教学内容	教学环节设计
阶段1：完善中国特色社会主义法律体系	2.《中华人民共和国立法法》确保科学民主立法 今天，我们每个人都可以对立法建言献策。之所以会出现这种喜人的变化，是因为一部新修改的法律——《中华人民共和国立法法》。2015年修改的立法法，是一部规定如何立法的法律，它从三方面强化了人民在立法中的发言权： 一是加强人大对立法工作的组织协调； 二是健全法律法规规章起草征求人大代表意见制度； 三是健全立法机关和社会公众沟通机制。	PPT展示全国人大全体会议通过《中华人民共和国立法法》。
	3.引出各领域立法成果 在《中华人民共和国立法法》的规范指引下，新时代的立法工作呈现出了数量多、分量重、节奏快、效果好的特点。重点领域立法硕果累累。	PPT展示图片"党的十八大以来重要法律单行本"。
	4.经济领域立法——推动高质量发展和高水平对外开放 （1）《中华人民共和国预算法》于2014年8月完成大修； （2）《中华人民共和国公司法》于2013年12月和2018年10月进行两次修正； （3）《中华人民共和国外商投资法》于2019年2月通过。	PPT展示预算法、公司法、外商投资法的图片。
	5.政治领域立法——坚持和完善党的领导、人民当家作主与依法治国的有机统一 （1）《中华人民共和国全国人民代表大会和地方各级人民代表大会选举法》《中华人民共和国全国人民代表大会和地方各级人民代表大会代表法》于2015年8月修改通过； （2）《中华人民共和国村民委员会组织法》《中华人民共和国城市居民委员会组织法》于2018年12月完成修改； （3）新修订的《中华人民共和国公务员法》于2018年12月通过。	PPT展示选举法、代表法、村委会组织法、居委会组织法、公务员法的图片。
	6.文化领域立法——弘扬社会主义核心价值观 （1）《中华人民共和国国歌法》于2017年9月通过，《中华人民共和国国旗法》《中华人民共和国国徽法》于2020年10月修改； （2）《中华人民共和国文物保护法》于2017年11月修改； （3）《中华人民共和国英雄烈士保护法》于2018年4月通过。	PPT展示国歌法、国旗法、国徽法、文物保护法、英雄烈士保护法的图片。

续表

教学阶段	教学内容	教学环节设计
阶段 1：完善中国特色社会主义法律体系	7. 社会领域立法——回应民生福祉和社会治理的重大关切 （1）《中华人民共和国计划生育法》于 2015 年 12 月和 2021 年 8 月两次修改； （2）《中华人民共和国反家庭暴力法》于 2015 年 12 月通过； （3）《中华人民共和国民法典》于 2020 年 5 月通过。	PPT 展示计划生育法、反家庭暴力法、民法典的图片。
	8. 生态领域立法——推动美丽中国建设 （1）《中华人民共和国环境保护法》于 2014 年 4 月修订； （2）全国人大常委会于 2017 年 6 月和 2018 年 10 月分别修改《中华人民共和国水污染防治法》和《中华人民共和国大气污染防治法》，于 2018 年 8 月通过《中华人民共和国土壤污染防治法》。	PPT 展示环境保护法、水污染防治法、大气污染防治法、土壤污染防治法的图片。
阶段 2：深入推进依法行政，加快建设法治政府	1. 过渡语 法律的生命力在于实施，法律的权威也在于实施。 政府是法治建设实施法律的重要主体。 如何建设法治政府呢？	提问，并在黑板上记录学生回答的关键词。
	2. 依法全面履行政府职能，健全依法决策机制 法治政府有两个要素：一是职责法定，二是依法决策。 （1）职责法定方面：制定政府权力和责任清单； （2）依法决策方面：建立行政机关内部重大决策合法性审查机制；推进政府法律顾问制度；建立重大决策终身责任追究制度及责任倒查机制。	PPT 展示“把权力关进制度的笼子”的图片，同时展示法治政府的两大要素：职责法定和依法决策。
	3. 深化行政执法体制改革——行政执法“三项制度”改革 为了促进严格规范公正文明执法，我国进行了行政执法“三项制度”改革： （1）行政执法公示制度重在打造“阳光政府”； （2）执法全过程记录制度重在规范执法程序； （3）重大执法决定法制审核制度重在保障合法执法。	PPT 展示工商行政执法的照片，并引出“三项制度”。
	4. 强化对行政权力的制约和监督 阳光是最好的杀毒剂，政务公开是最好的防腐剂。 政府信息公开分为两种： （1）全面推进政务公开； （2）推进政府信息公开。	PPT 展示阳光政府的两大要素：政务公开和信息公开。

续表

教学阶段	教学内容	教学环节设计
阶段3：保证公正司法，提高司法公信力	1. 由平反冤案引入 1994年，聂树斌被石家庄市公安局郊区分局民警怀疑为一起强奸杀人案的犯罪嫌疑人，1995年4月被判处死刑并执行，年仅21岁。 2005年，此案的真凶浮出水面。 2014年，最高人民法院决定复查聂树斌杀人强奸一案。 2016年，最高人民法院第二巡回法庭作出再审判决：聂树斌无罪。	PPT先展示聂树斌照片，并配文字解说案情。
	2. 如何彻底避免冤假错案再次出现？ 习近平总书记曾引用英国哲学家培根的话："一次不公平的审判，其恶果甚至超过十次犯罪。因为犯罪虽是无视法律——好比污染了水流，而不公正的审判则毁坏法律——好比污染了水源。" 因此，习近平总书记多次强调，要"努力让人民群众在每一个司法案件中感受到公平正义"。	PPT展示习近平总书记在中央全面依法治国工作会议上的照片，旁边配以他引用培根的名言。
	3. 党的十八大以来的司法改革概述 党的十八大以来，我国进行了一场影响深远的司法革命。	PPT展示党的十八大以来司法体制改革的宣传图片。
	（1）改革一：立案登记制 过去实行立案"审查制"，立案困难。 2015年5月，人民法院全面施行立案登记制改革，做到有案必立、有诉必理。	PPT对比展示过去立案审查制与现在的立案登记制。
	（2）改革二：建立多元解决纠纷机制 对于诉讼标的小、情节简单的案件，鼓励当事人以调解方式来化解纠纷；对于调解不成的案件，根据诉讼标的大小和案情复杂程度，进行繁简分流，简案速裁，繁案精审。 这种"一站式"多元解纷和诉讼服务体系，让80%以上的纠纷通过调解和速裁方式解决，从源头上分流，减少了诉讼案件数量。	提问：立案登记制可能导致什么问题？

续表

教学阶段	教学内容	教学环节设计
阶段3：保证公正司法，提高司法公信力	（3）改革三：司法责任制 2015年，最高人民法院印发《关于完善人民法院司法责任制的若干意见》，法官在职责范围内对办案质量终身负责。 司法责任制，倒逼法官、检察官提高自身专业能力和职业素养，办案由“过得去”向“过得硬”转变。 正如习近平总书记所说的司法责任制，抓住了司法改革的“牛鼻子”。	PPT先展示司法责任制。
	（4）改革四：领导干部干预司法活动、插手具体案件处理的记录、通报和责任追究制度 2015年3月，中共中央办公厅、国务院办公厅印发《领导干部干预司法活动、插手具体案件处理的记录、通报和责任追究规定》，确保司法机关依法独立公正行使职权。	PPT展示问题：权力干预司法怎么办？ PPT配图：对权力干预进行追责的漫画。
	（5）改革五：司法人员职业保障制度 过去十年，我们逐步实行省级以下法院检察院编制、有关人员、财物等统一管理，防止地方保护主义干扰，保障司法机关依法独立公正行使职权。 我们还建立健全了司法人员履行法定职责保护机制。非因法定事由，非经法定程序，不得将法官、检察官调离、辞退或者作出免职、降级等处分。	指出一些变相干预司法的做法。
	（6）改革六：以审判为中心的刑事诉讼制度改革 在一起刑事案件中，公安主要负责侦查、逮捕和预审，检察院主要负责提起公诉，法院主要负责审判。 公检法三家，既相互配合，又相互监督制约。但是，过去我们更多地强调配合，而没有做好监督制约。这就容易导致非法取证、刑讯逼供、证据瑕疵等问题。 2016年10月，最高人民法院、最高人民检察院、公安部等五部门发布实施《关于推进以审判为中心的刑事诉讼制度改革的意见》，充分发挥庭审的作用，用庭审倒逼公安机关、检察机关提高办案质量。	PPT先展示公检法的图片和职能；再展示过去，三方偏重配合，容易导致冤假错案；最后给出解决办法，并用图片来展示新制度下控辩双方的新地位。

续表

教学阶段	教学内容	教学环节设计
阶段3：保证公正司法，提高司法公信力	（7）改革七：公益诉讼制度 如果公众利益受到侵害了怎么办呢？ 2017年，我国正式建立公益诉讼检察制度。检察机关在生态环境和资源保护、国有资产保护、食品药品安全、英烈保护等领域提起公益诉讼，督促恢复生态、制裁假冒伪劣、挽回国家损失，保护社会公共利益。	PPT先展示公众利益受到侵害的图片，包括环境污染、国有资产流失、食品安全问题、英雄烈士被抹黑污蔑；随后展示这些领域引入公益诉讼制度后的宣传图片。
	以上7项改革，只是新时代十年司法体制改革的一小部分，但足以看出“努力让人民群众在每一个司法案件中感受到公平正义”绝不是一句口号，而是实实在在的改革举措。	PPT展示7项改革的逻辑图。
阶段4：增强全民法治观念，推进法治社会建设	1. 过渡语 法律的权威源自人民的内心拥护和真诚信仰。人民权益要靠法律保障，法律权威要靠人民维护。	
	2. 全民学法热潮 罗翔老师用生动的案例、精辟的分析与渊博的学识，让大家感受到法律的魅力，为新时代普法工作作出了卓越的贡献，也掀起了全民学法的热潮。	PPT展示罗翔课堂照片。
	3. 推动全社会树立法治意识 （1）把法治教育纳入国民教育体系； （2）全社会广泛开展普法宣传； （3）健全普法宣传教育机制。	
	4. 推进多层次多领域依法治理 要在法治社会建设中用好法，就需要坚持系统治理、依法治理、综合治理、源头治理，提高社会治理法治化水平。 （1）不断完善社会领域立法； （2）不断将社会治理活动纳入法治化轨道； （3）加强基层群众自治组织、人民团体和社会组织的法治化建设水平。	PPT展示三方面：社会治理有法可依，社会治理有法必依，社会组织遵纪守法。

续表

<table>
<tr><th>教学阶段</th><th>教学内容</th><th>教学环节设计</th></tr>
<tr><td rowspan="2">阶段 4：增强全民法治观念，推进法治社会建设</td><td>5. 完善法律服务体系，健全依法维权和化解纠纷机制
（1）法律服务方面：要让那些最需要帮助的人，得到法律的援助。
（2）化解纠纷方面：发扬新时代“枫桥经验”。</td><td>PPT 展示：
（1）法律服务的主要内容；
（2）“枫桥经验”的相关图片。</td></tr>
<tr><td>法治社会建设是一项系统工程，可以从以下三方面着手：
第一，加强普法宣传教育，树立法治观念；
第二，增强社会治理的法治化水平；
第三，完善法律服务，并用法治手段来化解社会矛盾。</td><td>PPT 展示法治社会建设的三个方面。</td></tr>
<tr><td>总结</td><td>党的二十大报告总结了新时代十年全面依法治国的巨大成就。报告指出：“社会主义法治国家建设深入推进，全面依法治国总体格局基本形成，中国特色社会主义法治体系加快建设，司法体制改革取得重大进展，社会公平正义保障更为坚实，法治中国建设开创新局面。”
推进全面依法治国是国家治理的一场深刻变革，必须以习近平法治思想为指导，加强理论思维，从理论上回答为什么要全面依法治国、怎样全面依法治国这个重大时代课题，不断从理论和实践的结合上取得新成果，总结好、运用好党关于新时代加强法治建设的思想理论成果，更好指导全面依法治国各项工作。
思考题：
1. 请结合你的亲身经历谈谈，新时代的立法对你的生活产生了哪些影响？
2. 怎样从自身做起，提高法治素养，用实际行动助力法治中国建设？
请根据自己的见闻感受，写一篇 800—1000 字的体会。</td><td></td></tr>
</table>

3. 板书设计

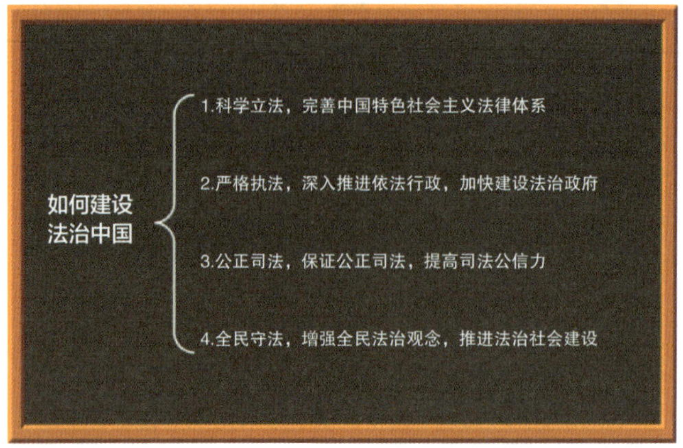

五、教学小结

1. 教学创新及其效果

课程没有就理论讲理论，而是广泛介绍了新时代这十年在科学立法、严格执法、公正司法和全民守法等方面的具体举措，具有较丰富的内容和较强的知识性，言之有物，从而避免了空洞说教。

2. 教学反思

受课堂时间和学生专业背景限制，对于新时代立法的具体内容，阐释不足。

受课堂时间和学生社会阅历限制，对于新时代执法和司法改革的内容，阐释不足。

改进方法是，进一步研究和吃透新时代法治建设的内容和精髓，用更加通俗易懂的语言，将法治中国建设的新成就讲清楚。

六、阅读文献及拓展资料

1.《高举中国特色社会主义伟大旗帜 为全面建设社会主义现代化国家而团结奋斗——在中国共产党第二十次全国代表大会上的报告》单行本，人民出版社 2022 年版。

2.《党的二十大报告辅导读本》，人民出版社 2022 年版。

3.《习近平法治思想学习纲要》，人民出版社、学习出版社 2021 年版。

4.《习近平关于全面依法治国论述摘编》，中央文献出版社 2015 年版。

5.《中共中央关于全面推进依法治国若干重大问题的决定》，人民出版社 2014 年版。

6.《中国共产党百年法治大事记》，人民出版社、法律出版社 2022 年版。

全过程人民民主好在哪里

一、基本信息

【课程名称】习近平新时代中国特色社会主义思想概论

【课程性质】本科生思想政治理论课，必修，48 学时，3 学分

【授课对象】北京航空航天大学本科一年级学生

【本讲名称】全过程人民民主好在哪里

【对应章节】第七讲

【单元学时】1 学时，45 分钟

【教师简介】张超，北京航空航天大学马克思主义学院讲师，荣获第十二届北京高校思想政治理论课教学基本功比赛决赛一等奖。

二、教学简介与教学目标

1. 教学简介

党的二十大报告明确指出，人民民主是社会主义的生命，是全面建设社会主义现代化国家的应有之义。全过程人民民主是社会主义民主政治的本质属性，是最广泛、最真实、最管用的民主。必须坚定不移走中国特色社会主义政治发展道路，坚持党的领导、人民当家作主、依法治国有机统一，坚持人民主体地位，充分体现人民意志、保障人民权益、激发人民创造活力。通过对全过程人民民主丰富内涵和实践环节的分析，帮助同学们具体地认识西方民主制度的虚伪和局限，从而更好地理解中国特色社会主义民主政治的优越性。

2. 教学目标

知识目标：帮助学生了解全过程人民民主的内涵，不再只是根据习近平总书记关于全过程人民民主的重要讲话机械地阅读或背诵相关知识点，而是从马克思、列宁等对民主概念的深刻阐释和中国共产党人对人民民主实现形式的不断探索中把握全过程人民民主的实质；引导学生通过比较中西方选举过程、立法过程、人民参与国家事务管理的形式等具体案例，认清资本主义民主制度的虚伪，感受全过程人民民主的优势。

素质目标：通过从现象到本质的层层剖析，使学生理解习近平新时代中国特色社会主义思想坚持问题导向和系统观念的方法，从而避免陷入对西方民主的误解和盲目推崇；引导学生将全过程人民民主的优势与习近平新时代中国特色社会主义思想坚持以人民为中心的根本立场进行相互印证，从而加深对人民至上原则和理念的理解。

能力目标：通过对百年变局和世纪疫情交织之下中国之治和西方之乱等现象进行理论分析，培养学生从民主制度的视角认识和分析国内外现实的能力，认识到在马克思主义指导下坚持和发展全过程人民民主的重要意义；通过学习习近平总书记关于全过程人民民主的重要论述，引导学生提高运用民主观念和方法解决现实问题的能力。

三、重点难点与党的二十大精神融入

1. 重点难点

（1）知识重点

什么是全过程人民民主，为什么全过程人民民主是最广泛、最真实、最管用的民主，全过程人民民主相对于西方民主制度的优势。

（2）理论难点

民主概念的辨析，全过程人民民主如何实现“四个相统一”，社会主义民主和资本主义民主的本质区别。

2. 解决方案

一是选用适当的教学方法解答重点难点。本单元可采用问题链式教学法，通过设计层层追问式问题，了解学生对民主的认识和真实想法，再针对其困惑或质疑采用理论分析和实践案例相结合的方法进行回应。

二是及时融入党的二十大报告中关于全过程人民民主的相关内容。明确重点方向和基本思路，引导学生学原文、悟原理，找准解决重难点问题的基本遵循。

3. 党的二十大精神融入

（1）融入内容

党的二十大报告中有多处直接论述发展全过程人民民主的内容，具体包括：回顾过去十年的伟大变革时，明确指出“我们坚持走中国特色社会主义政治发展道路，全面发展全过程人民民主，社会主义民主政治制度化、规范化、程序化全面推进，社会主义协商民主广泛开展，人民当家作主更为扎实，基层民主活力增强”，提出新时代新征程中国共产党的使命任务时，首次提出“中国式现代化的本质要求”中包含“发展全过程人民民主”第六部分专章论述“发展全过程人民民主，保障人民当家作主”，系统阐述“人民民主是社会主义的生命，是全面建设社会主义现代化国家的应有之义。全过程人民民主是社会主义民主政治的本质属性，是最广泛、最真实、最管用的民主”“我们要健全人民当家作主制度体系，扩大人民有序政治参与，保证人民依法实行民主选举、民主协商、民主决策、民主管理、民主监督，发挥人民群众积极性、主动性、创造性，巩固和发展生动活泼、安定团结的政治局面”等内容。

（2）融入方式

全面系统地梳理党的二十大报告中关于发展全过程人民民主的相关内容。引导学生充分认识发展全过程人民民主在过去十年伟大变革中发挥的重要作用，深刻领会发展全过程人民民主在新时代新征程中对于推进中国式现代化的重要意义，准确把握发展全过程人民民主的科学内涵、价值旨归、基本原则和具体路径。

重点讲授全过程人民民主的制度优势。党的二十大报告中指出，“全过程人民民主是社会主义民主政治的本质属性”，这是一个全新的论断，应当重点理解。结合习近平总书记在中央人大工作会议上提出的“四个相统一”，并辅以全国各地践行全过程人民民主的鲜活案例，向学生讲清讲透全过程人民民主到底是一种怎样的民主新形态，相对于西方民主制度到底有哪些新特征，从而使学生能够全面掌握全过程人民民主的优势，深刻理解党的二十大报告的新论断。

（3）如何解决重难点问题

党的二十大报告中关于发展全过程人民民主的重要论述为解决本讲的重难点问题提供了基本指向和基本思路。一个制度好不好，一要在实践中检验，二要在对比中辨别。实践维度，党的二十大报告中系统回顾过去十年发展全过程人民民主方面取得的伟大变革，为系统梳理实践成就、把握实践特征提供了基本指向，据此寻找具体案例，能够准确地在实践维度展现出全过程人民民主的制度优势。比较维度，党的二十大报告提出“人民民主是社会主义的生命”，这就要求发展全过程人民民主必须坚定政治制度自信，坚定不移走中国特色社会主义政治发展道路，强调“保证人民依法实行民主选举、民主协商、民主决策、民主管理、民主监督”，很显然是对西式民主重程序、轻实质的偏狭取向所导致的选举、决策、管理、监督等环节的割裂乃至对立的超越。以上两个维度，对于理解中国的全过程人民民主追求广泛性、真实性和有效性，实现过程民主和成果民主、程序民主和实质民主、直接民主和间接民主、人民民主和国家意志相统一，具有直接的指导意义。

四、教学内容与教学安排

1. 教学过程示意图

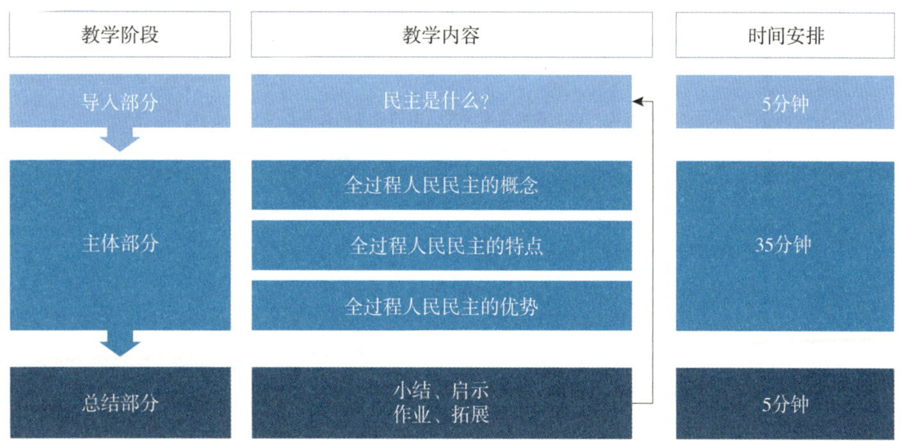

2. 教学内容及设计

教学阶段	教学内容	教学环节设计
导入	2021年12月4日，国务院新闻办举行新闻发布会，发布了《中国的民主》白皮书，在记者提问环节，路透社记者提出了相关问题。 2022年10月16日，党的二十大胜利召开，习近平总书记在报告中明确指出，人民民主是社会主义的生命，是全面建设社会主义现代化国家的应有之义。全过程人民民主是社会主义民主政治的本质属性，是最广泛、最真实、最管用的民主。 路透社记者和党的二十大对于我国民主制度截然相反的表述，你如何看待？	问题式导入新课：通过真实案例中的尖锐问题，引起学生的思考，引入课程内容。
阶段1：全过程人民民主的概念	问题1：什么是民主？ 在人类历史上，马克思主义第一次揭示了民主的深刻内涵，还原了民主的本质本义，使得人们摆脱了对民主的认识迷雾。马克思认为，“民主制是作为类概念的国家制度”，是阶级社会中实现阶级利益的政治形式，是统治阶级用来实现其阶级利益的政治形式和手段。列宁对民主制度有更加明确的论述，他将民主视为一种国家形态，一种公民参与管理国家的实践样态。 这充分说明民主是建立在一定经济基础上的上层建筑，不同国家的民主制度应当也必然存在差异。 问题2：什么是人民民主？ 社会主义民主 工人革命的第一步就是使无产阶级上升为统治阶级，争得民主。 ——马克思 工农苏维埃，这是新的国家类型，新的最高的民主类型，这是无产阶级专政的一种形式，是在不要资产阶级和反对资产阶级的情况下来管理国家的一种方式。 ——列宁 十月革命胜利后，列宁领导的世界上第一个社会主义政权将马克思主义民主学说付诸实践，并建立了苏维埃民主制度。这是人类历史上第一个真正意义上的社会主义民主制度，它第一次实现了多数人对少数人的统治。	层层递进辨概念。

续表

教学阶段	教学内容	教学环节设计
阶段 1：全过程人民民主的概念	问题 3：什么是全过程人民民主？ 2019 年 11 月，习近平总书记在上海考察时指出：“我们走的是一条中国特色社会主义政治发展道路，人民民主是一种全过程的民主。”在庆祝中国共产党成立 100 周年大会上，习近平总书记再次强调：“尊重人民首创精神，践行以人民为中心的发展思想，发展全过程人民民主。” 2021 年 10 月中央人大工作会议上，习近平总书记系统阐述了全过程人民民主的内涵。党的十九届六中全会通过的《中共中央关于党的百年奋斗重大成就和历史经验的决议》，把“发展全过程人民民主”列为习近平新时代中国特色社会主义思想的重要内容，凸显了发展全过程人民民主对于党和国家全局性事业的重要性。	按照“民主—人民民主—全过程人民民主”的逻辑关系，层层递进引导学生理解重要概念。
阶段 2：全过程人民民主的特点	问题 1：全过程人民民主的突出特点是什么？ 中央人大工作会议上，习近平总书记概括了全过程人民民主实现的“四个相统一”，即“过程民主和成果民主相统一、程序民主和实质民主相统一、直接民主和间接民主相统一、人民民主和国家意志相统一”，集中体现了全过程人民民主的突出特点。 问题 2：全过程人民民主如何实现“四个相统一”？ 第一，过程民主和成果民主相统一。 从过程上看，全过程人民民主通过民主选举、民主协商、民主决策、民主管理和民主监督保障人民可以参与到全链条、全时段的民主政治过程和国家治理当中，从而获得既定的民主成果。 党的二十大报告中特别强调全面发展协商民主，统筹推进政党协商、人大协商、政府协商、政协协商、人民团体协商、基层协商以及社会组织协商。 【辨析】西方民主选举和我国民主选举的本质区别 西方民主选举看似公开公平，每个人都按照自己的偏好投票给相应的候选人，但所有候选人都是资产阶级的代言人，实质上无论选谁，最终都难以真正代表广大人民群众的利益；我国民主选举，对每位候选人都严格考察，经过层层投票选举，最终当选的一定是能够得到更多群众支持、代表更多人利益的候选人。 本质上，西方民主选举偷换了概念，以“个体理性”取代“集体理性”，但事实上，个体理性往往导致集体的不理性，而我国民主选举始终以集体理性作为重要标准，才是真正的过程民主与成果民主相统一。	【案例式教学】 1. 案例解读全过程人民民主如何实现“四个相统一”。 2. 引出问题：如何比较民主制度的优劣？为什么说全过程人民民主优于西方民主制度？优势体现在哪里？

续表

教学阶段	教学内容	教学环节设计
阶段2：全过程人民民主的特点	第二，程序民主和实质民主相统一。 我国人民当家作主制度安排包含“五项制度”，即人民代表大会制度、统一战线制度、中国共产党领导的多党合作和政治协商制度、民族区域自治制度和基层群众自治制度。上述制度共同构成了一个完整的社会主义民主制度体系，保证了国家治理高效、社会和谐稳定以及不断促进人的全面发展。 【案例】基层民主解决北京老旧小区加装电梯难题 北京市海淀区花园路街道的一个老旧小区，对于居民楼是否加装电梯，居民分成了两派。社区工作人员会同物业管理单位、工程施工单位等，选择其中分歧较大的一栋居民楼，邀请居民代表进行民主协商，现场说明了费用分摊等具体问题，经过9个多小时的沟通，双方终于达成一致，加装电梯工作得以顺利推进，施工过程也在居民的监督下进行。 第三，直接民主和间接民主相统一。 直接民主指人民亲自参与治理，间接民主指人民选举代表代为行使权力。在我国，直接民主表现为人民可以依法通过各种渠道直接参与管理政治事务和社会事务，管理经济与文化事业，决定基层自治组织的事务。间接民主主要体现为人民选举代表组成各级人民代表大会行使国家和地方最高权力。两种形式相互配合、相互统一。 【案例】党的二十大报告诞生记 “在起草工作中要充分发扬民主，加强调查研究，广泛听取意见，集中起各方面智慧。”习近平总书记在党的二十大报告起草伊始就明确强调。 直接民主和间接民主相统一 54 个单位承担课题调研任务 132.7 万字的调研报告 1519 场现场或线上座谈会 20869 人次参与座谈或咨询 854.2 万条网络建议留言 272 天不断修改完善	

续表

教学阶段	教学内容	教学环节设计
阶段 2：全过程人民民主的特点	第四，人民民主和国家意志相统一。 全过程人民民主之所以能实现人民民主与国家意志的统一，在于以下三点：一是全过程人民民主建立在公有制经济基础之上，广大人民的根本利益具有内在一致性；二是全过程人民民主的“五项制度”和“五大民主”保证了人民可以充分表达意愿；三是全过程人民民主坚持党的领导、人民当家作主和依法治国的有机统一，确保了国家意志在民主监督下有效实施。 【案例】基层立法联系点的生动实践 2020 年，华东政法大学附属中学的同学们在虹桥基层立法联系点和学校组织对未成年人保护法修订草案征求意见时提出若干条修改意见。全国人大常委会法制工作委员会最终吸纳了该校学生的一条建议，删除了草案规定中的缴纳和没收保证金的相关内容。同学们表示：“自己的意见不但能得到学校重视，还能得到国家重视，深感自豪、备受鼓舞。在接受法治教育的同时，也经历了一次人生重要的成长。” 这一案例充分表明，在我国，基层群众的合理建议能够通过立法的形式上升为国家意志，使我国的法律体系日趋完善，并且真正成为体现人民意志、维护人民利益的有力武器。对于参与基层立法联系点征询意见的学生而言，这不失为一堂生动的法律实践课，能够让学生们更加认同我国社会主义法律体系，增强法治意识。	
阶段 3：全过程人民民主的优势	从中西方民主制度比较中看优势 西方的民主 VS 中国的民主 西方的民主： ▪ 民主过程不完整，选举时热闹，选举后沉寂 ▪ 片面强调程序民主，忽视甚至无视实质民主 ▪ 间接民主沦为“精英民主”和“金钱民主” ▪ 国家意志无法真正体现和保障广大人民利益 ▪ 实质是 资产阶级专政 中国的民主： ▪ 过程民主全链条，确保成果民主 ▪ 程序民主全覆盖，确保实质民主 ▪ 直接民主和间接民主相配合，确保广泛参与 ▪ 坚持人民民主，确保国家意志反映人民意愿 ▪ 实质是 人民当家作主 全过程人民民主是社会主义民主政治的本质属性 总的来说，西方民主制度实质上仍然是资产阶级专政，而中国的全过程人民民主真正实现了人民当家作主，因此，全过程人民民主是社会主义民主政治的本质属性。	【观点辨析法】 1. 承接上一环节的问题，首先提出评价民主制度的标准； 2. 从标准出发，结合全过程人民民主的特点，论证全过程人民民主是最广泛、最真实、最管用的民主。

续表

教学阶段	教学内容	教学环节设计
总结	本单元重点讲授了全过程人民民主的概念、特点和优势，并通过中西方民主制度的对比，回答了全过程人民民主为什么是最广泛、最真实、最管用的民主。通过我国民主实践中的具体案例可以看到，全过程人民民主实现了“四个相统一”，丰富了人类政治文明形态。 思考题：每年两会期间，网上都会热炒个别人大代表的“奇葩议案”，导致很多人质疑人大代表的履行职责能力，进而质疑我国民主制度的合理性和有效性，你如何看待这一现象？	通过回顾课程，强化学生对结论的理解。

3. 板书设计

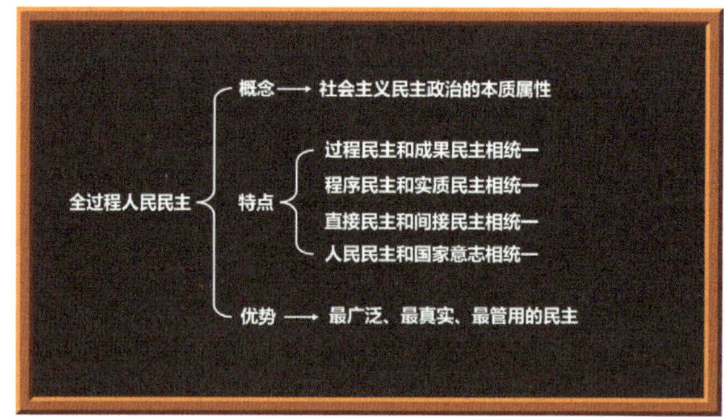

五、教学小结

1. 教学创新及其效果

方法上，使用层层递进式的问题链教学方法，问题连贯性始终引导学生的精力时刻集中在课程内容上，教师和学生共同成为课堂的主体，实现高质量的教学；

内容上，直面学生的困惑和问题，从概念辨析出发，在中西方比较中澄清学生思想上的误区，使学生能够真正理解讲授的内容，学会阅读政策文件的方法；

案例选择上，采用学生熟悉和感兴趣的案例引起共鸣。讲授程序民主和实质民主时，引入学生平时经常玩的“狼人杀”游戏，将其与西方民主制度做类比，抓住学生兴趣点，引发学生思考，进而达到让学生更好地理解相关内容的目的。

2. 教学反思

（1）如何引导学生在课堂上敢于提出问题，是一堂好课的开端。只有让学生讲真话，才能真正了解学生的诉求，做到有的放矢，直面学生的困惑，从而提高教学的针对性，提升学生的获得感。

（2）案例是否能够真正说明问题，是需要进一步总结和反思的。案例需要有足够的说服力，一定不要让学生把课堂所讲的案例视为一个特例，因此，案例既要有代表性，又要有普遍性。

六、阅读文献及拓展资料

1.《高举中国特色社会主义伟大旗帜 为全面建设社会主义现代化国家而团结奋斗——在中国共产党第二十次全国代表大会上的报告》，人民出版社2022年版。

2.《中共中央关于党的百年奋斗重大成就和历史经验的决议》，人民出版社2021年版。

3.《在中央人大工作会议上的讲话》，《求是》2022年第5期。

4.《在庆祝中国共产党成立100周年大会上的讲话》，人民出版社2021年版。

5.《中国的民主》白皮书，2021年12月4日。

贯彻新发展理念
——揭开拉闸限电之谜

一、基本信息

【课程名称】习近平新时代中国特色社会主义思想概论

【课程性质】本科生思想政治理论课，必修，48 学时，3 学分

【授课对象】华北电力大学本科一年级学生

【本讲名称】贯彻新发展理念——揭开拉闸限电之谜

【对应章节】第五讲第一节

【单元学时】1 学时，50 分钟

【教师简介】虞海波，华北电力大学马克思主义学院硕士生导师，习近平新时代中国特色社会主义思想概论教研室主任，荣获第十二届北京高校思想政治理论课教学基本功比赛决赛一等奖。

二、教学简介与教学目标

1. 教学简介

本单元源自第五讲“以新发展理念引领高质量发展”的第一节内容。

授课对象为 00 后大学生（大多数是 2004 年出生的），也被称为“Z 世代”，他们思想活跃，反应灵敏，关注社会热点问题，思想观念仍处于波动变化之中，较容易受到外界的影响。同时，“Z 世代”大学生成长于互联网时代，善于质疑，具有较强的表现欲望和批评精神。

本节课以一则拉闸限电综合案例贯穿教学主题全过程，通过案例教学，使学生一方面能够本着案例去探寻新发展理念提出的深意和如何贯彻新发展

理念，另一方面能将新发展理念的内涵具体化于案例事实，从而引导学生切实把思想政治理论课与现实生活紧密联系起来，提升用理论分析解决现实问题的能力。

2. 教学目标

知识目标：通过课程的案例教学，促使学生掌握新发展理念的提出背景、基本内涵和贯彻方法，关注党的二十大报告中有关新发展理念的最新论述。

能力目标：通过新发展理念的理论阐释和对理论进行深层次的挖掘，激发学生的创新思维，深刻理解新发展理念的实践伟力，培养学生发现、分析和解决问题的能力；通过跟学生的互动教学，培养学生的思辨能力、逻辑思维能力、语言组织能力和口头表达能力。

素质目标：通过对日常热点的反思，使学生能够透过现象看本质，科学、全面地认识拉闸限电背后的现实逻辑和理论逻辑，引导学生理性看待热点问题，树立正确的价值观。

三、重点难点与党的二十大精神融入

1. 重点难点

党的二十大报告指出，“贯彻新发展理念是新时代我国发展壮大的必由之路”。如何理解这一论述是本讲的重点和难点。

2. 解决方案

通过引入社会热点问题，特别是能源行业特色高校学生普遍关注的拉闸限电问题，以此为主线，贯穿本次课程的始终，紧紧抓住学生的兴趣点。

3. 党的二十大精神融入

讲解深入浅出，清晰阐明新发展理念的基本内涵，全面贯彻新发展理念的意义，同时兼顾学生的知识结构和基础，用生动、简明的语言加以解读。积极引导学生互动，参与课堂学习，通过提问，互动调查，提升学生的课程融入感。构建课堂的共同话语，以共同关注话题引领学生参与课堂教学，真正实现党的二十大精神进教材、进课堂、进头脑。

四、教学内容与教学安排

1. 教学过程示意图

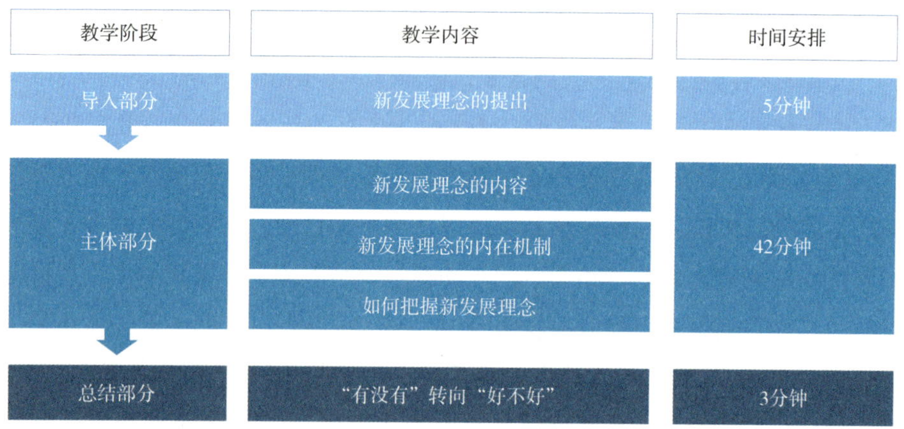

2. 教学内容及设计

教学阶段	教学内容	教学环节设计
导入	（1）简要回顾前两节课的内容，结合全面深化改革的“双碳”目标，提出问题。 （2）【结合现实】 针对能源电力行业高校学生普遍关注的话题：东北拉闸限电登上微博热搜，江苏、湖南、浙江、广东、云南、山东等10余个省份相继出现了一些限电现象。 （3）【提问】 拉闸限电背后到底是什么原因？	回顾已学内容，为本节课做铺垫。 通过提问引入主题。
阶段1：新发展理念的历史方位	（1）通过分析我国成为世界第二大经济体，尤其是新时代十年取得的历史性成就，阐释我国已经处于从富起来到强起来的历史方位； （2）结合邓小平的话语，逐步引出我国的现状是“大而不强”。	通过多媒体图表展现，引导学生充分认识我国的历史方位。

续表

教学阶段	教学内容	教学环节设计
阶段 2：大而不强的具体展现	（1）发展结构失衡 【案例提问】我国发电结构，哪种发电占主体？ 通过数据图表展示，清晰说明眼下虽然核能、风能、太阳能以及其他新能源概念如火如荼，但时至今日，火力发电依旧是主力军，发展结构有待进一步提升。 （2）发展代价过高 我国经济增长的贡献率主要来自自然资源的大量消耗，资源环境发展代价过高，由此造成了严重的环境污染和生态恶化，直接降低了人民的生活质量感。 【结合文件】党的二十大报告指出，实现碳达峰、碳中和是一场广泛而深刻的经济社会系统性变革。“十四五”规划提出完善“能耗双控”（控制能源消耗强度、控制能源消费总量）制度，重点控制化石能源消费，2025 年单位 GDP 能耗和碳排放比 2020 年分别降低 13.5%、18%。在“双控”的背景下，将能耗强度作为约束性指标，倒逼各地转变经济发展模式，走出一条低碳发展道路。 （3）发展动力不足 【讲授】制造业技术门槛不高，就会进行充分激烈的市场厮杀，只要还能赚一点钱，就没有企业敢提价。企业发展动力严重不足。 【案例】卡塔尔世界杯专用足球售价极高（1949 元），但加工费极低。	师生互动，结合拉闸限电的具体案例，引发学生思考。
阶段 3：新发展理念的内涵	创新是引领发展的第一动力，创新发展注重的是解决发展的动力机制。 协调发展、绿色发展和开放发展要求发展方式在世界历史的视野下，从平衡机制解决好重大关系的平衡问题、人与自然共生的平衡问题、内外联动的平衡问题，从而为人与社会发展的统一创造条件。	

续表

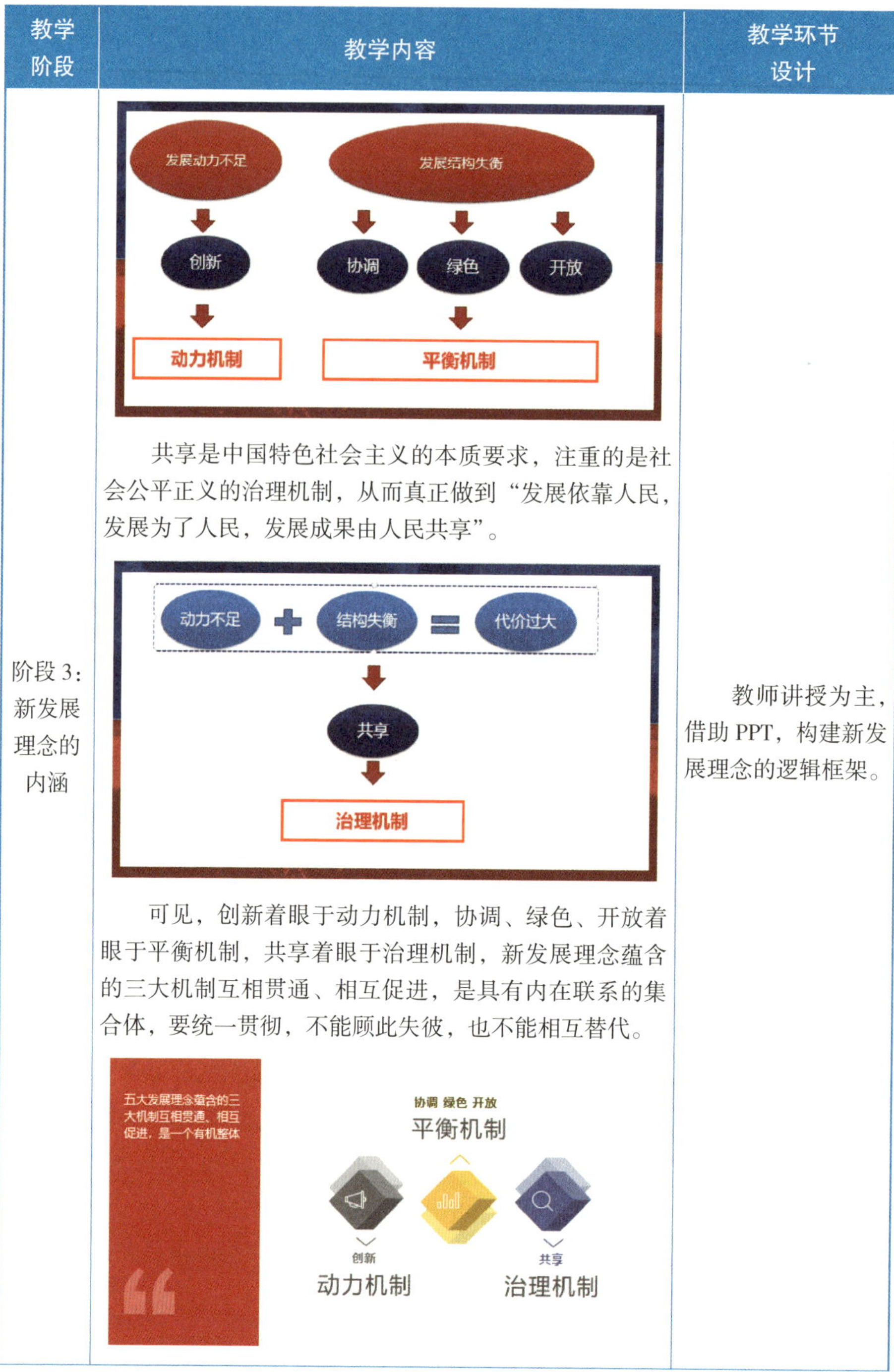

教学阶段	教学内容	教学环节设计
阶段 3：新发展理念的内涵	共享是中国特色社会主义的本质要求，注重的是社会公平正义的治理机制，从而真正做到“发展依靠人民，发展为了人民，发展成果由人民共享”。 可见，创新着眼于动力机制，协调、绿色、开放着眼于平衡机制，共享着眼于治理机制，新发展理念蕴含的三大机制互相贯通、相互促进，是具有内在联系的集合体，要统一贯彻，不能顾此失彼，也不能相互替代。	教师讲授为主，借助 PPT，构建新发展理念的逻辑框架。

续表

教学阶段	教学内容	教学环节设计
阶段4：贯彻新发展理念的原则	（1）从根本宗旨上把握新发展理念 【对比】在此次拉闸限电中，对比东北和广东地区的做法，我们就能鲜明发现哪个地区真正能践行人民至上，贯彻新发展理念。 【讨论】究竟什么是以人民为中心，坚持人民至上？ （2）从问题导向把握新发展理念 【案例】“实现碳达峰碳中和是一场广泛而深刻的经济社会系统性变革。”碳达峰碳中和、“双减”政策要求是从国家长远出发、从国内国际复杂形势出发的重大决策部署，不是临时作业、突发要求。 【思考】从能源视角，聚焦人民反映强烈的生态环境问题，坚定推进绿色发展，推动自然资本大量增值，让人民群众切实感受到经济发展带来的实实在在的环境效益，走向生态文明新时代。 （3）从忧患意识上把握新发展理念 随着进入战略机遇和风险挑战并存时期，我们发展面临的内外部风险空前上升，必须增强忧患意识、坚持底线思维，随时准备应对更加复杂困难的局面。 【案例】奇怪景象：外贸实际生产量远大于订单量 我们必须坚持统筹发展和安全，增强机遇意识和风险意识，树立底线思维，把困难估计得更充分一些，把风险思考得更深入一些，注重堵漏洞、强弱项，下好先手棋、打好主动仗，有效防范化解各类风险挑战，确保社会主义现代化事业顺利推进。	互动讨论东北地区和广东在拉闸限电中的不同做法，引发学生思考，树立正确的价值观念。
总结	新发展理念就是要推动我国经济高质量发展，就是经济发展从“有没有”转向“好不好”。 作业： （1）写一篇“新发展理念与我的生活”的短文（1000字）； （2）参与以“新发展理念在京华大地的生动实践”为主题的实践活动，并提交实践报告（不限字数）。	深化教学主旨，以从“有没有”到“好不好”为切入点，启发学生为实现中华民族伟大复兴而团结奋斗。

3. 板书设计

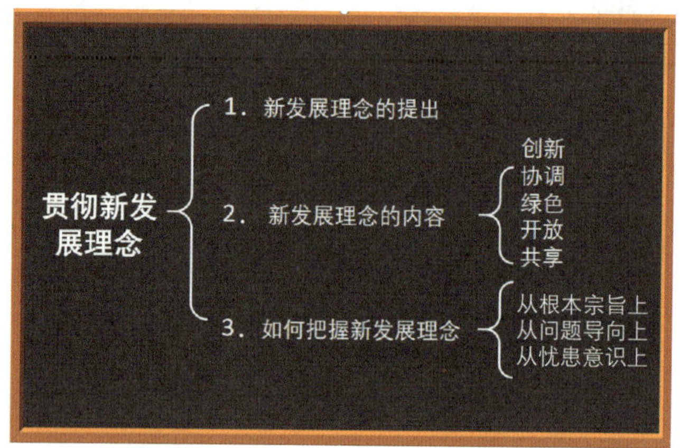

五、教学小结

1. 教学创新及其效果

教学内容的创新。知识体系的构建目的在于运用，思政课的核心在于立德树人，把道理讲深、讲透、讲活。课程通过能源电力行业院校学生普遍关心的拉闸限电问题，分析当前我国发展存在的发展动力不足、发展结构失衡、发展代价过高的问题，阐述其背后蕴含的新发展理念，并提出其对应的动力机制、平衡机制、治理机制，最后再阐明贯彻新发展理念所应当把握的三个重要原则，以此激发学生理论联系实际的思辨能力，提升思想理论性。

引导方式的创新。首先，通过拉闸限电综合分析案例的设置，激发学生思维，使学生带着问题有目的地学习；其次，讲授过程中不断呼应案例，进行案例分析；最后，综合总结，再次呼应开篇提出的拉闸限电之谜，提升思政课教学的亲和力和针对性。

教学模式的创新。采取形式多样、新颖的教学方法和手段，特别是案例教学一以贯之，不断向学生提问，使得教与学的活动有机结合，在课堂教学中突出学生的主体性，调动学生的参与积极性，正确引导学生活学活用，培养批判性思维能力。

2. 教学反思

（1）是否把党的二十大精神“润物细无声”地融入教学；

（2）新发展理念的体系结构讲透与否；

（3）学生参与课堂的积极性；

（4）讲授与互动的关系处理；

（5）相关概念的准确性；

（6）学生是否能用新发展理念助力自己的梦想；

（7）其他反思内容。

六、阅读文献及拓展资料

1.《高举中国特色社会主义伟大旗帜 为全面建设社会主义现代化国家而团结奋斗——在中国共产党第二十次全国代表大会上的报告》，人民出版社 2022 年版。

2.《习近平新时代中国特色社会主义思想学习问答》，学习出版社、人民出版社 2021 年版。

3.《习近平新时代中国特色社会主义思想学习纲要》，学习出版社、人民出版社 2019 年版。

坚持总体国家安全观

一、基本信息

【课程名称】习近平新时代中国特色社会主义思想概论

【课程性质】本科生思想政治理论课，必修，48 学时，3 学分

【授课对象】首都师范大学本科三年级学生

【本讲名称】坚持总体国家安全观

【对应章节】第十三讲

【单元学时】1 学时，50 分钟

【教师简介】王玉玲，首都师范大学马克思主义学院讲师，荣获第十二届北京高校思想政治理论课教学基本功比赛决赛二等奖。

二、教学简介与教学目标

1. 教学简介

结合理论发展逻辑和学生认知逻辑，教学必须讲清楚坚持总体国家安全观的三个问题：为什么、是什么、怎么做。

为什么：党的二十大报告明确指出，“国家安全是民族复兴的根基”。总体国家安全观的提出意义重大。它是适应进行具有许多新的历史特点伟大斗争新要求的必然结果，是顺应世界发展变化新趋势的必然选择，是回应人民对国家安全新期待的必然要求。

是什么：结合党的二十大报告新论断，总体国家安全观内涵丰富，包括“五大要素”和“五个统筹”。总体国家安全观的关键是“总体”，鲜明特

征也体现在“总体”上。它揭示了国家安全含义的全面性，突出了国家安全布局的系统性，强调了国家安全效果的可持续性。

怎么做：党的二十大报告明确指出“必须坚定不移贯彻总体国家安全观，把维护国家安全贯穿党和国家工作各方面全过程，确保国家安全”。坚定不移贯彻总体国家安全观要做到“十个坚持”。

授课对象认知特点：授课群体为00后大学生，他们思想活跃，对时政热点和重大事件感兴趣，渴望从理论上解疑释惑；擅长运用互联网等新媒体手段，信息来源广泛，但同时也容易受到西方价值文化影响。

授课对象的知识基础：作为本科三年级学生，在思想政治理论方面具备一定的知识基础，但对于习近平新时代中国特色社会主义思想的理论和方法的系统性掌握和彻底性理解尚显缺乏。随着党的二十大精神学习的推进，绝大多数学生熟悉作为政治判断的文件，但缺乏作为科学判断的学理思考。

2. 教学目标

（1）知识目标

识记国家安全、总体国家安全观、五大要素、五个统筹、十个坚持、人民安全、政治安全、国际共同安全等概念。

（2）能力目标

引导学生正确看待和理性分析国家安全的具体案例，帮助学生培育理论和实践相结合的思维方法，培养分析、解决现实安全问题的能力。

（3）素质目标

引导学生进一步了解党的十八大以来国家安全得到全面加强、取得历史性成就，从而坚定中国特色社会主义“四个自信”，强化责任担当意识，认识到每个人都是国家安全的守护人。引导学生把学习总体国家安全观与维护校园安全稳定结合起来，把安全责任意识转化为维护校园安全稳定的自觉行动，落细落小、见知见行。

三、重点难点与党的二十大精神融入

1. 重点难点

从“民族复兴的根基”高度，讲清为什么要提出总体国家安全观。

结合党的二十大报告新论述，讲清总体国家安全观的丰富内涵。

对标国家安全体系和能力现代化建设，讲清贯彻总体国家安全观的要求。

2. 解决方案

通过引用大量国内外案例，使学生便于理解知识点。

通过图片、视频、实物等多种呈现形式，提升学生兴趣。

3. 党的二十大精神融入

作为授课重点内容，通过对两个层面“五大要素”和“五个统筹”的分析，讲清楚总体国家安全观的丰富内涵。

四、教学内容与教学安排

1. 教学过程示意图

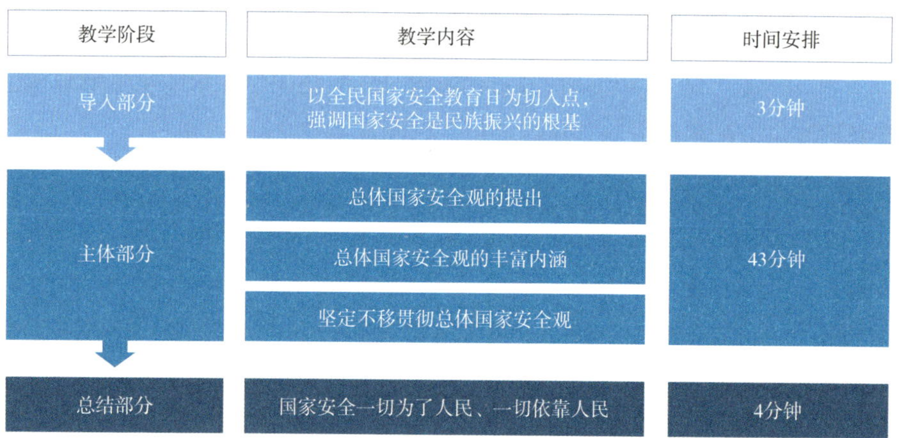

2. 教学内容及设计

教学阶段	教学内容	教学环节设计
导入	【播放视频】全民国家安全教育日宣传片（节选 20 秒），说明国家安全的重要性，维护国家安全人人有责。	
阶段 1：为什么要提出总体国家安全观	党的二十大报告用专章论述和部署国家安全，这在党的历次全国代表大会上是第一次。在 3 万多字的报告中，91 次提到“安全”，其中 29 次提到“国家安全”。 1. 提出总体国家安全观，适应了进行具有许多新的历史特点的伟大斗争的新要求； 2. 提出总体国家安全观，回应了人民对国家安全的新期待； 3. 提出总体国家安全观，顺应了世界发展变化的新趋势。	1. 通过数字吸引学生兴趣，分析党的二十大报告，说明国家安全的重要性和国家安全理论的新发展； 2. 引用图片和文献资料，说明总体国家安全观提出的原因，提问学生人民对安全的新期待有哪些。
阶段 2：总体国家安全观的丰富内涵	（一）总体国家安全观的核心要义 总体国家安全观的核心要义可以概括为五大要素和五个统筹。 1. 五大要素：体现整体性和内在逻辑关系 五大要素是以人民安全为宗旨，以政治安全为根本，以经济安全为基础，以军事科技文化社会安全为保障，以促进国际安全为依托。 （1）以人民安全为宗旨 国家安全涉及方方面面，其中最核心、最重要的就是人民安全。 【设问】人民安全具体包括哪些方面呢？ 【中西案例对比】中国成为世界公认最安全的国家之一 2021 年，主要刑事犯罪、毒品犯罪、抢劫抢夺案件、盗窃案件的立案数和一次伤亡三人以上的较大的交通事故，较 2012 年分别下降了 64.4%、56.8%、96.1%、62.6% 和 59.3%。人民群众安全感也高达 98.6%。单看北京，刑事警情连创新低，街头、社区发案 10 年最低，命案连续 7 年、抢劫案连续 3 年 100% 侦破。群众的安全感逐年攀升。	1. 从核心要义和鲜明特征两个层面展开讲述总体国家安全观的丰富内涵；

续表

教学阶段	教学内容	教学环节设计
阶段2：总体国家安全观的丰富内涵	反观美国，它是唯一在过去20年里每年都发生大规模枪击事件的发达国家。仅2021年一年就发生了693起大规模枪击事件，导致超过4.4万人丧生，其中包括1229名青少年。 【粮食安全案例】 中国用不足全球9%的耕地和6%的淡水资源生产出约占世界25%的粮食，解决了约占全球20%的人口的吃饭问题。 在一代代像袁隆平一样的勤劳中国人的奋斗中，我们不仅实现了粮食产量的“十八连丰”，而且人均粮食产量也达到483.5公斤，连续14年超过400公斤的国际公认粮食安全线。中国是世界第一大粮食生产国。牢牢稳住粮食安全这块“压舱石”，让中国饭碗端得更稳，正是坚持以人民安全为宗旨的体现。 提问：总体国家安全观为什么强调以人民安全为宗旨？ 中国的发展经验表明，人民安全和国家安全是有机统一的：人民越有安全感，国家安全就越有依靠；国家越平安，人民就越有安全感。 （2）以政治安全为根本 经济、文化、社会、网络、军事等领域安全的维系，最终都要以政治安全为前提；其他领域的安全问题也会反作用于政治安全。政治安全的核心是政权安全和制度安全，最根本的就是维护中国共产党的领导地位和执政地位、维护中国特色社会主义制度。 【政权安全、制度安全案例】历史上，在维护国家安全中也不乏惨痛的教训，苏联解体、东欧剧变，西亚北非“阿拉伯之春”，警钟长鸣。今天，各种敌对势力一直企图在我国制造“颜色革命”，妄想通过妖魔化中国共产党、恶意诋毁中国制度来颠覆政权。面对这些，我们必须清醒、坚定。 【互联网意识形态安全案例】政治安全也包括意识形态安全。国内外一些错误的思潮和观点不断出现。他们惯用的手法就是宣扬普世价值、抹黑我们的英雄。	2. 重点讲述以人民安全为宗旨，引用公安部发布的中西数据对比、粮食安全案例，体现中国是世界公认最安全的国家之一；

续表

教学阶段	教学内容	教学环节设计
阶段 2：总体国家安全观的丰富内涵	北京拥有全国 70% 的互联网资源，互联网普及率达 75%，首都公安机关始终站在政治的全局的高度，常态化推进净网、护网专项行动，5 年来集中打掉一批“使用抢号软件非法抢占倒卖医院号源”等犯罪团伙，铲除了一批“为电信诈骗提供服务”等网络黑产，侦破各类涉网违法犯罪案件 2.4 万余起，抓获嫌疑人 3.2 万余名；5 年来共清理违法信息 3400 万余条，关停违法账号 41 万余个，行政查处违法违规企业 1500 余家次，全力净化了网络生态环境。 提问：总体国家安全观为什么强调以政治安全为根本？ 第一，始终高度重视政治安全是我们党治国理政的重要历史经验，也是世界强国的普遍做法；第二，政治安全是维护人民安全和国家利益的根本保证；第三，当前我国面临的政治安全形势十分复杂，任务十分艰巨。事实证明，政治安全是国家安全这一肌体的心脏，心脏停止跳动，再强壮的肌体也会失去生机。 2. 五个统筹：构成国家安全体系总体框架（不展开讲述） 五个统筹是统筹外部安全和内部安全、统筹国土安全和国民安全、统筹传统安全和非传统安全、统筹自身安全和共同安全，统筹维护和塑造国家安全。 （二）总体国家安全观的鲜明特征 1. 揭示了国家安全含义的全面性 只要国家利益拓展到哪里，国家安全的边界就要跟到哪里。把生物安全、极地安全纳入国家安全体系就是发展的体现。 2. 突出了国家安全布局的系统性 维护国家安全不但要维护各个领域的安全，也要维护整体和系统的安全。强调“总体”，就意味着保障国家安全的能力需要不断提升。 3. 强调了国家安全效果的可持续性 维护国家安全是一个动态的过程，实践在发展，理念也要更新。国家谋求安全，不是权宜之计，而是为了长治久安。	3. 重点讲述以政治安全为根本，引用案例和图片说明政治安全的重要性和紧迫性； 4. 总结总体国家安全观的鲜明特征。

续表

教学阶段	教学内容	教学环节设计
阶段3：坚定不移贯彻总体国家安全观的要求	【案例1】2022年是中国派出首支成建制“蓝盔部队”参加联合国维和行动的30周年。中国“蓝盔”已经成为代表和平的亮丽“名片”。 【案例2】受气候等因素影响，2021年有53个国家或地区约1.93亿人经历了粮食危机或粮食不安全程度进一步恶化，多国拉响粮食危机的警报。中国在端牢自己饭碗的同时，以实际行动维护世界粮食安全。中国是世界第三大粮食出口国。中国已同140多个国家和地区开展农业合作，向广大发展中国家推广农业技术1000多项，带动项目区农作物平均增产30%—60%，超过150万户小农从中受益。	重点讲述坚持推进国际共同安全，引用案例和图片说明中国用实际行动切实维护国际安全。
总结	【小结】五大要素和五个统筹概括了总体国家安全观的丰富内涵。十个坚持明确了贯彻总体国家安全观的原则要求。 总体国家安全观也意味着维护国家安全不是国家安全部门一家的工作，而是各地各级政府部门、人民团体、金融机构、企事业单位、军队的共同责任，更是每个公民的义务。我们都是国家安全的守护人。 【作业】以小组为单位，拍摄微视频，内容为讲述校园安全故事。	1. 小结以教师引导、学生自行梳理为主，更好发挥学生主动性； 2. 以校园安全为主题，录制微视频可以全方面锻炼学生的综合素质，助力学生高阶性素质养成。

3. 板书设计

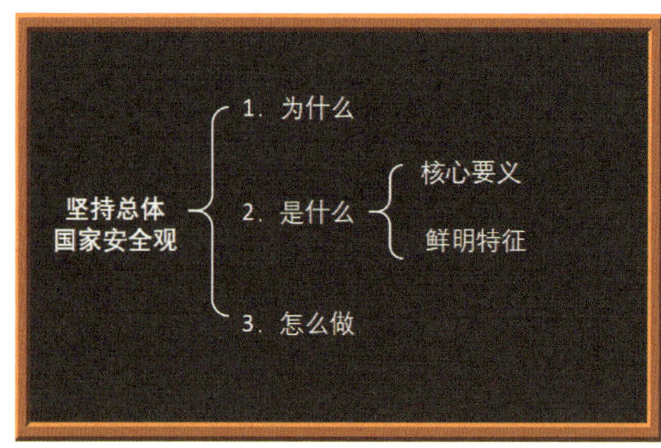

五、教学小结

1. 教学创新及其效果

创新方面，通过线上线下相结合、互动教学、案例教学、实物教学，学习效果明显提升。

效果方面，教学内容的选取符合学生的认知水平，教学容量恰当。在总体国家安全观问题上，通过讲清楚为什么、是什么、怎么做，让学生充分认识国家安全的重要性、坚持总体国家安全观的重要性，积极培养学生认识、分析和解决现实安全问题的能力。

2. 教学反思

教学中要尊重学生已有的知识和专业差异。在设计教学方案时，应该多想想“不同知识背景、专业方向的学生已经有哪些知识储备”“怎样依据有关理论和学生实际设计易于学生理解的教学方案”。在展开讲述“以政治安全为根本”部分，加入了意识形态斗争的案例。对于这部分，有些同学存在模糊甚至错误认识。今后，案例的选取既要契合理论问题，又要考虑学生接受问题。

六、阅读文献及拓展资料

1. 教育部下发的《习近平新时代中国特色社会主义思想概论》教学课件。

2.《高举中国特色社会主义伟大旗帜 为全面建设社会主义现代化国家而团结奋斗——在中国共产党第二十次全国代表大会上的报告》，人民出版社2022 年版。

3.《党的二十大报告学习辅导百问》，学习出版社、党建读物出版社2022 年版。

4.《党的二十大报告辅导读本》，学习出版社 2022 年版。

5.《中共中央关于党的百年奋斗重大成就和历史经验的决议》，人民出版社 2021 年版。

6. 中共中央宣传部、中央国家安全委员会办公室：《总体国家安全观学习纲要》，人民出版社、学习出版社 2022 年版。

7.《习近平关于总体国家安全观论述摘编》，中央文献出版社 2018 年版。

8.《习近平关于防范风险挑战、应对突发事件论述摘编》，中央文献出版社 2020 年版。

9. 专题片《领航——安邦基石》《护航之道——总体国家安全观纵横》。

在发展中保障和改善民生

一、基本信息

【课程名称】习近平新时代中国特色社会主义思想概论

【课程性质】本科生思想政治理论课，必修，48 学时，3 学分

【授课对象】北京农学院本科一年级学生

【本讲名称】在发展中保障和改善民生

【对应章节】第十一讲

【单元学时】1 学时，50 分钟

【教师简介】熊学艺，北京农学院马克思主义学院讲师，荣获第十二届北京高校思想政治理论课教学基本功比赛决赛二等奖。

二、教学简介与教学目标

1. 教学简介

本课时紧紧围绕课程的教学目的与要求，教育引导学生深刻认识把握加强以民生为重点的社会建设，通过“幼有所育、学有所教、劳有所得、病有所医、老有所养、住有所居、弱有所扶”（以下简称“七有”）等民生问题，让学生理解在发展中补齐民生短板、促进社会公平正义的重要性；通过脱贫攻坚战、抗击疫情的胜利，让同学们更好地深刻理解中国共产党全心全意为人民服务的宗旨、中国共产党的初心和使命，以及习近平总书记提出的“江山就是人民，人民就是江山”重要理念。

本节课授课知识点归纳为三个：人民最关心最直接最现实的利益问题、

脱贫攻坚、抗疫斗争。广泛地采用案例和让同学们自己谈体会和认识，更有利于对知识的理解。

2. 教学目标

知识与能力层面：帮助学生把握社会建设在“四个全面”战略布局中的地位，民生问题在社会建设中的重要位置。使学生掌握“脱贫攻坚精神”“伟大抗疫精神”等核心概念。

过程与方法层面：坚持问题意识，采用问题导入式开展教学，通过渐进法、案例法、互动法、对比分析法、多媒体演示、图表等教学方法讲改善民生问题的重要成果。

情感与价值层面：帮助学生认识中国共产党坚持以人民为中心，“人民至上”“生命至上”的价值理念，“为中国人民谋幸福，为中华民族谋复兴”的初心和使命，为实现共同富裕一个都不掉队而努力的不懈追求，深刻理解“坚持党的全面领导是坚持和发展中国特色社会主义的必由之路”。

三、重点难点与党的二十大精神融入

1. 重点难点

难点：“七有”内容较多，同学们身处校园，对个别社会民生问题感触不深，学习兴趣不大。

重点：作为新时代青年，应该着重把握“坚决打赢脱贫攻坚战”这个知识点，积极鼓励青年学子到基层去、到农村去，增强学生在理论方面的认同和行动上的自觉。

2. 解决方案

针对大一新生在知识、思维和心理上的特点，运用问题导入式教学，采取多媒体演示、案例、互动、图表、板书等相结合的方法开展教学，提高效果。

3. 党的二十大精神融入

一是讲透习近平新时代中国特色社会主义思想的立场、观点、方法。党的二十大报告指出，习近平新时代中国特色社会主义思想的世界观和方法论是“六个必须”。本课通过脱贫攻坚、抗击疫情两个伟大实践讲透“六个必须”的科学性，进一步阐明习近平新时代中国特色社会主义思想是马克思主义中国化时代化新篇章。

二是讲实伟大成就。在本章节中要重点突出“完成脱贫攻坚、全面建成小康社会的历史任务，实现第一个百年奋斗目标”这个内容。以北京延庆黄土梁某低收入村转型为例，将脱贫攻坚精神讲实，将“三个历史性胜利”讲实，让学生认识到该课程既是一门“思政课”、也是一门“实证课”。

四、教学内容与教学安排

1. 教学过程示意图

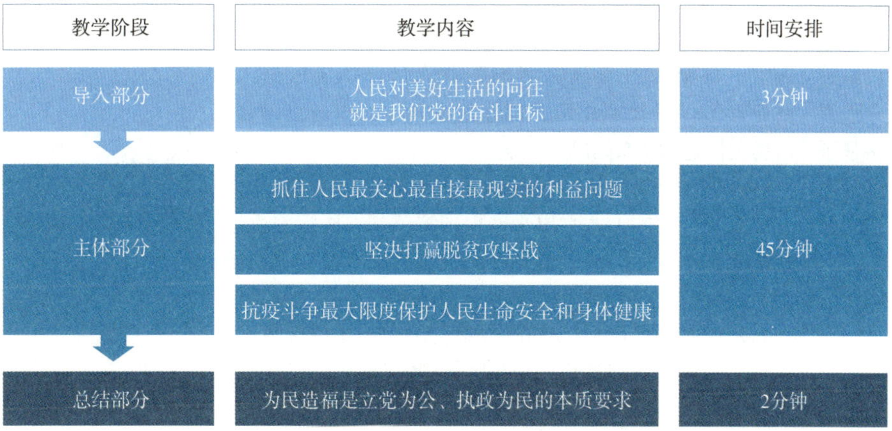

教学阶段	教学内容	时间安排
导入部分	人民对美好生活的向往就是我们党的奋斗目标	3分钟
主体部分	抓住人民最关心最直接最现实的利益问题	45分钟
	坚决打赢脱贫攻坚战	
	抗疫斗争最大限度保护人民生命安全和身体健康	
总结部分	为民造福是立党为公、执政为民的本质要求	2分钟

2. 教学内容及设计

教学阶段	教学内容	教学环节设计
导入	播放专题片《领航》中四川大凉山5633次“慢火车”。 党的十八大以来，中国共产党致力于人民对美好生活的追求，在民生方面的重点工作概括为“1+2”，“1”即人民最关心最直接最现实的利益问题，“2”即脱贫攻坚和抗击疫情。	以故事导入，在追求“快”的世界里，举一个“慢”的例子，形成反差，紧紧抓住学生的注意力。

续表

教学阶段	教学内容	教学环节设计
阶段1：抓住人民最关心最直接最现实的利益问题	抛出问题： 1. 你最关心的民生问题是什么？ 2. 请结合实际谈一谈你对民生问题的认识。 （一）幼有所育 成就：“十三五”时期，我国学前教育毛入园率从75.0%提高到85.2%，普惠性幼儿园覆盖率达到84.7%。 （二）学有所教 成就：2020年，全国共有各级各类学校53.71万所；全国共有义务教育阶段学校21.08万所，全国小学学龄儿童净入学率为99.96%，初中毛入学率为102.5%，已相当于世界高收入国家平均水平。 （三）劳有所得 成就：2012年以来，城镇新增就业年均1200万人以上。截至2021年末，我国就业人员已达7.46亿人，就业形势保持长期稳定；创业带动就业能力持续增强，市场主体达到1.5亿户。 （四）病有所医 成就：党的十八大以来，中国特色基本医疗卫生制度框架基本建立，84%的县级医院达到二级及以上医院水平。我国人均预期寿命提高到2019年的77.3岁，孕产妇死亡率、婴儿死亡率分别降至2020年的16.9/10万、5.4‰，主要健康指标居于中高收入国家前列。 （五）老有所养 成就：截至2020年底，全国享受高龄补贴的老年人3058.9万人，享受护理补贴的老年人81万人，享受养老服务补贴的老年人523.5万人，享受其他老龄补贴的老年人25.5万人。各地已普遍建立了经济困难的高龄、失能等老年人补贴制度，有效缓解了经济困难老年人的实际生活困难。	提出问题，引发学生思考，在讨论中列举民生方面所取得的成就，谈及身边的具体变化。

续表

教学阶段	教学内容	教学环节设计
阶段1：抓住人民最关心最直接最现实的利益问题	（六）住有所居 成就：建成世界最大住房保障体系。“十三五”期间全国棚改累计开工预计超过2300万套，帮助5000多万居民搬出棚户区住进楼房。截至2019年底，3800多万困难群众住进公租房，累计近2200万困难群众领取了租赁补贴，2016年以来累计支持约2000万缴存人贷款购买住房，支持超过2000万缴存人提取住房公积金支付房租。 （七）弱有所扶 成就：710万农村建档立卡贫困残疾人脱贫，城乡新增180.8万残疾人就业，1076.8万困难残疾人被纳入最低生活保障范围，1212.6万困难残疾人得到生活补贴，1473.8万重度残疾人得到护理补贴，残疾人基本康复服务覆盖率达到80%，辅助器具适配率达到80%。 结论：民生工作要同经济发展阶段相匹配，既要积极作为，又要量力而为。	
阶段2：坚决打赢脱贫攻坚战	引导得出结论：老乡是习近平总书记最牵挂的人，老乡的农产品能不能卖出去是习近平总书记最牵挂的事，带着亿万人民脱贫奔小康是以习近平总书记为代表的共产党员对人民的庄严的承诺。 （一）千年困扰、世界难题——脱贫之难 纵向维度：回望历史，丰衣足食一直是中国人民最朴素的愿望。但是千百年来，中国的贫困问题始终没有得到彻底解决。 横向维度：不仅中华民族久困于贫，贫困是一个全球问题，反贫困则是一道世界难题。 理论维度：以著名经济学家班纳吉和迪弗洛《贫穷的本质》一书为例，对贫穷的一些观点进行了反思。 现实维度：过去采用以区域开发为重点的扶贫政策，这种针对性不强、“大水漫灌”的政策在第一段时间内有成效，但不能从根本上完全地解决贫困问题。 党的十八大之后，面对贫中之贫、坚中之坚的形势，以习近平同志为核心的党中央实施精准扶贫方略，变“大水漫灌”为“精准滴灌”，扶贫开发工作呈现出新的局面。	通过回顾历史，让学生感受到贫困问题是我国千年难题，也是世界性难题。

续表

教学阶段	教学内容	教学环节设计
阶段 2：坚决打赢脱贫攻坚战	（二）庄严承诺、聚力攻坚——脱贫之路 案例：北京延庆北部深山之中某村 31 户家庭年人均可支配收入全部在 11060 元以下，是名副其实的低收入村。 解决“五个核心”问题，确保“六个精准”落到实处——这就是中国实施“精准扶贫”的方略。 （三）成果卓然、中国智慧——脱贫之效 阐明脱贫攻坚胜利的三重意义 1. 中国脱贫攻坚取得全面胜利（回顾成就） 列举脱贫攻坚取得具体成就的数据： 党的十八大以来，经过 8 年持续奋斗，到 2020 年底，中国如期完成新时代脱贫攻坚目标任务，现行标准下 9899 万农村贫困人口全部脱贫，832 个贫困县全部摘帽，12.8 万个贫困村全部出列，区域性整体贫困得到解决，完成消除绝对贫困的艰巨任务。 2. 党的领导是打赢脱贫攻坚战的根本保障（弄清原因） 	通过导入延庆区黄土梁村“脱低”的现实案例，讲述脱贫攻坚六个精准、五个一批，扶持谁、谁来扶、怎么扶、如何退、如何稳“五个问题”，阐释精准扶贫方略，实证该方略的科学性。 通过总结脱贫攻坚取得国内和国际上的辉煌成绩，抛出一个中心结论：党的领导是打赢脱贫攻坚战的根本保障。

续表

教学阶段	教学内容	教学环节设计
阶段 2：坚决打赢脱贫攻坚战	3. 中国脱贫奇迹为世界减贫事业贡献方案（世界影响） 习近平总书记关于精准扶贫、精准脱贫的战略思想，立足中国、面向世界，吸引了广大发展中国家的关注目光，为全球 13 亿贫困人口摆脱贫困提供了新的可能，为世界减贫事业贡献了可以借鉴的中国智慧、中国方案。	
阶段 3：抗疫斗争最大限度保护人民生命安全和身体健康	伟大抗疫精神： 生命至上、举国同心、舍生忘死、尊重科学、命运与共。 抗击新冠疫情的伟大经验： 1. 中国共产党的坚强领导力； 2. 中国人民不屈不挠的意志力； 3. 中国特色社会主义制度的显著优势； 4. 新中国成立以来积累的坚实国力； 5. 社会主义核心价值观、中华优秀传统文化所具有的强大精神动力； 6. 构建人类命运共同体所具有的广泛感召力。 取得成果： 统筹推进疫情防控和经济社会发展工作：面对突如其来的新冠疫情，我们坚持人民至上、生命至上，开展抗击疫情人民战争、总体战、阻击战，最大限度保护了人民生命安全和身体健康，统筹经济发展和疫情防控取得世界上最好的成果。	通过对伟大抗疫精神的总结、伟大经验的梳理，强化学生对中国共产党应对急难险重任务的信心和信任，从而坚定信仰。
总结	治国有常，利民为本。在发展中保障和改善民生，就是要多谋民生之利、多解民生之忧。为民造福是立党为公、执政为民的本质要求。必须抓住人民最关心最直接最现实的利益问题，坚持在发展中保障和改善民生，鼓励共同奋斗创造美好生活，不断实现人民对美好生活的向往。 思考题：结合党的二十大报告，想一想，在社会主义现代化建设的新征程中，怎样才能更好地增强人民的获得感、幸福感、安全感？ 课后作业：开展“我身边的民生”课后实践活动，以学习小组为单位，积极到家乡、社区、农村当中，记录调研民生变化，制作成 vlog，上传到学习平台。	

3. 板书设计

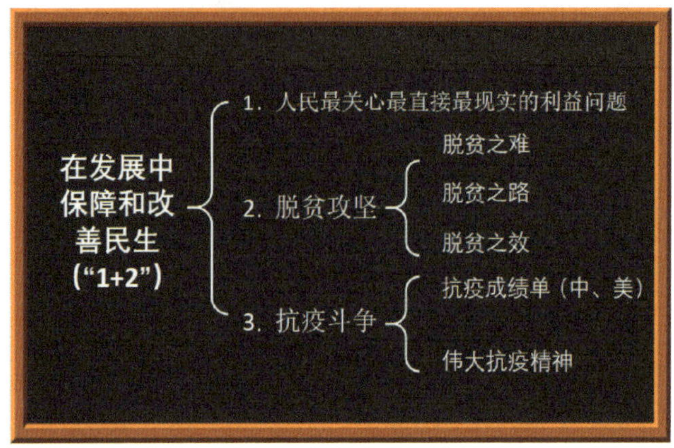

五、教学小结

1. 教学创新及其效果

将党的二十大精神融入教学。一是结合学生自身的体会在“七有”方面谈感受，以理论映照学生身边的社会现实，让学生真切感受到习近平新时代中国特色社会主义思想是科学的世界观和方法论，增强了大学生对“两个确立”的认同感；二是通过脱贫攻坚和抗击疫情的胜利，让学生认识到中国共产党人把人民对美好生活的向往当作始终不渝的奋斗目标，形成的脱贫攻坚精神、伟大抗疫精神，丰富了中国精神，鼓舞大学生立志做有理想、敢担当、能吃苦、肯奋斗的新时代好青年。

案例引用贴合实际。以京华大地的生动实践为案例，容易引发学生产生共鸣，将学生带入授课主题当中；在课堂最后，布置了实践作业，让学生到身边走访、调研，实践，印证理论知识，较好贯彻了立足于京华大地生动实践讲好“大思政课”的理念。

课程全程逻辑清晰。本节课程的主要内容按照“1+2”层次展开：“1”围绕“七有”展开学习，侧重让学生谈体会，反映成就；“2”是新时代民生领域的两个具有重大意义的事件，从一般到特殊，逻辑层次清晰。

以问题为线索贯穿课程。运用马克思主义立场观点方法分析和解决问题，整个课程中“问题导入—问题抛出—问题阐释—问题小结—运用教学方法解决新问题”的逻辑较为清晰，可为学生后期实践提供范例。

2. 教学反思

课程内容涉及民生领域，与生活联系紧密，因此在授课过程中偏重于实践和事例，可能导致理论深度有所欠缺，在内容取舍方面做得不够，详略不够得当。

六、阅读文献及拓展资料

1.《法德农民问题》，人民出版社 1954 年版。

2.《马克思恩格斯选集》第 2 卷，人民出版社 1995 年版。

3.《高举中国特色社会主义伟大旗帜 为全面建设社会主义现代化国家而团结奋斗——在中国共产党第二十次全国代表大会上的报告》，人民出版社 2022 年版。

4.《习近平谈治国理政》第四卷，外文出版社 2022 年版。

5.《在全国脱贫攻坚总结表彰大会上的讲话》，人民出版社 2021 年版。

6.《在全国抗击新冠肺炎疫情表彰大会上的讲话》，人民出版社 2020 年版。

7.《习近平的扶贫足迹》，新华出版社、人民出版社 2022 年版。

8.《人类减贫的中国实践》，人民出版社 2021 年版。

9.《习近平的小康情怀》，新华出版社、人民出版社 2022 年版。

构建全国统一大市场，支撑高水平社会主义市场经济体制建设

一、基本信息

【课程名称】习近平新时代中国特色社会主义思想概论

【课程性质】本科生思想政治理论课，必修，48 学时，3 学分

【授课对象】北方工业大学本科一年级学生

【本讲名称】构建全国统一大市场，支撑高水平社会主义市场经济体制建设

【对应章节】第五讲

【单元学时】1 学时，50 分钟

【教师简介】韩小南，北方工业大学马克思主义学院讲师，荣获第十二届北京高校思想政治理论课教学基本功比赛决赛二等奖。

二、教学简介与教学目标

1. 教学简介

本讲内容主要回答的是“建设什么样的中国特色社会主义经济，怎样建设现代化经济体系”的问题，包括习近平经济思想、供给侧结构性改革以及建设现代化经济体系的内容。结合党的二十大报告中“构建全国统一大市场，深化要素市场化改革，建设高标准市场体系”这一知识点进行讲授，讲清加快建设现代化经济体系是推动我国经济发展焕发新活力、迈向新台阶的必经之路。

从学生起点能力分析：授课对象为大一新生，思想活跃，求知欲强，具备一定分析问题的能力，但是理论深度不够。

从学生心理特点分析：由于当前学生获取信息的渠道广、信息量大，加之网络信息鱼龙混杂、真伪难辨，学生会出现自己“什么都懂”的误区、“什么都能百度”的依赖、“理论远离现实”的错觉，也容易受当下“泛娱乐化”“历史虚无主义”等错误思潮影响。

从学生学习特点分析：处于人生的“拔节孕穗期”，有朝气、有梦想，但思想尚未成熟，有迷茫也有彷徨。出于对个人前途命运、职业选择的考虑，更加关注社会现实和社会热点问题。

2. 教学目标

知识目标：一是讲清楚全国统一大市场建设取得的成效；二是讲清楚全国统一大市场建设需要破除的认识误区；三是讲清楚全国统一大市场建设的重要意义。

能力目标：培养大学生从当前经济发展阶段和新时代社会主要矛盾等方面入手，运用新发展理念，理性认识经济发展过程中的“卡脖子”问题，引导学生在学习过程中，树立远大志向，将个人“小我”主动融入时代“大我”，将个人“所学”主动对接国家“所需”，争做有理想、敢担当、能吃苦、肯奋斗的新时代好青年。

情感态度和价值观目标：使学生能够理性认识中国式现代化建设是一个长期的过程，有阶段性和复杂性等特征，帮助学生认清社会主义经济制度的优势，通过案例认识党和国家为实现中华民族伟大复兴，不断提升人民的幸福感和获得感而实施的各项举措，坚定中国特色社会主义的道路自信、理论自信、制度自信与文化自信。

三、重点难点与党的二十大精神融入

1. 重点难点

教学重点：一是全国统一大市场建设取得的成效；二是全国统一大市场建设的重要意义；三是全国统一大市场建设的路径举措。

教学难点：一是澄清对加快建设全国统一大市场的错误认识；二是阐释加快建设全国统一大市场的重大意义。

2. 解决方案

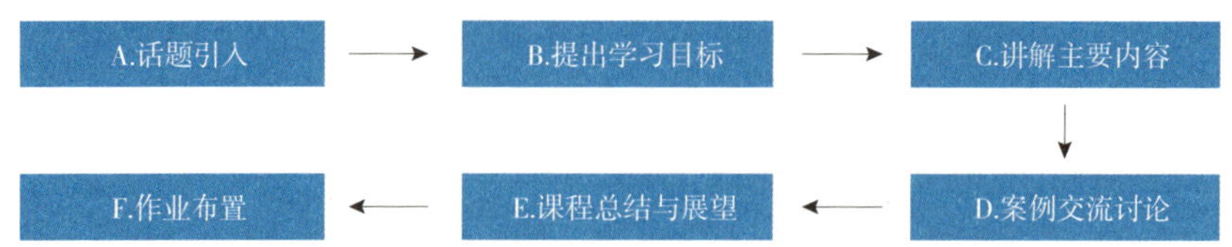

3. 党的二十大精神融入

教学融入应聚焦党的二十大报告中提出的新概括、新表述、新论断、新观点，着力向学生讲好讲活讲深讲透；了解学生对党的二十大精神的关注点，随时解答学生的疑惑。以时间为线，牢牢把握过去5年工作和新时代10年伟大变革的重大意义；以数字为线，用通俗易懂的方式强化学生对内容的理解。教学过程中，既要融入党的百年历史、“四史”、新时代的伟大成就，又要回应人民普遍关心的问题。

四、教学内容与教学安排

1. 教学过程示意图

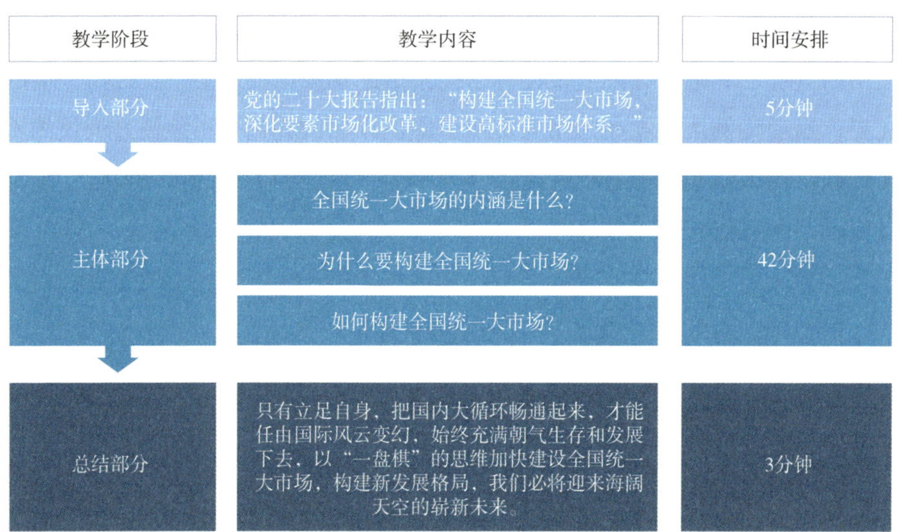

2. 教学内容及设计

教学阶段	教学内容	教学环节设计
导入	2022年4月10日，《中共中央 国务院关于加快建设全国统一大市场的意见》正式发布，将建设全国统一大市场提升到了全局和战略的高度。但是，意见发布后，全国统一大市场的内涵被部分人误读。有人认为，统一大市场就如计划经济一样“一切由中央说了算”，市场价格、商品供给、配给渠道等都要“统一”。有人认为，建设全国统一大市场意味着建设一个完全自我内循环的封闭型市场。还有的人认为，建设统一大市场容易助长新的垄断，尤其是对于极易规模化的互联网平台。有人担忧，全国统一大市场将破除地方保护和区域壁垒，将使一些地区的产业和中小企业受到冲击，导致“穷者越穷，富者越富”的局面。这说明什么问题？	通过案例，引出授课内容。
阶段1：全国统一大市场的内涵是什么？	2022年4月发布的《中共中央 国务院关于加快建设全国统一大市场的意见》将全国统一大市场的基本特点概括为“高效规范、公平竞争、充分开放”。	引出问题，并进行解答。
阶段2：为什么要构建全国统一大市场？	【案例】我现在就能买到全国各地的商品，哪里不统一了？你外出旅游时有没有注意到各个地方的出租车品牌，北京都是现代，上海都是大众，深圳都是比亚迪，同学们有没有想过这是为什么？ 1. 有助于实现经济高质量发展 高质量发展是全面建设社会主义现代化国家的首要任务，是中国式现代化的本质要求，而加快建设全国统一大市场则是推动经济高质量发展的重要保障。 加快全国统一大市场建设是加速市场发展从“量变”到“质变”的“催化剂”，是充分释放市场潜力、激发内生动力、促进经济平稳运行的重要举措。一方面，提升全国市场统一性，可以充分发挥规模经济优势，进一步降低市场交易成本，有助于增强市场发展效能；另一方面，提升全国市场统一性，	师生互动，案例解析。

续表

教学阶段	教学内容	教学环节设计
阶段2：为什么要构建全国统一大市场？	让更多高品质的商品和服务在市场竞争中脱颖而出，以高品质供给创造引领新需求，有助于稳步提升市场发展质量。 2. 有利于增强国内大循环内生动力和可靠性，提升国际循环质量和水平 加快建设全国统一大市场，通过提升供给质量匹配市场需求，通过公平公正的市场监管营造更加透明的政策环境，有助于稳定市场主体预期，加快打通阻碍市场循环的堵点卡点，进一步巩固经济回升向好势头，从而强化国内经济基本盘支撑。全国统一大市场对于构建新发展格局的基础支撑作用，既体现在增强国内大循环内生动力和可靠性方面，又体现在提升国际循环质量和水平、增强我国市场对全球企业和资源的影响力与吸引力方面。所以，在提升全国市场统一性、促进强大国内市场建设过程中，尤其要处理好国内市场与国际市场的关系。 3. 是建设高水平社会主义市场经济体制的坚强支撑 建设高水平社会主义市场经济体制，要在坚持和完善社会主义基本经济制度的前提下，充分发挥市场在资源配置中的决定性作用，更好发挥政府作用，推动有效市场和有为政府更好结合。	
阶段3：如何构建全国统一大市场？	1. 立足内需 畅通循环 建设超大规模的国内市场，巩固和扩展我国的市场资源优势，需要立足内需，畅通循环，不断提高市场运行效率。畅通国内大循环，关键在于对接好供给和需求。 2. 立破并举 完善制度 俗话说“不破不立，破而后立”，这一原则同样适用于建设全国统一大市场。从破的角度看，进一步规范不当市场竞争和市场干预行为。特别是强化反垄断、依法查处不正当竞争行为等。从立的角度看，要抓好“五统一”，探索形成全国统一的市场准入负面清单及相应的体制机制，严格落实“全国一张清单”管理模式。 3. 有效市场 有为政府 建设全国统一大市场要处理好政府和市场的关系，科学界定政府和市场的边界，推动有效市场和有为政府更好结合。让“看不见的手”充分施展，把“蛋糕”做大做好。	通过播放视频，使学生对《中共中央国务院关于加快建设全国统一大市场的意见》的主要内容有所了解，并可以概括出实践路径。

续表

教学阶段	教学内容	教学环节设计
阶段 3：如何构建全国统一大市场？	4. 系统协同 稳妥推进 统一大市场是坚持稳妥推进、科学把握进度的统一大市场，不可能一蹴而就，也无法一步到位。一方面，处理好全面推进与重点突破的关系。建设全国统一大市场必须坚持系统观念，考虑不同领域、不同环节、不同市场之间的关联性。与此同时，也要防止把“全面推进”误解为“齐头并进”。另一方面，处理好全国一盘棋与优先推进区域协作的关系。总之，既要打破区域之间的市场分割和恶性竞争，又要切实防范风险，避免操之过急，真正做到持之以恒，久久为功。	
总结	建设全国统一大市场，并不是应对外部冲击的一时之策，而是推进我国现代化建设的长远之策、关键之策、战略之策。 课后思考：为什么说建设全国统一大市场关系党和国家事业发展全局？	

3. 板书设计

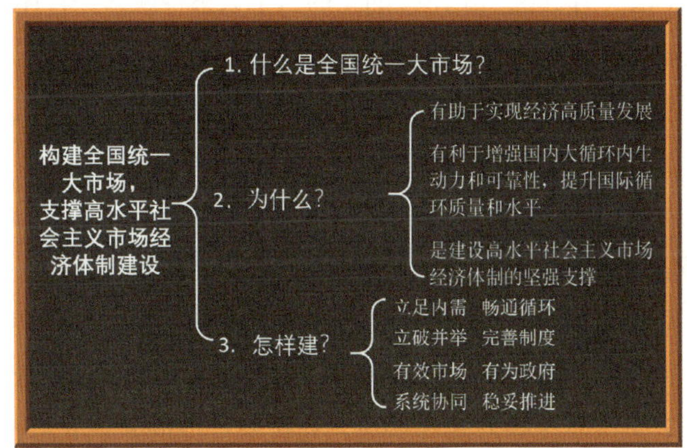

五、教学小结

1. 教学创新及其效果

一是聚焦学生之需，把党的二十大精神与教学理念融通，引导学生由小见大、逐层递进地感悟党的二十大精神的真理力量，内化其精神品质、外化其实践要求。立足共性，紧扣公共课育人目标，引导学生坚定理想信念、厚植爱国主义情怀、加强品德修养、培养奋斗精神，提高学生认知能力。

二是抓住时代之问，以党的二十大精神融入课程思政为突破口，通过“走出去、引进来”的教学方法，将党的二十大精神中蕴含的道理学理哲理“讲深”“讲透”“讲活”，提升课堂教学的学理性。“走出去”，把党的二十大精神核心要义同专业实践相结合，借助北京地域优势，建立多种形式的社会实践。“引进来”，把党的二十大精神科学融入教材体系构建“大课程思政”格局，丰富思政课程的教学资源和实践平台。

三是坚持全方位、大力度的教学投入，在梳理党的二十大报告十五个部分的逻辑主线和内在联系的基础上，科学建构“知识—课程—专业—学科”全覆盖、分学段、有特色、不重叠的党的二十大精神融入课程体系。①

创新成效：课堂活跃度和学业挑战度显著提升，学生独立思考能力和竞争力全面增强。师生互动探讨增强了课堂吸引力，学生“上课气氛活跃，精力集中”。全过程学业评价增强了学业挑战度，学生课下必须“忙”起来，课上 1 小时需课下投入 2—3 小时。

2. 教学反思

一是教师为主导，学生为主体，加强课上讨论和交流。为使学生准确、深入地掌握和理解马克思主义中国化的历史进程及其重要理论成果，本课程以讲授式教学为主要授课方式和手段，通过系统性的知识介绍与理论梳理，帮助学生建立完整的概念体系、知识体系、理论体系。在此基础之上，注重学生的主观能动性，利用上课的前 10 分钟，引导学生围绕授课内容进行主旨演讲，调动学生学习的积极性与主动性，培养学生独立思考问题的能力。

---

① 蒲清平、黄媛媛：《党的二十大精神融入课程思政的价值意蕴与实践路径》，《重庆大学学报》（社会科学版）2022 年 10 月。

二是立足教材，激发学生学习兴趣。本课程理论性、抽象性较强，为了避免枯燥，本课程围绕教材章节，结合现实案例尤其是社会热点问题，展现中国共产党把马克思主义基本原理同中国具体实际相结合的历史进程，借助视频影像、图片资料、多媒体活动平台，增强授课趣味性，因材施教，激发学生听课兴趣。

三是强化理论，关切现实。除知识、理论层面的讲授外，本课程还旨在向学生传授实证研究的思维和方法，将方法论教学贯穿于授课内容之中，寓价值观引导于知识传授之中，培养学生对现实问题的正确认识与理解，使学生将爱国情、强国志、报国行自觉融入坚持和发展中国特色社会主义事业、建设社会主义现代化强国、实现中华民族伟大复兴的奋斗之中。

六、阅读文献及拓展资料

1.《习近平经济思想学习纲要》，人民出版社、学习出版社 2022 年版。

2.《把握新发展阶段，贯彻新发展理念，构建新发展格局》，《求是》2021 年第 9 期。

3. 国家发展改革委：《加快建设全国统一大市场 为构建新发展格局提供坚强支撑》，《求是》2022 年第 11 期。

4. 何立峰：《深入学习贯彻习近平经济思想 加快推进全国统一大市场建设》，《党委中心组学习》2022 年第 3 期。

5.《建设统一大市场 畅通全国大循环》，《时事报告》（大学生版）2022 年版。

中国工业化道路的选择与超越

一、基本信息

【课程名称】中国近现代史纲要

【课程性质】本科生思想政治理论课，必修，48 学时，3 学分

【授课对象】北京航空航天大学本科一年级学生

【本讲名称】中国工业化道路的选择与超越

【对应章节】第八章第二节

【单元学时】1 学时，50 分钟

【教师简介】吴东姣，北京航空航天大学马克思主义学院讲师，荣获第十二届北京高校思想政治理论课教学基本功比赛决赛特等奖。

二、教学简介与教学目标

1. 教学简介

本单元讲授内容主要分为四个模块。

第一，讨论：两种经济战略之说。新中国从旧中国接收过来的是一个工业“烂摊子”。农业歉收，工厂倒闭，人民生活遇到极大的困难。能不能战胜经济困难，迅速恢复和发展国民经济，是新中国面临的严峻考验之一。三年恢复期后，经济发展方向如何定，工业化道路如何走，就存在选择性。当时，党内存在两种声音，一种是“先轻后重”的观点，一种是毛泽东“先重后轻”的观点。究竟选择哪一种经济发展战略，要结合中国国情进行分析。

第二，选择：要“站起来”更要“立得住”。新中国的诞生（“站起

来”），打破了帝国主义在东方划定的势力范围。以美国为首的西方资本主义阵营通过政治孤立、经济封锁、军事包围等措施试图从根本上搞垮新中国。经济恢复后，必须迅速发展国民经济，发展重工业以巩固国防，才能够在世界民族之林“立得住”。

第三，超越：要“立得住”更要“立得稳”。

正是坚持了以农业为基础、以工业为主导的总方针，这一时期主要农产品产量显著提升，不仅在相当程度上保证了发展工业所需要的粮食和原料，也在相当程度上满足了人民的日用消费品需求，从而确保了社会的长期稳定（“立得稳”）。

第四，总结与思考。以农业为基础、以工业为主导，既符合马克思主义基本原理，也符合我国作为一个落后的农业大国的特殊国情。实践充分证明，只有把马克思主义基本原理同中国具体实际相结合，才能正确回答时代和实践提出的重大问题，才能始终保持马克思主义的蓬勃生机和旺盛活力。

学情分析

本课程授课对象为一年级本科生，就本单元教学的主题而言，授课对象主要具有如下典型特点。

（1）学生对中国工业化起步时优先发展重工业的战略有所了解，但对为什么优先发展重工业、在什么情况下选择了优先发展重工业的苏联工业化模式缺乏深刻认识。学生在中学阶段的历史学习以“知识记忆”为主，大多了解了过渡时期总路线、“一五”计划、《论十大关系》等内容，但对过渡时期总路线中以工业为主体的提出背景、“一五”计划中优先发展重工业的战略思想及成就、《论十大关系》中重工业、轻工业与农业的关系的重要性等缺乏深刻认识。

（2）学生具有一定的现实关怀意识，但容易忽视历史问题背后的价值导向。学生易于看到社会主义革命和建设时期中国工业化道路的选择以及“以苏为鉴”后中国工业化道路的调整与超越，但对这一时期中国工业化道路探索的经验在新中国七十多年工业化发展历程中的奠基性作用、中国共产党人打破教条创造性地将马克思主义再一次与中国实际相结合对马克思主义中国化时代化的重要发展缺乏系统而深刻的认识。

2. 教学目标

知识传授目标：通过梳理新中国成立初期经济恢复领域中的工业化道路探索历程，深化学生对这一时期中国共产党人对社会主义工业化道路的艰辛探索和勇于创新的过程的认识；厘清工农轻重之间的辩证统一关系；掌握“一五”计划、《论十大关系》等基本内容；了解社会主义革命和建设时期我国经济建设领域取得的伟大成就。

能力培养目标：让学生理解马克思主义基本原理与中国实际相结合的正确性，帮助学生坚持对马克思主义的坚定信仰、对中国特色社会主义的坚定信念，使学生掌握对马克思主义基本原理的使用方法，在未来的学习中能够自觉将马克思主义基本原理和习近平新时代中国特色社会主义思想相结合，以更加积极的历史担当和创造精神为发展马克思主义作出新的贡献。

立德树人目标：讲述中国工业化道路的选择与超越过程中的艰辛历程，引导学生深刻认识马克思主义中国化时代化是一个追求真理、揭示真理、笃行真理的过程。号召新时代青年坚持解放思想、实事求是、与时俱进、求真务实，不断回答中国之问、世界之问、人民之问、时代之问，不断谱写马克思主义中国化时代化新篇章。

三、重点难点与党的二十大精神融入

1. 重点难点

知识重点：向学生全面完整地展示新中国成立初期工业化道路起步时所面临的考验、发展中遇到的问题，以及中国共产党人解放思想提出“中国工业化道路”的必要性和合理性。

理论难点：理解中国共产党为什么能、中国特色社会主义为什么好，归根结底是马克思主义行，是中国化时代化的马克思主义行，需要对中国共产党百年奋斗成功道路进行深度剖析。

思维提升：通过从历史叙述到背后理论逻辑的阐释，使学生理解马克思主义是立党立国、兴党兴国的根本指导思想，马克思主义中国化时代化是科学的理论方法，自觉运用中国化时代化的马克思主义解析现实问题，理解理论、实践和发展之间的关系，增强学生对马克思主义的坚定信仰、对中国特色社会主义的坚定信念，坚定道路自信、理论自信、制度自信、文化自信，以更加积极的历史担当和创造精神为发展马克思主义作出新的贡献。

2. 解决方案

在内容上，可以采用问题分解和思维辨析方式来帮助学生理解。通过“新中国成立时两种经济发展战略之说”的提问，引发学生对于“社会主义工业化如何起步”的深入思考，继而回应为何选择优先发展重工业的苏联模式，最后阐明以苏为鉴，坚持以农业为基础、工业为主导的经济方针。在形式上，可以采取课堂调研、师生对谈、小组研讨、观点争辩等方式，强化学生对理论层次的剖析。

3. 党的二十大精神融入

学习宣传贯彻党的二十大精神是当前和今后一个时期全党全国的首要政治任务，学生在学习领会党的二十大精神的同时，需要有个认识、理解、认同的过程。将党的二十大报告内容融入课程，通过历史叙述，以党的实践探索照应当下理论逻辑，坚定学生对马克思主义的信仰信念，促进学生更好地理解马克思主义中国化时代化的重要意义，帮助学生掌握马克思主义科学理论以更好地指导学习生活，达到从实践探索到理论创新再到指导实践的飞跃。

四、教学内容与教学安排

1. 教学过程示意图

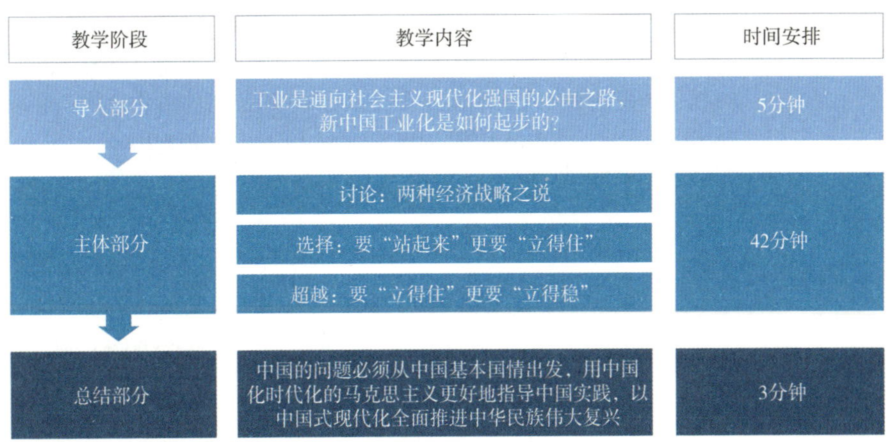

2. 教学内容及设计

教学阶段	教学内容	教学环节设计
导入	• 回顾上节课内容。 • 以党的二十大报告中全面建成社会主义现代化强国目标的相关内容点明工业化的重要性。 • 以 1945 年毛泽东在《论联合政府》中的相关论述突出中国工人阶级的任务：使中国由农业国变为工业国。 • 提出本教学单元的问题：如何使中国由农业国变为工业国？中国工业化的道路该如何走？	以党的二十大报告中关于中国式现代化和建设社会主义现代化强国的内容引入，提出问题。
阶段 1 讨论：两种经济战略之说	• 展示中国工业化道路的背景：新中国从旧中国那儿接收的是一个工业“烂摊子”，轻重工业比例严重失调，重工业占比小、生产技术差、劳动生产率低，在这样的背景下，新中国工业化道路如何开启？ • 呈现两种不同的经济发展战略：“先轻后重”和“先重后轻”的两种经济战略之辩。 • 提出一个问题：结合新中国的国情，选择一条什么样的工业化发展道路？	用数据和图表向学生展示新中国的工业基础，用史料向学生展示中国共产党对于发展工业的两种不同的经济战略。向学生提出问题，引发学生思考。
阶段 2 选择：要“站起来”更要“立得住”	• 介绍新中国成立初期的国际形势。中国“站”起来了，但还没有实力“立”足于世界强国之列。 • 面对云谲波诡的国际形势，要想“立得住”，必须尽快发展并强大。中国共产党人在认真学习和分析不同的工业化道路后，结合中国实际情况选择了优先发展重工业的苏联模式。 • 优先发展重工业的战略促进了中国工业的飞速发展，为建立完整的工业体系打下了坚实的基础。 重点解惑： 选择优先发展重工业的模式不是盲从苏联模式，是中国共产党人从中国国情出发，独立自主的同时积极争取国际援助的结果。	以自问自答的形式，把学生心中可能存在的疑问说出来，并给出初步答案。 考虑课堂生动性的需求与课堂时间的限制，将与课程相关内容制作成延伸阅读材料，以二维码的形式呈现，供学生自主选择。

续表

教学阶段	教学内容	教学环节设计
阶段3 超越： 要“立得住” 更要“立得稳”	● 工业化的发展不是一帆风顺的。由于苏联忽视了“优先”，而变成了“片面”，导致消费资料的生产严重不足，人民生活基本需求得不到满足。而中国的“一五”计划也逐渐显露出过分重视重工业的端倪。中国需要尽快调整工业化发展战略。 ● 苏共二十大的召开了给各国共产党思想解放的契机。毛泽东指出要对苏联的教训“引以为戒”，并提出了“第二次结合”的任务。 ● 在对中国工业化道路理论的探索过程中，中国共产党人逐渐总结出“以农业为基础、以工业为主导”的发展国民经济总方针。 ● 正是在“以农业为基础、以工业为主导”的指导下，中国在20世纪六七十年代，都保持着对农业的高度重视，较大幅度地提高了粮食生产水平和抵御自然灾害的能力，人民基本生活得到了保障，社会稳定发展。	用剥洋葱的方法，层层递进带领学生在历史中寻找答案。让学生感受中国共产党人在探索中国工业化道路过程中发现问题、寻找办法、贯彻执行、取得成功的艰辛，坚定学生对中国工业化道路的信心，坚持马克思主义的理想信念。
总结	回应问题，回溯理论，总结现实并展望未来。 ● 在这一时期，中国工业化在发展和稳定两方面都取得了令世界瞩目的成绩。 ● 社会主义革命和建设时期中国共产党人探索的工业化道路不仅体现了马克思主义的一般原理，还立足于中国经济文化落后的农业大国的国情，借鉴苏联社会主义工业化模式的经验教训，开辟了中国工业化的道路，促进了中国工业的飞速发展，巩固了国防，发展了生产，改善了生活。中国工业化道路是马克思主义和中国特殊国情的统一，是对马克思主义创造性的发展。 · 总结与思考 快速发展 中国共产党对世界工业化道路的认识 选择：优先发展重工业 立得住 很多工业产品实现了从无到有、从有到优的进步。为“中国由农业国变为工业国”奠定了基础，为社会主义建设积累了宝贵经验。 长期稳定 中国共产党对中国工业化道路的思考 超越：中国工业化道路 立得稳 对中国工业化道路的思考，彰显中国共产党独立自主、自信自立的精神品格，成为探索中国特色社会主义工业化道路的历史起点。 中国工业化道路怎么走？ 理论 马克思社会再生产理论 实践 优先发展重工业的苏联模式 反思 以农业为基础 以工业为主导	

续表

教学阶段	教学内容	教学环节设计
总结	• 在党的二十大报告中，习近平总书记提出了“以中国式现代化全面推进中华民族伟大复兴”的命题。“中国式现代化”是“中国工业化道路”的延续和发展，其本质都是中国共产党带领人民独立自主探索、依靠自身力量实践，从中国基本国情出发推进中华民族伟大复兴的进程。 · 课后作业 思考： ① 毛泽东同志有没有提到过“现代化”？具体是哪一篇文献？ ② 毛泽东同志所领导的社会主义革命和建设时期的工业化为中国式现代化提供了什么启示？	回溯主题、回应问题，加深学生对课堂伊始预设问题的印象，同时呼应党的二十大报告中的内容。

3. 板书设计

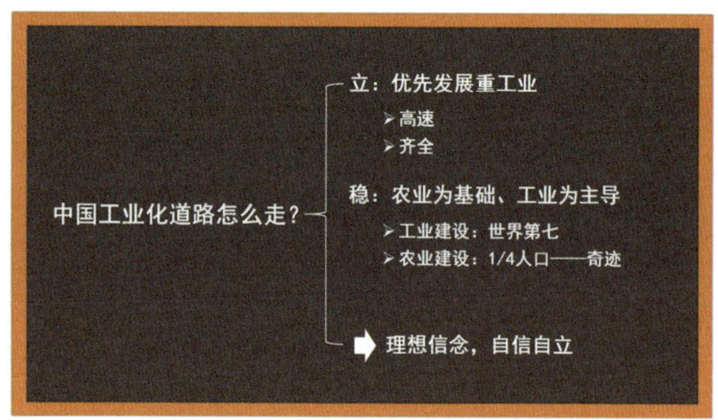

五、教学小结

1. 教学创新及其效果

教学内容方面：将社会主义革命和建设时期中国工业化道路的探索拆解为“选择”和“超越”两个阶段，紧密联系历史发展的脉络，让学生对历史事实有较为全面的认识。在思维层次上，将社会主义革命和建设时期中国工业化道路的探索分解为“立”和“稳”两个层次。结构清晰明了，正反合题，锻炼学生的辩证思维。在现实观照上，以党的二十大精神为大背景，让学生对马克思主义中国化有深厚的历史观感和过程体验。

教学形式方面：以小组研讨的形式，促进交流。小组代表上台演讲、不同代表观点争锋，让学生在辩论中学会表达和尊重，学会倾听与吸纳，改变当代学生以自我为中心的思维习惯，让课堂更有“集体感”。

教学手段方面：遵循媒体组合设计整体优化的原则，综合运用多种媒体教学手段。一是在相关教学知识点中辅以教学视频，加深学生对重要事件的印象。二是采用雨课堂。首先，弹幕功能保证学生有实时对教学内容发表意见和看法的平台和机会，提升课堂的活跃度；其次，雨课堂的随机点名功能可以检验学生的注意力是否集中；最后，雨课堂的交流功能确保了师生在课后的答题互动。

2. 教学反思

本节教学采用教师讲授 + 学生讨论的教学方法，通过社会主义革命和建设时期中国工业化道路的探索，理解马克思主义行、中国化时代化的马克思主义行，逻辑嵌套、层层深入，讲解的时候如果不清晰、不明朗，容易让学生更加困惑。

因此，应当在教学节奏上适当放缓，重点概念和逻辑分层要反复强调，注意把握课堂中学生的眼神交互和及时反馈。

六、阅读文献及拓展资料

1.《中国人民站起来了》,《中华人民共和国开国文选》，中央文献出版社 1999 年版。

2.《论十大关系》,《毛泽东文集》第 7 卷，人民出版社 1999 年版。

3.《高举中国特色社会主义伟大旗帜 为全面建设社会主义现代化国家而团结奋斗——在中国共产党第二十次全国代表大会上的报告》，人民出版社 2022 年版。

延安时期如何讲好中国共产党故事

一、基本信息

【课程名称】中国近现代史纲要

【课程性质】本科生思想政治理论课，必修，48 学时，3 学分

【授课对象】北京物资学院本科二年级学生

【本讲名称】延安时期如何讲好中国共产党故事

【对应章节】第六章第四节

【单元学时】1 学时，45 分钟

【教师简介】兰旸，北京物资学院马克思主义学院教师，荣获第十二届北京高校思想政治理论课教学基本功比赛决赛二等奖。

二、教学简介与教学目标

1. 教学简介

本单元主要介绍了 20 世纪 30 年代，中华民族到了最危险的时刻，中华儿女同仇敌忾，进行了长达 14 年艰苦卓绝的抗日战争，打败了穷凶极恶的日本军国主义侵略者，取得了中国人民抗日战争的伟大胜利。这是在中国近代历史上中华民族第一次获得完全的胜利，在这一过程中，中国共产党起到了中流砥柱的作用。此章节的内容让学生更加深刻而全面地理解为什么历史和人民选择了中国共产党。

学情分析：目前，学生对于中国共产党在抗日战争中的中流砥柱作用已经有初步了解，但是对于在艰苦卓绝的抗日战争时期，中国共产党运用自己的智慧，突破困境，让外界更好地了解我们，这些具体的历史细节和史实了

解较少，可以引起学生的学习兴趣，增加学生的认识。

学习基础：学生已经在初、高中阶段学习过抗日战争的相关基本历史，但是对于抗日战争获得胜利的原因，有些同学还停留在表面层次上，需要从情感上、学理上深刻认识到中国共产党在抗日战争中的重要作用，更好地理解中国共产党的领导地位是历史和人民的选择。

2. 教学目标

知识目标：深刻理解中国共产党为抗日战争胜利所作出的努力和贡献，深刻认识中国共产党是抗日战争的中流砥柱。

能力目标：掌握中国共产党在抗日战争中的地位和作用，掌握中国共产党在延安时期被国民党封锁的条件下，如何突出重围，获得外界的了解与支持，促进抗日民族统一战线的形成。

素质目标：使大学生进一步坚定理想信念，更好地把握抗日战争时期中国共产党的中流砥柱作用，更好地理解为什么历史和人民选择了中国共产党，将历史与现实相结合，真正了解中国共产党为什么能够带领中华民族获得革命的成功，并且实现了中华民族从站起来、富起来到强起来。

三、重点难点与党的二十大精神融入

1. 重点难点

重点一：中国共产党如何在延安时期讲好革命故事，让世界了解延安，了解中国共产党。

重点二：中国共产党在抗日战争中的中流砥柱作用。

难点一：延安时期讲好中国共产党故事的作用。

难点二：延安时期讲好中国共产党故事的启示。

2. 解决方案

具体教法：调查研究法（课前调研，了解学生），案例解析法，类比讨论法，对比分析法，图片、视频辅助法。

具体学法：联系个人思想实际讨论分析法，自主探究法，合作学习法。

3. 党的二十大精神融入

在课程的讲授过程中，始终以延安时期如何讲好中国共产党故事为主线，对延安时期中国共产党面临的困境、如何突出重围打破困境以及作用和效果进行分析，从而得出对今天的启示。党的二十大报告指出："中国共产党已走过百年奋斗历程。我们党立志于中华民族千秋伟业，致力于人类和平与发展崇高事业，责任无比重大，使命无上光荣。全党同志务必不忘初心、牢记使命，务必谦虚谨慎、艰苦奋斗，务必敢于斗争、善于斗争，坚定历史自信，增强历史主动，谱写新时代中国特色社会主义更加绚丽的华章。"[①] 学好这段历史，也是从百年党史中汲取经验的体现。

四、教学内容与教学安排

1. 教学过程示意图

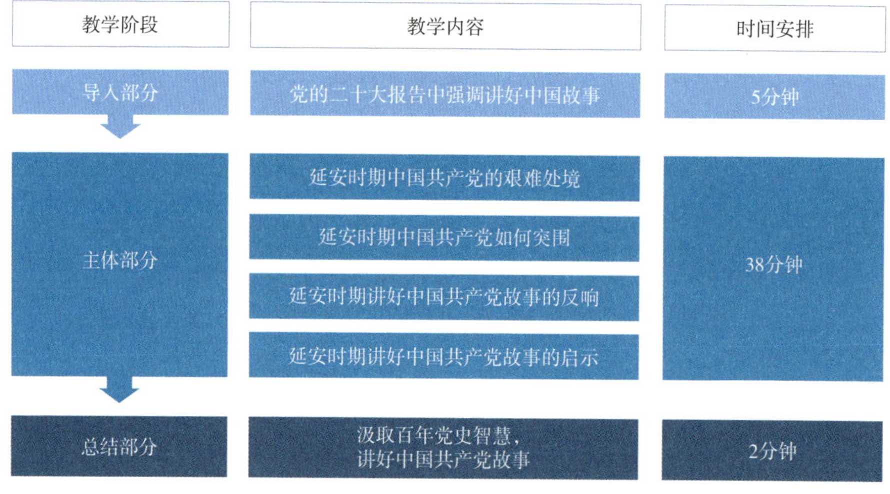

① 《高举中国特色社会主义伟大旗帜 为全面建设社会主义现代化国家而团结奋斗——在中国共产党第二十次全国代表大会上的报告》，人民出版社 2022 年版，第 1—2 页。

2. 教学内容及设计

教学阶段	教学内容	教学环节设计
导入	展示一张 1937 年 1 月《生活》杂志上毛泽东的照片，标题为《中国漂泊的共产党人的首次亮相》。	通过介绍照片的背景以及照片背后的故事，让同学们更加了解延安时期中国共产党的艰难处境。
阶段 1 封锁：延安时期中国共产党面临的困境	延安时期国民党对中国共产党的军事封锁： 蒋介石提出“攘外必先安内”，1939 年 1 月国民党五届五中全会确定“防共、限共、溶共、反共”的方针。 延安时期国民党对中国共产党的经济封锁： 在抗日相持阶段，国民党对延安进行封锁和围困，曾经下令不准一斤棉花、一粒粮食、一尺布进入边区，当时中国共产党的处境十分艰难。 延安时期国民党对中国共产党的文化封锁： 国民党“污化”、抹黑中国共产党形象，他们在《中央日报》《扫荡报》等报纸和文章中，把中共和抗日军队污蔑成“共匪”“匪党”“赤匪”“共产党匪帮”……在全面抗战爆发后，国民党大肆宣扬中共“专打友军、不打日本”，诽谤共产党“游而不击”、实行“封建割据”和“破坏政令军令”等。他们还隔绝中国共产党，在“污化”和抹黑的同时，却不允许中国共产党将真相公之于众。	以当时国共双方的处境为例，重点是军事、经济和文化方面，讲述中国共产党在延安时期的艰难处境。
阶段 2 突围：延安时期讲好中国共产党故事的策略、反响	第一，制定策略，进行全球式构建，主动“走出去”。 首先。设立了宣传机构，1938 年中共中央长江局决定成立中共中央国际宣传委员会，下设办事机构国际宣传组。国际宣传组还翻译、出版了《论持久战》等著作，提升了中国共产党的国际影响力，让世界了解中国共产党正确的抗日主张。 其次。通过办报刊、筹建电台等方式传播自己的声音，讲述自己的故事。当时创办的报纸和杂志就有：《中国通讯》《晋察冀画报》《先锋报》《救国时报》《新中华报》《解放日报》《新华日报》等。同时还突破重重阻碍，设立了延安新华广播电台。	翻转课堂，让学生通过阅读参考书目和查阅资料思考：中国共产党是如何突破封锁，实现突围的？

续表

教学阶段	教学内容	教学环节设计
阶段 2 突围：延安时期讲好中国共产党故事的策略、反响	第二，热情敞开大门，主动“请进来”。 如果想让世界更加客观真实地了解中国共产党，仅仅走出去是不够的，我们还主动敞开大门，把客人请进来。主要策略是通过外国记者、国际友人、民主人士、海外侨胞、军事观察员等“第三只眼睛”，向世界讲述中国共产党故事，展现可信的形象。 第三，精心准备，开诚布公。 外国记者或观察团来到延安，最关心的问题总结起来就是中国共产党、国共关系和统一战线等，对于这些问题中国共产党也是精心准备，开诚布公，将最真实的看法和最真实的延安展现出来。 反响 让世界了解中国共产党：美军观察组在延安期间，通过访问与实地调查，写了许多调研报告，比较客观地反映了抗日民主根据地的政治、经济、军事等方面的情况。他们认为中共是抗击日本的一支重要力量，也是解决中国问题的一支重要力量。 促进抗日民族统一战线的形成：全国各地的爱国志士和抗日青年冒着生命危险，冲破敌人重重封锁，奔赴延安寻求救国真理和道路。	
阶段 3 启示：汲取延安时期经验，讲好中国共产党故事	第一，实事求是。毛泽东强调，宣传我党、我军、抗日根据地人民战斗胜利的成绩，解答来宾提出的问题，都要采取老老实实的态度，知之为知之，不知为不知。一定要实事求是地宣传我们党的政策，尽力让他们既了解我们工作中的优点和成绩，也了解我们的缺点和不足。 第二，不卑不亢。《关于外交工作指示》指出：“我们办外交首先必须站稳民族立场，反对百年来在民族问题上存在的排外和惧外媚外两种错误观念。” 第三，积极主动。1937 年 12 月，《中共中央对时局的宣言》将扩大国际宣传和增加国际援助作为一项重要任务；1940 年，中央发出指示，要求对国内外的宣传应当自动地有计划地供给各种适当的情况材料。 第四，开放包容。延安交际处制定并实施了“来则欢迎，去则欢送，再来再欢迎”的工作原则。	对学生的问题进行总结和点评，对本节课程内容进行总结和升华，联系当今现实，再一次强调讲好中国故事的重要作用。

续表

教学阶段	教学内容	教学环节设计
总结	中国共产党在延安时期的十三年，是共产党人励精图治，居安思危，在局部执政的艰难困境下的十三年，也是中国共产党凤凰涅槃的十三年，这十三年也开启了中华民族的复兴之路。 课后思考题：延安时期讲好中国共产党故事的经验和启发是什么？ 作业：通过学习和阅读撰写论文，你认为在新时代如何讲好中国故事？	通过提供课后阅读材料让学生更多地思考和学习，真正实现对学习内容的入心入脑。

3. 板书设计

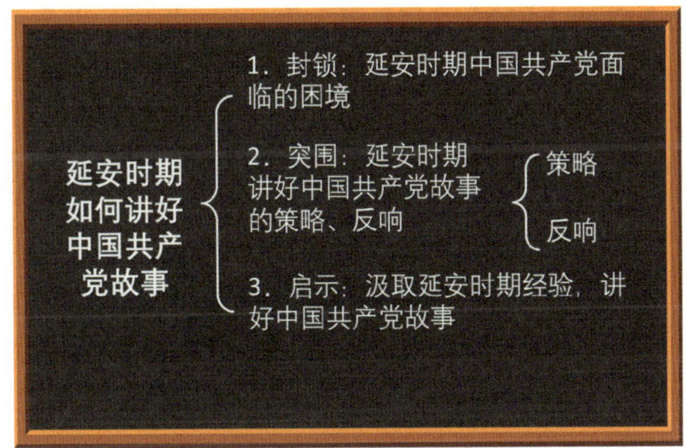

五、教学小结

1. 教学创新及其效果

方法：采用翻转课堂和讲授相结合的教学方法，让学生主动思考，主动参与课堂；采用叙事教学的方式，将生动的史实与理论提升相结合，增强学生的情感认同和理论深度。

结构：问题链式结构，通过层层深入的讲述方式，引发学生主动思考，参与课堂，真正形成情感的共鸣和理论的提升。

2. 教学反思

本节课以延安时期如何讲好中国故事为主要内容进行教学，结合党的二十大精神讲好中国故事这一内容，使学生更加全面了解中国共产党是抗日战争的中流砥柱，同时也联系当今现实，让学生了解讲好中国故事的重要性。判断教师教学成功的重要标志就是学生从情感上和理论上了解中国共产党在延安时期的艰难处境、中国共产党如何运筹帷幄突破重围让世界了解我们，以及对今天的重要启示。在叙事为主的教学中，多提出问题引发学生的思考，提升理论，更多将历史与现实相联系，是本节课需要提升的内容。

六、阅读文献及拓展资料

1.《论持久战》,《毛泽东选集》第 2 卷，人民出版社 2008 年版。

2.《和英国记者贝特兰的谈话》,《毛泽东选集》第 2 卷，人民出版社 2008 年版。

3.《在纪念中国人民抗日战争暨世界反法西斯战争胜利 70 周年大会上的讲话》，2015 年 9 月 3 日。

4.《高举中国特色社会主义伟大旗帜 为全面建设社会主义现代化国家而团结奋斗——在中国共产党第二十次全国代表大会上的报告》，人民出版社 2022 年版。

5. [美] 埃德加・斯诺:《西行漫记》，生活・读书・新知三联书店 1979 年版。

6. 王东方:《中国革命的延安之路》，人民出版社 2019 年版。

党的七大及其历史启示

一、基本信息

【课程名称】中国近现代史纲要

【课程性质】本科生思想政治理论课，必修，48 学时，3 学分

【授课对象】北京语言大学本科一年级学生

【本讲名称】党的七大及其历史启示

【对应章节】第六章第四节

【单元学时】1 学时，50 分钟

【教师简介】王义夫，北京语言大学马克思主义学院讲师，荣获第十二届北京高校思想政治理论课教学基本功比赛决赛二等奖。

二、教学简介与教学目标

1. 教学简介

教学内容：本节课是《中国近现代史纲要》第六章第四节的部分内容。教师通过多种教学展示，带领学生学习中国共产党第七次全国代表大会的相关史实，领会毛泽东思想被确立为党的指导思想并写入党章的历史意义，并以此为切入点，通过符合学生认知水平的讲述，引导学生正确认识党的七大是新时代共产党人作出“两个确立”重要论断的历史根源，使学生从历史发展的内在逻辑和内心情感等方面更加深刻领悟“两个确立”的决定性意义。

学情分析：由于专业差异及中学文理分科等原因，存在对中国共产党历史以及中国近现代历史知识的掌握程度参差不齐的现象。此外，本科一年级

学生主要是出生于2000年之后的年青一代，其认知成长期和知识储备期与我国经济高速发展期重合度较高，对中国共产党及其所领导的中国特色社会主义事业有着极强的感性认识和情感认同。在进入大学后，学生开始对党史、党建等理论问题产生兴趣，渴望通过学习将个人对党的感性认识向理性认识进行提升。

鉴于上述学情特点，本课程在教学过程中采取以下具有针对性的措施：

第一，在教学语言方面选取学生听得懂、听得进的方式，对知识点进行深入浅出的讲解和说明，并开展有效的师生互动，以加深学生对课堂讲授知识的记忆和理解；

第二，在教学案例方面选取与学生知识储备、情感认知特点相匹配的素材，尽可能提高案例素材的理论深度和价值深度，帮助学生将对党的认识从感性阶段提升至理性阶段。

2. 教学目标

价值维度：通过精心设计的教学，帮助学生更好地理解党的七大确立毛泽东思想为党的指导思想、形成以毛泽东同志为核心的党的第一代中央领导集体的历史和现实意义，为学生在学习和生活实践中深刻领会“两个确立”的决定性意义和坚决做到“两个维护”提供鲜明的历史启示。

知识维度：习近平总书记指出：“中国革命历史是最好的营养剂。”[①] 通过对党的七大史实的详细阐释，引导学生掌握扎实的党史知识，明了毛泽东思想作为党的指导思想的确立过程、以毛泽东同志为核心的党的第一代中央领导集体的形成过程，汲取党领导人民夺取新民主主义革命伟大胜利的历史经验，“牢记红色政权是从哪里来的、新中国是怎么建立起来的，不忘历史、不忘初心”[②]。

能力维度：第一，以学习党的七大的历史贡献为切入点，明确认识新时代的共产党人作出“两个确立”重大论断的历史根源，帮助学生从历史传承、发展的角度学习领会党的二十大精神，特别是深刻领悟“两个确立”的决定性意义；第二，从形式、感性及理性维度上对党的七大进行系统性的认识，

① 《论中国共产党历史》，中央文献出版社2021年版，第24页。

② 同上，第12页。

熟悉毛泽东思想确立为党的指导思想的过程，为进一步系统学习党史奠定扎实的基础，“把学党史、用党史作为终身必修课”[①]。

三、重点难点与党的二十大精神融入

1. 重点难点

重点：其一，讲清楚党的七大对毛泽东思想在全党指导思想地位的确立；其二，讲清楚党的七大的历史贡献及其现实启示，从历史发展的角度帮助学生更加深刻领悟“两个确立”的决定性意义。

难点：其一，如何用学生能够理解的方式，用通俗易懂的话语把确立毛泽东同志核心地位与确立毛泽东思想指导地位之间相辅相成、相互促进的关系讲明白、讲透彻；其二，如何构建起历史与现实之间的逻辑桥梁，用学生听得懂、听得进的话语将党的七大对“两个确立”的历史启示讲清楚、讲准确。

2. 解决方案

教师在备课阶段要准确掌握重点内容所涉及的理论知识，并辅之以翔实的党史资料和典故，选择精准的视角和方式将理论知识与历史阐释相融合，进而用学生能够接受和理解的话语予以讲授。

3. 党的二十大精神融入

党的二十大报告指出，“坚持和加强党中央集中统一领导”“坚持不懈用习近平新时代中国特色社会主义思想凝心铸魂”[②]。在《中国共产党第二十次全国代表大会关于〈中国共产党章程（修正案）〉的决议》中，也明确提及“大会要求全党深刻领悟‘两个确立’的决定性意义，全面贯彻习近平新时代中国特色社会主义思想，把这一思想贯彻落实到党和国家工作各方面全过程”[③]。

“两个确立”是党在新时代取得的重大政治成果，是“新时代党和国家

① 《习近平在参加内蒙古代表团审议时强调 不断巩固中华民族共同体思想基础 共同建设伟大祖国 共同创造美好生活》，《人民日报》2022 年 3 月 6 日第 3 版。

② 《高举中国特色社会主义伟大旗帜 为全面建设社会主义现代化国家而团结奋斗——在中国共产党第二十次全国代表大会上的报告》，人民出版社 2022 年版，第 64—65 页。

③ 《中国共产党第二十次全国代表大会关于〈中国共产党章程（修正案）〉的决议》，《人民日报》2022 年 10 月 23 日第 2 版。

事业发展的必然要求，具有深厚的历史依据和坚实的现实基础”[①]。在历史依据和历史源泉方面，“党的七大对于新民主主义革命的胜利，最重要的贡献在于确立毛泽东的全党领袖、党中央核心地位，确立毛泽东思想作为党的指导思想，为新民主主义革命的伟大胜利奠定了根基”[②]。党的七大的这一贡献，就是“事实上的‘两个确立’思想”[③]，因此，新时代的中国共产党人作出“两个确立”的重要论断，“实际上是继承和弘扬党的七大的优良传统”[④]。

因此，通过对党的七大的历史贡献的讲授，对学生相对熟悉的革命史的阐释，帮助学生进一步深刻领悟“两个确立”的决定性意义。

四、教学内容与教学安排

1. 教学过程示意图

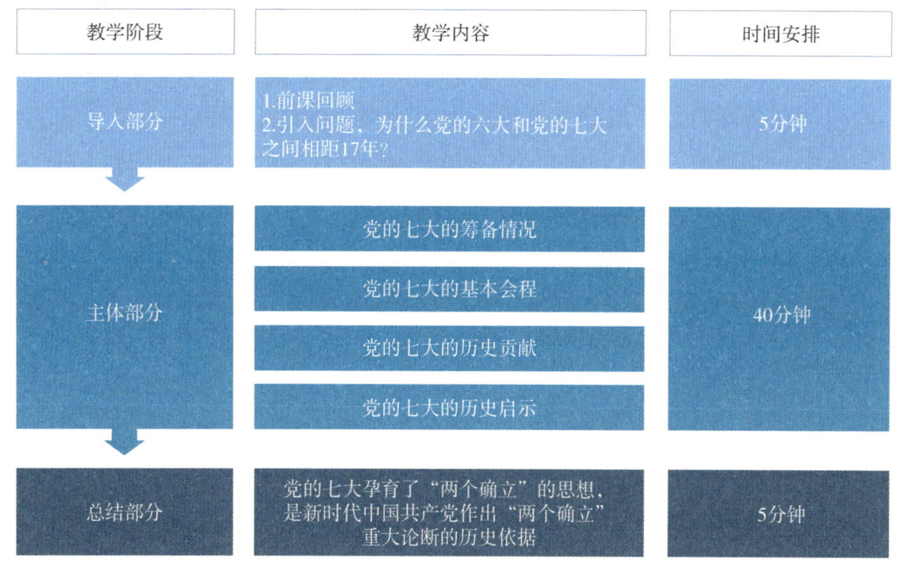

① 金民卿：《“两个确立”的历史依据和时代基础》，《世界社会主义研究》2022年第9期，第20页。

② 杨凤城：《党的七大与新民主主义革命的伟大胜利》，《思想理论教育导刊》2022年第9期，第79—80页。

③ 石仲泉：《党的百年奋斗之花：“两个确立”的跃升——学习〈中共中央关于党的百年奋斗重大成就和历史经验的决议〉》，《理论建设》2022年第1期，第14页。

④ 同上。

2. 教学内容及设计

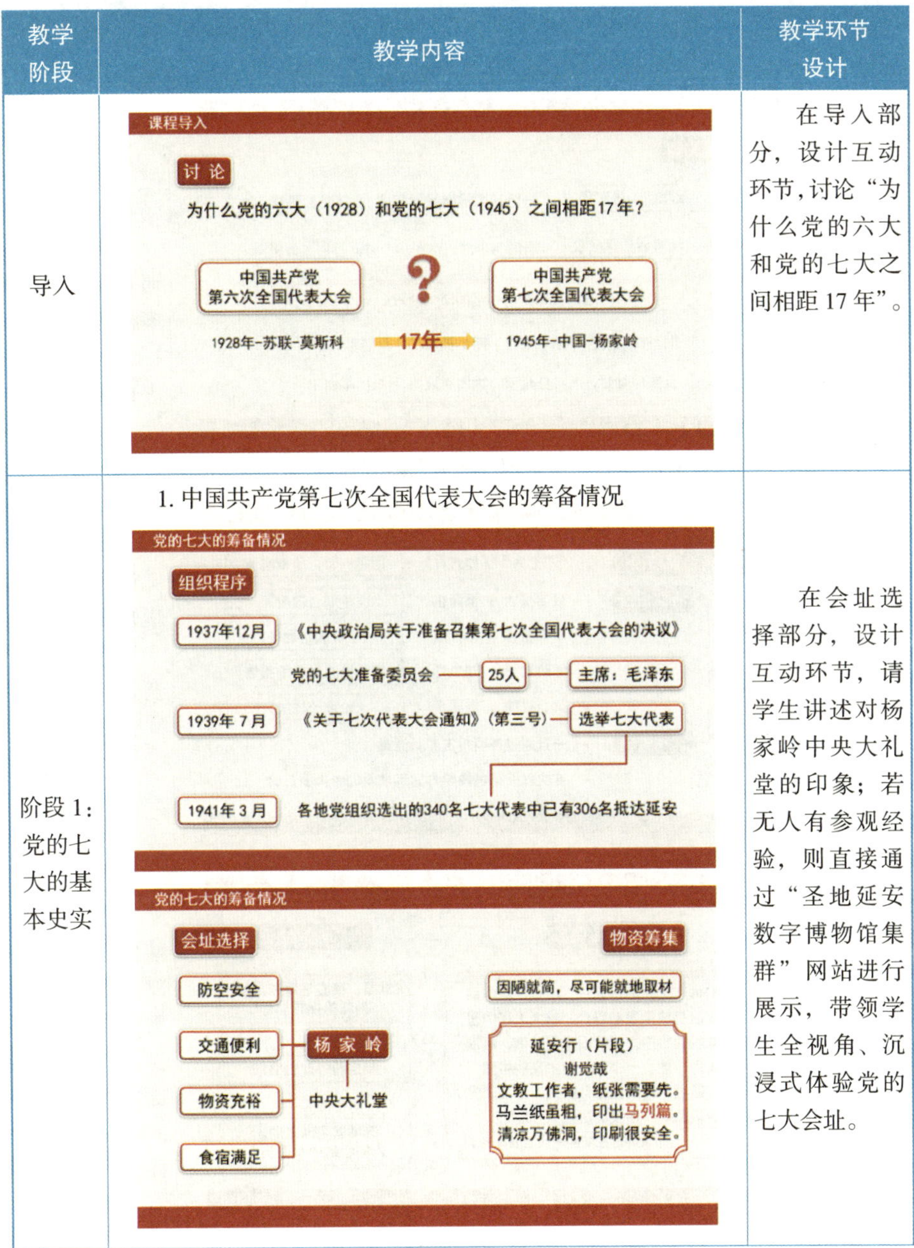

教学阶段	教学内容	教学环节设计
导入	（课程导入幻灯片）	在导入部分，设计互动环节，讨论“为什么党的六大和党的七大之间相距 17 年”。
阶段 1：党的七大的基本史实	1. 中国共产党第七次全国代表大会的筹备情况 （党的七大的筹备情况幻灯片）	在会址选择部分，设计互动环节，请学生讲述对杨家岭中央大礼堂的印象；若无人有参观经验，则直接通过“圣地延安数字博物馆集群”网站进行展示，带领学生全视角、沉浸式体验党的七大会址。

续表

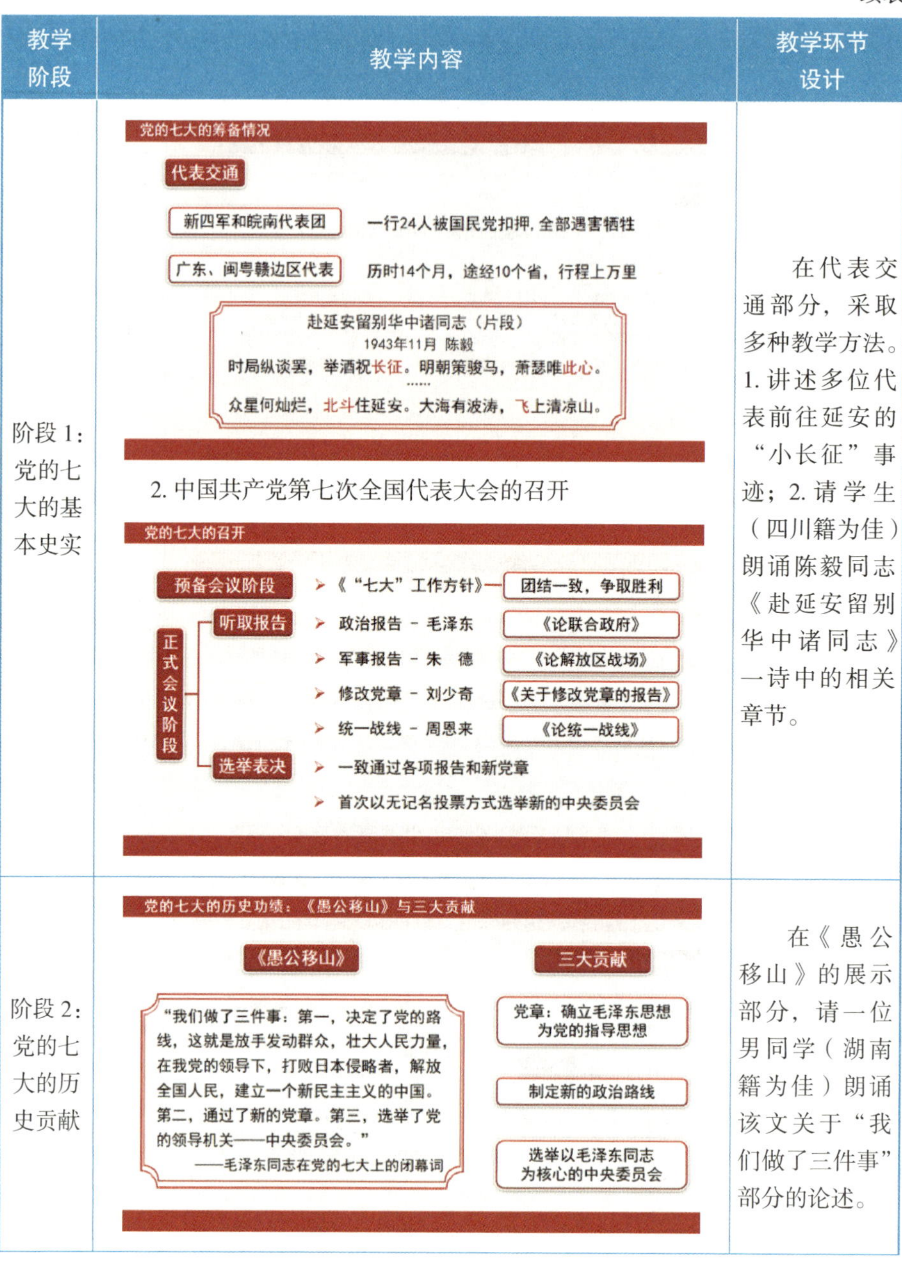

教学阶段	教学内容	教学环节设计
阶段1：党的七大的基本史实	（幻灯片：党的七大的筹备情况） 2. 中国共产党第七次全国代表大会的召开 （幻灯片：党的七大的召开）	在代表交通部分，采取多种教学方法。1. 讲述多位代表前往延安的“小长征”事迹；2. 请学生（四川籍为佳）朗诵陈毅同志《赴延安留别华中诸同志》一诗中的相关章节。
阶段2：党的七大的历史贡献	（幻灯片：党的七大的历史功绩：《愚公移山》与三大贡献）	在《愚公移山》的展示部分，请一位男同学（湖南籍为佳）朗诵该文关于“我们做了三件事”部分的论述。

续表

教学阶段	教学内容	教学环节设计
阶段 2：党的七大的历史贡献	1. 确立毛泽东思想为全党的指导思想并写入党章 1943 年 7 月，王稼祥在《中国共产党与中国民族解放的道路》一文中第一次明确提出“毛泽东思想”的概念，即“中国的马克思主义，中国的布尔什维克主义，中国的共产主义”[①]。 1945 年 5 月，刘少奇在党的七大上作《关于修改党章的报告》，第一次对“毛泽东思想”作出完整概括和系统阐述，指出毛泽东思想“就是马克思列宁主义的理论与中国革命的实践之统一的思想，就是中国的共产主义，中国的马克思主义”[②]。 1945 年 6 月，党的七大确立毛泽东思想是中国共产党“一切工作的指针”[③]。 2. 制定新的政治路线 对比党的六大和党的七大，并引用毛泽东同志对两场会议的评价，即“一个要消灭共产党和中国民主势力，把中国引向黑暗；一个要打倒日本帝国主义和它的走狗中国封建势力，建设一个新民主主义的中国，把中国引向光明”[④]。 3. 选举新的中央委员会，正式形成以毛泽东同志为核心的党的第一代中央领导集体 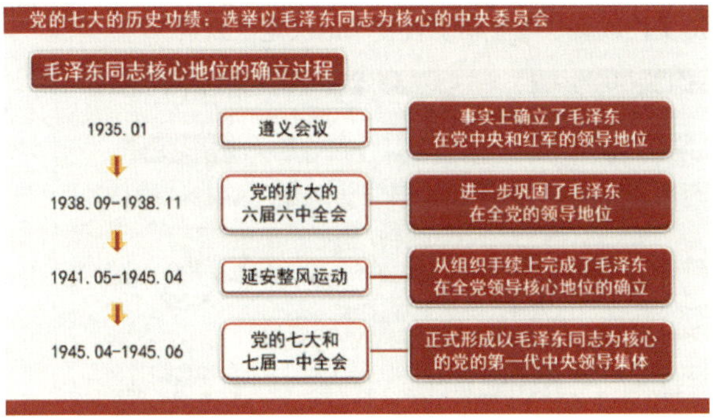 党的七大的历史功绩：选举以毛泽东同志为核心的中央委员会 毛泽东同志核心地位的确立过程 1935. 01 遵义会议 —— 事实上确立了毛泽东在党中央和红军的领导地位 1938. 09-1938. 11 党的扩大的六届六中全会 —— 进一步巩固了毛泽东在全党的领导地位 1941. 05-1945. 04 延安整风运动 —— 从组织手续上完成了毛泽东在全党领导核心地位的确立 1945. 04-1945. 06 党的七大和七届一中全会 —— 正式形成以毛泽东同志为核心的党的第一代中央领导集体	此部分总体略讲，并不予以展开。在突出其他两项贡献的同时，保证课堂的时间分配，并在内容上达成详略得当、错落有致的效果。

① 王稼祥：《中国共产党与中国民族的解放道路》，《解放日报》1943 年 7 月 8 日第 1 版。

② 《刘少奇选集》上卷，人民出版社 1981 年版，第 333 页。

③ 《中国共产党历次党章汇编 1921—2012》，中国方正出版社 2012 年版，第 95 页。

④ 《毛泽东选集》第 2 卷，人民出版社 1991 年版，第 1103 页。

续表

教学阶段	教学内容	教学环节设计
阶段 3：党的七大对“两个确立”的历史启示	在此基础上，将历史讲述递进到现实问题阐释，强调党的七大与新时代中国共产党人作出“两个确立”重要论断的历史关联。 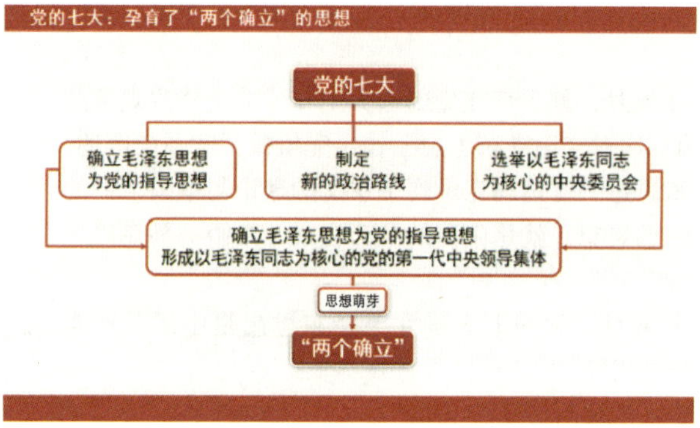 党的七大：孕育了“两个确立”的思想 党的七大 确立毛泽东思想为党的指导思想 制定新的政治路线 选举以毛泽东同志为核心的中央委员会 确立毛泽东思想为党的指导思想 形成以毛泽东同志为核心的党的第一代中央领导集体 思想萌芽 “两个确立” 通过对习近平总书记讲话的引用，将课堂内容推进到确立毛泽东思想为党的指导思想对今天学习贯彻党的二十大精神、深刻领悟“两个确立”的决定性意义的历史启示。 【学习宣传贯彻党的二十大精神】《中国共产党第二十次全国代表大会关于〈中国共产党章程（修正案）〉的决议》：“‘两个确立’是党在新时代取得的重大政治成果，是推动党和国家事业取得历史性成就、发生历史性变革的决定性因素。”① 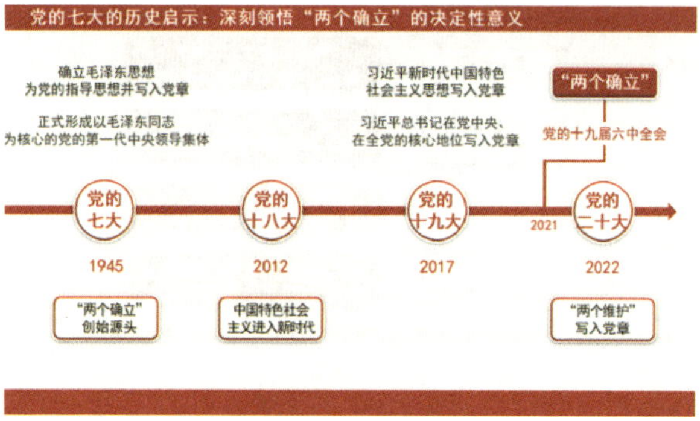 党的七大的历史启示：深刻领悟“两个确立”的决定性意义 确立毛泽东思想为党的指导思想并写入党章 正式形成以毛泽东同志为核心的党的第一代中央领导集体 习近平新时代中国特色社会主义思想写入党章 习近平总书记在党中央、在全党的核心地位写入党章 “两个确立” 党的十九届六中全会 党的七大 1945 党的十八大 2012 党的十九大 2017 2021 党的二十大 2022 “两个确立”创始源头 中国特色社会主义进入新时代 “两个维护”写入党章	鼓励学生通过对党的七大历史经验的学习，把其对于当下的启示，也就是“两个确立”的决定性意义弄明白、弄清楚。

① 《中国共产党第二十次全国代表大会关于〈中国共产党章程（修正案）〉的决议》，《人民日报》2022 年 10 月 23 日第 2 版。

续表

教学阶段	教学内容	教学环节设计
总结	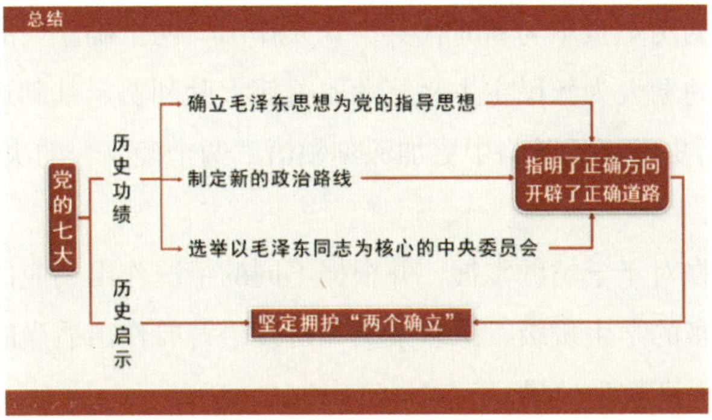 总结 党的七大 历史功绩 确立毛泽东思想为党的指导思想 制定新的政治路线 选举以毛泽东同志为核心的中央委员会 指明了正确方向 开辟了正确道路 历史启示 坚定拥护“两个确立” 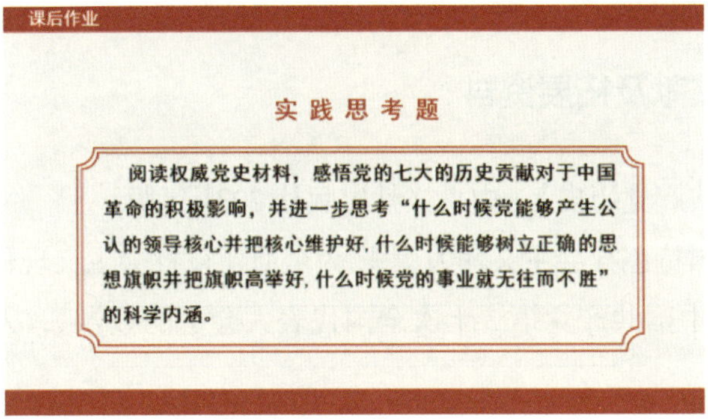 课后作业 实践思考题 阅读权威党史材料，感悟党的七大的历史贡献对于中国革命的积极影响，并进一步思考“什么时候党能够产生公认的领导核心并把核心维护好，什么时候能够树立正确的思想旗帜并把旗帜高举好，什么时候党的事业就无往而不胜”的科学内涵。	通过思维导图对学习内容进行回顾与总结，强化学生对于党的七大史实及历史贡献的记忆，引导学生将这一贡献与新时代共产党人作出“两个确立”联系起来，从历史发展的脉络更加深刻领悟“两个确立”的决定性意义。

3. 板书设计

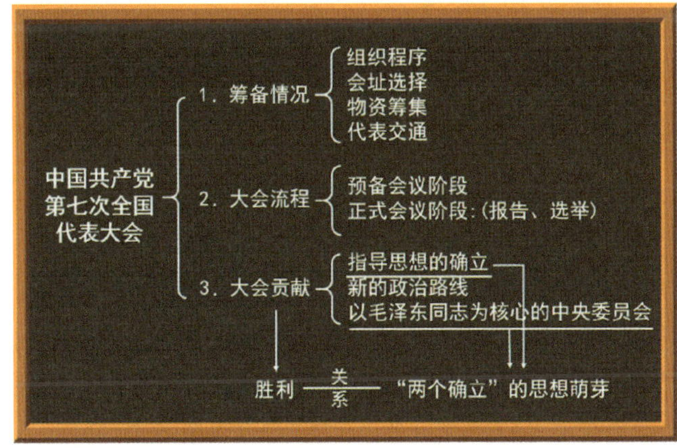

五、教学小结

1. 教学创新及其效果

将党的七大的历史贡献与新时代共产党人作出“两个确立”的重大论断联系起来，从党的七大为新民主主义革命取得伟大胜利奠定基础这一角度切入，帮助学生从历史发展的脉络中更加深刻领悟“两个确立”的决定性意义。

2. 教学反思

需进一步加强对于学情的掌握，并根据不同的情况作出相应的反馈。对于理工科背景居多的学生班级，课堂案例和讲授语言要作出适当的调整，以增强师生互动，提高教学效果。

六、阅读文献及拓展资料

1.《论中国共产党历史》，中央文献出版社 2021 年版。

2.《高举中国特色社会主义伟大旗帜 为全面建设社会主义现代化国家而团结奋斗——在中国共产党第二十次全国代表大会上的报告》，人民出版社 2022 年版。

3.《在纪念毛泽东同志诞辰 120 周年座谈会上的讲话》，人民出版社 2013 年版。

4.《中国共产党历史》，中共党史出版社 2010 年版。

5.《中国共产党的九十年》，中共党史出版社、党建读物出版社 2016 年版。

6.《中国共产党第七次全国代表大会档案文献选编》，中共党史出版社 2022 年版。

7. 中共陕西省委党史研究室：《中共中央在延安十三年史》，中央文献出版社 2016 年版。

8. 逄先知、金冲及：《毛泽东传》，中央文献出版社 2013 年版。

解放战争时期的民心转换

一、基本信息

【课程名称】中国近现代史纲要

【课程性质】本科生思想政治理论课，必修，48 学时，3 学分

【授课对象】北京林业大学本科一年级学生

【本讲名称】解放战争时期的民心转换

【对应章节】第七章第二节

【单元学时】1 学时，45 分钟

【教师简介】徐凤，北京林业大学马克思主义学院讲师，荣获第十二届北京高校思想政治理论课教学基本功比赛决赛二等奖。

二、教学简介与教学目标

1. 教学简介

从课程体系的方位来看，本单元是中国革命取得胜利的阶段，是核心教学内容“历史和人民选择中国共产党是历史必然”的关键章节；是为了实现中华民族伟大复兴，中国共产党团结带领中国人民创造新民主主义革命伟大成就的关键历史时期。在解放战争中，以武装的革命反对武装的反革命，推翻帝国主义、封建主义、官僚资本主义三座大山，建立了人民当家作主的中华人民共和国，实现了民族独立人民解放，从而为实现国家富强人民幸福的历史任务开辟了道路。

学生特点是重要的教学依据，本讲的学情分析主要有三方面。

其一，学习兴趣影响学习“纲要”课的态度。通过对所教的 318 名学生进行调查发现，有 63.32% 的学生对本课程没有明显的倾向，有 31.66% 的学生表示对“纲要”课非常感兴趣，另有 5.02% 的学生表示不感兴趣。

对课程非常感兴趣的学生都有更为积极的学习动机，而在对“纲要”课没有明显的兴趣倾向的学生中，只有 6.93% 选择了较为消极的“及格就好”，其余均选择了积极的选项。这表明，课程学习兴趣对学生的学习态度有非常重要的影响（见图 1），越是对“纲要”课感兴趣的学生，学习积极性越是高涨，这就要求教师要注意激发学生的学习兴趣。

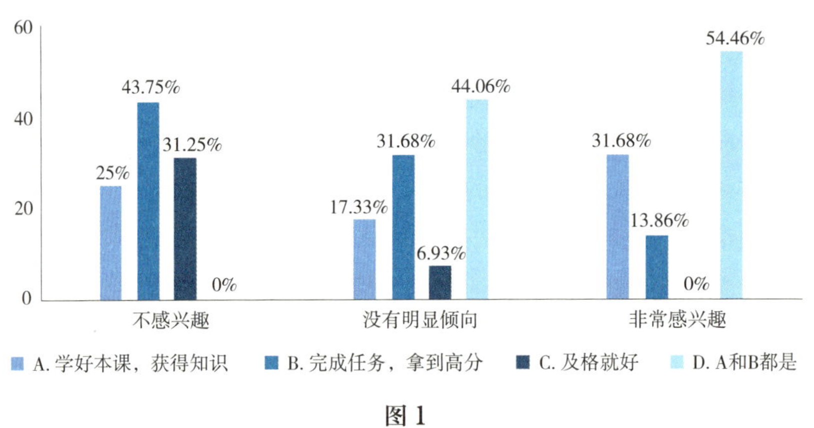

图 1

其二，自我展示欲强。00 后的学生喜欢表达自己的观点，尤其是在课堂研讨中，经常会表现活跃，但辩证分析能力尚有不足，看问题较为片面和单一。

其三，获取信息能力强。00 后是在互联网下成长起来的一代，对信息手段的运用极为熟练，能够借助互联网迅速搜集获取其所需要的资料。同时，互联网上的各类资讯也对他们的思想价值观产生更为明显的影响。

学生普遍对中国近现代历史具有较为浓厚的兴趣，通过对学生喜欢的上课方式进行调查发现（见图 2），他们对讲授有趣的历史故事非常感兴趣，有进一步了解的求知欲；对视频、纪录片等直观的教学形式也抱有高期待。

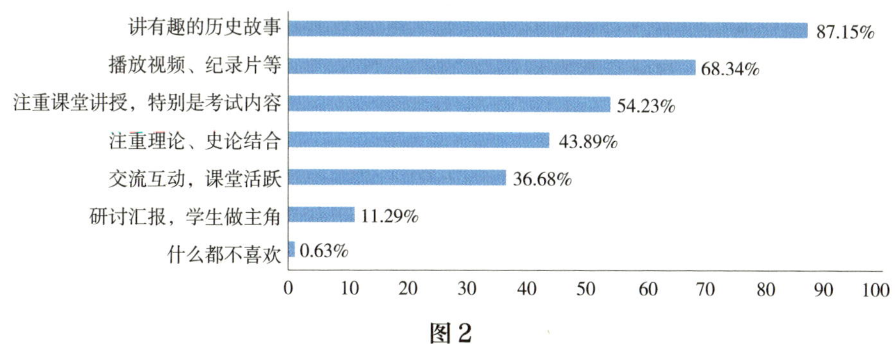

图2

2. 教学目标

知识目标：掌握基本史实，了解中国共产党在解放区的土地改革运动的基本内容，农民的广泛发动使人民战争获得了源源不断的支持；认识国民党统治区的政治经济危机的原因及表现；知道中国人民解放军在淮海战役中取得胜利的原因。

能力目标：通过具体的历史事实，分析中国共产党赢得解放战争的原因；清楚土地改革不仅使农民获得土地，也是中国共产党领导广大农民从根本上摧毁封建制度根基的社会大变革。

素质目标：通过对土改以及诉苦的探讨，使学生进一步认识“中国共产党是人民利益的捍卫者”，培养学生正确的历史观，坚定不移听党话、跟党走，奋勇前进，为中华民族伟大复兴而奋斗。

三、重点难点与党的二十大精神融入

1. 重点难点

重点：解放区的土地改革运动如何实施，人民群众如何发动起来；以淮海战役为案例，深入分析中国共产党取得解放战争胜利的原因。

难点：土地改革的必要性及其对发动人民群众的重大意义，第二条战线为什么能够形成。

2. 解决方案

针对教学重点，以问题链的方式对解放区土改运动进行生动教学，完整讲述土改中遇到的困境。案例教学是学生直观理解的重要环节，淮海战役集中反映了发动起来的群众对解放战争的重大意义。

针对教学难点，讲清楚征兵必须获得农民的理解与认同，这意味着要争取民心向背和统治合法性，因此土改必须推进。讲明在国统区的经济危机表现、政治危机的形成两个方面的内容，再从阶级代表、党性党德两个层面分析国民党政治经济危机的严重性，特别要说明危机背后体现的本质问题是失去民心。

3. 党的二十大精神融入

本讲教学中融入党的二十大精神“坚持以人民为中心的发展思想”。

在“解放区农民的广泛发动”教学部分的融入：在土改过程中，农民认识到中国共产党进行解放战争就是为实现农民“耕者有其田”的梦想，就是为实现中国人民的解放，得出中国共产党不仅是领导者，更是农民利益的坚决维护者，因此人民群众自觉团结在党的周围，坚定不移跟党走。从战火中走来的百年大党，一直保持党的本色。解放战争时期，中国共产党是农民利益的坚决维护者；今天，新征程、新奋斗，中国共产党成为最广大人民群众根本利益的忠实代表者，始终坚持一切以人民为中心，坚持人民至上，站稳人民立场、把握人民愿望，为实现人民对美好生活的向往，继续带领中国人民勇毅奋斗。

党的二十大精神“坚持以人民为中心的发展思想”的融入，帮助学生进一步理解中国共产党实施的土地改革为何取得成功、为何争取到民心以及对中国人民的长远价值，并且对第二条战线形成的原因有了现实对比，能够更加深入地理解“民心”所体现的历史和人民的选择的重大价值。

四、教学内容与教学安排

1. 教学过程示意图

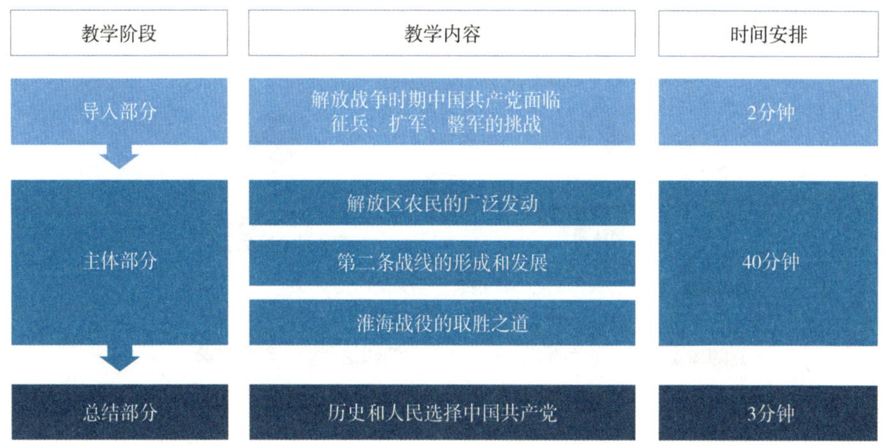

2. 教学内容及设计

教学阶段	教学内容	教学环节设计
导入	当蒋介石悍然发动内战，中国共产党为了实现解放全中国的目标，也面临征兵、扩军、整军。然而，要把一个个农民动员起来，走向战场，谈何容易。	以绥远地区流行的反映当时国民党见人就抓壮丁的现象的歌词导入。
阶段1：解放区农民的广泛发动	**征兵的困境：谁愿意打仗？** （1）农民不想参军 以实例说明农民为了不参军，有的躲在地里，有的逃亡到大城市，还有的装病、造病和自残，甚至少数地区存在辱骂和殴打村干部现象，“有的要去掘支书的房子，吓得支书几天不敢回家”。 （2）军队中思想混乱 战士们对日军作战勇敢、富有战斗热情，但是经过抗战胜利后，特别是几个月的国共和谈，很多人都有解甲归田过太平日子的想法，到解放战争开始，很多人不知道为什么又要打仗。 困境：农民躲避、军队思想混乱，内战之初我党面临的形势极为严峻，兵力、武器、人口、土地面积均处于绝对劣势。	以设置问题链的方式，层层深入分析解放区如何通过土地改革与诉苦运动将人民广泛发动起来。

续表

教学阶段	教学内容	教学环节设计
阶段 1：解放区农民的广泛发动	**土改与诉苦：为什么而战？** 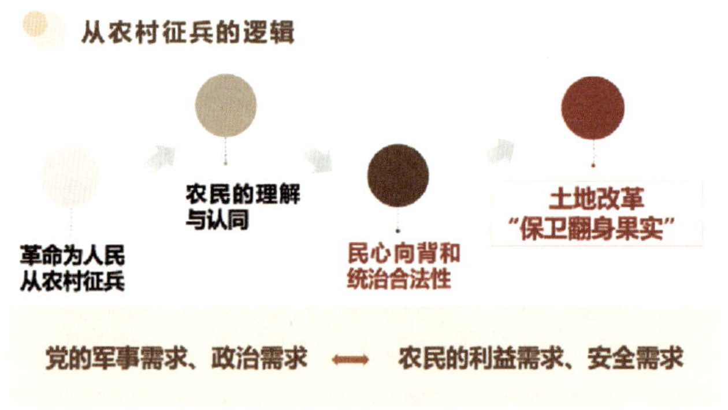 从农村征兵的逻辑 革命为人民 从农村征兵 农民的理解与认同 民心向背和统治合法性 土地改革 “保卫翻身果实” 党的军事需求、政治需求 ⟷ 农民的利益需求、安全需求 设问：土改，真的很顺利吗？ 农民对自身经济、政治权益的认知有阶级局限性，他们搞不清楚“我应该得到什么”，那么自然就很难认可土改。 只有解决农民对自身社会地位的认知问题，土改才能获得真正的支持。行之有效的办法：诉苦。 通过诉苦，解决战士为什么而战的问题，激发强大的战斗热情。 **农民上战场：为什么跟党走？** 中国共产党人进行战争本身就是为农民实现“耕者有其田”的梦想，为人民解放，中国共产党不仅是领导者，更是农民利益的代言人与捍卫者，这就是民心所向。  中国共产党是人民利益的坚决维护者 小结 土地改革：翻身，获得土地 诉苦大会：阶级教育，为保卫自己的利益而战 跟党走：中国共产党不仅是领导者，更是农民利益的坚决维护者	

续表

教学阶段	教学内容	教学环节设计
阶段 2：第二条战线的形成与发展	**问题引导：什么是第二条战线?** 1947 年 5 月 30 日，毛泽东在新华社评论中指出："中国境内已有了两条战线。蒋介石进犯军和人民解放军的战争，这是第一条战线。现在又出现了第二条战线，这就是伟大的正义的学生运动和蒋介石反动政府之间的尖锐斗争。" **讨论：为什么会形成第二条战线?** （1）国民党的腐朽统治； （2）内战政策不得人心； （3）中国共产党积极组织爱国民主运动； （4）中国广大人民群众对和平、自由、独立、统一的渴望。 结果：国统区民心的转换。 **师生充分讨论：第二条战线的历史作用** （1）揭露国民党统治的反动本质，坚定了人民群众的新民主主义革命立场； （2）有力配合了解放战争的进行，巩固和扩大了人民民主统一战线； （3）为中国共产党领导的多党合作、政治协商格局的形成创造了有利条件。 历史启示： 民心转换使第二条战线有力配合了中国共产党领导的人民解放战争，加速了中国革命的胜利，有力证明了统一战线的伟大作用和群众路线的伟大作用。中国共产党团结一切可以团结的力量，领导中国人民推翻了美帝国主义扶持的国民党反动政府，搬走了长期压在中国人民身上的"三座大山"，使中华民族迎来了伟大复兴的光明前景。	以师生讨论教学为主要方式，同时通过大量史实表明国统区统治的现状，说明第二条战线的形成与发展是水到渠成的。
阶段 3：民心定胜负	淮海战役：中国共产党为什么能赢? 参军动员：淮海战役是大兵团决战，需要大量兵员，解放区人民怀着对党、对人民子弟兵的深厚情感，积极响应党提出的"到前线去，到主力去"的号召，踊跃报名参军。 不穿军装的解放军：淮海战役中，有一支被群众称为"不穿军装的解放军"，这就是广大民兵和战地群众。在党的领导下，他们有组织、有纪律、有觉悟，担任着保卫生产、护送物资、押运俘虏、打扫战场等重要任务，直接支援了人民军队，为战役胜利作出巨大贡献。	以大决战中的淮海战役为实例进行案例教学，说明一方面中国共产党在解放战争中获得人民的支持，另一

续表

教学阶段	教学内容	教学环节设计
阶段 3：民心定胜负	对比：与人民群众对解放军的大力支持形成鲜明对照的，是国民党军队在人民群众的汪洋大海中四处碰壁。民心，最终决定解放战争的胜负。 启示：2017 年 12 月 13 日，习近平总书记在参观淮海战役纪念馆时深有感触地说，革命胜利来之不易，靠有革命英雄主义精神的一大批将帅之才和战斗英雄，更靠人民的支持和奉献。	方面国民党民心尽失，以此决定了战场胜负。
总结	解放战争时期的土地改革、人民群众的广泛发动，对于解放区的发展发挥了极其重要的作用。第二条战线是中国共产党领导的人民民主统一战线的重要组成部分，对中国共产党领导的人民军队作战的正面战场起到了积极配合作用。民心的转换，两条战线相互配合，为夺取全国革命胜利打下了坚实基础，历史和人民最终选择了中国共产党。 课后思考： 为什么说“没有共产党就没有新中国”？	总结本讲内容，布置课后思考。

3. 板书设计

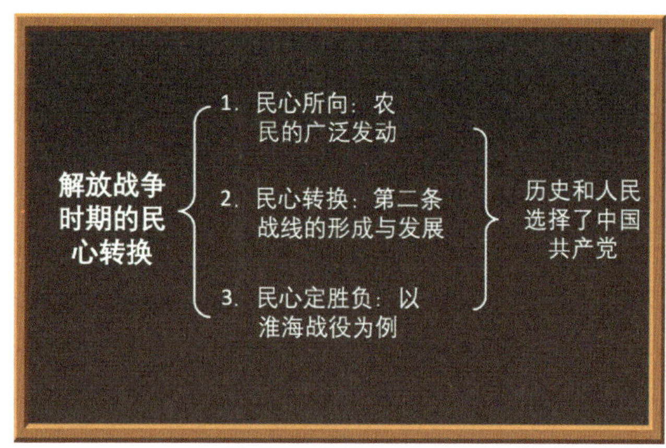

五、教学小结

1. 教学创新及其效果

在“民心所向：农民的广泛发动”教学中，将教学内容设置成以问题为纽带、以知识形成发展和培养学生思维能力为主线、以师生合作互动为基本形式的教学模式。三个问题构成严密的逻辑链，并在每个问题的讲述中继续设置相关问题，环环相扣，层层深入，让学生感受到思政课逻辑的魅力和真理的力量。再通过教师与学生围绕问题进行的互动，学生积极参与，为学生探求真知、增长才干营造良好的学习探讨氛围。教学中通过解答问题，引导学生穿越理论障碍与思想迷雾，让教学内容从概念走向事实，从而使学生思想受到启发，认识得以深化。

2. 教学反思

从实际的教学设计来看，三部分内容缺乏紧密的逻辑联系，还应在内容过渡的设计上下功夫。可以借鉴的有效方式是将第一部分内容的问题链教学设计应用到全部内容，这样能使教学设计在总体上逻辑严密，并且以解决问题的方式推进教学。在党的二十大精神的融入方面还需进一步探索，可以尝试在案例教学中加强理论分析，突出教学的理论性与学术性。

六、阅读文献及拓展资料

1.《高举中国特色社会主义伟大旗帜 为全面建设社会主义现代化国家而团结奋斗——在中国共产党第二十次全国代表大会上的报告》，人民出版社2022 年版。

2. 齐小林：《当兵：华北根据地农民如何走向战场》，四川人民出版社2015 年版。

3. 柴玉振：《“诉苦会”“整思想”和“练技术”：日记中的新式整军运动——基于〈赖传珠将军日记〉的分析》，《北京党史》2022 年第 2 期。

4. 秦程节：《溶俘：新式整军运动中“解放战士”思想改造研究》，《党史研究与教学》2016 年第 2 期。

5. 郑志远:《解放战争时期第二条战线的特点及其历史作用》,《理论观察》2020 年第 9 期。

6. 魏喆:《解放战争时期中共的人力动员》,《党史研究与教学》2016 年第 6 期。

7. 尚伟:《从淮海战役的胜利看人民群众的作用》,《党建》2021 年第 12 期。

8. 胡素珊:《中国的内战:1945—1949 年的政治斗争》,当代中国出版社 2014 年版。

抗日民主根据地的建设

一、基本信息

【课程名称】中国近现代史纲要

【课程性质】本科生思想政治理论课，必修，45学时，2.5学分

【授课对象】北京中医药大学本科一年级学生

【本讲名称】抗日民主根据地的建设

【对应章节】第六章第四节

【单元学时】1学时，45分钟

【教师简介】张昕欣，北京中医药大学马克思主义学院讲师，荣获第十二届北京高校思想政治理论课教学基本功比赛决赛二等奖。

二、教学简介与教学目标

1. 教学简介

开辟和建设敌后抗日根据地，是中国共产党在抗日战争中的一项重大决策。抗日根据地多为经济贫困地区，八路军、新四军等人民抗日武装能够坚持长期极端艰苦的敌后抗战，其根本原因在于中国共产党在根据地实行了符合广大人民利益的政治、经济、文化、教育等各项建设措施，从而真正发动和依靠人民群众，为争取抗战的最终胜利奠定了坚实的基础。

本课程授课对象为本科一年级学生，此阶段的学生思想积极活跃，正处于世界观、价值观、人生观形成的关键阶段。在教学过程中，不仅要使学生了解相关知识点，还要结合党的二十大精神，带领学生理解历史事件发生、

发展的必然性及规律性，引导学生对一些问题进行更为深入的思考，以加深学生对于重点、难点知识的理解与掌握。

2. 教学目标

知识目标：首先，深刻认识百年来中国共产党对于破解“历史周期率”的探索，结合党的二十大精神，引导学生了解中国共产党为什么能够领导人民跳出“历史周期率”。其次，充分认识大生产运动是克服抗日根据地经济困难的重要一环。明确“自己动手，丰衣足食”“自力更生，艰苦奋斗”是中国共产党人宝贵的精神财富。最后，充分了解和掌握抗日根据地的教育事业以及中国共产党发展抗日的革命文化运动的具体措施，掌握“延安作风”打败“西安作风”的根本原因。

能力目标：首先，通过问题链中问题的讨论，激发学生辨别历史虚无主义等错误思潮的能力。其次，通过对两个“窑洞对”的对比，结合党的二十大精神，联系新时代中国共产党自我革命的伟大实践，培养学生运用历史思维分析现实问题的能力。最后，通过对延安时期教育文化事业发展对边区生产事业和经济建设事业的推动作用的分析讲解，培养学生理论联系实际、自觉投入中国特色社会主义伟大实践的能力。

素质目标：联系当前我国科技领域被“卡脖子”的实际情况，增强学生的爱国热情以及科学研究工作的热情；引导学生自觉将专业学习与祖国建设相结合，努力成为堪当民族复兴重任的时代新人；引导学生拥护中国共产党领导和我国社会主义制度，立志成为为中国特色社会主义事业奋斗终身的有用人才。

三、重点难点与党的二十大精神融入

1. 重点难点

教学重点：中国共产党找到跳出“历史周期率”的两个答案的过程及意义，抗日民主根据地的经济建设的重要意义。

教学难点：深入理解中国共产党为什么能找到跳出“历史周期率”的两个答案。

2. 解决方案

一是以教师讲授为主，注重理论性和逻辑性。讲授内容不照本宣科，依据教学基本要求，按照学生的思维习惯，对教材进行史料和素材补充。另外，运用大量生动的图片和多媒体资料，帮助学生开阔视野，增强理解，提升课程的思想性、理论性和亲和力。

二是设置问题链，让问题意识贯穿始终。不断穿插提问和案例等互动环节，进行实践性启发引导。

三是从实践走进理论，从理论走向实践。选择一些热点问题进行分析，走向理论，增强代入感；同时，在对理论进行解读和梳理过程中，重在掌握方法，最终回归对实践的分析，自觉运用理论解决实践问题。

3. 党的二十大精神融入

党的二十大指出，“经过不懈努力，党找到了自我革命这一跳出治乱兴衰历史周期率的第二个答案”。本次课程要带领学生充分了解延安时期毛泽东与黄炎培的“窑洞对”和抗日根据地民主政权建设，深刻认识百年来中国共产党对于破解“历史周期率”的探索，通过对两个“窑洞对”的对比讲解，结合党的二十大精神，引导学生了解中国共产党为什么能够领导人民跳出“历史周期率”。

党的二十大精神融入课程助力解决重点难点问题。本次课程的教学目标并非单一讲授抗日根据地建设的历史知识，更要结合党的二十大精神，着力在解决自信问题、增强说理透彻性、提升吸引力感染力上下功夫，让学生真心喜爱。引导学生深入理解中国共产党为什么能找到跳出“历史周期率”的两个答案，树立正确价值观，实现知识目标、能力目标和价值目标相统一。

四、教学内容与教学安排

1. 教学过程示意图

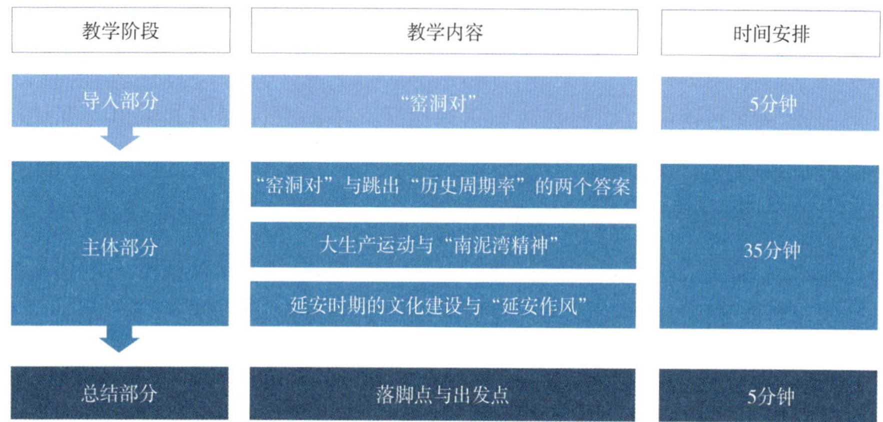

2. 教学内容及设计

教学阶段	教学内容	教学环节设计
导入	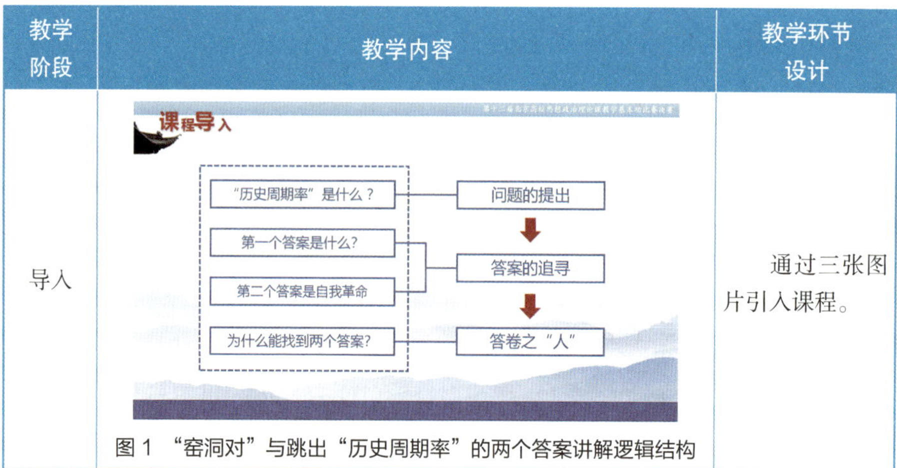 图 1 “窑洞对”与跳出“历史周期率”的两个答案讲解逻辑结构	通过三张图片引入课程。

续表

教学阶段	教学内容	教学环节设计
阶段 1：“窑洞对”与跳出“历史周期率”的两个答案	1. 历史之问：其兴也勃焉？其亡也忽焉？ 1945 年 7 月初，参政员黄炎培等一行 6 人，到延安进行参观访问。参观期间，毛泽东和黄炎培就“历史周期率”问题进行探讨，以毛泽东为代表的中国共产党人给出了第一个答案，即“让人民来监督政府”[①]。 互动问题：毛泽东为什么能给出这样的答案？ 2. 窑洞之对：让人民监督政府 全面抗战期间，中国共产党在抗日民主政权建设的实践过程中，遇到了一系列严峻的考验，特别是当时陕甘宁边区政府内部的腐败问题。 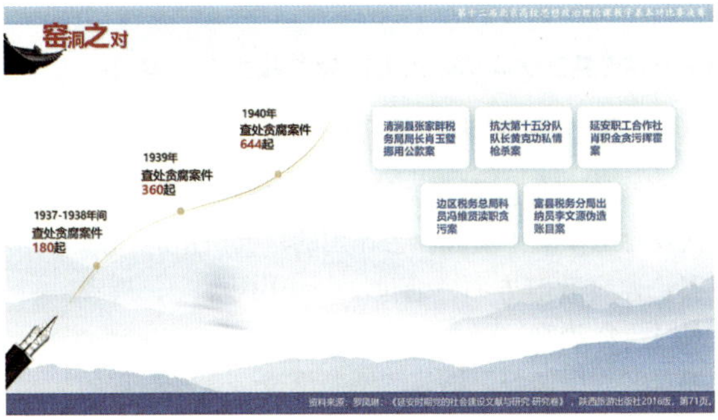 图 2　陕甘宁边区贪腐案数量及案件举例[②] 互动问题：一系列触目惊心的案件摆在了面前，该怎么办呢？ 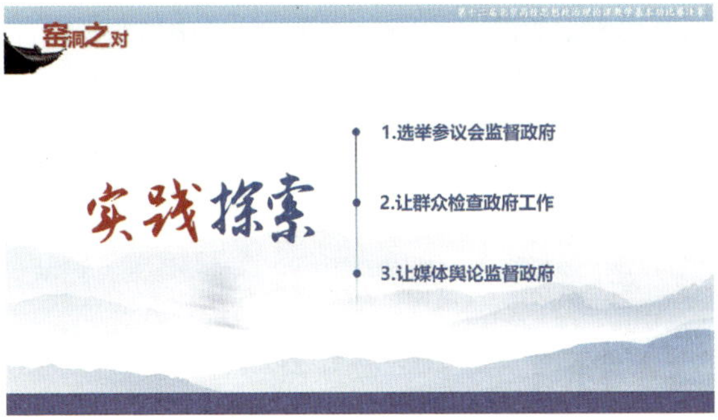 图 3　边区政府采取让人民监督政府的政策	阐明主题，通过互动提问和案例分析，带领学生以历史之问为起点，从延安“窑洞对”出发，以“新时代窑洞对”落脚，讲述百年来中国共产党对于破解“历史周期率”的实践探索。

① 黄炎培：《延安归来》，国家行政管理出版社 2021 年版，第 61 页。

② 罗凤琳：《延安时期党的社会建设文献与研究（研究卷）》，陕西旅游出版社 2018 年版，第 71 页。

续表

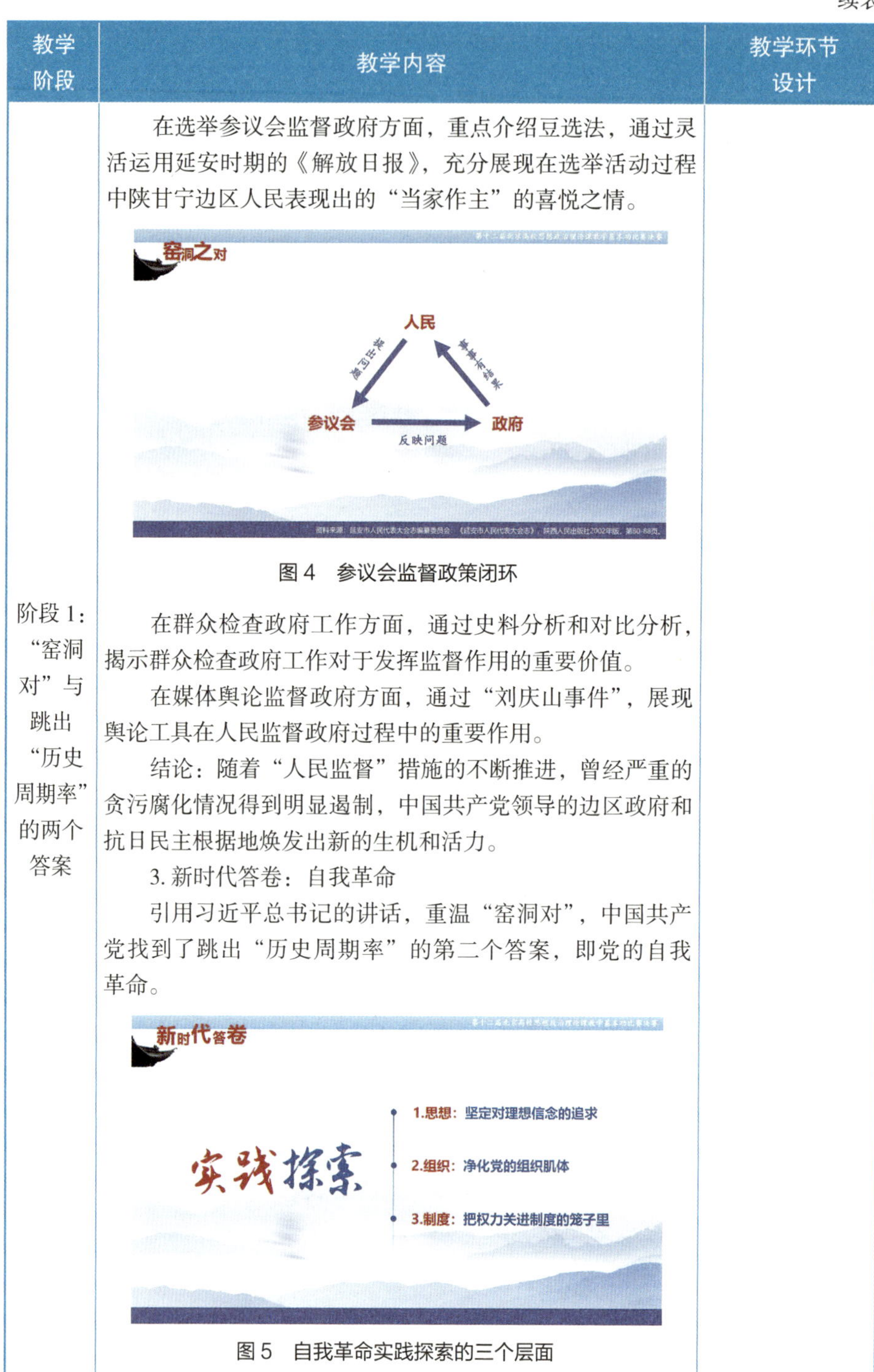

教学阶段	教学内容	教学环节设计
阶段 1：“窑洞对”与跳出“历史周期率”的两个答案	在选举参议会监督政府方面，重点介绍豆选法，通过灵活运用延安时期的《解放日报》，充分展现在选举活动过程中陕甘宁边区人民表现出的“当家作主”的喜悦之情。 图 4　参议会监督政策闭环 在群众检查政府工作方面，通过史料分析和对比分析，揭示群众检查政府工作对于发挥监督作用的重要价值。 在媒体舆论监督政府方面，通过“刘庆山事件”，展现舆论工具在人民监督政府过程中的重要作用。 结论：随着“人民监督”措施的不断推进，曾经严重的贪污腐化情况得到明显遏制，中国共产党领导的边区政府和抗日民主根据地焕发出新的生机和活力。 3. 新时代答卷：自我革命 引用习近平总书记的讲话，重温“窑洞对”，中国共产党找到了跳出“历史周期率”的第二个答案，即党的自我革命。 图 5　自我革命实践探索的三个层面	

续表

教学阶段	教学内容	教学环节设计
阶段 1：“窑洞对”与跳出“历史周期率”的两个答案	4. 为什么能找到答案：人民至上 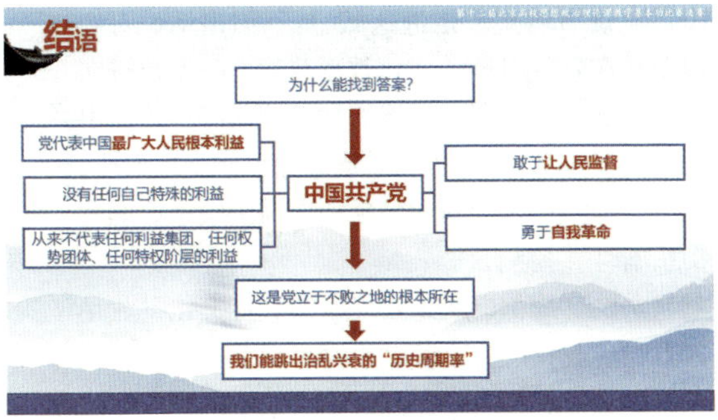 图 6 “为什么能够找到答案”逻辑示意图	
阶段 2：大生产运动与“南泥湾精神”	1. 大生产运动发生的背景 为了克服抗日根据地的物资困难，中国共产党领导抗日根据地军民开展了以自给为目标的大规模生产自救运动。其总方针是“发展经济，保障供给”。 2. 大生产运动的重要意义 毛泽东指出：“这是中国历史上从未有过的奇迹，这是我们不可征服的物质基础。”[①]2021 年 9 月，党中央批准了中央宣传部梳理的第一批纳入中国共产党人精神谱系的伟大精神，“南泥湾精神”被纳入。习近平总书记指出：“中华民族奋斗的基点是自力更生。”[②]联系当前我国科技领域被“卡脖子”的实际情况，引导学生继承和发扬“南泥湾精神”。	通过欣赏歌曲《南泥湾》，引出延安时期“如今的南泥湾”与“往年的南泥湾”相比所发生的巨变。
阶段 3：延安时期的文化建设与“延安作风”	通过陈嘉庚访问重庆和延安的故事讲解，对“延安作风”和“西安作风”进行横向比较，引出“要抗日，要寻求民族独立，就应该跟共产党走，这正是无数爱国青年奔赴延安的初心”。	通过讲解“打断骨头连着筋，扒了皮肉还有心，只要还有一口气，爬也要爬到延安城”，引出延安时期文化建设的主要背景。

① 《毛泽东选集》第 3 卷，人民出版社 1991 年版，第 892—894 页。

② 《在中国科学院第十九次院士大会、中国工程院第十四次院士大会上的讲话》，《解放日报》2018 年 5 月 29 日第 1 版。

续表

教学阶段	教学内容	教学环节设计
阶段 3：延安时期的文化建设与“延安作风”	“延安的城门成天开着，成天有从各个方向走过来的青年，背着行李，燃烧着希望，走进这城门。”引出知识青年的教育问题以及党在延安时期的文化教育政策。一是促进文艺事业的繁荣与发展，创作了大批优秀的文艺作品，培养出了数以千计的文艺工作者；二是大力发展新闻广播出版事业，推动边区文化事业的发展，为新中国新闻广播出版事业的发展奠定了坚实基础。 以“自然科学院”为例，讲解延安时期教育文化事业是如何推动边区生产事业和经济建设事业的。	
总结	毛泽东说陕北是两点，一个落脚点，一个出发点。我们党从这里出发，走上抗日前线，走向解放战场，东渡黄河、进驻西柏坡、挺进北京城，完成了走出延安窑洞、走上天安门城楼的伟大壮举。放眼世界，我们正在经历百年未有之大变局，我们面对的是风高浪急甚至是惊涛骇浪的考验。但我们坚信，只要继续坚持以人民为中心的发展思想，坚持党的自我革命永远在路上，确保党不变质不变色不变味，我们就能够跳出“其兴也勃焉，其亡也忽焉”的“历史周期率”，以中国式现代化实现中华民族伟大复兴。 课后思考题： （1）重点理论问题：为什么说中国共产党能够带领人民跳出“历史周期率”？ （2）启发性问题：“南泥湾精神”对今天我们解决高新科技领域被“卡脖子”的问题有什么启示意义？ （3）价值性问题：如何看待“延安作风”，你从中学到了什么？	总结课程内容，进行主题升华，实现教学的价值目标。

3. 板书设计

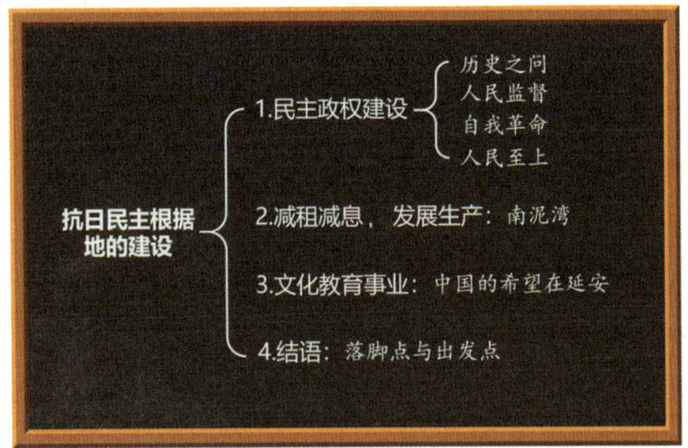

五、教学小结

1. 教学创新及其效果

本次课程的创新之处在于教学内容的整合和问题链的设置。在授课过程中，问题意识贯穿始终。不断穿插提问和案例等互动环节，进行实践性启发引导。一方面，教师提问、学生回答，激发了兴趣、活跃了思维；另一方面，教师设置情境，鼓励学生质疑、主动发现问题。

本次课整体上达到了教学目标，实现了知识目标、能力目标和素质目标的统一。知识目标：学生对抗日根据地建设的历史有了更加整体、立体、客观的了解。能力目标：课堂讨论和观点辨析锻炼了学生的历史思维能力、表达能力和应变能力，帮助学生提高了理论与实践相结合的能力。素质目标：使学生自觉用历史唯物主义观点武装头脑，自觉投入实现中华民族伟大复兴的实践中。

2. 教学反思

学情分析：

（1）知识特点。学生对于抗日根据地民主政权建设主要历程、历史意义等重要知识点掌握得不够充分，特别是对于中国共产党跳出“历史周期率”的探索缺乏深刻认识。通过结合延安时期的历史背景，引导学生从民主政权建设、大生产运动、文化教育事业三方面展开探讨，注重理论阐释的同时，也兼顾知识性、价值性和启发性，增强思想政治课的亲和力。

（2）能力特点。大学生特别是低年级大学生正处于思想活跃期，对于历史传统与现代社会的辩证关系缺乏深入体会，因此本课程通过案例教学、互动式教学引出讲授内容，激发学生兴趣。

（3）心理特点。引导学生思考中国共产党为什么能够领导人民跳出“历史周期率”，增强学生独立思考的能力；引导学生树立正确的价值观，增强对党的领导的政治认同。

改进措施：根据课后问卷调查结果，了解学生对课程的评价和意见建议，对有利于改进教学的意见建议要吸收并运用；同时应该注意到，学生对知识的掌握还不牢固，需要在之后的教学中不断进行巩固。

六、阅读文献及拓展资料

1.《高举中国特色社会主义伟大旗帜 为全面建设社会主义现代化国家而团结奋斗——在中国共产党第二十次全国代表大会上的报告》，人民出版社2022年版。

2. 陈嘉庚：《南侨回忆录》，厦门大学出版社2022年版。

3. 董佳：《抗战时期根据地民主政治的构建与当代中国民主的起源》，《中共党史研究》2015年第3期。

中国共产党何以“以弱胜强”

一、基本信息

【课程名称】中国近现代史纲要

【课程性质】本科生思想政治理论课，必修，48 学时，3 学分

【授课对象】首都师范大学本科一年级学生

【本讲名称】中国共产党何以“以弱胜强”

【对应章节】第七章第四节

【单元学时】1 学时，45 分钟

【教师简介】赵娜，首都师范大学马克思主义学院讲师，荣获第十二届北京高校思想政治理论课教学基本功比赛决赛二等奖。

二、教学简介与教学目标

1. 教学简介

本单元主要内容：第一，抗战胜利之后的时局及对中国历史发展的影响；第二，国民党政权发动全面内战的反动本质及其面临的全面统治危机；第三，中国共产党虽在内战发动时兵力远远少于国民党、军事装备也落后于国民党，却抓住了民心向背这一根本问题，实现了“以弱胜强”，最终赢得了新民主主义革命的胜利。

本单元在课程体系中具有阶段性总结的特点和承上启下的意义，有助于深刻理解中国新民主主义革命胜利的基本经验，进一步认识“没有共产党就没有新中国”是中国人民基于自己的切身体验所确认的客观真理，中国共产

党的领导是历史和人民的必然选择。

学情分析：第一，大部分学生仅知其然不知其所以然，即知道民心向背决定着一切，但对其中具体的民心如何发生转变、如何产生决定性影响等认识较为模糊，不能深刻理解民心是如何决定历史进程的，对其背后的理论性问题认识仍有不足；第二，很多同学对该段历史仅停留在对故事感兴趣的阶段，并不能清晰地了解和把握故事背后的历史发展规律等；第三，部分学生仅将其作为历史知识进行学习和了解，并未与当前现实进行联系。

2. 教学目标

知识目标：第一，了解中国共产党在解放战争中胜利的原因；第二，分析共产党和国民党在战场上的对决过程及其成败的核心要素；第三，分析共产党和国民党在战场外解放区和国统区的治理政策与民生状况；第四，认识军事斗争、土地改革、人民支持三者之间的关系。

能力目标：第一，培养学生认识和分析问题的能力，尤其是分辨解放战争原因时，对军事原因的分析、对民心向背本质的分析；第二，掌握古今中外和拓展比较的方法，在分析中国革命胜利的伟大意义和经验中，通过多维度比较，更加深入地理解“江山就是人民，人民就是江山”的问题。

素质目标：第一，澄清历史虚无主义给学生带来的思想混乱，强化对解放战争的历史记忆，保持对历史的尊重和敬畏；第二，深入理解中国革命胜利的伟大意义和基本经验；第三，深刻认识“以人民为中心”的重要意义。

三、重点难点与党的二十大精神融入

1. 重点难点

重点：引导学生分析中国共产党在解放战争中取得胜利的原因；分析战场上的对决与战场外的对决之间的关系；总结中国革命胜利的伟大意义和基本经验。

难点：从国共对比中分析中国共产党胜利的决定性原因，深入认识中国共产党领导人民打江山、守江山，守的是人民的心。

2. 解决方案

对比国共双方对1946—1948年战争的不同论断，引出中国共产党何以

“以弱胜强”。从战场上的对决到战场外的对决，分析其中的决定性因素——人心向背，使学生深刻理解中国共产党的根基在人民、血脉在人民、力量在人民的核心问题。

3. 党的二十大精神融入

党的二十大报告中“人民”二字出现的频次高达177次。其中，第九部分专门对“增进民生福祉，提高人民生活品质”进行了论述，并明确指出“江山就是人民，人民就是江山”。

党的二十大精神融入课时教学的内容要点。本课程通过深度对比并解析“战场上的对决”与“国土中的民心”两大问题，对比并分析在战场上中国共产党获胜的原因，对比并分析在国土中人民支持共产党的原因，揭示中国共产党领导的人民军队能够“以弱胜强”的原因在于民心的向背，在于谁能得到中国最大多数民众的支持。

党的二十大精神融入课时教学的逻辑理路。通过对党的二十大精神融入课时教学的内容要点的分析，不能仅仅停留在历史故事的描述上，应强化历史的联系并进一步深入总结历史背后的理论与规律，进而深入理解党的二十大所提出的坚持人民至上。

四、教学内容与教学安排

1. 教学过程示意图

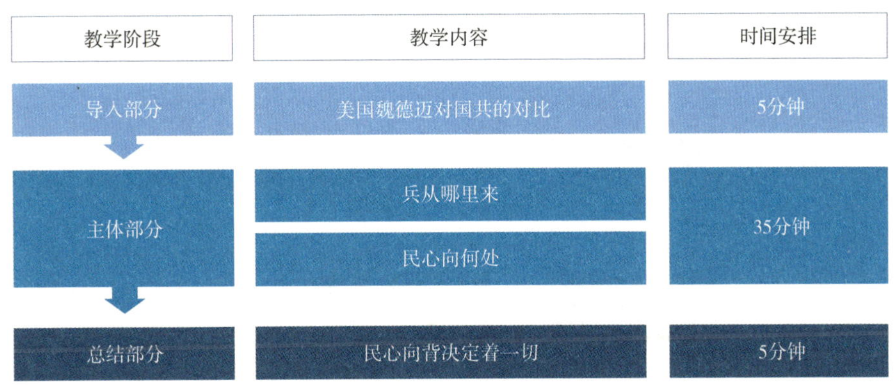

2. 教学内容及设计

教学阶段	教学内容	教学环节设计
导入	引用魏德迈来华一周后对国共二者精神状态对比的报告。 我感到中国国民党人在精神上瓦解。他们不知道他们为什么要去死，要做出牺牲。国民党的士兵反映了这种态度根本不愿打仗。他们的反应越来越冷漠而无效能。 另一方面，我们收到的报告说明共产党的队伍精神极佳，甚至有一种狂热。他们的领导人，或者还有许多普通成员，似乎都相信他们的事业。 ——魏德迈（1947年7月）	通过对比，思考：为何魏德迈会做出这样的对比？这种差异的背后又是什么？
阶段 1：兵从何处来	第一，中国共产党的军队从翻身的农民而来。 翻身农民（来源一） “官兵都不发饷” 共产党 127万（1946） 195万（1947） 280万（1948） 550万（1949） 第二，中国共产党的军队还包含了国民党投降和起义的部队。 “解放战士”（来源二） 骁勇善战的共产党队伍 诉苦大会 挖苦根 “总苦根”在哪里？ 解放全中国 劳动人民才能彻底翻身 逐一登记 接受改编 严格遵守纪律	通过人数的增加引发学生思考：为何不发“工资”却还有如此多人跟随？
阶段 2：民心向何处	国统区接收变“劫收” 兑换比率 ~~100：1~~ 200：1 物价指数、发行总额、外汇比率 汪伪政府伪中储券 国民党政府法币	

续表

<table>
<tr><th>教学阶段</th><th>教学内容</th><th>教学环节设计</th></tr>
<tr><td rowspan="2">阶段 2:
民心
向何处</td><td>● 国统区物价飞涨
对人民的普遍掠夺

| | 1935年 | 1948年 |
| 法币 | 1 | 1400亿 |
| 银圆 | 1 | 1 |

中央银行
1948年8月，法币发行额已比1937年全民族抗战前增发47万多倍，而物价暴涨了725万多倍。这种恶性通货膨胀，实际上是对国统区人民的普遍掠夺。</td><td>讲解国民党在国统区的政策和掠夺人民的方式。点明国统区接收变“劫收”是对老百姓的剥夺。</td></tr>
<tr><td>与此同时，共产党在解放区进行土改，实现“耕者有其田”。

● 解放区土改

为推动解放区土改运动进一步发展，1947年7月至9月，中国共产党在西柏坡召开全国土地会议，制定和通过了《中国土地法大纲》，明确规定“废除封建性及半封建性剥削的土地制度，实行耕者有其田的土地制度”。

共产党在解放区因地制宜制定经济发展方针，兴修水利、组织劳作、进行创收。

● 因地制宜制定经济发展方针
○ 广大干部带动群众兴修农田水利
○ 组织青壮下乡劳作，进行创收

国民党逐渐丢失民心，共产党逐渐获得了民心。

国统区vs解放区
“劫收”→物价飞涨→“反饥饿”→“反内战”→“反迫害”

土改→农民参军→士气高涨→民众支持
土改→积极生产→支援战争→民众支持</td><td>讲解解放区的土改状况和经济发展状况。作为对比，突出解放区以农民为核心，保护广大贫苦农民的根本利益。

通过对比，明确人心向背是决定战争胜败的关键。</td></tr>
</table>

续表

教学阶段	教学内容	教学环节设计
总结	1. 战场上的对决与战场外的对决的关系； 坚定保障 军事斗争　民心向背　人民支持 力量源泉 2. 民心的向背，决定一切； 3. 江山就是人民，人民就是江山。 课后思考：中国共产党领导中国革命取得胜利的基本经验是什么？	思考并总结民心向背的决定性力量。

3. 板书设计

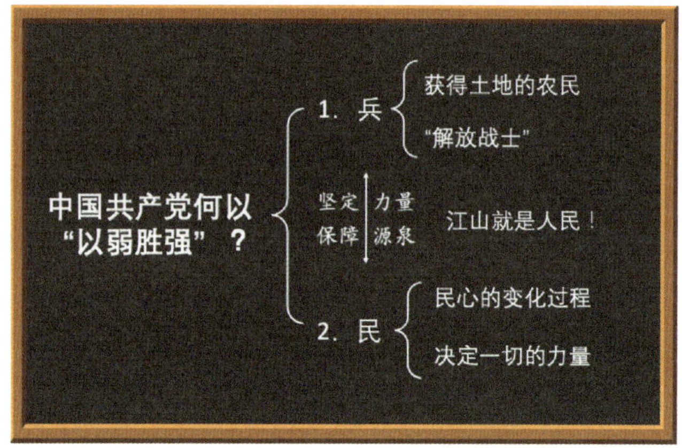

五、教学小结

1. 教学创新及其效果

深研教材资源，明确历史与理论逻辑。本课实现了历史事实与理论知识、实践逻辑与理论逻辑的对接，实现了知识的历史性、理论性和实践性相统一。

进行课堂讨论，引发深入思考。本课以美国人的视角对国共对比引入，引导学生思考中国共产党为什么能在解放战争中胜利的问题，进而提出其中的决定性力量——民心。通过设置疑问并引导学生寻找答案，深入讲解战场上的对决和战场外的较量的关系。讨论环节，鼓励学生思考并参与课堂，实现主导性和主体性相统一。

注重素养培育，落实立德树人。本课从教学目标的设计到教学环节与过程的实施，始终关注核心素养培育，注重提升学生的政治认同，帮助学生筑牢制度自信，坚持政治性和学理性、价值性和知识性的统一，落实立德树人的根本任务。

2. 教学反思

教学中需要注意的问题主要有：第一，在同一维度上对国共双方进行对比；第二，在对比中带领学生进一步思考差距如此之大背后的深层原因；第三，对中国共产党“以弱胜强”的原因进行多维度分析，并在其中点明最为根本的因素——人民的支持。可在以下方面进一步改进：第一，增强史料的丰富性，尤其是进行最直观的数据对比；第二，增强理论性分析，坚持论从史出、史论结合；第三，在总结的部分要增加论述，更为系统地阐述“江山就是人民，人民就是江山”。

六、阅读文献及拓展资料

1.《高举中国特色社会主义伟大旗帜 为全面建设社会主义现代化国家而团结奋斗——在中国共产党第二十次全国代表大会上的报告》，人民出版社 2022 年版。

2.《在庆祝中国共产党成立 100 周年大会上的讲话》，人民出版社 2021 年版。

3.《实现中华民族伟大复兴是中华民族近代以来最伟大的梦想》，2012 年 11 月 29 日。

4. 金冲及：《转折年代——中国 · 1947》，生活 · 读书 · 新知三联书店 2017 年版。

5. 罗平汉:《决胜 解放战争何以胜利》,生活·读书·新知三联书店2022年版。

6. 陈存仁:《银元时代生活史》,广西师范大学出版社2007年版。

从“窑洞对”到“赶考对”：1949 新中国的诞生

一、基本信息

【课程名称】中国近现代史纲要

【课程性质】本科生思想政治理论课，必修（必选），48 学时，3 学分

【授课对象】北京工业大学本科一年级学生

【本讲名称】从“窑洞对”到“赶考对”：1949 新中国的诞生

【对应章节】第七章第四节、第八章第一节

【单元学时】1 学时，50 分钟

【教师简介】梁瑶，北京工业大学马克思主义学院讲师，荣获第十二届北京高校思想政治理论课教学基本功比赛决赛二等奖。

二、教学简介与教学目标

1. 教学简介

本讲内容在全书中起到承上启下的作用，尤其第七章教学内容是新民主主义革命时期教学内容的最后一部分，因此对这一部分内容的讲授要十分注重其特殊地位。

一是要针对教学内容展开调研。中学阶段的学习与本科阶段的学习侧重点不同，需要结合摸底调研展开有效教学。二是要把握学生的认知规律和接受特点。互联网时代，大学生的价值接受方式和学习方式有了很大的不同，教师需要合理调整课程节奏，吸引学生关注课堂。三是要把握学生理性与感性相结合的学习需求。根据学生上述特点，要在课堂上与学生展开深入互动，

让教学内容能够入脑入心。

2. 教学目标

知识目标：了解中国共产党筹建新中国的历史过程，了解中国各民主党派是如何接受中国共产党的领导走上新民主主义革命道路的，理解新中国成立的历史意义。

能力目标：通过对新中国筹建过程的讲授，使学生明确新中国成立的历史必然性，能够运用历史唯物主义和辩证唯物主义方法论分析这一历史过程。

素质目标：结合历史和现实，深刻体会“中国人民从此站起来了”这句话的内涵，增强学生的爱国情感，帮助学生理解为什么历史和人民选择了中国共产党，从而激励学生坚定历史自信，更好凝聚团结奋斗的精神力量，为全面建设社会主义现代化国家作出贡献。

三、重点难点与党的二十大精神融入

1. 重点难点

使学生了解中国共产党领导中国人民为新中国而奋斗的历史过程，明确新中国的成立与中国共产党执政地位的确立是历史和人民的选择。

2. 解决方案

一方面要注重理论引导，通过党的二十大报告中的相关理论，引导学生将理论和实践、历史和现实紧密结合起来，使学生能够从多角度理解问题；另一方面要注重历史细节，通过历史细节展现历史逻辑，通过生动素材激发学生学习兴趣。

3. 党的二十大精神融入

在本讲内容之中，在导论部分，通过重温1945年抗战胜利前夕“窑洞对”内容，引发学生对“赶考对”的兴趣和思考。这一部分内容融入了党的二十大报告中提出的“全面从严治党是党永葆生机活力、走好新的赶考之路的必由之路”。以问题的形式进一步引起学生思考：新中国成立前夕提出的“赶考对”与党的二十大报告中提出的“新的赶考之路”是什么关系？

在第四部分“走好新的赶考之路”中融入党的二十大报告中提出的“全党

同志务必不忘初心、牢记使命，务必谦虚谨慎、艰苦奋斗，务必敢于斗争、善于斗争，坚定历史自信，增强历史主动，谱写新时代中国特色社会主义更加绚丽的华章”。引出“三个务必”，与本讲内容中的“两个务必”相呼应，强调“三个务必”是对“两个务必”的继承、发展与创新。

四、教学内容与教学安排

1. 教学过程示意图

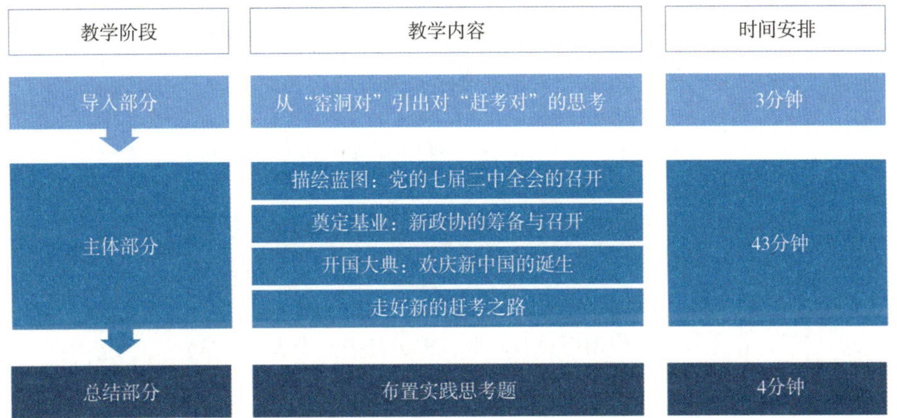

2. 教学内容及设计

教学阶段	教学内容	教学环节设计
导入	除了著名的“窑洞对”，还有一个“赶考对”。党的二十大强调，走好新的赶考之路。“赶考”这一命题又是什么时候提出的呢？	提出问题，点出课程的核心内容。
阶段 1 描绘蓝图：党的七届二中全会的召开	1949 年初，伴随着辽沈战役、淮海战役和平津战役的胜利，新中国的诞生已指日可待。在这个历史的关键时期，中国共产党于 1949 年 3 月在西柏坡召开了中共七届二中全会。 毛泽东代表中央政治局做了重要报告，提出了“两个务必”的思想： 务必使同志们继续地保持谦虚、谨慎、不骄、不躁的作风，务必使同志们继续地保持艰苦奋斗的作风。 ——《毛泽东选集》第 4 卷，人民出版社 1991 年版，第 1438—1439 页。	通过史料，引发学生对“两个务必”的深入思考。

续表

教学阶段	教学内容	教学环节设计
阶段1描绘蓝图：党的七届二中全会的召开	毛泽东在党的七届二中全会提出的“两个务必”，指出了中国共产党面对即将取得的全国性胜利，应该保持怎样的精神状态，体现中国共产党善于总结历史经验的独特优势，防止党内产生骄傲自满、不求进取的现象，具有重要的历史意义。 1949年3月23日，党中央离开西柏坡前往北平。出发时，毛泽东对周恩来说：“今天是进京的日子，进京赶考去。”周恩来笑答道：“我们应当都能考试及格，不要退回来。”毛泽东说：“退回来就失败了。我们决不当李自成，我们都希望考个好成绩。” ——《毛泽东年谱》（1893—1949）下卷，人民出版社、中央文献出版社1993年版，第469页。 “赶考”命题的提出，体现了中国共产党对历史的深刻借鉴，是中国共产党伟大的精神财富，具有永恒的时代价值。	以对话的形式，图文结合，情景再现。
阶段2奠定基业：新政协的筹备与召开	（一）中共中央在香山“备考” 在正式进入中南海执政之前，香山是中共中央“进京赶考”的第一站。 据不完全统计，毛泽东在香山的181天里，主持和参加会议13次，会见各界人士48人次以上，发电报202封，发表、审阅、修改文章和新闻稿及声明21篇，包括纲领性文件《论人民民主专政》。 ——《赶考前，中共中央在这里熬夜“备考”》，《中国青年报》2021年2月3日。 （二）坚决贯彻“两个务必” 一天，毛泽东准备会见中国民主同盟领导人张澜，让李银桥“找件好些的衣服换换”。李银桥找遍了也没找到一件像样的衣服，他跟毛泽东诉苦道：“主席，咱们真是穷秀才进京赶考，一件好衣服都没有。”毛泽东却说：“历来纨绔子弟考不出好成绩，安贫者能成事，嚼得菜根百事可做，我们会考出好成绩！”“有补丁不要紧，整齐干净就行。张老先生是贤达之士，不会怪我们的。” ——《毛泽东传》第二册，中央文献出版社2011年版，第955页。	以对话的形式生动展现历史情景。

续表

教学阶段	教学内容	教学环节设计
阶段 2 奠定基业：新政协的筹备与召开	（三）新政协的召开 1949 年 9 月 21 日，在新政协第一次全体会议的开幕式上，毛泽东向世界宣告：“占人类人口总数四分之一的中国人从此站起来了。” 总的来说，人民政协会议为新中国的诞生准备了什么？以小组为单位，展开讨论。	小组讨论，关于新政协会议召开的重要意义。
阶段 3 开国大典：欢庆新中国的诞生	1949 年 10 月 1 日下午 3 时，毛泽东、周恩来、刘少奇、朱德、宋庆龄等国家领导登上了天安门，30 万群众集合到天安门广场，参加了开国盛典。毛泽东在天安门城楼上向全世界庄严宣告：“中华人民共和国中央人民政府今天成立了。” 礼炮鸣出了 28 响，其实按照国际惯例礼炮最高规格是鸣 21 响。为什么新中国开国大典礼炮鸣 28 响呢？ 中华人民共和国的成立，开创了历史新纪元，具有重要的历史意义。	播放“开国大典”视频。
阶段 4 走好新的赶考之路	中国共产党面临的“赶考”没有终场，新中国成立 70 多年的历史已经证明，我们党的阶段性“赶考”十分成功，但历史性“赶考”仍在继续。正是基于这样的清醒预见，习近平总书记指出，“时代是出卷人，我们是答卷人，人民是阅卷人”“党面临的‘赶考’远未结束”。中国共产党如何带领广大人民群众走好新时代的赶考之路？请以小组为单位进行讨论。	小组讨论。
总结	2021 年，北京市委宣传部、北京市委党史研究室、北京市文化和旅游局、北京市测绘设计研究院联合出品了北京红色旅游地图，推荐了 9 条精品路线。其中，线路一——中国共产党“进京赶考”之旅（颐和园益寿堂—香山革命旧址—香山革命纪念馆）和线路四——“我爱北京天安门”爱国情怀之旅（天安门广场—毛主席纪念堂—中国国家博物馆）都是与本节课相关的旅游路线。请大家实地到访参观，结合参观的地点写一份面向群众的演讲稿，谈谈为什么新中国的成立具有历史必然性。	立足京华大地，结合所学内容，突出“大思政课”理念。

3. 板书设计

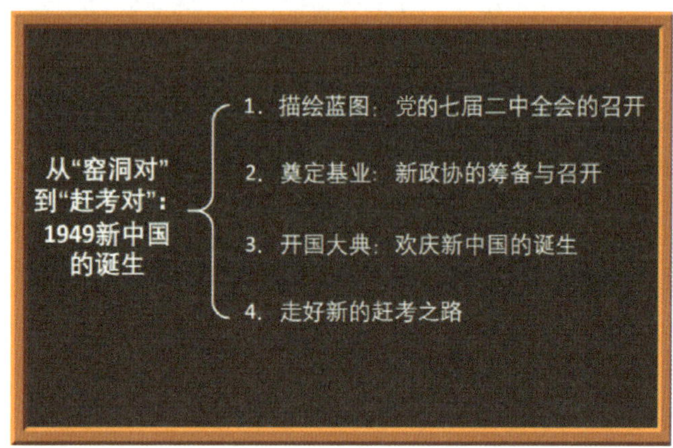

五、教学小结

1. 教学创新及其效果

本讲的教学线索较为清晰，通过史料、案例等内容，以三重线索展开讲授。线索一："进京赶考"过程，"赶考""备考""特殊考生""出卷人""答卷人""阅卷人"等关键词贯穿讲授过程。线索二：地点，以西柏坡—香山—天安门为线索。线索三：新中国筹划过程，即以蓝图—奠基—新中国成立为线索。此外，结合课程内容，融入党的二十大报告中对"走好新的赶考之路"的相关论述，引导学生思考新时代条件下如何走好新的赶考之路，充分将理论和实践、历史和现实结合起来。结构清晰，脉络分明，有助于学生沿着教学线索深度思考，理解和体悟本讲内容。

2. 教学反思

在教学过程中需要进一步突出两个意识。一方面是进一步突出以学生为主体的教学意识，在讲授的过程中注重研判学生的课堂反馈，包括学生的课堂反应、对问题的回答等，通过课堂反馈灵活处理教学内容；另一方面是进一步突出问题意识，在课前、课中和课后应时刻关注学生的思想困惑，充分做到有的放矢。

六、阅读文献及拓展资料

1.《毛泽东选集》第 3 卷、第 4 卷，人民出版社 1991 年版。

2.《毛泽东年谱》(1893—1949)上、下卷，人民出版社、中央文献出版社 1993 年版。

3.《高举中国特色社会主义伟大旗帜 为全面建设社会主义现代化国家而团结奋斗——在中国共产党第二十次全国代表大会上的报告》，人民出版社 2022 年版。

4.《中国共产党的一百年》四卷，中共党史出版社 2022 年版。

5. 金冲及:《二十世纪中国史纲》第 2 卷，社会科学出版社 2009 年版。

6. 王炳林主编:《大国追梦》，人民出版社 2020 年版。

7. 丁云等:《协商建国》，北京出版集团公司、北京人民出版社 2019 年版。

8. 庞松:《新中国的奠基》，北京出版集团公司、北京人民出版社 2019 年版。

打造“美丽中国”
——中国式现代化的生态突围之路

一、基本信息

【课程名称】毛泽东思想和中国特色社会主义理论体系概论

【课程性质】本科生思想政治理论课，必修，48 学时，3 学分

【授课对象】北京航空航天大学本科二年级学生

【本讲名称】打造“美丽中国”——中国式现代化的生态突围之路

【对应章节】第十章第五节

【单元学时】1 学时，50 分钟

【教师简介】李雪姣，北京航空航天大学副教授，荣获第十二届北京高校思想政治理论课教学基本功比赛决赛特等奖。

二、教学简介与教学目标

1. 教学简介

授课对象为本科二年级学生，部分学生已经接触过生态文明及其建设的基本知识，具备了一定知识基础，但也存在以下特点。一是大多数学生学习过生态文明建设的字面知识，但对其本质逻辑和深远影响缺乏认识。二是大多数学生看到了生态文明建设的外在结果，但缺乏思辨能力来分析影响生态文明建设的内在过程因素。多数学生对怎样建设生态文明缺乏认识，他们的认知更多停留在天更蓝了、水更清了、树更绿了等外在结果，而对生态文明建设的发生机制，以及需要应对国际国内哪些复杂关系缺乏认识。

对此，教师一是要直面质疑，在中西方现代化发展道路的对比中揭露西

方环境治理是以牺牲弱势群体利益为代价的内在本质，破除学生对资本主义环境治理术崇拜的虚假幻象；二是要循循善诱，将生态文明建设置于中国式现代化语境中分析人与自然和谐共生的现代化及其背后运行机制，引导学生在自我反思、不断追问中完成自我说服。

2. 教学目标

知识目标：了解党的二十大报告中关于生态文明建设的重要内容和以习近平同志为核心的党中央推进生态文明建设的总体思路和历史性成就；掌握生态文明建设与现代化建设的逻辑关系，在中国式现代化语境中掌握人与自然和谐共生的现代化的科学内涵、时代特征和政治意义；深化理解人与自然和谐共生的现代化内容及其对西方环境治理术的整体性超越。

能力目标：培养学生在历史大逻辑中分析问题、解决问题的能力，树立大历史观，培养学生历史唯物主义的分析方法和研究方法；培养学生在比较中分析问题、解决问题的能力，树立系统观念和辩证思维；引导学生善于运用历史文献资源，增强把握历史文献资源内在逻辑的能力。

素质目标：引导学生坚定中国特色社会主义道路自信、理论自信、制度自信、文化自信，在学懂弄通做实习近平新时代中国特色社会主义思想方面走在前列；引导学生树立正确的人与自然价值观、绿色消费观，自觉热爱美丽中国并且为之付出实际行动。

三、重点难点与党的二十大精神融入

1. 重点难点

如何理解“美丽中国”及其内涵，是教材对于学生的要求，也是课后思考题的组成部分。概念和知识点容易传授，但如何讲清楚其形成机制及其现实影响是本课程的重点，也是难点。

2. 解决方案

分析“美丽中国”的生成机制。通过学习党的二十大精神，讲清楚制约“美丽中国”的内外生成机制。

逻辑清晰地展现生态文明与社会主义现代化建设的结合与运转逻辑。结合国内外环境，结合历史、理论去分析现实。

3. 党的二十大精神融入

党的二十大报告对“为什么建设生态文明、建设什么样的生态文明、怎样建设生态文明”等重要理论与实践问题进行了科学回答。授课环节中，结合内部现代化背景与外部客观困境，提出中国式现代化的生态突围之路及其内在优势，设置打造“美丽中国”受制于哪些外部因素、克服了哪些挑战、在何种意义上是对西方现代化进程中环境治理术的整体性超越等问题，有助于回答怎么将党的二十大报告相关内容融入。

四、教学内容与教学安排

1. 教学过程示意图

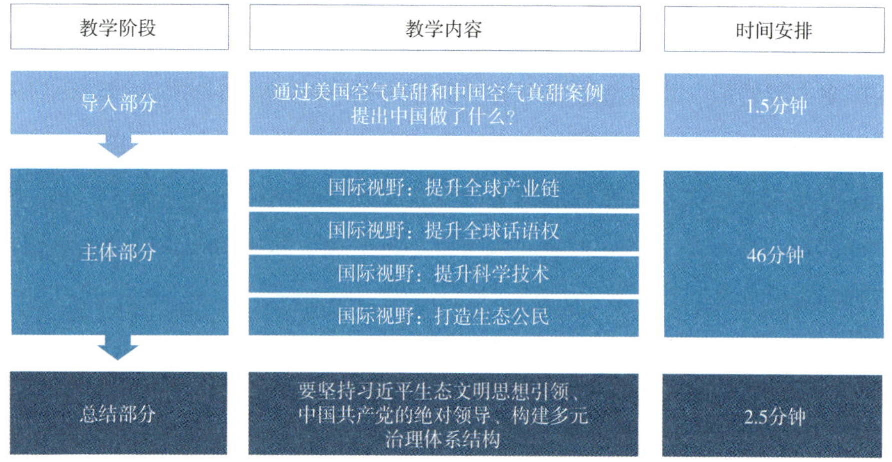

2. 教学内容及设计

教学阶段	教学内容	教学环节设计
导入	教师总结为三种普遍性误区，并指出症结所在。 1.“美丽中国”建设投入大、见效慢，没有必要做——无用论，不了解为什么要进行生态文明建设； 2.“美丽中国”仅涉及环境治理，与其他领域无关——机械论，不了解生态建设与社会运行之间的复杂联系； 3.“美丽中国”建设是我国内部事务，与国外其他国家没有太大关系——孤立论，不了解生态文明建设是一套系统性战略工程。	问题导入
阶段1：针对学生困惑——生态文明建设“无用论”，回应我国为什么要大力推进生态文明建设	• 为什么要打造“美丽中国” 党的二十大报告指出：“人与自然是生命共同体，无止境地向自然索取甚至破坏自然必然会遭到大自然的报复。” （一）良好的生态环境是人们对美好生活的期待，同时也是最普惠的民生福祉 案例一：人类正面临严重的生存危机。（播放《2022年世界地球日》宣传片） 回应1：通过以上环境问题，引导学生意识到环境问题给全球人类生存造成巨大的威胁，生态文明建设不仅具有必要性，而且具有紧迫性。 （二）良好的生态环境是全面建设社会主义现代化国家的内在要求 案例二：以危险性废物跨境转移为典型案例，促进学生思考，为什么人类活动影响气候变化更多是由发达国家的经济活动造成的，但是与气候变化相应的极端气象灾害、海平面上升及异常的生物传播现象，却更多祸害亚洲、非洲、拉丁美洲及大洋洲发展中国家的人口？从而引出西方资本主义社会在发展进程中出现的环境非正义问题。 与之对比，中国并非以牺牲其他国家或地区人民的利益为代价，而是始终秉持发展依靠人民、发展为了人民、发展成果由人民共享的根本原则。 回应2：我国的“美丽中国”建设是生态惠民、生态利民、生态为民的千秋伟业。	问题回应

续表

教学阶段	教学内容	教学环节设计
阶段1：针对学生困惑一——生态文明建设“无用论”，回应我国为什么要大力推进生态文明建设	（三）生态文明建设是中国特色社会主义伟大中国梦的长期目标，是社会主义现代化建设的阶段性目标 党的十八大报告将“努力建设美丽中国，实现中华民族的永续发展”视为生态文明建设的总体目标，将“形成节约资源和保护环境的空间格局、产业结构、生产方式、生活方式”视为生态文明建设的阶段性发展目标。在党的二十大报告中，又进一步将“推进经济社会发展绿色化、低碳化”作为生态文明建设的具体性战略行动。 回应3：我国的生态文明建设已经跨过“先污染、后治理”的怪圈，融入中国式现代化进程的各个环节。 结论：生态文明建设不仅是有用的、必要的，而且是紧迫的。“美丽中国”建设体现在中国式现代化进程的各个环节，充分体现了其普惠性、科学性和现实性。	
阶段2：针对学生困惑二——生态文明建设“机械论”，回应我国要大力推进的生态文明建设是什么样的	• 要打造什么样的“美丽中国” 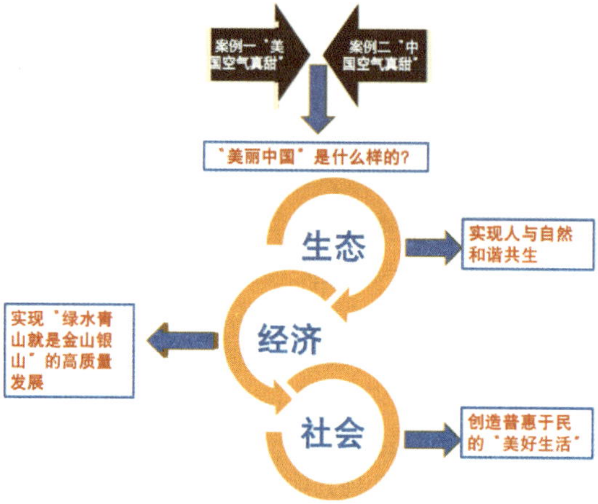 案例一“美国空气真甜” 案例二“中国空气真甜” “美丽中国”是什么样的? 生态 实现人与自然和谐共生 经济 实现“绿水青山就是金山银山”的高质量发展 社会 创造普惠于民的“美好生活” 回应1：在生态领域，“美丽中国”就是要尊重自然、顺应自然、保护自然，实现人与自然和谐之美。 尊重自然要求人对自然怀有敬畏之心，深刻认识到自然是人类赖以生存发展的基本条件，要尊重自然的内在价值。顺应自然要求人顺应自然的客观规律，按自然规律办事，防止因急功近利和个人贪欲而遭自然反噬。保护自然要求人发挥主观能动性，在向自然界索取生存发展之需时要呵护自然、回报自然。	问题回应

续表

教学阶段	教学内容	教学环节设计
阶段 2：针对学生困惑二——生态文明建设“机械论”，回应我国要大力推进的生态文明建设是什么样的	回应 2: 在经济领域，“美丽中国”就是要以绿色低碳的高质量发展促动“绿水青山就是金山银山”的科学发展之美。 对于生态环境优良，特色旅游资源丰富的地区，可以遵循以保护促旅游、以旅游促发展、以发展促保护的思路，创新打造生态旅游新模式，实现旅游产业与生态环境保护共赢。 回应 3：在社会领域，“美丽中国”就是要创造发展成果普惠于民的和谐幸福之美。 案例：亮马河水体修复改造工程，提升全体公民生活水平，更好地满足人民的需求。亮马河曾经长期污染严重，经过治理，亮马河从 2017 年 8 月开始逐渐稳定在二类和三类状态，如今，避而不谈的臭水河早已成为乘船休憩的风情水岸。 党的十八大以来，北京市坚决打好污染防治攻坚战，在全国率先组建了市委生态文明建设委员会，先后制定修订 11 部资源环境类法规，并建立“河长制”“林长制”“田长制”。实现了从水源地保护到黑臭水体治理再到劣 V 类消除，从臭水污地变为生态涵养之地和城市休闲纳凉好地。 结论：“美丽中国”建设并非仅仅涉及环境治理，而是一个有机性和系统性工程，要打造充分体现人与自然和谐之美、经济发展与环境保护相协调的科学发展之美、发展成果普惠于民的和谐幸福之美。	
阶段 3：针对学生困惑三——生态文明建设“孤立论”，回应我国要如何大力推进生态文明建设	● 如何打造“美丽中国” 问题 1：国际维度上，美丽清洁世界的构建受制于哪些因素？ 回应：构建清洁世界受制于非均质的产业结构和非正义的国际政治格局。 例证 1：通过依附理论论证，当今世界非正义的国际政治格局是构建“美丽清洁世界”的重要阻碍。 理论依据：依附论。 按照世界分工和政治影响，全球可划分为对全球政治经济具有主导性作用的中心国家和被动依附性的边缘国家，并由此生成两条逆向的循环路线：一条是在积累逻辑上，存在一个剩余价值从低阶层向高阶层、从边缘到中心转移的过程；另一条是在消耗逻辑上，存在一个污染物从高级向低级、从中心向边缘转移的过程。边缘国家一直承担着中心国家的商品加工地和污染接收地的角色。	问题回应

续表

教学阶段	教学内容	教学环节设计
阶段3：针对学生困惑三——生态文明建设“孤立论”，回应我国要如何大力推进生态文明建设	例证2：通过洋垃圾的全球流转破除“资本主义空气真甜”假象，揭露资本主义发展的生态破坏性和社会剥夺性。 中国曾是世界上最大的洋垃圾进口国，并且在1995—2016年的20年间，洋垃圾的进口量从450万吨涨到4500万吨，整整翻了十倍。 结论：洋垃圾全球流转路径与全球产业链结构和分工结构有直接关系。环境治理受制于非均质的产业结构和非正义的国际政治格局。 问题2：国内维度上，资源有限，如何持续释放生态经济活力？ 例证1：改革开放40年前后自行车产品对比：从家家稀罕的三大件之一，到随处可见的共享出行工具，甚至还有共享电动车、汽车，论证了公有制条件下成熟机器生产带来的产品爆炸增长。 例证2：60年前后的社区服务产品对比：安化楼用大量人力，小卖部的有限商品服务全楼居民；智能社区用大数据、云计算，实现共享增益、定制型生产、无人化服务。 回应：科学发展、技术创新、产业结构升级使得生产力和生活资料的无限增长具有可能性和现实性，生态经济成果全民共享也是发展的必然结果。 结论：构建“美丽中国”要依靠现代科学技术、生态观念提升，促进社会经济发展全面绿色转型，营造绿色低碳的生产生活方式。 问题3: 如何通过中国式生态现代化之路构建美丽中国？ 回应1：思想武器——习近平生态文明思想 习近平生态文明思想是对马克思主义生态学、中国传统生态智慧的继承和发展，是结合中国实际形成的科学思想理论体系，深刻回答了“为什么建设生态文明、建设什么样的生态文明、怎样建设生态文明”的重大理论和实践问题。 回应2: 先锋力量——中国共产党强有力的领导 中国共产党以社会主义制度规范市场经济运作机制，领导中国人民走出了一条绿色低碳的现代化之路。	

续表

教学阶段	教学内容	教学环节设计
阶段3：针对学生困惑三——生态文明建设“孤立论”，回应我国要如何大力推进生态文明建设	例证1：历史回顾——新民主主义革命时期，在党的领导下颁布《土地法》《兴国调查》；社会主义革命和建设时期，开展了“增产节约”运动、“植树造林”运动、“污染防治”运动等；改革开放时期，我国开始健全生态环境保护法律体系，提出可持续发展观；中国特色社会主义新时代，党中央把生态文明建设作为统筹推进“五位一体”总体布局和协调推进“四个全面”战略布局的重要内容，提出创新、协调、绿色、开放、共享的新发展理念，污染治理力度之大、制度出台频度之密、监管执法尺度之严、环境质量改善速度之快前所未有。 例证2：案例对比——从人类现代化历史进程看，世界上那些先行发达国家，都是在工业化后期或者工业化完成后才开始系统全面地治理环境污染和修复生态，在生态环境质量改善之前都经历过持续的污染和许多重大环境污染事件。 中国在现代化进程中，相对较早认识到治理污染和保护环境的重要性并积极采取行动，从立法约束、行政干预、经济激励、社会动员等多方面发力，形成全社会节约资源、保护环境、修复生态的合力与氛围。 回应3:多元主体——企业绿色创新、公民积极参与 例证1：企业绿色转型——北京联通“推动通信网络绿色化转型，打造首都数字化全光底座”。 例证2：公民积极参与——北京市建立“互联网+全民义务植树”互动平台。 结论：习近平生态文明思想是“美丽中国”建设的思想武器，中国共产党强有力的领导是“美丽中国”建设强大的先锋力量，而企业绿色创新、公民积极参与则是“美丽中国”建设的多元治理主体。	
总结重点，重温本节课的教学逻辑，带领学生深入思考	• 课堂总结 一是针对学生对“美丽中国”的三个疑问进行总结和回答。（1）我们要建设的“美丽中国”应该是致力于追求全民共同富裕的、是符合我国人口规模巨大化特征的、是寻求物质文明与精神文明内在协调的、是摒弃了西方扩张式发展的和人与自然和谐共生的系统性工程。因此，它一定是有用的、有机的、连续的战略性工程。（2）只有坚持习近平生态文明思想引领、中国共产党的绝对领导、构建多元治理体系结构，才能从“美国空气真甜”变为“中国的空气真甜”！	总结

续表

教学阶段	教学内容	教学环节设计
总结重点，重温本节课的教学逻辑，带领学生深入思考	二是提炼理解生态文明建设的思维方法：社会建设是一个系统性工程，不能仅将生态文明建设置于生态领域；全球生态建设更是一个有机关系，不能仅将“美丽中国”建设视野局限在国内。	
提供阅读资料，提出思考题，激励学生完成课后思考	• 课后延伸 回顾导入案例，重新思考“美国空气真甜”“中国空气真甜”两种极端认识的背后原因。	课后延伸

3. 板书设计

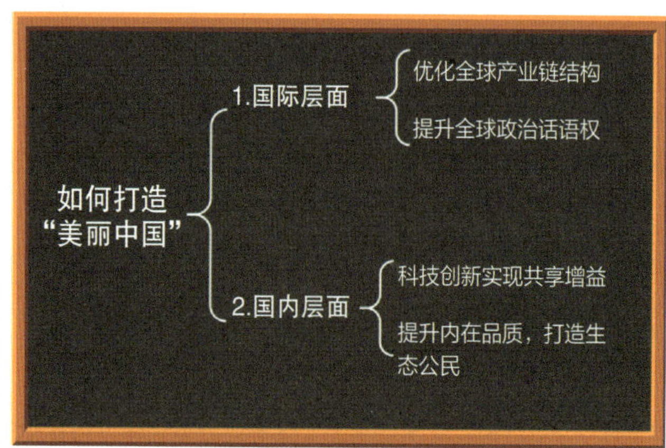

五、教学小结

1. 教学创新及其效果

本次授课尝试案例教学 + 问题追击的教学设计，采用补事实 + 补逻辑的论证方式，将说理论证 + 解答困惑 + 回应现实充分结合，直面学生质疑、解决学生问题，让学生自我反思、自我说服。例如，在教学重点“如何建设生态文明”部分，以三种质疑导入，直接回应学生认为生态文明建设无用论、机械论和孤立论三种观点，三种质疑之间构成逻辑递进，每种质疑的回答都以党的二十大报告和京华大地上的社会实践所得作为引子，层层追问、环环相扣，论证过程中辅以经典文本、现实案例，最终实现学生在情感上和逻辑上的双重认同，进而为后面社会主义生态文明观的学习打下基础。

2. 教学反思

反馈路径：一是通过与学生互动，了解学生学习状态以及对关键知识点的掌握情况，通过提问、讨论等形式，研判学生课堂学习效果；二是通过问卷进行调查，组织学生对本节课教学内容进行评价打分，提出改进教学的意见和建议。

提升空间：一是尽可能地为学生提供课堂参与、讨论的机会，鼓励学生开放式讨论，多维度研讨，注重加强对学生讨论过程中的引导，增强学生理论概括和表达能力；二是进一步挖掘教学案例的阐释空间，多角度阐释案例内涵，实现案例教学与理论教学的双向互动和对话；三是加大史料资源搜集和整理力度，特别是将更多一手史料资源引入课堂教学中，增强理论教学的历史厚重感。

六、阅读文献及拓展资料

1.《论坚持人与自然和谐共生》，中央文献出版社 2022 年版。

2.《习近平关于社会主义生态文明建设论述摘编》，中央文献出版社 2017 年版。

3. 陈学明：《中国道路为世界贡献了什么？》，天津人民出版社 2017

年版。

4. 方世南:《社会现代化和人的现代化》，苏州大学出版社 1999 年版。

5. 郇庆治:《文明转型视野下的环境政治》，北京大学出版社 2018 年版。

6. 王雨辰:《生态马克思主义与生态文明研究》，人民出版社 2015 年版。

毛泽东思想活的灵魂
——群众路线

一、基本信息

【课程名称】毛泽东思想和中国特色社会主义理论体系概论

【课程性质】本科生思想政治理论课，必修，54 学时，3 学分

【授课对象】北京语言大学本科二年级学生

【本讲名称】毛泽东思想活的灵魂——群众路线

【对应章节】第一章第二节第二目

【单元学时】1 学时，50 分钟

【教师简介】李秋实，北京语言大学马克思主义学院讲师，荣获第十二届北京高校思想政治理论课教学基本功比赛决赛一等奖。

二、教学简介与教学目标

1. 教学简介

本节课围绕群众路线的历史、理论和实践三重逻辑展开，通过概念阐释、理论演绎、图文讲解、影像展示等方式，介绍群众路线的形成、内涵、哲学基础及其在新时代的发展。学情方面，本课程是面向大学二年级本科生的公共必修课，学年总人数 1200 人左右，分两个学期交替上课，平均每学期约 8 个平行班，每班人数 50—100 不等，属于中班以下规模。从学生的知识储备上看，大学一年级的思政课学习已为学生奠定了深入学习思政课的必要基础。

2. 教学目标

知识目标：使学生掌握群众路线的三重生成逻辑，即历史逻辑、理论逻

辑和实践逻辑。在历史逻辑部分，以史带论，重点解析从毛泽东思想群众路线到新时代“人民至上”理念之间的一脉相承和时代化发展；在理论逻辑部分，对比英雄史观和群众史观，引导学生思考为什么说人民群众是历史的创造者，使学生从原理上领会人民性是马克思主义的理论品格；在实践逻辑部分，结合党的二十大报告讲解人民至上是新时代中国共产党践行群众路线的最好诠释。

技能目标：培养学生历史唯物主义的思维，使其具备运用唯物史观分析和评价历史问题、历史人物的能力。

情感目标：使学生理解为什么人民性是中国共产党的理论品格，通过案例分析和理论阐释感受人民群众的强大力量，从而意识到当代青年生逢其时，施展才干的舞台无比广阔，实现梦想的前景无比光明，要充分发挥所学、所长，心系天下，胸怀人民，让青春在全面建设社会主义现代化国家的火热实践中绽放绚丽之花。

三、重点难点与党的二十大精神融入

1. 重点难点

重点：群众路线的内涵、形成及发展，群众路线的本质即哲学意义，人民至上是新时代中国共产党践行群众路线的最好诠释。

难点：通过讲故事以情感人易，阐释群众路线本质上的哲学意义，做到以理服人则难；通过案例说明问题易，阐释清楚案例之间的相互关系难。因此需要恰当安排知识点，力求做到深入浅出，使课程兼具生动性和学理性。

2. 解决方案

为凸显教学重点，同时有效化解教学难点，本课程的教学理念设定为有机融入党的二十大精神，力求做到以理服人、以情感人、以文化人。

3. 党的二十大精神融入

在群众路线的历史逻辑部分，从时间线索上梳理了从中共一大到党的二十大群众路线的形成和发展，落脚到党的二十大报告中坚持人民至上理念，并重点就“三个务必”和跳出“历史周期率”的第二个答案——自我革命进

行展开分析。

在群众路线的理论逻辑部分，通过播放习近平总书记讲述半条棉被的故事，引出“江山就是人民，人民就是江山”的深情表述，引导学生认识到，一切依靠群众、一切为了群众是重要的群众观点，从群众中来、到群众中去是重要的领导方法和工作方法。

在群众路线的实践逻辑部分，引入党的二十大报告中“人民”的词频、“必须坚持人民至上”的表述，以及对比孟子章句和党的二十大报告中的民生目标，使学生认识到“人民至上”是中国共产党在新时代践行群众路线的最好诠释，是党的根本价值追求和执政理念。

四、教学内容与教学安排

1. 教学过程示意图

2. 教学内容及设计

教学阶段	教学内容	教学环节设计
导入	展示“人”“民”“众”三个甲骨文字。 ①人 ②民 ③众 人，象形字。 民，指事字。 众，会意字。	引发学生思考——改变人民群众的地位是自古以来许多有识之士的社会理想，但为什么直到1921年中国共产党成立，才使理想找到了实现的可能？
阶段1：群众路线的历史逻辑	（一）关键词——“近”与“进” 1. 群众路线的形成 （1）展示包含年份节点和革命阶段的动态图。 （2）数据图表展示长征中几支重要队伍的实力变化统计和途中各地群众参加红军情况。 （3）1943年6月，毛泽东在《关于领导方法的若干问题》中系统阐述了群众路线的内涵。在1945年中共七大上，第一次在党章中系统地阐述群众路线问题。 （4）中国共产党和中国革命在延安蓬勃发展。 （5）新中国成立后在建设、改革、发展不断推进的过程中，群众路线的理论与实践也得到不断拓展。新时代“坚持人民至上”是中国共产党践行群众路线的最好诠释。 2. 群众路线的发展 （1）党的二十大报告中有许多新提法、新论断，既注入了新时代的新内涵，又在毛泽东思想和中国特色社会主义理论体系中有迹可循，是马克思主义中国化、时代化的生动写照。 1949年3月 两个务必 • 务必使同志们继续地保持谦虚、谨慎、不骄、不躁的作风 • 务必使同志们继续地保持艰苦奋斗的作风 2022年10月 三个务必 • 全党同志务必不忘初心、牢记使命 • 务必谦虚谨慎、艰苦奋斗 • 务必敢于斗争、善于斗争	从“两个务必”到“三个务必”，说明尽管时代不断发展，党群联系永远关乎党的生死存亡。

续表

教学阶段	教学内容	教学环节设计
阶段1：群众路线的历史逻辑	（2）跳出“历史周期率”的两个答案——民主和自我革命。 3. 概括关键词 群众路线的历史逻辑可概括为从“近”到“进”。	
阶段2：群众路线的理论逻辑	（二）关键词——“看”与“待” 1. 两种历史观 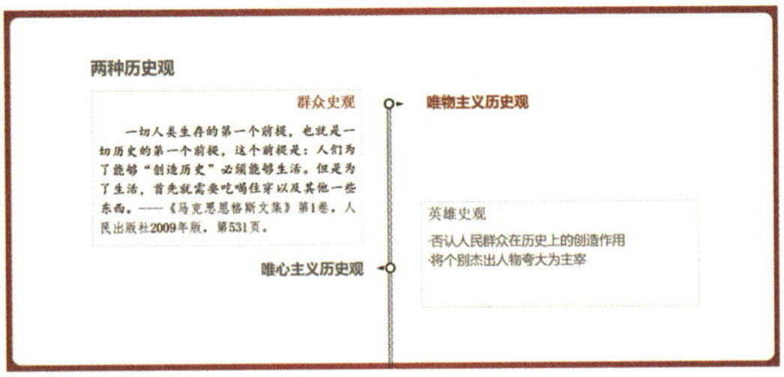 两种历史观 群众史观 一切人类生存的第一个前提，也就是一切历史的第一个前提，这个前提是：人们为了能够“创造历史”必须能够生活。但是为了生活，首先就需要吃喝住穿以及其他一些东西。——《马克思恩格斯文集》第1卷，人民出版社2009年版，第531页。 唯物主义历史观 唯心主义历史观 英雄史观 ·否认人民群众在历史上的创造作用 ·将个别杰出人物夸大为主宰 2. 理论与实践的转化 概括群众路线理论逻辑的关键词——“看”与“待”。 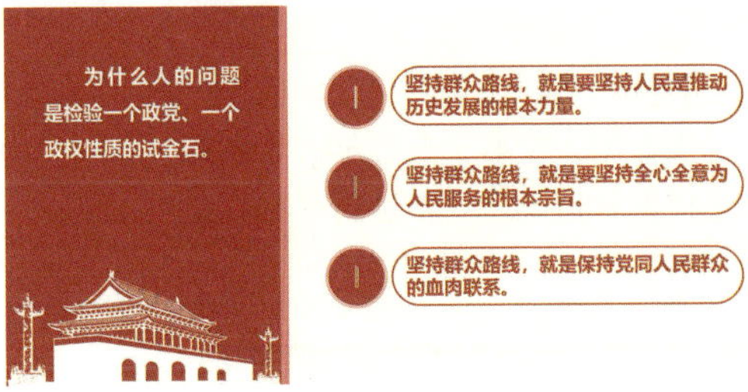 为什么人的问题是检验一个政党、一个政权性质的试金石。 坚持群众路线，就是要坚持人民是推动历史发展的根本力量。 坚持群众路线，就是要坚持全心全意为人民服务的根本宗旨。 坚持群众路线，就是保持党同人民群众的血肉联系。 3. 一切依靠群众，一切为了群众 播放《习近平讲故事——半条棉被》视频。	引导学生深刻认识人民群众与英雄之间的关系，通过对“人民英雄”的短语结构分析和两种历史观的论证，加深学生对群众史观的认识。
阶段3：群众路线的实践逻辑	（三）关键词——“力”与“为” 1. 关键词解读 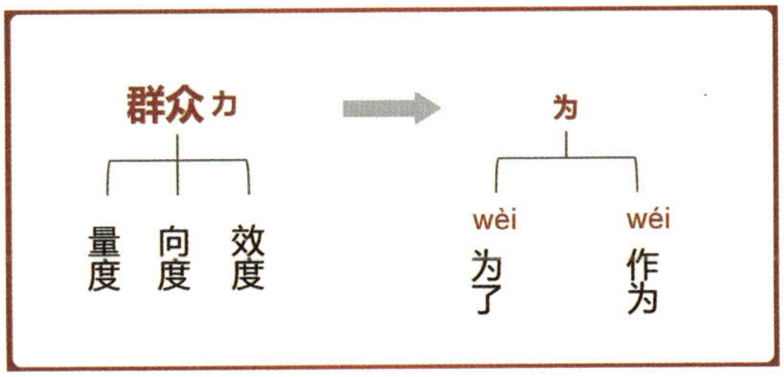 群众力 量度 向度 效度 为 wèi 为了 wéi 作为	引导学生认识到，在群众路线的实践中，群众的力量是重要的现实来源。而“全心全意为人民服务”，要将“为”当作群众路线在实践中的注脚，也就是将认识、理论、情感转化为实践中的“有所作为”。

续表

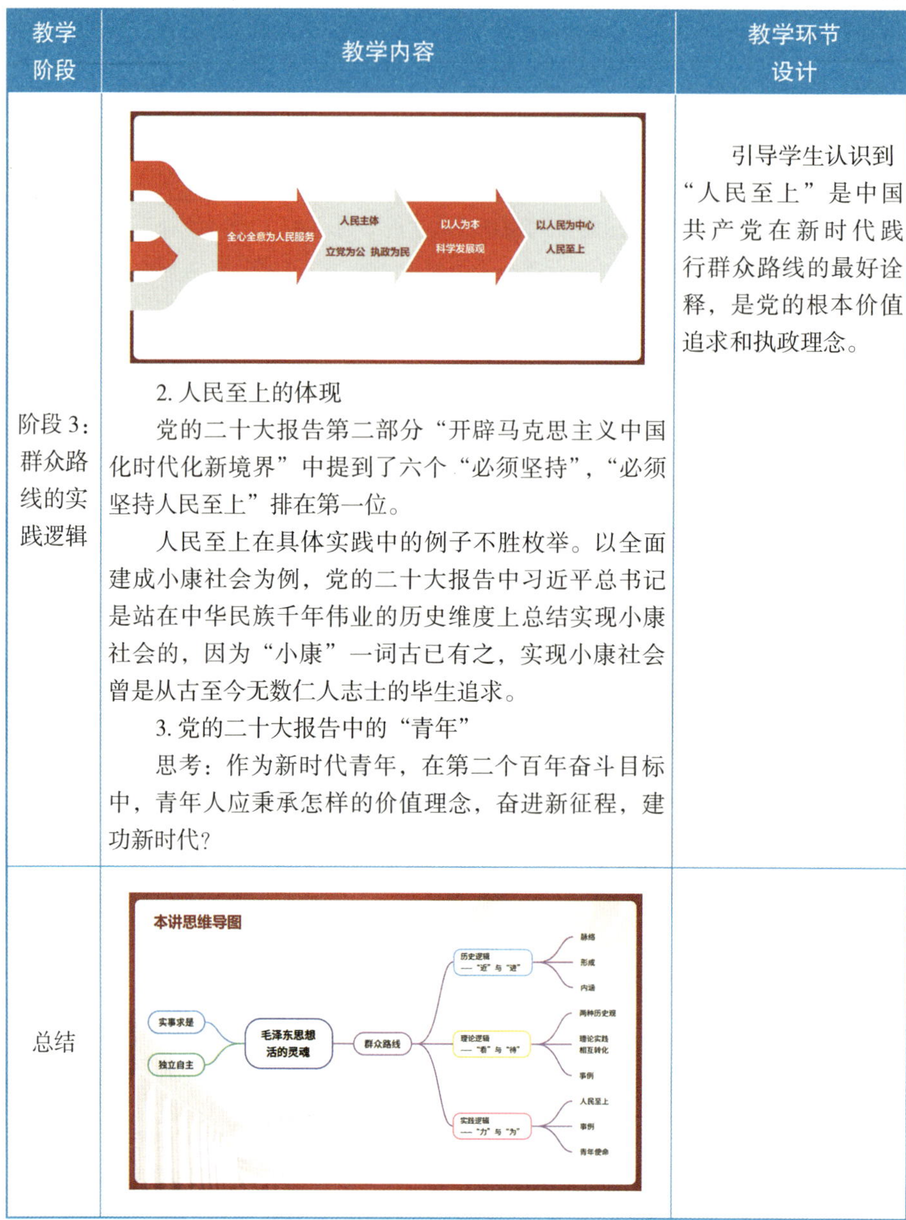

教学阶段	教学内容	教学环节设计
阶段3：群众路线的实践逻辑	2. 人民至上的体现 党的二十大报告第二部分“开辟马克思主义中国化时代化新境界”中提到了六个“必须坚持”，“必须坚持人民至上”排在第一位。 人民至上在具体实践中的例子不胜枚举。以全面建成小康社会为例，党的二十大报告中习近平总书记是站在中华民族千年伟业的历史维度上总结实现小康社会的，因为“小康”一词古已有之，实现小康社会曾是从古至今无数仁人志士的毕生追求。 3. 党的二十大报告中的“青年” 思考：作为新时代青年，在第二个百年奋斗目标中，青年人应秉承怎样的价值理念，奋进新征程，建功新时代？	引导学生认识到“人民至上”是中国共产党在新时代践行群众路线的最好诠释，是党的根本价值追求和执政理念。
总结		

3. 板书设计

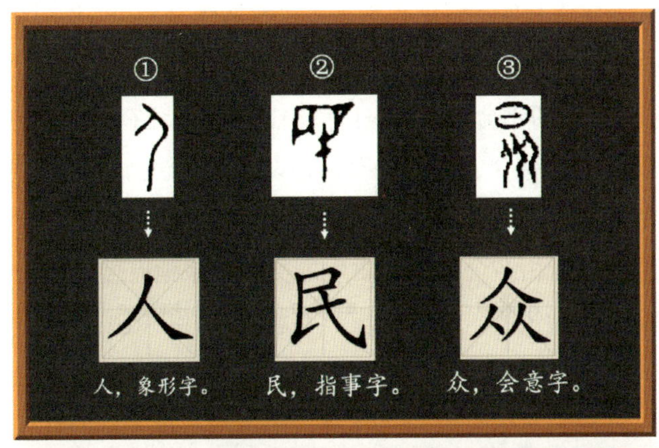

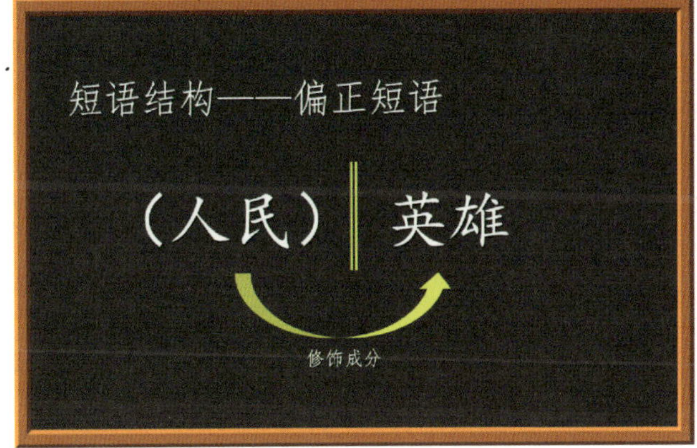

五、教学小结

1. 教学创新及其效果

在教学方法上，本课程使用智慧教学平台布置复习题，在中小型班级采用此种方式能够与学生实现高效互动，并快速生成、展示答题情况。

在教学内容上，课程注重突出北京语言大学的语言文化特色，采用了“人”“民”“众”的甲骨文字形分析、“人民英雄”的构词法分析，以及引用孟子章句，联系全面建成小康社会的知识点进行分析论述。

在教学手段上，课程除理论讲解外，还辅以视频资料、图表、照片等，帮助阐释群众路线的形成和发展过程。

2. 教学反思

第一，需要主次分明、详略得当。本讲案例较多，在备课时应根据主题的需要进行取舍。在教学节奏上，要有整体的详略分布，群众路线的理论逻辑和在新时代的实践是精讲部分；在每一段落中也尽量保证有一个精讲的亮点。

第二，需要情理结合、深入浅出。在设计中应注意讲理与共情结合，讲一个理论性的知识点就尽量搭配一个能引起共情的例子。在教学语言方面，应注意书面语和口语相结合，在与学生的交流中张弛有度。

第三，需要明晰边界、相互呼应。在教学设计中既要将党的二十大精神融入教学，又要注意不能完全讲成“习近平新时代中国特色社会主义思想概论”课。要以讲授毛泽东思想为出发点，注重与习近平新时代中国特色社会主义思想的连贯性。

六、阅读文献及拓展资料

1.《高举中国特色社会主义伟大旗帜 为全面建设社会主义现代化国家而团结奋斗——在中国共产党第二十次全国代表大会上的报告》，人民出版社2022年版。

2.《习近平谈治国理政》第一至四卷，外文出版社 2017、2018、2020、2022 年版。

3.《毛泽东选集》，人民出版社 1991 年版。

4.《中国共产党章程》，人民出版社 2022 年版。

5.《延安时期党的建设研究》，中央文献出版社 2011 年版。

6.《毛泽东思想和中国特色社会主义理论体系概论》辅导用书，高等教育出版社 2020 年版。

7. 马彬：《百年来中国共产党人民至上论生成的历史逻辑和实践逻辑》，《科学社会主义》2022 年第 3 期。

8. 邹欢艳：《从百年党史看“群众路线”的三重逻辑》，南方杂志党建频道，2021 年 6 月 12 日。

实现中华民族伟大复兴的中国梦

一、基本信息

【课程名称】毛泽东思想和中国特色社会主义理论体系概论

【课程性质】本科生必修，72 学时，4.5 学分

【授课对象】北京联合大学艺术学院 2021B 班本科

【本讲名称】实现中华民族伟大复兴的中国梦

【对应章节】第九章第一节

【单元学时】1 学时，45 分钟

【教师简介】曹媛媛，北京联合大学马克思主义学院教师，荣获第十二届北京高校思想政治理论课教学基本功比赛决赛一等奖。

二、教学简介与教学目标

1. 教学简介

通过本章的教学，使学生理解坚持和发展中国特色社会主义的总任务是实现社会主义现代化和中华民族伟大复兴中国梦。中国梦是中华民族伟大复兴的形象表达。把握中国梦的内涵是国家富强、民族振兴、人民幸福。掌握从全面建成小康社会到基本实现现代化，再到全面建成社会主义现代化强国，是新时代中国特色社会主义发展的战略安排。

2. 教学目标

知识目标：帮助学生理解中国梦的实现路径，掌握实现中国梦必须走中国道路、弘扬中国精神、凝聚中国力量这一论断的基本知识点。

能力目标：青年学生对中国精神认同度较高，但极易受到错误思潮的冲击和影响，通过本节课提高学生内化与应用知识能力，增强对中国精神的认同。

素质目标：学生能够充分认识到肩负的全面建设社会主义现代化国家的历史重任，激发奋力实现中国梦的青年担当。

三、重点难点与党的二十大精神融入

1. 重点难点

一是如何理解实现中国梦必须走中国道路，二是如何准确把握实现中国梦必须弘扬中国精神，三是如何理解实现中国梦必须凝聚中国力量。

2. 解决方案

关于如何实现中国梦这一命题，看似简单，实则不少学生存在困惑，比如：为什么实现中国梦必须走中国道路？其他道路为什么不能实现国家富强、民族振兴、人民幸福？针对这些问题，需要在教学中主动回应、系统阐释。

3. 党的二十大精神融入

中国梦是近代以来中华民族最伟大的梦。2022 年，恰逢中国梦提出十周年，并且在党的二十大报告中提出“以中国式现代化推进中华民族伟大复兴”，深入学习本讲内容十分必要。

四、教学内容与教学安排

1. 教学过程示意图

教学阶段	教学内容	时间安排
导入部分	通过对比北京八达岭长城脚下的京张铁路和京张高铁的巨大变化，以"中国铁路"折射"中国道路"，引入主题	2分钟
主体部分	实现中国梦必须走中国道路 实现中国梦必须弘扬中国精神 实现中国梦必须凝聚中国力量	36分钟
总结部分	中国道路、中国精神、中国力量三者统一于中国特色社会主义伟大实践	7分钟

2. 教学内容及设计

教学阶段	教学内容	教学环节设计
导入	通过对比北京八达岭长城脚下的京张铁路和京张高铁的巨大变化，以"中国铁路"折射"中国道路"，引入主题。习近平总书记指出："实现中国梦必须走中国道路，这条道路就是中国特色社会主义道路。"党的二十大报告中再一次强调在民族复兴道路上必须牢牢把握的重大原则，"坚持中国特色社会主义道路"是其中一条。那我们该如何理解这一重大论断呢？	讲述法
阶段1：实现中国梦必须走中国道路	（一）理论逻辑：走中国道路是实现中国梦的本质要求 实现中国梦必须走中国道路，这一论断蕴含科学的方法论：目标决定路径，路径服从于目标。作为实践主体的人类，总是先确定行动目标，然后根据目标选择相应的实现路径。 1. 中国梦是中华民族实现伟大复兴的梦； 2. 中国梦是社会主义的梦。 （二）历史逻辑：中国道路是党带领人民千辛万苦开辟出的正确道路 中国道路是中国特色社会主义道路，但它不是凭空而来。它产生于中国社会实践的发展。 1. 民主革命时期——艰难寻路；	

续表

教学阶段	教学内容	教学环节设计
阶段1：实现中国梦必须走中国道路	2. 社会主义革命和建设时期——坎坷探路； 3. 改革开放以来——踏平坎坷成大道。 （三）实践逻辑：中国道路是实现中国梦的康庄大道 1. 引领国家富强之路； 2. 走向民族振兴之路； 3. 实现人民幸福之路。	
阶段2：实现中国梦必须弘扬中国精神	（一）中国精神的科学内涵 中国精神概括来说是由以爱国主义为核心的民族精神与改革创新为核心的时代精神构成的。一方面，以爱国主义为核心的民族精神是实现中国梦的"兴国之魂"；另一方面，以改革创新为核心的时代精神是实现中国梦的"强国之源"。 （二）弘扬中国精神的理论与实践相结合的教学活动 本部分通过学生参与，讲述他们的冬奥故事与感悟，体会冬奥精神，激发学生学习积极性，同时增强新时代大学生的使命感与自豪感。	讨论式教学法
阶段3：实现中国梦必须凝聚中国力量	（一）凝聚中国力量是实现国家富强的前提 实现中国梦，基础在于不断提升我国的综合国力。只有加快经济发展，才能提升综合国力，为实现中国梦奠定坚实的物质基础。 （二）凝聚中国力量是实现民族振兴的关键 回顾我们党领导人民进行革命、建设和改革的历史，我们之所以能够击败强敌、化解难题，取得一个又一个胜利，靠的就是全党全国各族人民的团结奋斗。 （三）凝聚中国力量是实现人民幸福的基础 中国梦不仅仅是国家和民族的宏伟目标，更是亿万人民群众的福祉所系。	讲述法、案例分析教学法
总结	一是从理论、历史、实践三重逻辑把握实现中国梦必须走中国道路，二是实现中国梦必须弘扬中国精神，三是实现中国梦必须凝聚中国力量。中国道路、中国精神、中国力量三者统一于中国特色社会主义伟大实践。 【课后思考】奋力实现中国梦，我们作为青年学子应怎样贡献自己的青春力量？	

3. 板书设计

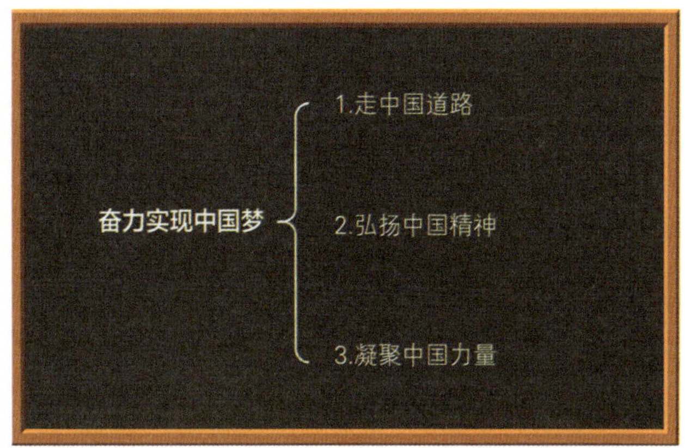

五、教学小结

1. 教学创新及其效果

教法创新建立在分析学情、课情基础上，特别是从学生实践能力和情感因素上看：本班学生大部分参加了 2022 年北京冬奥会志愿者服务活动，两个月的闭环锻炼，极大强化了学生对民族复兴的使命感，这为本讲第二部分的课堂分享环节提供了优质素材。

2. 教学反思

（1）教师在教学过程应更好地坚持问题导向。不回避重大问题和疑难问题，教师围绕学生关心和困惑的问题进行具有针对性的解答，将抽象的理论与鲜活的实际相结合。（2）充分发挥北京冬奥会重大标志性活动的育人功能。通过学生讲述参加冬奥会志愿服务的收获与感悟，使学生深刻认识到中国梦既是宏大叙事、又是我们每一个具体而微的中国人的梦，中华民族伟大复兴中国梦的实现必定是党带领人民接续奋斗的成果。

六、阅读文献及拓展资料

1.《党的二十大报告学习辅导百问》，学习出版社 2022 年版。

2.《习近平谈治国理政》，外文出版社 2014 年版。

《论十大关系》：社会主义建设道路的初步探索

一、基本信息

【课程名称】毛泽东思想和中国特色社会主义理论体系概论

【课程性质】本科生思想政治理论课，必修，32 学时，2 学分

【授课对象】清华大学本科二年级学生

【本讲名称】《论十大关系》：社会主义建设道路的初步探索

【对应章节】第四章第一节

【单元学时】1 学时，45 分钟

【教师简介】路子达，清华大学马克思主义学院助理教授，荣获第十二届北京高校思想政治理论课教学基本功比赛决赛一等奖。

二、教学简介与教学目标

1. 教学简介

本单元将主要讲述《论十大关系》的历史背景、主要内容及理论意义。通过矛盾分析论证，重点阐述《论十大关系》的提出过程和内部逻辑，使学生深入理解《论十大关系》的基本内容和逻辑架构；通过对比分析，让学生领悟中国共产党立足中国实际、探索中国道路的必要性；通过联系历史与现实，让学生切身体会历史上“中国工业化道路”与当下“中国式现代化”的理论联系，以及运用矛盾分析方法理解国家发展战略的思维。

授课对象专业背景差异大，理论基础参差不齐。具体情况如下：其一，授课对象具备一定马克思主义理论基础；其二，授课对象中大多数对课程基本

内容和逻辑架构缺乏学理性与政治性相结合的认知，多数学生对中国共产党经典著作的学习尚未达到“知其所以然”的层次。

2. 教学目标

价值塑造。理解中国共产党立足中国实际、探索中国道路的必要性。希望学生理解未来中国选择发展道路也始终需要“实事求是”“一切从实际出发”，深刻认识中国共产党不断立足时代特点，守正创新推进马克思主义中国化、时代化的必要性和重要性。

知识传授。掌握《论十大关系》的思路和内容。《论十大关系》是毛泽东在新中国成立后非常重要的著作之一。毛泽东提出把马克思列宁主义基本原理同中国具体实际进行“第二次结合”，正确处理我国社会主义建设的十大关系，走出一条适合我国国情的工业化道路。通过讲解其思路的形成，使学生更深刻理解这篇文献以及社会主义革命和建设时期理论成果的重要意义。

能力培养。掌握运用矛盾分析方法理解国家发展战略的思维。运用“两点论与重点论相统一”的思路，理解中国共产党集中力量解决主要矛盾、兼顾矛盾的主要方面和次要方面，使学生理解国家制定发展战略的思路，学会从思想方法层面深刻认识新时代全面建成社会主义现代化强国的道路探索。

三、重点难点与党的二十大精神融入

1. 重点难点

第一，重点阐明中国共产党开始探索社会主义建设道路的必要性。本讲以“一五”计划、“以苏为师”开始，其后讲述“以苏为鉴”“中国工业化道路的探索”的相关内容。中间从“以苏为师”到“以苏为鉴”转向的原因和过程必须厘清。

第二，重点阐释《论十大关系》中的矛盾分析思路。毛泽东是采用矛盾分析的思路，在国家发展的十个方面，论证如何调动一切因素实现中国的工业化的问题。如果不能理解这一矛盾分析的思路，对这份文献的学习即会浮于表面。

第三，重点阐述《论十大关系》所提出的中国工业化道路、矛盾分析方法与当代的中国式现代化道路的关系。如何使学生在学习党的历史与经典理论之后，形成对当代社会主义建设的认同与理解，是本讲完成知识点讲解后的主要难点。

2. 解决方案

第一，重点阐明中国共产党开始探索社会主义建设道路的必要性。本讲首先展示了社会主义国家在当时普遍存在的高度依赖重工业的问题以及苏联做出的改革举措，其次展示毛泽东调查研究后发现的大量问题，展示“以苏为鉴”、走中国工业化道路的必要性。

第二，重点阐释《论十大关系》中的矛盾分析思路。本讲详细展示了毛泽东对问题的归纳过程，即从三大关系到六大关系再到十大关系的过程。从中分析毛泽东运用矛盾分析方法解决问题的思路，为《论十大关系》的内容、结构做铺垫。

第三，重点阐述《论十大关系》所提出的中国工业化道路、矛盾分析方法与当代的中国式现代化道路的关系。本讲通过结构图展示二者在中国工业化道路、党的领导方式、各方积极因素三个问题上的一致性，讲解其中两点论与重点论相统一的思想方法。

3. 党的二十大精神融入

本讲在引入阶段即以党的二十大报告所述中国式现代化相关内容与历史上 1956 年毛泽东提出的中国工业化道路的联系开篇，在课程总结阶段再度回到这一问题。课程整体设计上采用历史与现实相联系的思路，使中国式现代化相关内容融入社会主义建设道路初步探索的理论成果这一课程章节。

四、教学内容与教学安排

1. 教学过程示意图

2. 教学内容及设计

教学阶段	教学内容	教学环节设计
导入	通过党的二十大报告中的"中国式现代化"引入1956年《论十大关系》提出的中国工业化道路内容。 问题：是不是没有苏联的反思，中国就不能"以苏为鉴"？《论十大关系》是否只是对苏联改革方案的补充？	联系历史与现实。 提出问题，引起学生兴趣。
阶段1：回顾"一五"计划	简要回顾"一五"计划内容： 1. 讲解新中国"一五"计划的产生过程，以及苏联在计划制订和工业援助上对我国"一五"计划的帮助作用； 2. 展示"一五"计划的主要成就。展示北京市在"一五"计划期间取得的全国领先的建设成就； 3. 展示"一五"计划后期，资源过度集中于重工业所造成的问题，同时展现这一问题在社会主义阵营内部的普遍性，引入苏联的改革方案。	对比展示数据图表。 对比中国、苏联和东欧社会主义国家匈牙利，在国际视野中讨论苏联集中发展重工业模式的利弊。

续表

教学阶段	教学内容	教学环节设计
阶段 2：评价苏共的改革举措	**【重点】【难点】阐明中国共产党开始探索社会主义建设道路的必要性** 1. 展现苏共反思正确的一面：苏联集中发展重工业的模式存在问题，苏联改革所提出的四方面举措比较准确。 2. 展现其局限的一面：头痛医头、脚痛医脚。缺乏系统的改革思路。	案例对比： 通过展现 1956 年苏共改革方案的局限，引出中国共产党独立自主探索社会主义建设道路的必要性。
阶段 3：引述中国共产党对苏联改革举措的评价	简述 1956 年相关史实： 1. 1956 年 4 月，《关于无产阶级专政的历史经验》对苏联改革措施进行了辩证评价，并对改革苏联模式给出了基于矛盾分析理论的解释； 2. 针对社会主义建设问题，毛泽东提出马克思主义基本原理与中国的“第二次结合”，标志中国共产党开始独立自主探索社会主义道路。	联系历史与理论： 1. 贯穿中国共产党“以苏为鉴”的矛盾分析理论； 2. 引入毛泽东探索社会主义建设道路，写作《论十大关系》的过程。
阶段 4：毛泽东的调查研究	1. 中国需要社会主义建设的总体思路。实际上在苏联提出改革之前，毛泽东已经开始了调查研究工作。 2. 举例：毛泽东在调研中发现的各方面问题。	举例论证： 毛泽东认识到诸多问题，以及这些问题的复杂性。
阶段 5：毛泽东对问题的归纳	**【重点】【难点】阐释《论十大关系》中的矛盾分析思路** 1. 厘清毛泽东归纳的要点，从三大关系到六大关系再到十大关系的形成过程； 2. 展现集中力量解决主要矛盾（重点论）的思路以及兼顾主要、次要矛盾，矛盾的主要、次要方面（两点论）的思路。 毛泽东对问题的归纳 4月19日“三大关系”： ① 沿海与内地 ② 轻工业与重工业 ③ 个人与集体 4月24日 “六大关系”： ① 轻工业与重工业 ② 沿海与内地 ③ 国防、行政与经济、文化 ④ 个人与集体 ⑤ 地方与中央 ⑥ 少数民族与汉族 4月25日 中共中央政治局扩大会议 毛泽东《论十大关系》报告： ① 重工业和轻工业、农业的关系 ② 沿海工业和内地工业的关系 ③ 经济建设和国防建设的关系 ④ 国家、生产单位和生产者个人的关系 ⑤ 中央和地方的关系 ⑥ 汉族和少数民族的关系 ⑦ 党和非党的关系 ⑧ 革命和反革命的关系 ⑨ 是非关系 ⑩ 中国和外国的关系 1955. 12-1956. 1 毛泽东实地调研 1956. 2 苏联提出经济改革 1956. 2-4 毛泽东听取部委汇报 1956. 4 《论十大关系》报告	联系历史与理论： 展现《论十大关系》的形成思路，引出文章的主要内容和结构。

续表

教学阶段	教学内容	教学环节设计
阶段 6：《论十大关系》的内容	详细讲解《论十大关系》的内容，回应课程前半部分所提出的“以苏为师”在 1956 年产生的诸多问题。引入《论十大关系》三大板块的结构。	文本阅读： 联系之前所提出的问题，形成问题与对策的关系。
阶段 7：《论十大关系》的思路	**【重点】阐述“走中国工业化道路”思想** 1. 介绍文献三大板块结构：十大关系的内容分类：中国的工业化道路、党的领导方式、调动各方积极因素。 2. 讲述文章三个板块体现的矛盾分析观点：两点论与重点论相统一。 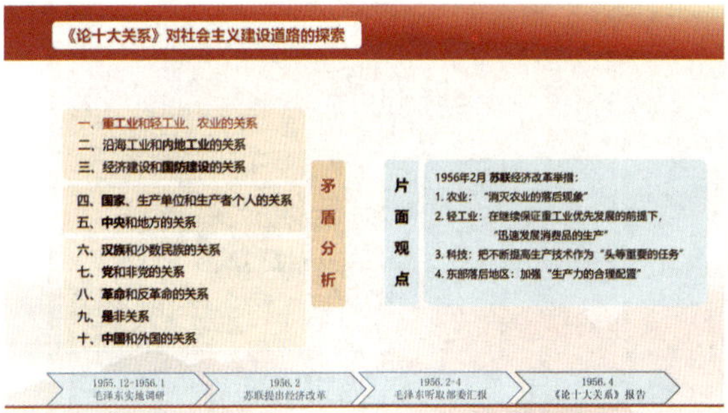 	思路提炼： 讲述矛盾分析思路，引入“走中国工业化道路”。
阶段 8：展现中国的工业化道路、矛盾分析思想与当代的中国式现代化的关系	**【难点】阐述《论十大关系》所提出的中国工业化道路、矛盾分析思想与当代的中国式现代化道路的关系** 以示意图的形式展现对应关系：中国的工业化道路与中国式现代化在工业化道路、领导方式、各方积极因素三大板块论证结构上的共性，展现从《论十大关系》到党的二十大报告一以贯之的矛盾分析思想意蕴。	图示： 以结构图的形式展示中国工业化道路与中国式现代化的一致性，以及矛盾分析的思想。

续表

教学阶段	教学内容	教学环节设计
总结	1.《论十大关系》三个板块的主要内容。 2. 联系现实：走中国工业化道路与中国式现代化具有矛盾分析思想的理论联系。 扩展阅读： 逄先知、金冲及：《〈论十大关系〉发表前后》，《百年潮》2003 年第 12 期。 让学生进一步了解《论十大关系》发表前后毛泽东密集的调查研究，以及对问题的归纳过程。	扩展阅读： 使学生进一步了解毛泽东调查研究的过程，加深对《论十大关系》的理解。

3. 板书设计

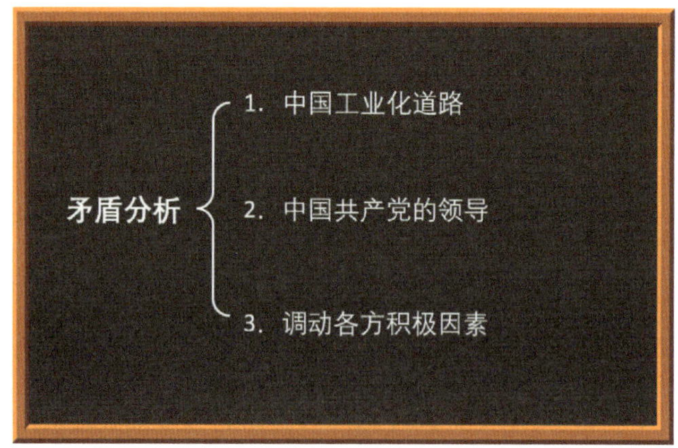

五、教学小结

1. 教学创新及其效果

坚持政治性与学理性相统一，注重课程内容的“学理化”，联系历史与现实。具体分为如下三方面。

第一，思想方法与价值塑造：聚焦中国共产党探索社会主义建设道路的重大课题，重点展现毛泽东对中国工业化道路问题的思考过程，特别是其中蕴含的矛盾分析理论。

第二，比较分析与知识传授：注重“学理化”，通过不断展开对比，展现《论十大关系》提出中国工业化道路的必要性和理论意义。一是对比“以苏为师”与“以苏为鉴”，展现1956年中国共产党提出“以苏为鉴”的必要性；二是对比《论十大关系》与苏联的改革方案，展现《论十大关系》源于矛盾分析理论的突出系统性特征；三是对比《论十大关系》与党的二十大报告关于中国式现代化的相关论述，展现思想方法的一致性。

第三，联系现实与能力培养：通过联系历史上的中国工业化道路与当下的中国式现代化，展现中国共产党矛盾分析的理论传承。通过联系历史与现实的讲授方法，即将党的二十大精神融入课程中，突出了中国共产党矛盾分析的理论传承。通过联系历史和现实的生动实例，结合理论与实践，使学生深刻领悟中国共产党在马克思主义中国化理论与实践创新道路上的不懈探索。

2. 教学反思

在授课时间充裕的情况下，应更详细阐述中国共产党开始探索社会主义建设道路的必要性、《论十大关系》的思想方法、“走中国工业化道路”思想三项重点内容。并且可以更充分讲述苏联等其他社会主义国家对集中发展重工业模式的反思，使对比论述更加鲜明。

六、阅读文献及拓展资料

1.《论十大关系》，《毛泽东文集》第7卷，人民出版社1999年版。

2. 逄先知、金冲及：《〈论十大关系〉发表前后》，《百年潮》2003年第12期。

实现经济高质量发展

一、基本信息

【课程名称】毛泽东思想和中国特色社会主义理论体系概论

【课程性质】本科生思想政治理论课，必修，64 学时，4 学分

【授课对象】北京邮电大学本科二年级学生

【本讲名称】实现经济高质量发展

【对应章节】第十章第一节

【单元学时】1 学时，45 分钟

【教师简介】宋林泽，北京邮电大学马克思主义学院讲师，荣获第十二届北京高校思想政治理论课教学基本功比赛决赛一等奖。

二、教学简介与教学目标

1. 教学简介

本着将教材体系更好地转化为教学体系基本原则，在授课过程中重新安排教学内容。在“实现经济高质量发展”一级标题下，设置“一、当前中国经济高质量发展的基本情况”“二、经济高质量发展的理论内涵”“三、实现经济高质量发展面临的挑战”“四、实现经济高质量发展的基本路径和核心动力”四个二级标题。同时，将教材原有的二级标题“坚持习近平经济思想”融入“当前中国经济高质量发展的基本情况”，讲清楚习近平经济思想的理论内涵和重大意义；将“深化供给侧结构性改革”融入“实现经济高质量发展的基本路径和核心动力”，讲清楚实现经济高质量发展必须坚持以深化供

给侧结构性改革为主线；将“建设现代化经济体系”融入“实现经济高质量发展面临的挑战”，讲清楚建设现代化经济体系的重要意义和实现路径。

2. 教学目标

知识目标：使学生充分理解经济高质量发展的内涵，认识到当前中国经济从高速增长阶段转向高质量发展阶段的现实意义，把握当前制约我国经济高质量发展的困难挑战，搞清楚实现经济高质量发展的基本路径和核心动力。

能力目标：引导学生从新时代中国特色社会主义经济发展时代背景、主题主线、发展阶段、发展理念、发展格局、发展路径等一系列重大问题中看到我国经济持续健康发展的大趋势，培养学生从现象到本质、从具体到抽象的思维能力。

素质目标：培养学生树立创新意识、创新思维，将个人发展与国家发展有机结合起来，坚定对实现经济高质量发展的信心。

三、重点难点与党的二十大精神融入

1. 重点难点

教学重点：经济高质量发展的基本内涵、实现经济高质量发展的基本路径和核心动力、供给侧结构性改革的内涵。

教学难点：经济高质量发展面临的困难挑战、实现经济高质量发展的基本路径和核心动力。

2. 解决方案

利用假期组织学生开展“点”“面”结合的社会实践活动，考察中关村科技园区昌平园，选取北京瑞士诺华制药有限公司、诺和诺德（中国）制药有限公司、乐普（北京）医疗器材股份有限公司、北京康得新光电材料有限公司四家新兴企业，体验创新驱动经济高质量发展，在感性实践中点燃课堂兴趣。

根据教学内容，科学设置问题，以问题导入开启教学，组织学生讨论，由教师进行总结点评，阐明问题的理论内涵，引入教学内容，在发挥学生主体性中提升教学参与度。

3. 党的二十大精神融入

第一，结合党的二十大报告中“开辟马克思主义中国化时代化新境界”的新阐述，讲清楚只有更好地坚持运用历史唯物主义，才能不断把对中国特色社会主义规律的认识提高到新的水平，不断开辟当代中国马克思主义发展新境界；讲清楚经济高质量发展的历史性成就；讲清楚当前推进经济高质量发展存在的卡点瓶颈；讲清楚坚持问题导向和系统观念，既是辩证唯物主义的基本要求，也是突破我国经济高质量发展瓶颈的方法论。第二，结合党的二十大报告中“未来五年是全面建设社会主义现代化国家开局起步的关键时期”的新阐述，讲清楚经济高质量发展与全面建设社会主义现代化国家的逻辑关系。第三，结合党的二十大报告中“中国式现代化的中国特色和本质要求”的新概括，讲清楚中国式现代化与经济高质量发展的内在关系。第四，结合党的二十大报告中“实施科教兴国战略，强化现代化建设人才支撑”，讲清楚实现经济高质量发展的基本路径和核心动力。第五，结合党的二十大报告中“新时代新征程党的使命任务”，引导学生思考新时代青年在推进经济高质量发展中能做什么，引导学生思考教育、科技和人才的基础性支撑作用如何显现。

四、教学内容与教学安排

1. 教学过程示意图

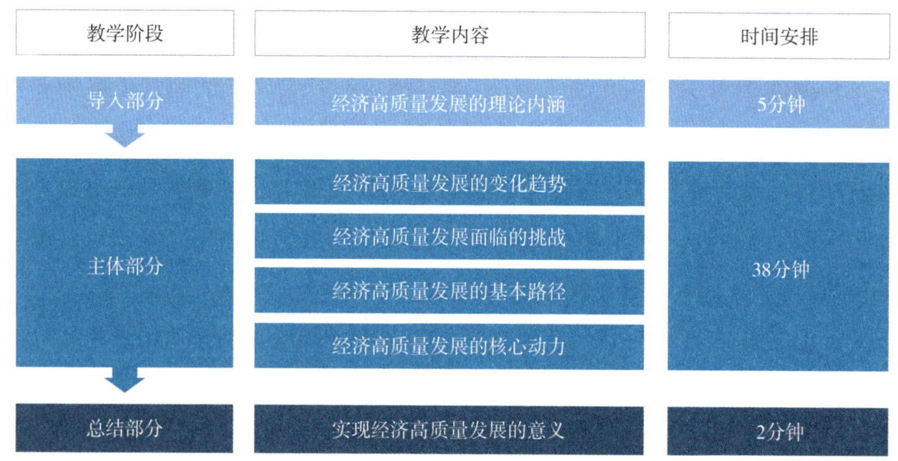

2. 教学内容及设计

教学阶段	教学内容	教学环节设计
导入	《北京高质量发展蓝皮书：北京高质量发展报告（2021）》中指出北京新经济发展的六大特征：新经济产业加快发展，北京经济活力攀升；知识型人才投资成效显著，知识密集型服务业稳步增长；新经济创新能力不断提升，自主创新亟须加强；新经济国际化成效突出，北京成为全球“独角兽之都”；从“数字化”到“数智化”跨越，数字经济成为主引擎；绿色发展势头较好，新经济成为转型升级主角。引起学生兴趣，点明本节课学习的主题。	引出本节主题，融入党的二十大报告关于十年来我国经济高质量发展重大成就的论述，激发学生学习兴趣，形成对经济高质量发展的感性认识。同时，结合经济高质量发展在京华大地的生动实践。
阶段 1：经济高质量发展的理论内涵	经济高质量发展的核心是质量第一、效益优先，背后有深厚的理论渊源。结合中国实际情况理解，经济高质量发展就是以高效率高效益生产方式为全社会持续而公平提供高质量产出的经济发展。	组织学生阅读案例材料，以北京市代表性的企业——百度和京东方为例，进行新经济企业促进北京高质量发展的案例分析。
阶段 2：经济高质量发展面临的趋势	供给体系质量的积极变化集中体现在关键要素与中间投入的质量加快提高，最终产出的质量在明显提升；供给体系效率的改善体现在资源和要素的产出效率明显提高、要素配置效率提高和经济发展效率驱动的特征更加明显；供给体系的稳定性逐步增强集中体现在经济增长稳定且有较强韧性，经济、社会与环境协调发展程度在提高。	通过对我国当前经济高质量发展成绩的分析，使学生进一步了解经济高质量发展的理论内涵。
阶段 3：经济高质量发展面临的挑战	适应高质量发展的观念转变不到位；科技创新的瓶颈突破面临很大困难和挑战；国际环境更趋复杂多变，可能影响高质量发展进程。	通过对经济高质量发展面临的挑战的分析，使学生认识到当前经济高质量发展不会一帆风顺，只有积极应对，对症下药，才能实现经济高质量发展。

续表

教学阶段	教学内容	教学环节设计
阶段 4：推动经济高质量发展的基本路径	以提高供给体系质量为主攻方向推动质量变革，以提高全要素生产率为核心推动效率变革，以科技创新和体制改革为重点推动动力变革。	引导学生思考经济高质量发展的基本路径。
阶段 5：健全新型举国体制，实现科技自立自强	以“新型举国体制，实现科技自强”为切入点，采用“以点带面”的方法，讲清楚实现经济高质量发展的基本路径和核心动力。 案例导入：1979 年，邓小平参观波音飞机生产车间。 （一）我国科技创新“卡”在哪里？ 党的二十大报告明确指出，到 2035 年我国发展的总体目标包括实现科技的自立自强，进入创新型国家行列。想要实现科技自立自强，在关键核心技术领域就不能受制于人。 1. 部分关键核心技术受制于人 案例：中兴事件、华为事件 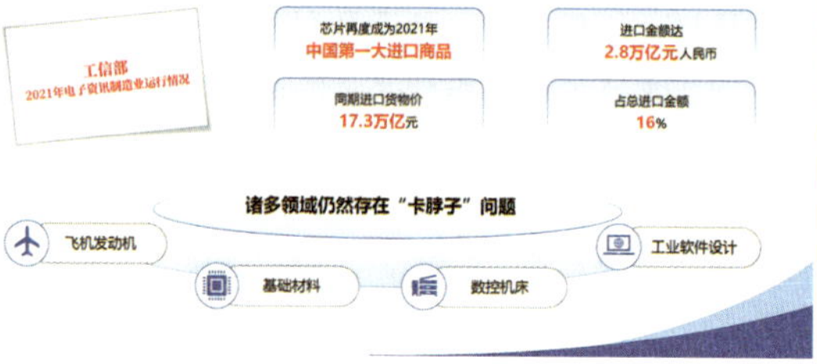 2. 对我国科技发展体制的质疑 社会上流行的关于举国体制的误解：“两弹一星模式不适用于芯片行业”“举国体制已经过时”“举国体制导致科研行政化”等。 （二）新型举国体制“行”在哪里？ 1. 传承：新型举国体制传承了党的领导政治优势、集中力量办大事的制度优势、人民至上的价值理念。 2. 创新：新型举国体制在资源配置方式上强调有效市场和有为政府的结合、强调自力更生和对外开放的结合。	融入党的二十大报告关于新型举国体制的相关论述，提出新型举国体制的概念，引导学生思考为什么新型举国体制能够解决关键核心技术“卡脖子”问题。 融入党的二十大报告中关于科技是第一生产力、创新是第一动力的重要论述，强调新型举国体制对关键核心技术攻关、实现创新驱动发展的重大意义。

续表

教学阶段	教学内容	教学环节设计
阶段5：健全新型举国体制，实现科技自立自强	传统举国体制 立足于计划经济 政治逻辑 经济逻辑 新型举国体制 立足于社会主义市场经济 举国体制 市场机制 克服无序性 盲目性 克服低效率 弱激励 有效市场 有为政府 3. 聚焦：新型举国体制聚焦关键核心技术攻关。 （三）新型举国体制“强”在哪儿？ 1. 有效应对大国竞争的时代需要； 2. 确保中华民族伟大复兴顺利实现的制度保障。	聚焦百年未有之大变局和实现第二个百年奋斗目标的角度，阐明新型举国体制的重大意义。
总结	请在“教学云平台”完成：结合暑期社会实践考察中关村科技园区昌平园的实践经历，思考经济高质量发展的根本动力是科技创新和制度创新。	通过作业，巩固理论知识，将课堂内容延续到课外，并适当提高难度，以培养学生的发散思维和自主学习能力。

3. 板书设计

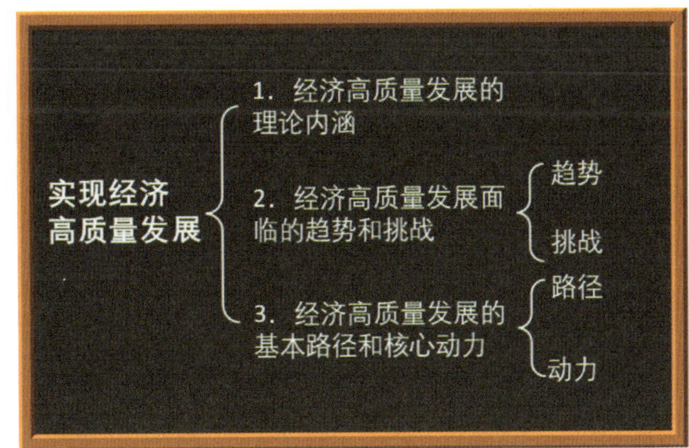

五、教学小结

1. 教学创新及其效果

选取新的教学视角。现实热点问题是激发学习兴趣的一大要素，因此选择一些热点问题进行分析，走向理论，增强代入感；同时，在对理论进行解读和梳理过程中，重在方法掌握，最终回归对实践的分析，自觉运用理论解决实践中的问题。

选取新的教学方法。设置问题链，让问题意识贯穿始终。从生活现象到科学本质的过程总是伴随着提出问题、分析问题和解决问题。一方面，教师提问、学生回答，这样的过程激发了兴趣、活跃了思维；另一方面，教师要设置情境，鼓励学生质疑、主动发现问题。同时，各个问题要环环相扣，形成问题链。

选取新的教学材料。围绕"实现经济高质量发展、加快实施创新驱动发展战略"，带领学生学习《北京高质量发展蓝皮书：北京高质量发展报告（2021）》《关于加快培育壮大新业态新模式促进北京经济高质量发展的若干意见》相关材料，组织学生到北京未来科学城相关企业和研究机构进行考察调研，结合经济高质量发展，分享学习体会。

2. 教学反思

确立学生评价的主体地位，重视学生的自我评价。比如，引导学生根据自己的认知结构、学习方式进行自我测评，结合学习指导材料，完成相关素养测试达标任务。把过程性评价与终结性评价结合起来，记录学生在课堂中参与教学的表现，检测学生完成课后作业的情况。

六、阅读文献及拓展资料

1.《高举中国特色社会主义伟大旗帜 为全面建设社会主义现代化国家而团结奋斗——在中国共产党第二十次全国代表大会上的报告》，人民出版社2022年版。

2.《习近平谈治国理政》第四卷，外文出版社2022年版。

3.《习近平新时代中国特色社会主义思想三十讲》，学习出版社 2018 年版。

4.《迈向高质量发展：战略与对策》，中国发展出版社 2018 年版。

5.《中共中央关于制定国民经济和社会发展第十四个五年规划和二〇三五年远景目标的建议》，http://www.gov.cn/zhengce/2020-11/03/content_5556991.htm。

6. 国家发展改革委经济研究所课题组：《推动经济高质量发展研究》，《宏观经济研究》2019 年 2 月 18 日。

7. 刘鹤：《加快构建以国内大循环为主体、国内国际双循环相互促进的新发展格局》，《人民日报》2020 年 11 月 25 日第 6 版。

建设社会主义文化强国

一、基本信息

【课程名称】毛泽东思想和中国特色社会主义理论体系概论

【课程性质】本科生思想政治理论课，必修，81 学时，4.5 学分

【授课对象】北京中医药大学本科二年级学生

【本讲名称】建设社会主义文化强国

【对应章节】第十章第三节

【单元学时】1 学时，45 分钟

【教师简介】蔡祎，北京中医药大学马克思主义学院讲师，荣获第十二届北京高校思想政治理论课教学基本功比赛决赛二等奖。

二、教学简介与教学目标

1. 教学简介

本章讲授的内容主要涉及三个问题：坚持马克思主义在意识形态领域指导地位的根本制度；培育和践行社会主义核心价值观；坚定文化自信，繁荣发展社会主义文化。这三个问题既环环相扣，又层层递进，是一个有机联系的统一体。

本科阶段的学生社会接触面扩大，思想意识日趋活跃，文化生活日益多元。要立足于当今信息化环境下学习的新特点，直面社会思想文化相互交织、相互渗透，学生接收信息的渠道明显增多对学生的直接影响。同时，通过前期学习，他们已经具备了一定学习思想政治理论课的基本方法和素养，能够

凭借自己积累的学习方法构建起知识体系间的框架。由于专业背景的差异，个别学生面对较为复杂的案例和价值冲突时，解释与论证相关问题的能力有待进一步提升。因此，教师应当引导学生关注历史与现实，在丰富认知经验的基础上延伸至理论层面，提升学生全面看待问题的素养和能力。

2. 教学目标

明确发展中国特色社会主义文化，必须坚持马克思主义在意识形态领域的指导地位；必须积极培育和践行社会主义核心价值观；坚定文化自信，繁荣社会主义文化等核心知识。

综合运用各种论据，辨析各种错误的文化思潮，有创见地批驳封闭僵化或改旗易帜的主张，阐明如何走中国特色社会主义文化发展道路；能够论述社会主义核心价值观体现出深刻的文化自信。

增强对中国特色社会主义文化发展道路的理解与认同，在全球视野下，针对各种思想文化的交流交融交锋，表现出强大的文化理解力和国际传播力，增强中国特色社会主义文化的自觉和自信。

三、重点难点与党的二十大精神融入

1. 重点难点

教学重点：理解马克思主义在意识形态领域指导地位的根本制度，建设具有强大凝聚力和引领力的社会主义意识形态；明确坚守中华文化立场，增强中华文明传播力影响力。

教学难点：理解讲好中国故事、传播好中国声音，展现可信、可爱、可敬的中国形象；加强国际传播能力建设，全面提升国际传播效能，形成同我国综合国力和国际地位相匹配的国际话语权。

2. 解决方案

本节课以多样化的真实情境为载体，结合我国在国际传播中的典型生动案例，引领学生分析、理解新时代中国特色社会主义文化建设的深刻内涵和重大意义，促使学生提升对坚定文化自信、建设文化强国具体方针的政治认同和信心信念，激发青年一代对于国家形象塑造的使命担当。

3. 党的二十大精神融入

党的二十大报告指出，全面建设社会主义现代化国家，必须坚持中国特色社会主义文化发展道路，增强文化自信，围绕举旗帜、聚民心、育新人、兴文化、展形象建设社会主义文化强国。

本节课重点讲解“讲好中国故事，展现中国形象”等重要思想。教师通过丰富生动的素材，引导学生关注国家发展的重要成就和社会生活的重大变革，分析学理依据。同时，引导学生从理论和实践两个层面加深对党的二十大报告指出的推进文化自信自强，铸就社会主义文化新辉煌，特别是讲好中国故事的理解。

四、教学内容与教学安排

1. 教学过程示意图

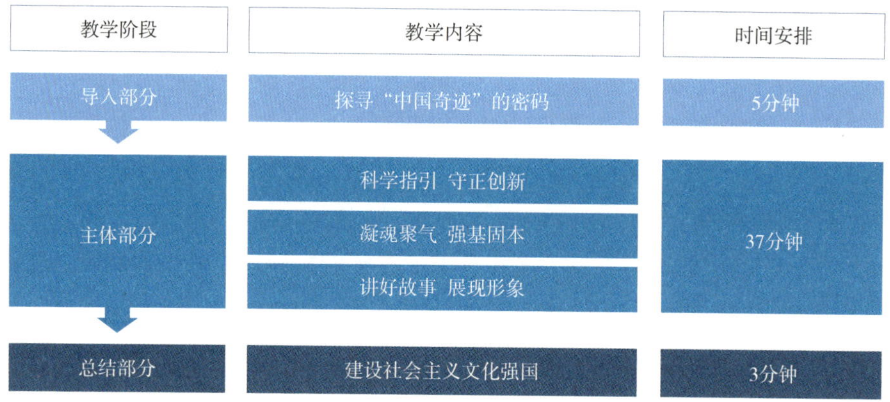

2. 教学内容及设计

教学阶段	教学内容	教学环节设计
导入	案例：第二届“读懂中国”国际会议的外方代表齐聚一堂，期待从权威声音中探寻“中国奇迹”的密码。从经济、政治、文化软实力、综合国力等角度进行探讨。	通过案例，引导学生思考，激发学生兴趣，促使学生进入学习主题。
阶段 1：坚持马克思主义在意识形态领域指导地位的根本制度	【环节一】马克思主义为党和人民事业发展提供了科学理论指导 情境介绍，马克思铜像在德国特里尔市中心的西蒙教堂广场揭幕。引导学生思考：为什么中国人民对马克思有如此的敬意? 教师全面介绍如何加强马克思主义的指导地位。 【环节二】旗帜鲜明反对西方所谓的“普世价值” 播放“《这就是中国》第 13 集：普世价值话语的四重困境”片段，引导学生思考是否存在自由、民主、人权等西方所谓的“普世价值”。	设置具有思辨性的问题，引导学生思考“马克思主义深刻改变了中国，中国也极大丰富了马克思主义”背后的历史逻辑、理论逻辑、实践逻辑，深入思考马克思主义对中国发展的重大意义。
阶段 2：培育社会主义核心价值观，繁荣发展社会主义文化	【环节一】凝魂聚气、强基固本的基础工程 在五四青年节即将到来之际，习近平总书记到中国人民大学考察调研，观摩思政课智慧教室现场教学。由此引导学生思考培育社会主义核心价值观的途径。通过典型实例：灭人之国，必先去其史，引导学生明确培育社会主义核心价值观要立足中华优秀传统文化和革命文化；在当代，还要发扬中国人民在长期奋斗中培育、继承、发展起来的伟大民族精神：伟大创造精神、伟大奋斗精神、伟大团结精神、伟大梦想精神。 【环节二】繁荣发展社会主义文化 案例：国家大剧院演出的大凉山交响音乐会。东莞图书馆为在外务工的湖北农民工带来心灵的慰藉。思考提升公共文化服务水平的必要性。 数据：党的十八大以来，我国文化产值占 GDP 的比重变化，思考发展文化事业和文化产业的重要意义。	通过具体事例，引导学生分析发展社会主义文化的具体路径和方式；通过翔实的数据，引导学生全面认识新时代中国特色社会主义文化发展的重要成就，增强文化自信，提升对发展社会主义文化的认同和情感。

续表

教学阶段	教学内容	教学环节设计
阶段3：讲好中国故事，展现可信可爱可敬的中国形象	【环节一】为什么要讲好中国故事 引入案例，呈现情境：提到朋友，你会想到什么？“朋友，是你值得信赖的人，这个人值得尊敬。”这是来自汉森·尼克的回答。设置悬念，激发学生思考这是一位怎样的朋友。进一步介绍，汉森·尼克口中的朋友是广西乍洞村的第一书记——谢万举。一句“朋友”，体现出这位外籍扶贫志愿者对这片土地和这里人民的热爱，展示出他对中国精准扶贫之路的认同，也为我们讲述着真实生动的中国故事。 引导学生思考讲好中国故事的必要性，当代中国，江山壮丽，人民豪迈，前程远大。与之相对应的，形成同我国综合国力和国际地位相匹配的国际话语权至关重要。 情境展示：《纽约时报》在同一天分别报道了中国和意大利的疫情隔离措施，话语策略却截然相反。引导学生理解：在西方霸权政治和利益集团的裹挟和绑架之下，国际社会和外国民众对我们的误解也不少，一些西方媒体仍然在“唱衰”中国、“诋毁”中国。 讲好中国故事第二个重要原因是回击恶意歪曲和抹黑。只有我们敢于斗争，善于斗争，加强学理支撑，积极主动发声，将真实故事不断注入国际信息库，才能让外部世界了解我们，让正确的声音响亮起来。	以“朋友”作为本环节的开篇，激发学生兴趣，引导学生思考中国人与外国人、中国同国际社会深入交往的文化原因，以及讲好中国故事的必要性。
	【环节二】讲好什么中国故事 中国特色社会主义的伟大实践，使我们从来不缺少好故事——战贫困、促改革、抗疫情、化风险，都是讲好中国故事最丰富、最生动、最真实的素材。 引用《习近平谈治国理政》外文版翻译李博瀚的话，引导学生思考《习近平谈治国理政》发行外文版的意义。结论：讲好中国故事，必须主动宣介新时代中国特色社会主义思想。 透过典型事例，深刻体会如何向外国人宣介中国共产党的初心和使命。明确讲好中国故事，必须讲好中国共产党治国理政的故事。	通过多样化的实例，引导学生综合性、多角度地认知要讲好什么样的中国故事。选取材料典型鲜活，现实意义强，学生会比较感兴趣，也能激发学生更多的思考，从而在理论与实践中理解讲好中国故事的内容和意义。

续表

教学阶段	教学内容	教学环节设计
阶段3：讲好中国故事，展现可信可爱可敬的中国形象	【环节三】讲好中国故事，展现中国形象 介绍考古纪录片《何以中国》和中华文明探源工程。学生从中联想到，中华文化是世界上唯一一个历经5000多年而从未间断的文化。由此，引导学生深入理解，可信的中国形象源于强大的文化自信和文化自觉。 “一带一路”倡议下，一个在柬埔寨通过卖货补贴家用的男孩沙利获得了免费来华求学的机会。通过以小见大的故事，展示“一带一路”惠及世界，彰显了开放发展的中国对世界各国意味着机遇。	综合运用各种事例，引导学生分析通过讲好中国故事，展现可信、可爱、可敬的中国形象。
总结	综合以上内容，首尾呼应，再次关注一组“朋友”的故事：刘迪波同夏季奥林匹克项目国际单项体育联合会主席弗朗西斯科·里奇·比蒂结下深厚的友谊，并许下了四年后米兰冬奥会再相见的冰雪之约。借助案例，思考当今中国的变化，深入理解可信、可爱、可敬的形象，这也是青年人奋斗的目标。 围绕新思想在京华大地的生动实践布置小组探究、观看纪录片等课后任务，准确、全面、真实地把握学生在本节课所学内容的掌握程度及存在的问题。 （1）小组探究：近年来，北京中轴线申遗驶入了“快车道”。梁思成先生称赞北京中轴线：“北京独有的壮美秩序就由这条中轴的建立而产生。前后起伏、左右对称的体形或空间分配都是以中轴线为依据的。气魄之雄伟就在这个南北引伸、一贯到底的规模。”搜集资料并思考：北京中轴线申遗对于讲好中国故事的意义。 （2）2022年9月，中英双语系列国际传播微纪录片《京味》正式发布。观看纪录片，谈谈新时代的首都如何加强文化建设，讲好最新最美最好北京故事。	引导学生进行课堂小结：向世界讲好中国故事，原因在于阐释我们是谁、我们要做什么；主题内容需要聚焦中国共产党、领袖、国家、人民、民族；目标要求是让世界信任中国、喜爱中国、敬重中国。

3. 板书设计

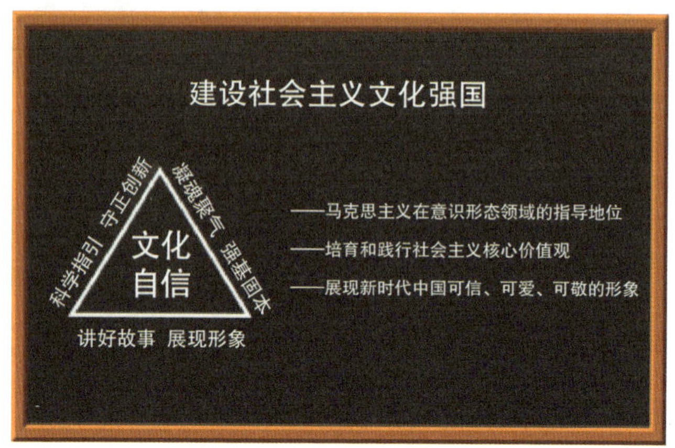

五、教学小结

1. 教学创新及其效果

本节课重点围绕讲好中国故事，选取新颖生动的情境和鲜活丰富的素材，激发学生兴趣。结合外界观察中国的感知，引导学生立体而全面地感悟可信、可爱、可敬的中国形象，提升价值判断力，增进政治认同，强化使命担当。

本节课充分体现习近平新时代中国特色社会主义思想在京华大地的生动实践，有机融入北京冬奥会、北京中轴线等要素，回应学生关注。利用社会大课堂，讲好“大思政课”，将学生的亲身体验和切身感受作为教学设计的起点。学生置身其中，感悟首都发展取得的成就，感受思想伟力与时代强音，有效引导学生做到知行合一。

2. 教学反思

由于本节课所涉及的教学内容容量比较大，有些问题没有给予学生充分的时间思考。因此，教学设计和授课时都应体现出学生的主体地位，给予学生一定的内化时间。

六、阅读文献及拓展资料

1.《高举中国特色社会主义伟大旗帜 为全面建设社会主义现代化国家而团结奋斗——在中国共产党第二十次全国代表大会上的报告》，人民出版社2022年版。

2.《习近平谈治国理政》第四卷，外文出版社2022年版。

3.《中共中央关于党的百年奋斗重大成就和历史经验的决议》，人民出版社2021年版。

从资本逻辑下的贫困悖论看中国式现代化的优势

一、基本信息

【课程名称】马克思主义基本原理

【课程性质】本科生思想政治理论课，必修，48 学时，3 学分

【授课对象】北京航空航天大学本科二年级学生

【本讲名称】从资本逻辑下的贫困悖论看中国式现代化的优势

【对应章节】第四章第二节

【单元学时】1 学时，50 分钟

【教师简介】田磊，北京航空航天大学马克思主义学院讲师，荣获第十二届北京高校思想政治理论课教学基本功比赛决赛特等奖。

二、教学简介与教学目标

1. 教学简介

本单元对资本主义基本矛盾包括贫困悖论在内的各种表现所作的分析是政治经济学的重要结论，承接了第四章第一节“商品经济和价值规律”，是用劳动价值论具体研究资本主义生产方式的理论结果；同时，正是因为资本主义存在诸多难以解决的悖论，资本主义必然灭亡、共产主义必然实现的论断具有强大的科学性，因此本单元的内容构成了第五章“资本主义的发展及其趋势”特别是第三节“资本主义的历史地位和发展趋势”、第六章“社会主义的发展及其规律”特别是第二节“科学社会主义基本原则”，以及第七章“共产主义崇高理想及其最终实现”特别是第二节“实现共产主义是历史发展的必然趋势”的理论前提。

2. 教学目标

知识目标：帮助学生了解资本主义基本矛盾的内涵，不再只是对教材所作概括的机械背诵，而是做到明晰基本矛盾的外在表现、内在逻辑和深层根源；掌握资本逻辑产生资本主义基本矛盾的具体机制，从而理解基本矛盾的“基本”二字背后蕴含的深刻内涵，认识到只要存在资本的生产关系，就一定会产生出对应的基本矛盾；了解资本逻辑下“悖论性贫困”的特征和产生原因，通过西方以资本为中心与中国以人民为中心的两条发展道路的比较，认识到中国式现代化如何克服悖论性贫困，超越资本主义的历史局限性。

素质目标：通过从现象到本质的层层剖析，使学生理解马克思主义理论透过现象看本质的方法，在未来的学习生活中自觉分辨出单纯用现象来解释现象的庸俗理论，从而避免受到错误理论的影响；培养学生在阅读马克思主义经典文本的基础上，进一步整理和分析其中的重要概念和思想的能力；将马克思主义基本原理与习近平总书记相关论述相印证，促使学生认识到为什么习近平新时代中国特色社会主义思想是21世纪的马克思主义。

能力目标：通过对西方国家二战以来消除相对贫困面临失败的问题以及对中国当下存在的“躺平”“反内卷”等现象进行理论分析，培养学生用马克思主义基本原理认识和分析国内外现实的能力，认识到运用历史唯物主义和马克思主义政治经济学认识世界的重要意义；通过学习习近平总书记对中国式现代化和共同富裕的论述，引导学生掌握将马克思主义基本原理与中国现实相结合的能力。

三、重点难点与党的二十大精神融入

1. 重点难点

知识重点：什么是贫困悖论，资本逻辑和贫困悖论的成因，库兹涅茨曲线的问题，中国式现代化的特征。

理论难点：为什么技术的进步在资本逻辑之下反而会导致贫困加剧，资本逻辑导致贫困悖论的具体理路，资本主义为什么不能通过不断做大蛋糕来实现共同富裕，“躺平”“反内卷”等现象和观念如何消除。

2. 解决方案

通过案例将贫困悖论的问题引入课程，以案例教学法、经典文献阅读法、讲读式教学法和互动式教学法相结合的方式，为学生阐明贫困悖论的内在生成路径，理解资本主义基本矛盾的必然性，从而理解资本主义必然灭亡和共产主义必然实现的科学性。

3. 党的二十大精神融入

党的二十大报告指出："中国式现代化是全体人民共同富裕的现代化。"与中国式现代化不同，西方式现代化存在着贫困悖论问题，即技术进步本应消除贫困，但资本主义下的技术进步不仅不能消除绝对贫困和相对贫困，反而会强化劳动者的贫困状况。这一悖论是以利润为中心的资本逻辑导致的必然结果，只要资本家还在追逐利润，贫困悖论就无法得到解决。与以资本为中心的西方式现代化道路不同，中国式现代化以人民为中心，通过党的领导克服了资本逻辑的局限性，因此可以"着力维护和促进社会公平正义，着力促进全体人民共同富裕，坚决防止两极分化"。通过对贫困悖论及其根源的分析，帮助同学们具体地认识资本主义的局限，从而更好地理解社会主义的优越性和中国式现代化道路的优越性。

四、教学内容与教学安排

1. 教学过程示意图

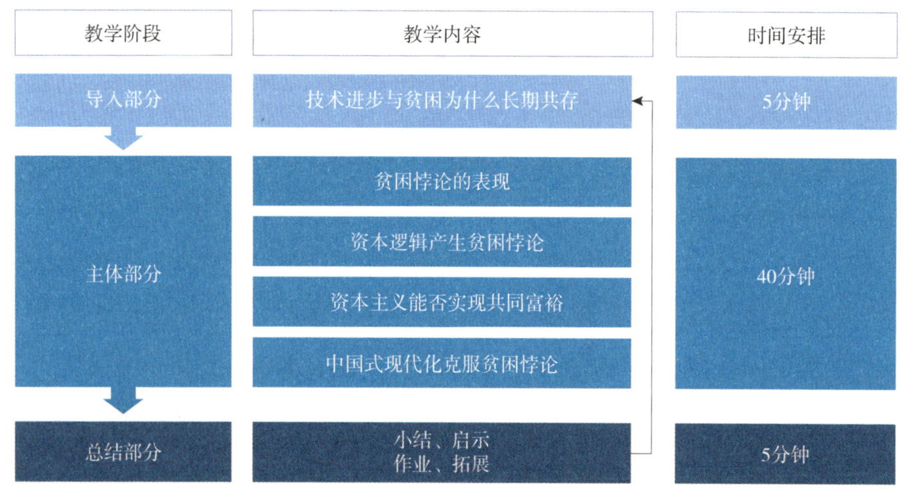

2. 教学内容及设计

教学阶段	教学内容	教学环节设计
导入	通过单选题导入技术进步与贫困长期共存的话题，引导学生追溯原因。 单选题 起初：20个工人，每日工作8小时。 现在：技术进步，生产效率提高为原来的2倍。 问：应用新技术后，每个工人每日工作几小时？ A 缩短工作日，每日工作4小时　B 不变，还是8小时 C 介于4小时和8小时之间　D 以上答案都不对	【情景模拟案例分析】 引发学生兴趣，引导他们思考选 D 的原因。
阶段 1：贫困悖论的表现	资本主义生产方式的革命性突出体现在极大地发展了社会生产力，社会生产力的发展本来应该意味着人民群众生活水平的提高和贫富差距的缩小（消除绝对贫困和相对贫困），资本主义几百年的历史却是生产力发展与普遍贫困共存的历史。 针对此，许多学者感受到巨大的疑惑，如美国社会学家亨利·乔治所著《进步与贫困》提出了“贫困悖论”，即资本主义国家实现了如此之多的技术进步，为什么普遍贫困（绝对贫困与相对贫困）问题却没有得到解决，甚至愈演愈烈了？	【用反差强化印象】 初看《进步与贫困》，想到的应该是进步如何消灭贫困，作者实际上思考的问题却是进步与贫困为何长期并存。
阶段 2：资本逻辑的内涵和贫困悖论的根源	1. 资本逻辑 马克思主义政治经济学从资本家生产的目的出发来破解这一难题：资本家生产的目的是获得利润，以工人为代表的劳动者的劳动时间延长、劳动强度提高对于获取利润来说是有利的，而劳动者收入的提高对于获取利润来说是不利的，因此资本家天然倾向于增加劳动负担并压低劳动收入，这就是资本逻辑的体现。	【对话式教学】 通过提出利润如何计算、如何提高收入、如何压低成本等问题，引导学生自己推导资本逻辑的结果。

续表

教学阶段	教学内容	教学环节设计
阶段 2：资本逻辑的内涵和贫困悖论的根源	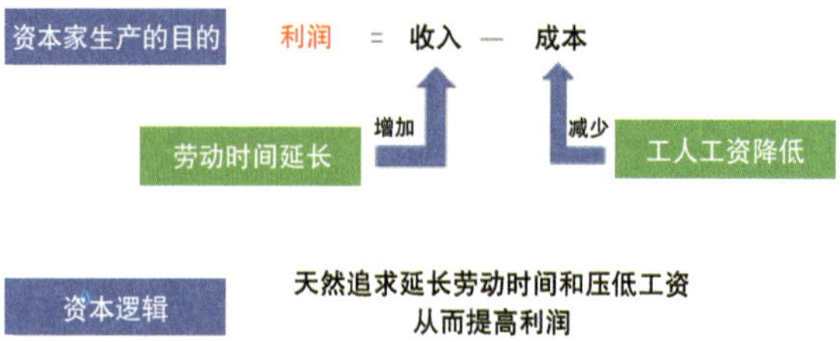 资本家生产的目的　利润 = 收入 — 成本 劳动时间延长　增加　减少　工人工资降低 资本逻辑　天然追求延长劳动时间和压低工资从而提高利润 2. 资本逻辑导致贫困悖论 在这一逻辑主导下，生产力的提高带来的直接结果不是劳动者收入份额的增加，而是劳动者失业的增加、劳动者之间竞争的加剧和劳动负担的加重，最终提高资本的利润率。  生产力提高 ⇨ 工人失业增加 ⇨ 工人竞争加剧 ⇨ 工资下降 劳动时间延长 ⇨ 利润率提高 对此，马克思指出："工人阶级的一部分从事过度劳动迫使它的另一部分无事可做，反过来，它的一部分无事可做迫使它的另一部分从事过度劳动，这成了各个资本家致富的手段。"① 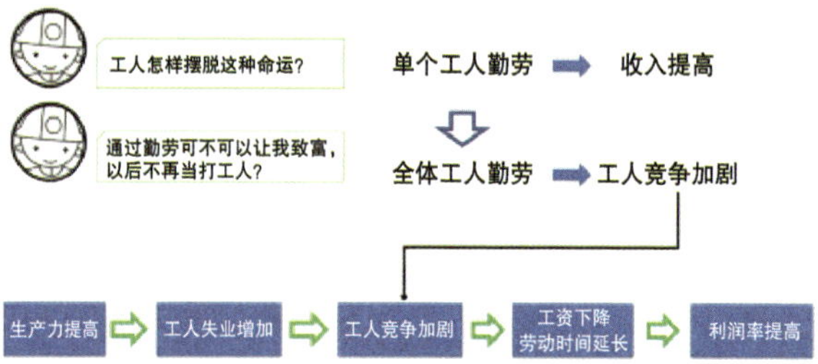 工人怎样摆脱这种命运？ 通过勤劳可不可以让我致富，以后不再当打工人？ 单个工人勤劳 → 收入提高 全体工人勤劳 → 工人竞争加剧 生产力提高 ⇨ 工人失业增加 ⇨ 工人竞争加剧 ⇨ 工资下降 劳动时间延长 ⇨ 利润率提高 在这种情况之下，工人通过勤劳也难以真正致富，因为一旦工人普遍变得更加勤劳，就相当于工人间内部竞争加剧，最终不仅不会提高整体收入，反而可能会扩大贫富的差距。	【逻辑推理】 用逻辑图说明资本逻辑导致贫困悖论的具体理路。 【情景模拟】 模拟劳动者试图找出打破贫困悖论的方法，并分析其结果。 【本质抽象法】 从具体理路上升到本质规律。

① 《资本论》第一卷，人民出版社 2004 年版，第 733 页。

续表

教学阶段	教学内容	教学环节设计
阶段 2：资本逻辑的内涵和贫困悖论的根源	根源：资本主义生产关系 可见，资本逻辑下以工人阶级为代表的劳动者面对的贫困境遇与以往社会形式中有明显不同，工人阶级的贫困表现为越勤劳却越贫困，越勤劳收入差距却越大。它的根源就是资本逻辑，就是资本主义的生产关系。“只有在以资本为基础的生产方式下，赤贫才表现为劳动自身的结果，表现为劳动生产力发展的结果。”[①] 结论：不消除资本关系，不消灭资本逻辑，贫困悖论就不可能得到解决，生产力发展和贫困普遍存在的悖论就无法克服。	
阶段 3：资本主义国家能否实现共同富裕	反方观点：资本主义也可以共同富裕 一些西方经济学家不同意马克思主义的这个结论，以二战后 30 年西方资本主义国家的发展来说明资本主义也可以成功消除绝对贫困和相对贫困，最终实现共同富裕。 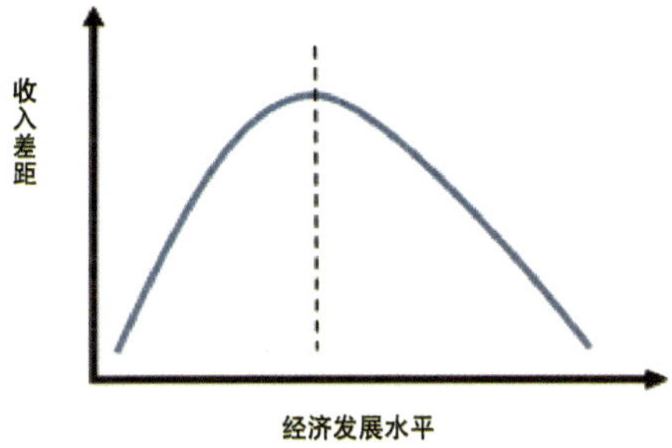 【案例】库兹涅茨曲线 20 世纪 80 年代以来，以美国为代表的资本主义国家又重新出现贫富分化的拉大，到今天已经达到了令人瞠目的水平，这恰恰说明二战后的短暂时期只是资本主义历史长河中的偶然片段，两极分化不断扩大才是其整体性趋势，资本主义不可能实现共同富裕。	【观点辨析法】 用不同于马克思主义理论的经济理论与马克思主义比较，让学生自行感受优劣。

① 《马克思恩格斯全集》第 30 卷，人民出版社 1995 年版，第 608 页。

续表

教学阶段	教学内容	教学环节设计
阶段 4：中国式现代化克服贫困悖论	中国现实：利用资本不得不面对的问题 习近平总书记在 2021 年中央经济工作会议上指出："社会主义市场经济中必然会有各种形态的资本，要发挥资本……的积极作用，同时有效控制其消极作用。"这说明了中国利用资本建设社会主义，也不得不面对资本的消极作用带来的问题，其中就包括贫困悖论。 【投票】你怎样看待"躺平""反内卷"现象？ 针对资本逻辑导致的问题，习近平总书记指出："要防止社会阶层固化，畅通向上流动通道，给更多人创造致富机会，形成人人参与的发展环境，避免'内卷''躺平'。"① 中国式现代化克服贫困悖论 党的二十大报告指出，中国式现代化是共同富裕的现代化。西方式的现代化是在资本逻辑主导下，一切以资本为中心，生产力提高最终导致的是劳动者收入份额的下降和劳动负担的加重；中国式现代化则以人民为中心，生产力提高会同时促进物质文明和精神文明的发展，实现人民群众的双重富裕。	【投票环节】 通过投票了解学生对"躺平""反内卷"的态度，进一步激发其学习热情。 中国式现代化与西方式现代化的对比。
总结	本单元以贫困悖论为例说明资本主义基本矛盾的表现，并追溯其根源。通过对案例的分析和逻辑推理得出结论：资本逻辑主导下，不可能克服贫困悖论。 将中国式现代化与西方式现代化进行比较可以看到，以习近平总书记为代表的党中央一直坚持走中国特色社会主义道路，在扎实推进共同富裕、防止资本无序扩张等方面取得了一系列成绩，这对于解决中国当前面临的问题有重大意义。 思考题： 有观点认为，《劳动保护法》等对劳动者的保障提高了企业的经营成本，不利于中国经济发展。中国经济如果想回到高速发展阶段，必须取消《劳动保护法》。请问你如何看待这种观点？	通过回顾课程，强化学生对结论的理解。 温故知新，留下引发学生思考的问题。

① 《扎实推动共同富裕》，《求是》2021 年第 20 期。

续表

教学阶段	教学内容	教学环节设计
总结	实践活动： 资本进行技术创新的目的是更好地盈利，因此当新技术的成本大于带来的收益时，资本就不愿意进行创新，就会导致：（1）许多新技术在初期由于缺乏投入而难以快速发展，迟迟不能市场化；（2）一些新技术本已经可以投入应用，但由于企业的垄断地位或劳动力工资过低，导致新技术的使用无利可图，因此被束之高阁。请结合专业背景，搜集一个相关案例。	通过实践活动帮助学生复习课程内容。

3. 板书设计

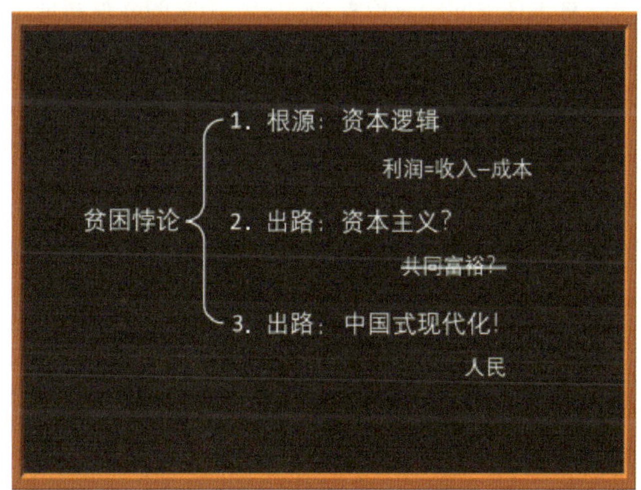

五、教学小结

1. 教学创新及其效果

授课过程中使用雨课堂等教学工具，通过选择题、投票等形式实现对话式、启发式等教学方法，让学生的精力时刻集中在课程内容上，教师和学生共同成为课堂的主体，实现高质量的教学。

（1）用选择题引入课程的话题，利用反常识的答案激发学生的学习热情，促进学生思考，奠定整个课程的良好开端；

（2）在正面讲述课程的过程中，使用对话式教学法，充分与学生交流互动，引导学生自己得出符合马克思主义政治经济学的分析范式和理论结论，增加课程内容的说服力；

（3）基本原理的讲述结合学生身边现实，用“躺平”“内卷”等话题引发学生共鸣和思考，通过投票等方式了解学生观点分布，并加强学生参与感。

2. 教学反思

课程开头的单选题正确率很低，讲解背后道理后应该询问几名选其他选项的学生是否认可教师的解释。

由于时间限制，对资本主义无法实现共同富裕的阐释不够充分。有学生可能会提出，发达国家通过福利等手段提高公民生活水平，能否看作共同富裕的实现途径。对于这个问题应该看到，发达国家的高福利是建立在自身与发展中国家的不平等交换基础上的。

六、阅读文献及拓展资料

1.《高举中国特色社会主义伟大旗帜 为全面建设社会主义现代化国家而团结奋斗——在中国共产党第二十次全国代表大会上的报告》，人民出版社2022年版。

2.《扎实推动共同富裕》，《求是》2021年第20期。

3.《资本论》第一卷，人民出版社2004年版。

4. [英]大卫·哈维：《资本社会的17个矛盾》，中信出版社2016年版。

5. [美]亨利·乔治：《进步与贫困》，商务印书馆2021年版。

6. 王峰明：《悖论性贫困：无产阶级贫困的实质与根源》，《马克思主义研究》2016年第6期。

资本主义经济危机的实质与根源

一、基本信息

【课程名称】马克思主义基本原理

【课程性质】本科生思想政治理论课，必修，32 学时，3 学分

【授课对象】北京师范大学本科二年级学生

【本讲名称】资本主义经济危机的实质与根源

【对应章节】第四章第二节

【单元学时】1 学时，50 分钟

【教师简介】王丹，北京师范大学马克思主义学院副教授，荣获第十二届北京高校思想政治理论课教学基本功比赛决赛二等奖。

二、教学简介与教学目标

1. 教学简介

本节内容是政治经济学说的核心内容，是劳动价值理论和剩余价值理论的逻辑结论与现实体现，为我们准确理解资本主义经济制度的本质、把握资本主义的发展趋势提供基本理论依据。

本教学设计紧紧围绕资本主义经济危机的特征、实质及经济危机与资本主义基本矛盾的内在关系展开，旨在引导学生深刻理解资本主义基本矛盾与经济危机理论，并运用相应理论正确审视资本主义的发展历史和现实，坚定资本主义必然灭亡、社会主义必然胜利的理想信念。

2. 教学目标

知识目标：一是深化对社会化生产理论、剩余价值理论、资本主义经济危机理论等马克思主义政治经济学核心内容的认识，掌握批判资本主义历史和现实、预见未来的科学方法；二是深化对资本主义经济危机的特征、实质、根源的认识，系统把握资本主义基本矛盾的内涵、表现和实质；三是深化对资本主义基本矛盾与经济危机辩证关系的认识，明确资本主义基本矛盾作用下经济危机爆发的必然性和规律性及资本主义必然灭亡、社会主义必然胜利的历史趋势。

能力目标：一是坚持知识性和价值性相统一，深化对马克思主义“行”、马克思主义没有过时的认知；二是坚持批判性和建设性相统一，深刻认识资本主义被社会主义所取代的历史必然性。

素质目标：一是能够把握资本主义经济危机的特征、实质及经济危机频繁发生的根本原因；二是坚定中国特色社会主义制度自信，坚决拥护党对经济工作的全面领导。

三、重点难点与党的二十大精神融入

1. 重点难点

阐释资本主义基本矛盾与经济危机之间的关系，分析发生于虚拟经济领域的现代金融危机与发生于实体经济领域的传统经济危机的根本原因是否相同，探讨马克思对资本主义基本矛盾与经济危机的分析是否过时。

2. 解决方案

阐明资本主义经济危机是资本主义基本矛盾作用结果的道理、学理、哲理，系统把握社会化生产过程中资本主义经济运行的特点和规律。运用劳动价值理论、剩余价值理论、资本主义经济危机理论考察资本主义经济发展历史及资本主义制度，体现马克思主义政治经济学说的科学性和真理性。

3. 党的二十大精神融入

党的二十大报告第三部分庄严宣告了“新时代新征程中国共产党的中心任务”，是“以中国式现代化全面推进中华民族伟大复兴”。引导学生认识到，这项任务绝对不是轻轻松松敲锣打鼓就能实现的。全面建设社会主义现代化国家，是一项伟大而艰巨的事业，前途光明，任重道远。

四、教学内容与教学安排

1. 教学过程示意图

2. 教学内容及设计

教学阶段	教学内容	教学环节设计
导入	以党的二十大报告提出新时代党的中心任务导入，以小概率难预测的“黑天鹅”事件和大概率可预测的“灰犀牛”事件为切入点。并结合世界银行报告，引导学生认识到周期性爆发的经济危机本身就是一头“灰犀牛”。	引发学生思考：什么是经济危机，它为什么会发生？传统的经济危机与现代金融危机根源是否相同？马克思的经济危机理论是否过时？

续表

教学阶段	教学内容	教学环节设计
阶段 1：资本主义经济危机的特征与实质	一、资本主义经济危机的特征 每当资本主义发展到一定阶段，就会出现经济危机。生产过剩是资本主义经济危机的本质特征。 示例 1：2008 年，美国爆发了次贷危机，并迅速演变为席卷全球的金融风暴，成为大萧条以来最为严重的全球性经济灾难，这场危机导致 158 岁的雷曼兄弟破产。2009 年 11 月，美国政府发布报告说，1/7 的美国人难以吃饱饭，超过 1/3 的人有时会挨饿，这是 1995 年美国实行食品保障报告制度以来的最高比例。① 示例 2：1929—1933 年的资本主义大萧条，开始于美国并迅速蔓延，给资本主义工业化国家以重创，是二战爆发的一个重要原因。其间，大量工厂关闭，工人失业贫困，失业工人排队领取面包，农场主却销毁过剩牛奶。 引导学生思辨，资本主义的生产过剩是绝对过剩还是相对过剩？ 二、资本主义经济危机的实质 【经典导学】列宁指出：“经济危机是什么？是生产过剩，生产的商品不能实现，找不到需求。”	结合资本主义两次典型的经济危机对比，使学生了解资本主义经济危机的特征。 通过案例分析，阐明资本主义生产过剩是整个社会生产相对于最广大劳动人民的购买力不足的过剩。生产相对过剩是资本主义经济危机的实质。
阶段 2：资本主义经济危机的根源	一、从货币职能分析经济危机产生形式上的可能 马克思认为商品内在二重性矛盾可能会引发生产过剩，进而导致经济危机。商品是使用价值和价值的矛盾统一体。随着货币的产生，以货币为媒介的商品交换代替了物物交换，商品的使用价值与价值分离，商品与货币形成对立，商品价值和使用价值的矛盾就转变为商品和货币之间的矛盾。货币作为交易媒介发挥流通手段和支付手段两种重要职能。 1. 货币流通手段与生产过剩。货币的流通手段使商品交换在时间和空间上分离，出现只卖不买，比如，商品生产者 A 在卖出自己的商品后，没有紧接着购买商品生产者 B 的商品，商品生产者 B 的商品就会出现生产过剩，蕴藏着危机。	从货币两种职能切入，分析资本主义经济危机产生形式上的可能。

① 《七分之一美国人吃饭难》，《中国青年报》2009 年 11 月 26 日。

续表

教学阶段	教学内容	教学环节设计
阶段 2：资本主义经济危机的根源	2. 货币支付手段与生产过剩。货币的支付手段形成商品的债权与债务链条，商品经济条件下，需要消费但没有支付能力的人，必须采取赊购赊销的方式使得交易暂时进行。但是，一旦赊账不能收回、借贷不能按时偿还，以这笔债务为转移的一系列相互交易和债务链条都不能结算，信用关系便不能维持，进而导致商品生产的过剩，产生危机。 二、资本主义基本矛盾的内涵、表现及实质 马克思认为资本主义基本矛盾包含着现代的一切冲突的萌芽，即资本主义基本矛盾决定危机发生的必然。 1. 资本主义基本矛盾的内涵。一是从生产社会化来看，在资本主义条件下，追逐利润是资本家的本性，为了实现利润的无限扩大，就要不断改进技术，共同使用生产资料，加强生产过程的分工协作，使生产建立在分工与协作基础上的机器大工业之上，从而推动资本主义生产力的不断发展，促使生产社会化程度的提高；二是从生产资料资本主义私人占有来看，在生产资料被少部分资本家占有的前提下，资本家不但拥有生产资料的所有权，而且拥有对雇佣劳动者的支配权，并凭借这种所有权和支配权实现对全部劳动产品的占有和支配。结合两个方面的分析，资本主义越发展，科学技术以至社会生产力越发展，生产社会化的程度越高，生产资料及劳动成果越集中在少数资本家，广大劳动人民的消费能力受到抑制，全社会生产和消费背离，形成生产过剩，导致经济危机。 2. 资本主义基本矛盾的表现。一是生产无限扩大的趋势与劳动人民有支付能力的需求相对缩小的矛盾；二是单个企业内部生产的有组织性和整个社会生产的无政府状态之间的矛盾。可以从生产和消费两个角度分析：从生产角度看，生产剩余价值或赚钱是资本主义生产方式的绝对规律，为了追求利润，单个的资本主义企业的生产越来越表现为有秩序、有计划、有组织，但是，生产资料资本主义私人占有制决定了这种有秩序、有计划、有组织的生产只能在资本主义企业内部实现。在资本主义私有制条件下，	从生产社会化和生产资料私有制两个维度分析资本主义基本矛盾何以形成及其与经济危机的内在关系。

续表

<table>
<tr><th>教学阶段</th><th>教学内容</th><th>教学环节设计</th></tr>
<tr><td>阶段 2：资本主义经济危机的根源</td><td>资本家都是以个体为单位进行疯狂的资本逐利。从消费角度看，由于资本家竭尽所能地榨取工人的剩余价值以获取超额利润致使工人收入增长受到限制，进而制约社会消费，形成社会生产无序扩大和劳动人民有支付能力需求之间的矛盾。
案例：大萧条前美国的生产和消费 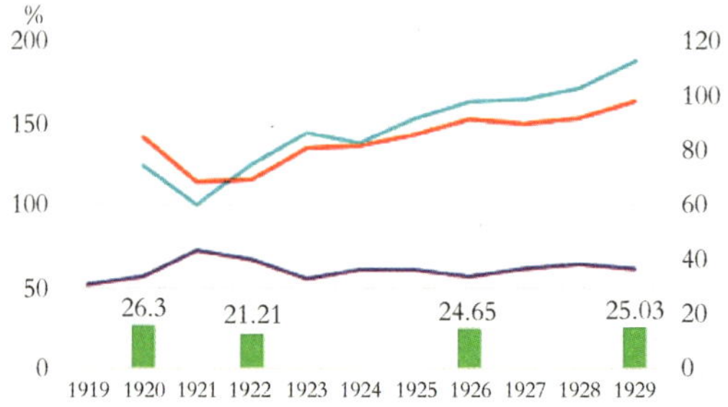
1919—1929 年美国国民总产值、工业生产率、贫困率的变化
工人周平均工资(美元) 贫困率 工业生产率(1913年基准) 国民总产值(十亿美元)
资料来源：《剑桥美国经济史（第三卷）》，第 209 页．《近百年美国经济史》，第 318 页、671 页
案例：2008 年金融危机
据统计，以金融衍生品为形式的各种技术性金融工具演变到 2007 年底已达到 597 万亿美元，其基础性价值却仅有 14 万亿美元，[①] 在金融扩张、信贷放大的加持下，美国企业生产高歌猛进。与此同时，美国工人的实际工资增长几乎停滞，2017 年 10 月，美国最有影响力的思想库布鲁金斯学会发布的一份报告显示，1973 年至 2016 年剔除通胀因素，美国工人实际收入年均增长 0.2 个百分点，[②] 这说明工人有支付能力的需求是不足的。</td><td>结合经典案例分析资本主义基本矛盾的具体作用表现。</td></tr>
</table>

① 希勒尔・蒂克廷：《关于资本主义不稳定性和当前危机的马克思主义政治经济分析》，《马克思主义与现实》2009 年第 3 期，第 186—192 页。

② 《贫富差距拉大凸显美国社会不公》，《人民日报》2017 年 10 月 12 日第 21 版。

续表

教学阶段	教学内容	教学环节设计
阶段 2：资本主义经济危机的根源	结论一：发生于虚拟经济领域的现代金融危机和发生于实体经济领域的传统经济危机根源一致。现代金融危机的根本原因仍然是资本主义基本矛盾所引发的生产相对过剩。 结论二：马克思关于经济危机的理论解释没有过时，仍然能够解释资本主义现实。对现代金融危机作进一步分析，虽在生成路径和结果上表现出新的特点，但没有从根本上改变资本主义危机生成和演变的基本逻辑。 3. 资本主义基本矛盾的实质。生产社会化属于生产力的范畴，生产资料资本主义私人占有属于生产关系的范畴，因此，资本主义基本矛盾的实质是生产力和生产关系之间的矛盾在资本主义社会的具体体现。 问题：为何社会主义取代资本主义是一个长期的历史过程？ 【经典导学】马克思指出："无论哪一个社会形态，在它所能容纳的全部生产力发挥出来以前，是绝不会灭亡的；而新的更高的生产关系，在它的物质存在条件在旧社会的胎胞里成熟以前，是绝不会出现的。"①也就是说，任何社会形态都具有相对稳定性，从产生到衰亡都要经过相当长的时间跨度，资本主义被社会主义所取代也是如此。	将经典名家相应论述与资本主义发展历史、资本主义制度、现实之间结合起来分析社会主义取代资本主义具有长期性、复杂性、必然性。
阶段 3：问题和探讨	探讨：当代资本主义基本矛盾有何新形式和新特点？ 1. 就劳资矛盾而言，随着资本有机构成的提高，实体经济领域利润率逐渐下降，资本出于增值的需要开始向利润率更高的虚拟经济领域转移和渗透，导致经济空心化、虚拟化，工人阶级失业率上升，为了缓解阶级矛盾，资本主义国家推行一系列福利政策，并且大力发展消费信贷，鼓励超前消费。然而，这种没有实际收入增长，建立在虚假购买力基础上的经济体系，必然会进一步放大生产与需求的基本矛盾，从而引发更为严重的经济危机。	

①《马克思恩格斯选集》第 2 卷，人民出版社 1995 年版，第 33 页。

续表

教学阶段	教学内容	教学环节设计
阶段3：问题和探讨	2. 就生产的无序扩张而言，金融资本的野蛮扩张进一步加剧了整个社会生产的盲目性，整个资本主义生产无政府状态日益严重。 【凝练结论】当代资本主义基本矛盾的新变化、新特点仍然是资本主义制度条件下的产物。只要有资本主义制度，资本主义基本矛盾就会存在，进而资本主义经济危机不可避免，资本主义的丧钟必然会敲响。	
总结	资本主义条件下，资本主义基本矛盾积累到一定限度必然会引爆经济危机，资本主义基本矛盾是经济危机的根源。只要资本主义制度存在，资本主义基本矛盾就无法避免，资本主义经济危机会继续上演。经济危机爆发后，资本主义国家在不改变其基本经济政治制度前提下对资本主义发展进行干预，使资本主义持续向前发展。 【课后作业】以“中国该如何防范和应对经济危机的挑战？”为题布置作业，500字左右，要求课后提交。	对资本主义经济危机与基本矛盾、资本主义制度的关系进行概括提炼。

3. 板书设计

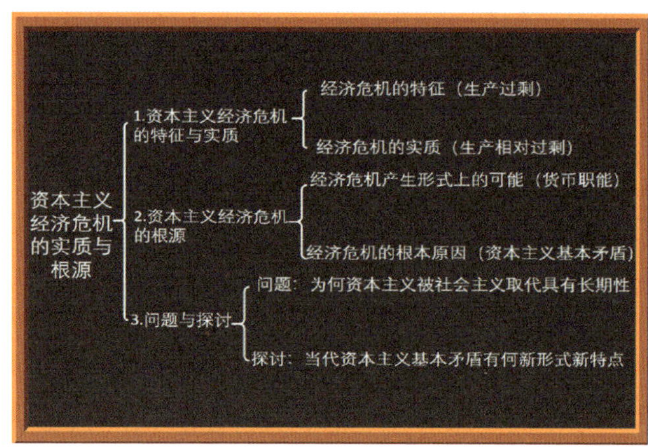

五、教学小结

1. 教学创新及其效果

以问题导入的方式启发学生思考，在关联性问答互动中阐释资本主义经济危机根源于资本主义基本矛盾的科学逻辑。遵循理论阐释与案例分析结合的讲授路径。聚焦教材体系中的知识点，引读经典著作关联内容，使学生读原著、学原文、悟原理。通过案例分析诠释资本主义经济危机爆发的缘由，阐明马克思主义政治经济学说的理论魅力。

2. 教学反思

金融危机本质上是经济危机，将传统的发生在实体经济领域的经济危机与现代的发生在虚拟经济领域的金融危机作对比分析，阐明传统经济危机和现代金融危机爆发根源的一致性。对现代金融危机的形成和演变分析需要运用大量的数据、图表等，是一项复杂的教学研究工作。结合资本主义发展的实际，介绍当代资本主义基本矛盾的新形式、新特点，讲明社会主义取代资本主义是一个长期的历史过程。

六、阅读文献及拓展资料

1.《马克思恩格斯选集》第 3 卷，人民出版社 2012 年版。

2.《马克思恩格斯全集》第 45 卷，人民出版社 2003 年版。

3.《十八大以来重要文献选编》上，中央文献出版社 2014 年版。

4.《习近平谈治国理政》第三卷，外文出版社 2020 年版。

5.《习近平谈治国理政》第四卷，外文出版社 2022 年版。

6. 王佳菲：《揭开经济危机的底牌》，新华出版社 2010 年版。

7. 徐明：《透视危机——百年来典型经济危机回顾与启示》，经济科学出版社 2009 年版。

在共性与个性辩证关系中把握事物本质

一、基本信息

【课程名称】马克思主义基本原理

【课程性质】本科生思想政治理论课，必修课，32 学时，3 学分

【授课对象】北方工业大学本科三年级学生

【本讲名称】在共性与个性辩证关系中把握事物本质

【对应章节】第一章第二节

【单元学时】1 学时，50 分钟

【教师简介】李冬冬，北方工业大学马克思主义学院讲师，荣获第十二届北京高校思想政治理论课教学基本功比赛决赛二等奖。

二、教学简介与教学目标

1. 教学简介

本讲内容承接世界物质同一性原理，是分析事物永恒变化和发展的根本方法；同时，对后面学习人类思维发展规律、资本主义发展特殊规律、社会主义发展规律起到奠基作用，对于分析和解决理论、现实问题具有重要指导作用。

授课对象是本科三年级学生。作为 00 后一代，他们更加注重实用性和思维能力培养，对新鲜事物好奇心较为强烈，同时，大三学生也面临更为复杂的学习、生活问题，矛盾分析方法相对来说是学生比较感兴趣的知识点，尤其是矛盾问题的精髓——矛盾共性、个性辩证关系问题。

学生在学科背景方面，缺少对马克思主义基本原理的解读，更期待通过本门课加强对马克思主义的理论学习；我校理工科学生居多，矛盾分析方法对于自然科学专业学生的学习更加重要，也更容易成为其学习专业课程的方法论，指导其专业课的学习，进而将原理知识自觉转化为实践力量，有利于马克思主义的弘扬与发展。

2. 教学目标

知识目标

一是了解、学习和掌握矛盾分析法原理是什么、为什么及方法论要求，主要矛盾和次要矛盾、矛盾主要方面和次要方面是什么，等等。

二是从共性和个性辩证关系中把握中国式现代化的深刻内涵，理解“世界上既不存在定于一尊的现代化模式，也不存在放之四海而皆准的现代化标准”的含义。

三是结合我国尤其是新时代以来，党和国家所取得的历史性成就以及成就背后的原因，尤其是党的二十大中提出的新观点、新思想，使学生认识和把握其中所蕴含的马克思主义理论、观点和方法。

能力目标

一是通过讲授对立统一规律中矛盾的同一性和斗争性以及矛盾的共性，使学生能够正视矛盾普遍存在的客观事实，增强问题意识，而非畏惧和回避矛盾的出现，并学会以认识和化解矛盾作为打开工作、学习、生活局面的突破口，通过梳理共性问题，寻找事物发展一般规律，总结经验，从而提升认识问题的能力。

二是通过讲授矛盾的个性，使学生能够在纷繁复杂的诸多矛盾和问题中学会找出矛盾特殊性；通过具体分析事物的矛盾，使学生认清事物本质和发展规律，从问题中找根源，从根源中找到适合的方法来解决问题。矛盾的特殊性还体现在矛盾的地位不同，需要学生能够把握住主要矛盾和矛盾主要方面，提升自己认识和解决关键问题的能力。

三是通过讲授矛盾共性、个性辩证关系，使学生能够学会具体问题具体分析、透过共性看本质，既要看共性、也要举一反三，并且根据新事物新变化突破经验和常规，提高驾驭复杂局面、处理复杂问题的能力，增强辩证思维能力。

素质目标

一是通过讲授矛盾分析方法，让学生充分感受到中国共产党带领人民开创中国式现代化，实现中华民族从站起来、富起来到强起来的伟大飞跃这一过程是十分艰辛和不易的，正是党带领人民不断认识和解决矛盾，不断推进我国社会取得举世瞩目成就，从而在情感上拥戴和认同党中央领导核心。

二是通过对中国式现代化共性、个性的分析，尤其是分析中国式现代化个性，明确中国实现现代化是一项伟大而艰巨的事业，问题更加复杂、解决问题难度更大，认识和解决矛盾是事物发展必然规律，从而明确现代化实现前途光明，任重道远，激励学生辩证把握我国现代化建设的两面性，积极主动以迎难而上的奋斗精神去建设社会主义现代化。

三是通过讲授矛盾特殊性原理关于主要矛盾和矛盾主要方面、次要矛盾和矛盾次要方面的观点，分析中国式现代化与西方式现代化本质不同，解决问题的价值取向根本不同，使学生充分了解中国式现代化本质是以人民为中心的现代化，增强对中国式现代化的信心和信念，积极投身全面建设社会主义现代化国家、实现中华民族伟大复兴事业中。

三、重点难点与党的二十大精神融入

1. 重点难点

重点：一是讲清楚矛盾共性与个性辩证关系原理及方法论要求；二是对“现代化就是西方化”认识进行辨析；三是用矛盾共性与个性辩证关系把握中国式现代化的深刻内涵。

难点：讲清楚如何运用矛盾共性与个性辩证关系原理认识和解决实际问题，以及运用这一原理认识和把握中国式现代化本质、特征以及实现路径。

2. 解决方案

（1）针对这一重要方法论内容，主要通过以问题为导向，突出问题意识；通过讨论和问答的形式，增加师生互动，启发学生思考，从而调动学生注意力和兴趣。

（2）针对重难点中共性、个性及其辩证关系内涵，主要通过案例解析方式让学生在现实问题中理解这一方法论内容及价值。以中国式现代化为例，解读其中蕴含的矛盾共性、个性原理，既有理论指导、又有实践支撑，易于接受。

（3）针对中国式现代化内涵，运用比较研究法，比较中西方现代化道路的异同，帮助学生更好地理解中国式现代化，从而更加坚定对中国式现代化的理论自信和行动自觉。

3. 党的二十大精神融入

党的二十大报告正式提出中国式现代化的内涵，意义深远，向学生阐释清楚什么是中国式现代化，如何理解中国式现代化特征和实现路径十分重要。运用矛盾共性、个性及其辩证关系原理分析中国式现代化问题，既有助于讲清楚原理知识点，突出原理价值，又能够让学生更好地理解中国式现代化、现代化、西方式现代化三者关系，从而能够正确理解并运用这一方法论分析和解决实际问题。

四、教学内容与教学安排

1. 教学过程示意图

2. 教学内容及设计

教学阶段	教学内容	教学环节设计
导入	党的二十大报告指出："从现在起，中国共产党的中心任务就是团结带领全国各族人民全面建成社会主义现代化强国、实现第二个百年奋斗目标，以中国式现代化全面推进中华民族伟大复兴。" 思考：如果用一个词来概括现代化，哪个词最贴切？为何在过去五百多年的时间里，人们普遍认为现代化就是西方化？中国式现代化又是怎样的现代化？ 一种观点从时间维度出发，认为现代化最早出现在西方，西方国家在现代化过程中始终处于领先地位，所以现代化就是西方化；另一种观点从现代化模式维度出发，认为西方现代化道路很成功，所以学习西方，移植西方道路也一定会成功。	用党的二十大报告原文进行导入，引导同学思考什么是现代化，中国式现代化与现代化之间的关系是怎样的。 【设疑】这两种观点是学生对于现代化比较表象和直观的理解，"经济因素""生产力因素"被放大，能够引起学生思考这两种观点是否正确，并带着这一问题进入课堂学习。
阶段1：矛盾的共性及其方法论要求	（1）恩格斯关于"世界是过程的集合体"，复习之前所学内容，物质世界处于永恒的运动变化和发展之中，而事物内部矛盾又是事物发展的源泉和动力，从这个意义上，事物永恒发展，意味着矛盾普遍存在。 （2）毛泽东关于"没有矛盾就没有世界"引出矛盾的普遍性，又叫矛盾的共性，第一个方面是矛盾无处不在，即事事有矛盾，包括自然界、人类社会和人的思维领域；第二个方面是矛盾无时不有，即时时有矛盾。事物永恒发展即是说新矛盾不断产生，旧矛盾不断灭亡。 认识世界 → 认识世界万物的种种矛盾 改造世界 → 解决世界万物的种种矛盾 （3）矛盾普遍存在且是推动社会不断向前发展的动力，要求我们认识和解决各种矛盾和问题，增强问题意识，坚持问题导向，把认识和化解矛盾作为打开工作局面的突破口。	引用经典名句，理解矛盾。 人类社会的基本矛盾促使社会不断发展，因此各国发展都或迟或早经历现代化，破除"现代化就是西方化"的西方话语陷阱。

续表

教学阶段	教学内容	教学环节设计
阶段 1：矛盾的共性及其方法论要求	（4）党的十八大以来，中国特色社会主义进入新时代，中华民族迎来了从站起来、富起来到强起来的伟大飞跃。再到未来实现社会主义现代化强国、实现共产主义，都是在不断解决各种新旧矛盾中向前推进。 （5）结合党的二十大报告，分析中国式现代化。现代化是人类社会发展到一定阶段的产物，是人类文明发展进步的显著标志。现代化的发展也是在解决各种矛盾和问题的过程中实现的，对于要实现现代化的各国来说，发展面临普遍性矛盾。	引导学生思考，认识各国现代化的方法不能局限在矛盾共性，而是需要分析矛盾的个性。
阶段 2：矛盾的个性及其方法论要求	（1）矛盾的个性决定了事物的不同性质，构成了事物区别于其他事物的特殊本质，是世界上的事物千差万别的内在原因或根据。 认识事物本质→认识事物的个性→具体分析事物的矛盾 （2）【方法论要求】具体地分析具体情况，是马克思主义最本质的东西，是马克思主义活的灵魂。 （3）【案例】国务院发展研究中心《中国发展观察》评选“全面小康 精准扶贫——十大精准扶贫典型案例”之《缙云—南江：科技赋能，东西协作奏响扶贫乐章》。	通过案例，让学生更直观地认识什么是矛盾的个性，以及什么是具体问题具体分析。
阶段 3：在共性与个性辩证关系中把握中国式现代化本质	1. 分析矛盾的共性与个性辩证关系 （1）【案例】世界上没有两片完全相同的叶子与世界上有没有两片完全不同的叶子。引出世界上任何现存事物都是共性和个性的统一，这是客观事物固有的辩证法。 【原理】具体来说，共性寓于个性之中，通过个性表现出来，没有个性，共性就无从存在。另外，无论事物有多特殊，它也总是和同类事物中的其他事物有共性，也要服从这类事物的一般规律。 （2）【方法论】共性与个性的统一关系既是客观事物固有的辩证法，也是科学的认识方法。事物本身是共性和个性的统一，其中个性决定事物性质。我们认识事物也总是从个性开始的，总是由认识个别和特殊的事物，逐步扩大到认识一般的事物，再从一般到特殊。我们的认识总是遵循这样的一般规律，不断地随着事物的发展而深化和提高。	采用案例、互动等方式，增加学生对现代化的感性认识，引出各国现代化都是共性与个性的统一，中国式现代化也是如此，因此必须坚持共性与个性的辩证统一关系。

续表

教学阶段	教学内容	教学环节设计
阶段3：在共性与个性辩证关系中把握中国式现代化本质	2. 在共性、个性辩证关系中把握中国式现代化特征 （1）【互动】根据材料猜猜这是哪个国家。 材料：有较高发展水平，较高的人均收入，较高的受教育程度，较好的公共设施和公共服务，工业化、城镇化、科技化、信息化水平均较高。 （2）【分析个性】要想分析各国现代化本质，要求我们必须分析各国实现现代化的过程和具体方式、道路选择、价值取向的个性化特征。 （3）中国式现代化是共性与个性的有机统一。 一方面，中国式现代化有现代化的一般特征；更为重要的方面是中国式现代化有自身的本质特色。中国特色体现在五个方面：人口规模巨大、全体人民共同富裕、物质文明与精神文明相协调、人与自然和谐共生、走和平发展道路。 3. 在共性与个性关系中推进中国式现代化 中国式现代化是共性与个性的有机统一，要求如下。 （1）实现社会主义现代化就必须遵从现代化发展规律 一方面，必须遵循生产力与生产关系矛盾运动的一般规律，遵循现代化建设以工业化为基础的普遍规律，坚持以经济建设为中心，扎实提升生产力发展水平，夯实现代化基础。 另一方面，要努力吸收借鉴一切人类先进文明成果，包括西方现代化有益经验，但要具体问题具体分析，不能盲目照搬别人经验。也要看到西方现代化模式危机重重，甚至积重难返。还要看到，各个国家的历史与现实、目标与使命不同，不可能选择同一条发展道路，人类历史上也没有任何一个民族、一个国家是通过依赖外部力量、照搬外国模式、跟在他人后面亦步亦趋实现强大与振兴的。 （2）坚定不移走中国特色社会主义道路 坚持中国特色社会主义，是中国式现代化同西方现代化道路的根本区别，是推进中国式现代化的最本质要求。并且，要求我们必须坚持将马克思主义基本原理、现代化发展一般规律与新时代中国特色社会主义具体实际相结合。	

续表

教学阶段	教学内容	教学环节设计
总结	思考："当代中国青年生逢其时，施展才干的舞台无比广阔，实现梦想的前景无比光明。"作为时代新人，为全面建成社会主义现代化强国，应该怎么做?	巩固所学内容，提升思政课育人功能。

3. 板书设计

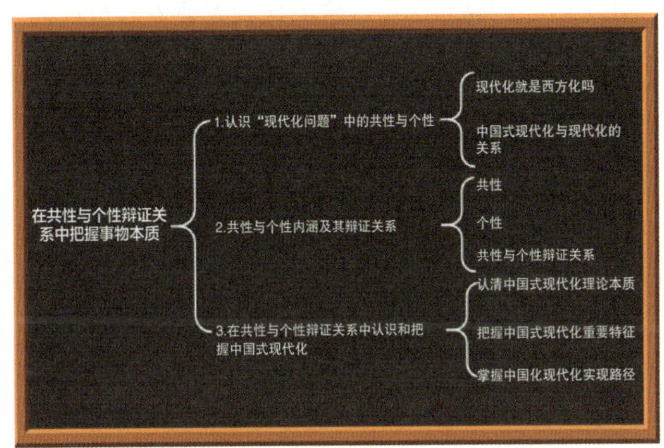

五、教学小结

1. 教学创新及其效果

（1）以问题为导向，突出问题意识，调动学生注意力和兴趣；

（2）以中国式现代化为例，解读其中蕴含的矛盾共性、个性原理，既有理论指导、又有实践支撑，易于接受；

（3）通过比较中西方现代化道路的异同，帮助学生更好地理解中国式现代化。

2. 教学反思

通过授课效果，对相关的方法和教学内容进行反思，可能需要再进一步增加课堂互动，并对授课内容进一步深化和系统化。

六、阅读文献及拓展资料

1.《谈谈辩证法问题》,《列宁选集》第 2 卷，人民出版社 2012 年版。

2.《矛盾论》,《毛泽东选集》第 1 卷，人民出版社 1991 年版。

3.《辩证唯物主义是中国共产党人的世界观和方法论》,《求是》2019 年第 1 期。

4.《高举中国特色社会主义伟大旗帜 为全面建设社会主义现代化国家而团结奋斗——在中国共产党第二十次全国代表大会上的报告》，人民出版社 2022 年版。

“两个结合”视野下的辩证思维

一、基本信息

【课程名称】马克思主义基本原理

【课程性质】本科生思想政治理论课，必修，48 学时，3 学分

【授课对象】北京体育大学本科二年级学生

【本讲名称】“两个结合”视野下的辩证思维

【对应章节】第一章第三节第三目

【单元学时】1 学时，50 分钟

【教师简介】贾桠钊，北京体育大学马克思主义学院教师，荣获第十二届北京高校思想政治理论课教学基本功比赛决赛三等奖。

二、教学简介与教学目标

1. 教学简介

主要内容：通过问题链的方式，以辩证思维为例引导学生分析“两个结合”，尤其是第二重结合——马克思主义基本原理同中华优秀传统文化相结合的必要性和可能性，在探讨二者的相通之处和相异之处的基础上，有针对性地进行结合。

学情分析：以学生掌握的三大规律为基础，结合党的二十大报告中“两个结合”的具体内容，采取历史与逻辑相结合的授课方式，从“两个结合”的角度讨论马克思主义辩证思维的中国化时代化发展。

2. 教学目标

知识目标：在学习三大规律的基础上，掌握辩证思维能力的定义与要求，着重把握辩证思维能力是唯物辩证法在思维中的应用，进一步明晰马克思主义辩证思维与中国传统文化辩证思维的殊同。

能力目标：进一步培养学生的辩证思维能力，促使学生在对马克思主义辩证思维与中国传统辩证思维比较的过程中，不断提升探索马克思主义中国化时代化发展的理论自觉和行动自觉。

素质目标：从“两个结合”的角度讲授辩证思维能力，进一步坚定学生对马克思主义的信仰，培固学生对中国传统文化的自信，深刻理解马克思主义基本原理同中华优秀传统文化相结合的必然之势。

三、重点难点与党的二十大精神融入

1. 重点难点

重点：从马克思主义和中国传统哲学的视野看辩证思维的异同。

难点：毛泽东、习近平等领导人在辩证思维方面是如何推进马克思主义中国化时代化发展的。

2. 解决方案

针对教学重点，通过从前思索和从后思索的方式，分别从思维根源和思维表现，帮助学生理解马克思主义哲学和中国传统哲学在辩证思维方面的异同，从而进一步理解“两个结合”中的第二重结合。在形式上通过启发提问、课堂讨论，提高学生的主动性与参与性，并借助雨课堂等现代化信息技术手段实现全员互动、即时反馈和可视呈现，提高参与互动的效果。

针对教学难点，通过引入历史故事和影视案例，走进社会生活，深入浅出地让学生理解马克思主义辩证思维的中国化时代化发展，展示马克思主义理论的生命活力和现实关怀。同时，以案例分析、归纳比较、板书提要等方式让学生更深刻地认识到马克思主义辩证思维在中国的发展。

3. 党的二十大精神融入

一方面，在马克思主义与中国传统哲学的不同语境下，探讨二者在辩证思维方面的一致与差异，从而更好地理解“两个结合”尤其是第二重结合的必要性和可能性，并有利于培固学生的文化自信；另一方面，明晰毛泽东、习近平等领导人在马克思主义辩证思维方面的发展与创新，正是基于“两个结合”的基础之上而作出的突出贡献，以辩证思维为例，可以进一步理解马克思主义中国化时代化的发展进程。

四、教学内容与教学安排

1. 教学过程示意图

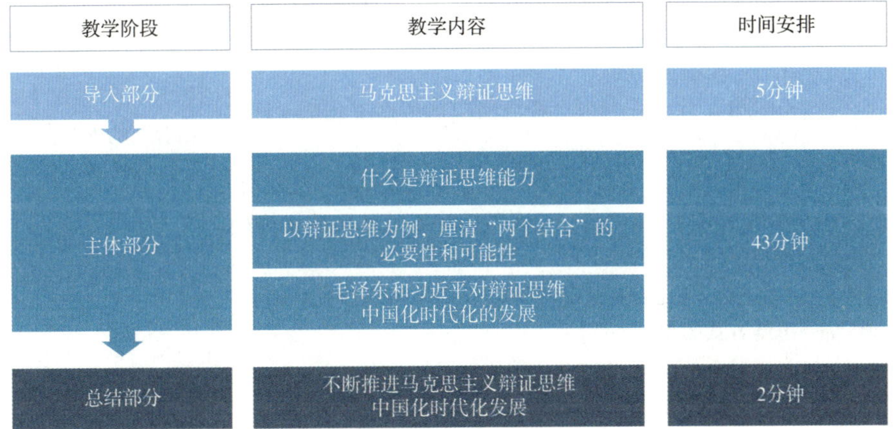

2. 教学内容及设计

教学阶段	教学内容	教学环节设计
导入	回顾上节课知识点，引出本节授课内容。 问题 1：恩格斯指出，没有哪一次巨大的历史灾难不是以历史的进步为补偿的。如何看待疫情过后的得与失？ 问题 2：卡塔尔作为亚洲西南部的一个阿拉伯国家，常年受干旱高温困扰，地域狭小且人口很少，面对强劲的竞争对手美国、韩国等国家，为何能赢得 2022 年世界杯的主办权？	【归纳】剖析上节课与本节课的内在关联。 【提问】对两个辩证思维问题的思考，激发学生的学习兴趣。

续表

教学阶段	教学内容	教学环节设计
阶段 1：什么是辩证思维能力	（1）辩证思维能力的定义 （2）辩证思维能力在六大思维能力群中的地位 辩证思维能力是唯物辩证法在思维中的运用，是科学思维能力的根本要求和集中体现，增强思维能力首先要提高辩证思维能力。 （3）把握辩证思维能力的关键——矛盾观点	【理论阐发】阐明辩证思维能力的定义和地位。
阶段 2：以辩证思维为例，厘清“两个结合”的必要性与可能性	（1）从学理上分析，辩证思维如何体现“两个结合”特别是第二重结合的内容 第一，正是因为马克思主义基本原理同中华优秀传统文化在辩证思维根基上的一致与融通，才产生了结合的可能性。 第二，正是因为二者面向中国不断变化的实际，才产生了结合的必然性。 第三，“两个结合”的第二重结合是在第一重结合的实践境遇中展开的，二者共同构成了马克思主义中国化时代化的发展面向。 （2）马克思主义基本原理同中国传统文化在辩证思维方式的差异一体性 其一，一体性。站在整体性的视角对人类生存世界进行反思和总结。 其二，差异性。 • 是外在规律的辩证法还是生命原则的辩证法 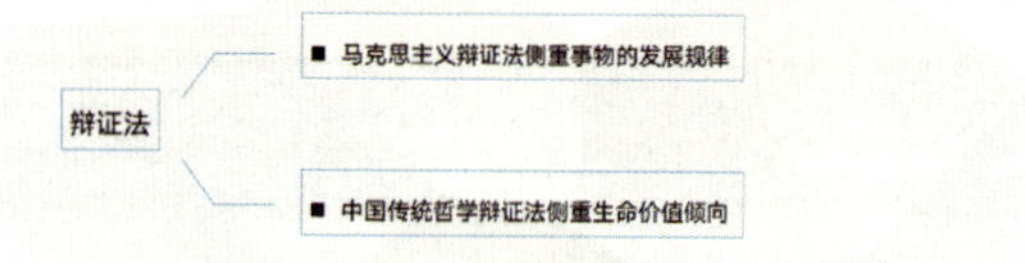 辩证法 ■ 马克思主义辩证法侧重事物的发展规律 ■ 中国传统哲学辩证法侧重生命价值倾向 • 是强调矛盾的斗争性还是强调矛盾的同一性 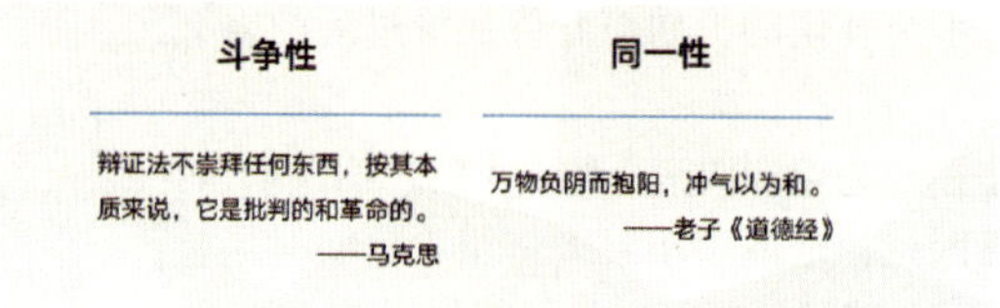 斗争性 辩证法不崇拜任何东西，按其本质来说，它是批判的和革命的。 ——马克思 同一性 万物负阴而抱阳，冲气以为和。 ——老子《道德经》	【启发提问】辩证思维如何体现“两个结合”的内容？ 【课堂讨论】马克思主义基本原理与中国传统文化在辩证思维方面存在着哪些异同？通过学生发言和案例讲解归纳出两者的差异一体关系。 【理论讲授】与西方哲学相比，中国传统哲学的辩证法呈现出生命原则的价值倾向，产生了“中庸”的实践智慧。 【经典再现】马克思和老子关于辩证思维的不同表述。

续表

教学阶段	教学内容	教学环节设计
阶段2：以辩证思维为例，厘清“两个结合”的必要性与可能性	相对而言，中国传统哲学中的辩证法减弱了斗争在事物运动中的重要意义，而马克思主义辩证法正是立足于揭示事物的运动、发展、斗争和转化，具有实质上的革命性。 • 是侧重事物的发展性还是循环性 与马克思主义辩证法不同的是，受中国文化象性思维的影响，虽众物芸芸都在变化，但复归其根，强调“复”“环”，显示出了一种循环论的倾向。 总结： 古为今用：在历时态中由自发辩证法到自觉辩证法。虽然中国传统文化有辩证法的根底，但没有脱离经验形态，带有自发朴素的性质，难以成为一般性的方法论指导原则。而在接受马克思主义唯物辩证法之后，辩证思维从经验形态上升到理论形态，如进一步区分主要矛盾和内部矛盾等。 洋为中用：在共时态中由普遍辩证法到特殊辩证法，发展出具有中国特色的马克思主义辩证思维。形成了人本导向基础上的辩证法，借鉴了中国传统文化中“和而不同”的辩证方法，批判性吸收了“复”的思想等。	【思维训练】马克思主义中国化的过程中，如何克服超越了传统文化中“复”的思维观念？
阶段3：毛泽东和习近平对辩证思维中国化时代化的发展	（1）毛泽东对辩证思维中国化时代化的发展 毛泽东对中国传统辩证思维予以扬弃吸收，创造性地阐明了实践辩证法，主要体现在《矛盾论》中。 • 坚持中庸性与原则性的统一 作为实践辩证法的中道，不是不偏不倚的折中主义，而是基于对复杂现实事物全面把握基础上的切中与时中。 • 坚持和而不同的辩证方法 毛泽东在新的历史条件下，运用唯物辩证法重新改铸了“和而不同”的辩证方法，使之成为把握矛盾、解决矛盾行之有效的思维方法。	【视频引入】播放电视剧《大决战》片段。

续表

教学阶段	教学内容	教学环节设计
阶段3：毛泽东和习近平对辩证思维中国化时代化的发展	• 提出波浪式前行的思想 毛泽东批判地吸收了中国传统辩证法“复”的思想，使之克服循环论的缺陷，创造性地提出“波浪式前进”的思想。 （2）习近平对辩证思维中国化时代化的发展 有学者指出，习近平辩证法呈现出“战略辩证法”，即把辩证法运用于把握战略谋划和处理实践中的各种矛盾关系。 坚持全面系统的观点是习近平对马克思主义辩证法的继承和发展，强调“整个世界是相互联系的整体，也是相互作用的系统”。	
总结	1. 总结授课内容 从什么是辩证思维能力、辩证思维看“两个结合”的必然性和可能性，以及毛泽东和习近平对辩证思维中国化时代化的发展这三个层面进行总结。 2. 布置课后思考题 （1）面对复杂局面应如何运用好辩证思维？ （2）习近平辩证思维如何体现马克思主义中国化时代化的发展？	

3. 板书设计

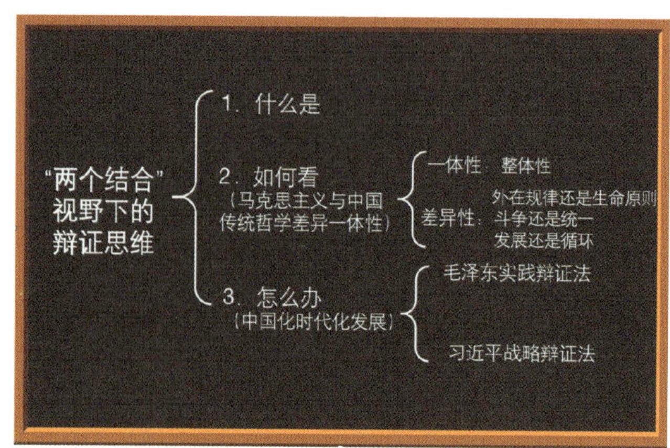

五、教学小结

1. 教学创新及其效果

教学方法方面，将理论讲授与启发讨论相结合，有利于调动学生课堂参与的积极性；

教学结构方面，以什么是—如何看—怎么办为主线依次展开，有利于学生逻辑分明地理解课堂目标；

教学内容方面，以辩证思维为例，通过对马克思主义辩证思维与中国传统哲学辩证思维进行对立，有利于理解“两个结合”特别是第二重结合的必要性和可能性，并由此管窥到马克思主义中国化时代化发展。

2. 教学反思

（1）可在课前引导学生阅读《矛盾论》等相关文献资料，有利于课上问题讨论；

（2）可采用问题链的方式，请学生先行思考并通过讨论得出答案，而不是在讲授开始就直接告知观点；

（3）始终以辩证思维为主线，讲授如何在“两个结合”的基础上实现马克思主义中国化时代化发展。

六、阅读文献及拓展资料

1.《毛泽东选集》第 1 卷，人民出版社 1991 年版。

2. 张允熠：《中国文化与马克思主义》，人民出版社 2015 年版。

3. 王炳林、闫莉：《中国传统文化与马克思主义辩证法之间的融合》，《中国特色社会主义研究》2015 年第 5 期。

4. 王南湜：《毛泽东实践智慧的辩证法——马克思主义辩证法疆域的中国式拓展》，《哲学研究》2021 年第 9 期。

5. 田鹏颖、綦玮：《习近平辩证思维方法论探析》，《思想理论教育导刊》2020 年第 10 期。

6. 超星智慧马院：《开启智慧的辩证思维能力》，http://cxmks.fanya.chaoxing.com/portal。

科学技术对社会发展的作用

一、基本信息

【课程名称】马克思主义基本原理

【课程性质】本科生思想政治理论课，必修，48 学时，3 学分

【授课对象】对外经济贸易大学本科生

【本讲名称】科学技术对社会发展的作用

【对应章节】第三章第二节

【单元学时】1 学时，50 分钟

【教师简介】王丽丽，对外经济贸易大学马克思主义基本原理学系教师，荣获第十二届北京高校思想政治理论课教学基本功比赛决赛三等奖。

二、教学简介与教学目标

1. 教学简介

本单元主要聚焦科学技术在社会发展中的作用和地位，阐明科学技术是社会发展动力体系中的重要因素，与社会基本矛盾、阶级斗争与社会革命、改革共同构成了推动社会发展的动力系统。本单元是在把握社会发展根本动力、阶级社会主要动力基础上，进一步全面了解社会动力系统的关键环节。

本课程面向全校本科生。在知识结构上，学生通过此前课程的学习，对社会发展动力机制中其他动力已有较为深入的理解。面对今天的科学化、技术化，引入科学技术对于社会发展问题的探讨是比较容易接受的。在思维方式上，学生思维活跃，对于科技社会效应有诸多切身体验，具备展开理性剖

析的理论基础和思维能力，能够进行更深入的学习。

2. 教学目标

知识目标：一是厘清科学、技术的具体内涵以及把握二者之间的内在关联；二是明确马克思主义科学技术观的核心要义；三是了解科学技术作为社会发展动力的影响机制或结构；四是理解科学技术发展脉络中的重大革命对社会发展的影响；五是把握科学技术的“双刃剑”性质，树立理性、人本的科技观。

能力目标和素质目标：深入理解科学技术作用于经济社会发展的内在机制以及蕴藏的人本主义价值取向，具备辩证分析科学技术社会作用的“双刃剑”性质的能力，以及主动探寻科学技术社会作用，坚持正确科学技术观的目标导向。

三、重点难点与党的二十大精神融入

1. 重点难点

重点：厘清科学与技术的概念；理解科学技术何以成为有力杠杆，对人们的生产方式、生活方式以及思维方式所产生的深刻影响及其内在机制；正确把握科学技术作为一种渗透因素，在作用于人们的生产和生活过程中所表现出的双重作用。

难点：了解马克思主义科学技术观内在的双重意蕴；在新的时代境遇下辩证理解和把握科学技术在社会发展中的作用，形成对科学技术“双刃剑”性质的正确认识。

2. 解决方案

通过设置课程提问与辩论等环节，激发学生对科学、技术各自的含义与本质特征及其所具有的双重作用展开深入思考。通过构建不同社会情景，使学生学会辩证思考科学技术在不同社会关系下的具体作用，全面把握科学技术的社会功能。

3. 党的二十大精神融入

在融入内容上，有机融入当前党和国家实施科教兴国战略、人才强国战略、创新驱动发展战略的整体谋划，重点讲述有关新时代教育、科技、人才为何是全面建设社会主义现代化国家的基础性、战略性支撑，以及加快实施创新驱动发展战略中的“四个面向”。

在融入形式上，依托理论讲述与图文资料，将当前党和国家在科学技术以及人才培养方面的主要原则和举措与课程内容有机地融合在一起，从学理上进一步阐明当前党和国家在科学技术发展方面的核心导向、战略安排及其内在缘由。

四、教学内容与教学安排

1. 教学过程示意图

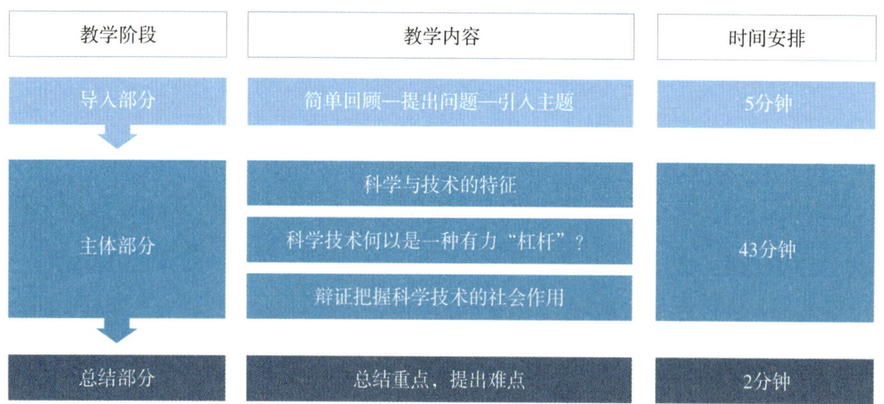

2. 教学内容及设计

教学阶段	教学内容	教学环节设计
导入	1. 内容回顾——扼要复习此前关于社会发展动力的内容，明确“科学技术”在社会发展动力系统中的地位。 2. 情景假设——描述一个没有科学技术因素涉入的社会状态、日常生活，引导学生构想出这样的一个状态。 3. 名言导引——通过列举关于科学与技术的名言警句，引导学生深入思考这些名言警句的丰富内涵，从而进一步激发学生对科学技术的认知欲。	通过内容回顾、情景假设、名言导引等环节的设定，引出本单元主题。

续表

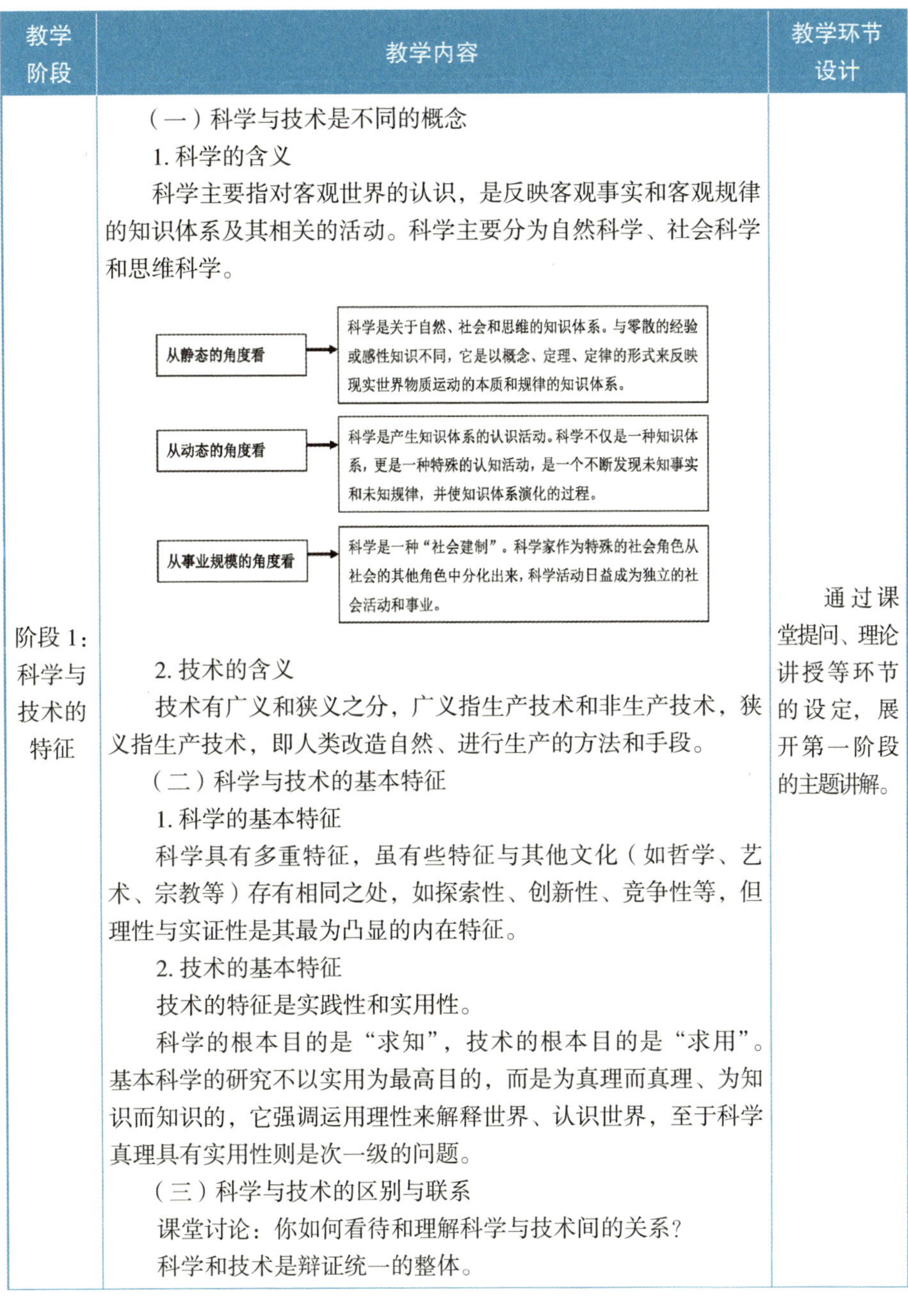

教学阶段	教学内容	教学环节设计
阶段 1：科学与技术的特征	（一）科学与技术是不同的概念 1. 科学的含义 科学主要指对客观世界的认识，是反映客观事实和客观规律的知识体系及其相关的活动。科学主要分为自然科学、社会科学和思维科学。 从静态的角度看 → 科学是关于自然、社会和思维的知识体系。与零散的经验或感性知识不同，它是以概念、定理、定律的形式来反映现实世界物质运动的本质和规律的知识体系。 从动态的角度看 → 科学是产生知识体系的认识活动。科学不仅是一种知识体系，更是一种特殊的认知活动，是一个不断发现未知事实和未知规律，并使知识体系演化的过程。 从事业规模的角度看 → 科学是一种“社会建制”。科学家作为特殊的社会角色从社会的其他角色中分化出来，科学活动日益成为独立的社会活动和事业。 2. 技术的含义 技术有广义和狭义之分，广义指生产技术和非生产技术，狭义指生产技术，即人类改造自然、进行生产的方法和手段。 （二）科学与技术的基本特征 1. 科学的基本特征 科学具有多重特征，虽有些特征与其他文化（如哲学、艺术、宗教等）存有相同之处，如探索性、创新性、竞争性等，但理性与实证性是其最为凸显的内在特征。 2. 技术的基本特征 技术的特征是实践性和实用性。 科学的根本目的是“求知”，技术的根本目的是“求用”。基本科学的研究不以实用为最高目的，而是为真理而真理、为知识而知识的，它强调运用理性来解释世界、认识世界，至于科学真理具有实用性则是次一级的问题。 （三）科学与技术的区别与联系 课堂讨论：你如何看待和理解科学与技术间的关系？ 科学和技术是辩证统一的整体。	通过课堂提问、理论讲授等环节的设定，展开第一阶段的主题讲解。

续表

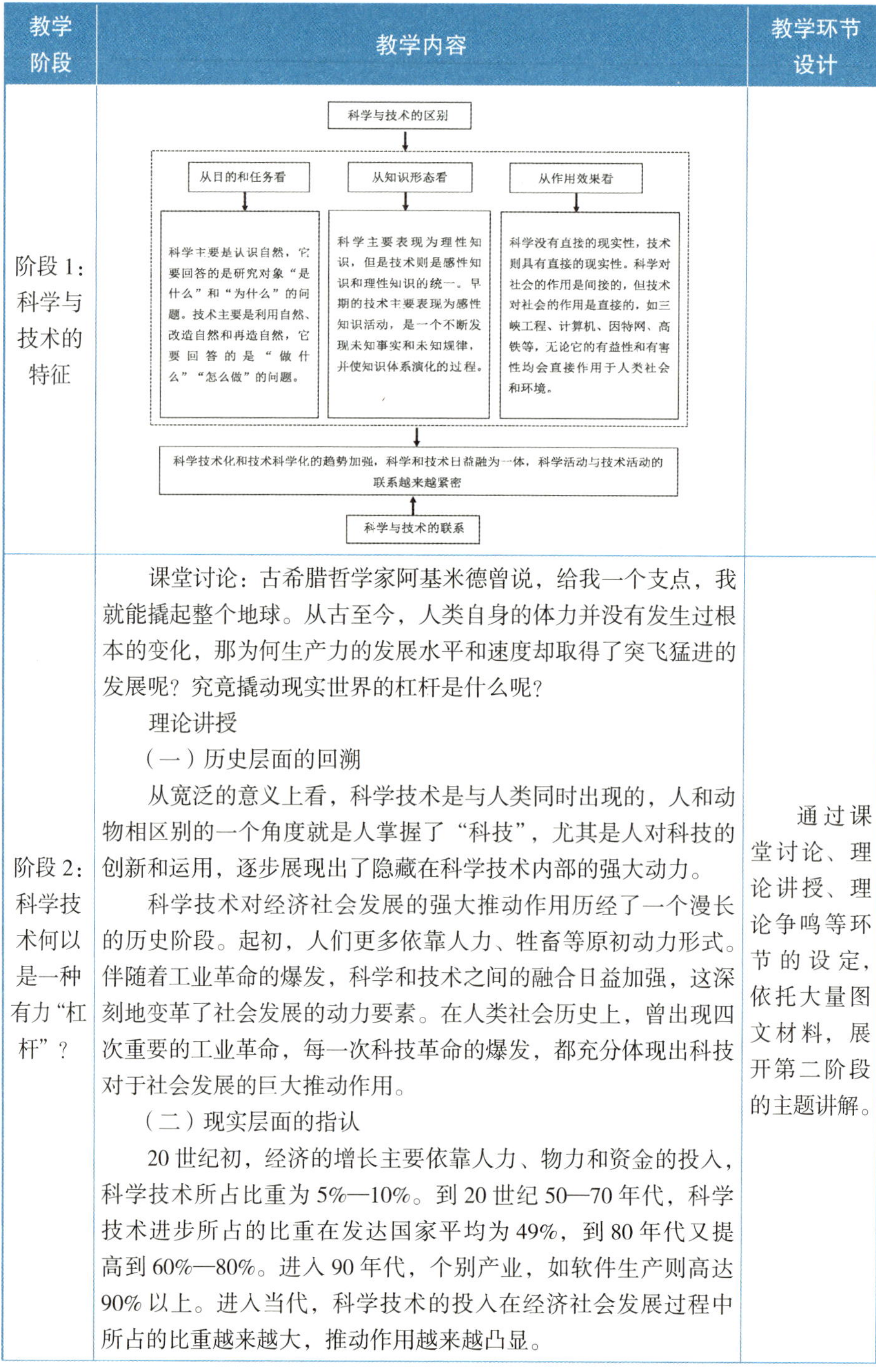

教学阶段	教学内容	教学环节设计
阶段 1：科学与技术的特征	科学与技术的区别 从日的和任务看 科学主要是认识自然，它要回答的是研究对象“是什么”和“为什么”的问题。技术主要是利用自然、改造自然和再造自然，它要回答的是“做什么”“怎么做”的问题。 从知识形态看 科学主要表现为理性知识，但是技术则是感性知识和理性知识的统一。早期的技术主要表现为感性知识活动，是一个不断发现未知事实和未知规律，并使知识体系演化的过程。 从作用效果看 科学没有直接的现实性，技术则具有直接的现实性。科学对社会的作用是间接的，但技术对社会的作用是直接的，如三峡工程、计算机、因特网、高铁等，无论它的有益性和有害性均会直接作用于人类社会和环境。 科学技术化和技术科学化的趋势加强，科学和技术日益融为一体，科学活动与技术活动的联系越来越紧密 科学与技术的联系	
阶段 2：科学技术何以是一种有力“杠杆”？	课堂讨论：古希腊哲学家阿基米德曾说，给我一个支点，我就能撬起整个地球。从古至今，人类自身的体力并没有发生过根本的变化，那为何生产力的发展水平和速度却取得了突飞猛进的发展呢？究竟撬动现实世界的杠杆是什么呢？ 理论讲授 （一）历史层面的回溯 从宽泛的意义上看，科学技术是与人类同时出现的，人和动物相区别的一个角度就是人掌握了“科技”，尤其是人对科技的创新和运用，逐步展现出了隐藏在科学技术内部的强大动力。 科学技术对经济社会发展的强大推动作用历经了一个漫长的历史阶段。起初，人们更多依靠人力、牲畜等原初动力形式。伴随着工业革命的爆发，科学和技术之间的融合日益加强，这深刻地变革了社会发展的动力要素。在人类社会历史上，曾出现四次重要的工业革命，每一次科技革命的爆发，都充分体现出科技对于社会发展的巨大推动作用。 （二）现实层面的指认 20 世纪初，经济的增长主要依靠人力、物力和资金的投入，科学技术所占比重为 5%—10%。到 20 世纪 50—70 年代，科学技术进步所占的比重在发达国家平均为 49%，到 80 年代又提高到 60%—80%。进入 90 年代，个别产业，如软件生产则高达 90% 以上。进入当代，科学技术的投入在经济社会发展过程中所占的比重越来越大，推动作用越来越凸显。	通过课堂讨论、理论讲授、理论争鸣等环节的设定，依托大量图文材料，展开第二阶段的主题讲解。

续表

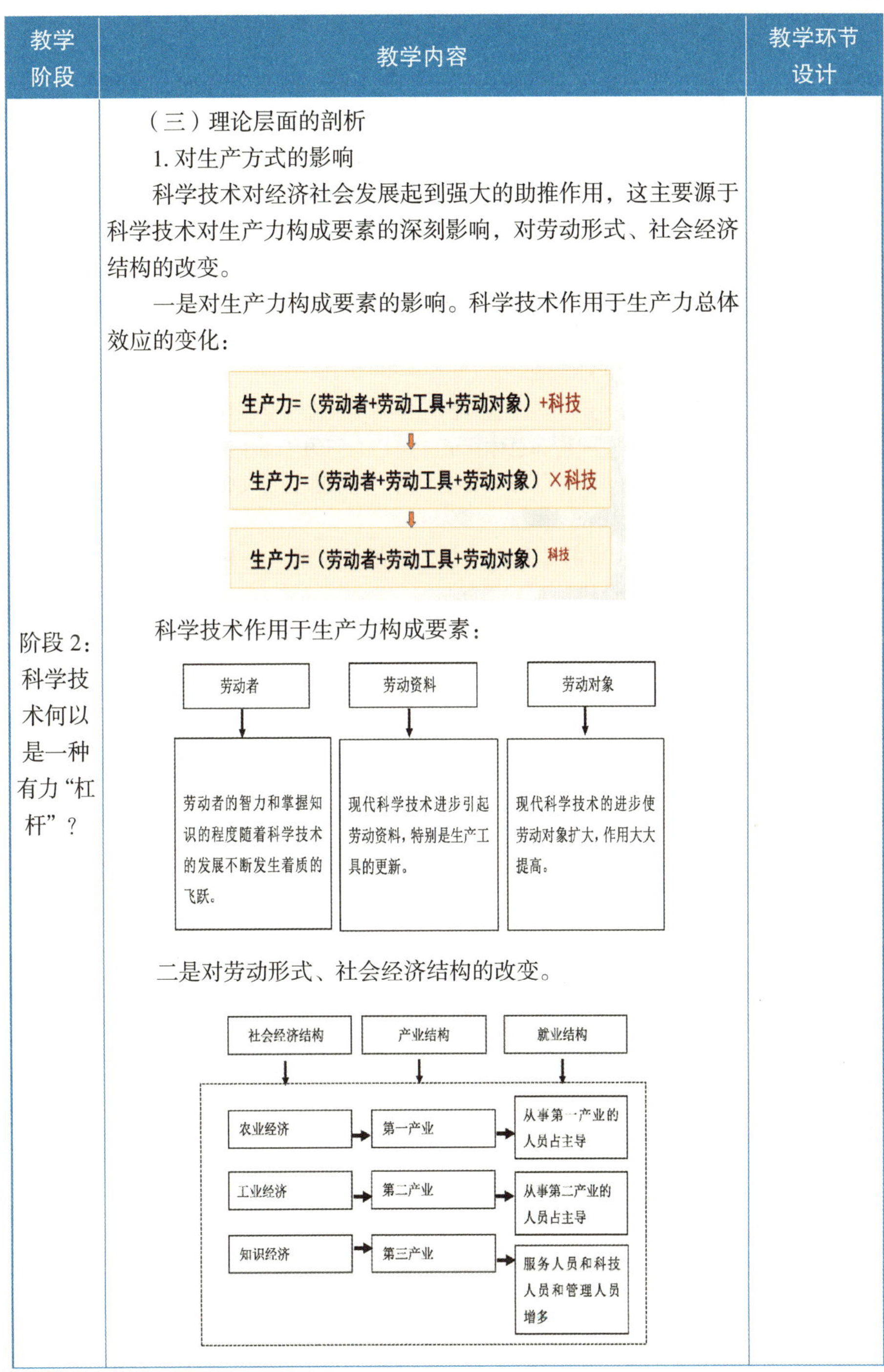

教学阶段	教学内容	教学环节设计
阶段 2：科学技术何以是一种有力“杠杆”？	（三）理论层面的剖析 1. 对生产方式的影响 科学技术对经济社会发展起到强大的助推作用，这主要源于科学技术对生产力构成要素的深刻影响，对劳动形式、社会经济结构的改变。 一是对生产力构成要素的影响。科学技术作用于生产力总体效应的变化： 生产力=（劳动者+劳动工具+劳动对象）+科技 生产力=（劳动者+劳动工具+劳动对象）×科技 生产力=（劳动者+劳动工具+劳动对象）^科技^ 科学技术作用于生产力构成要素： 劳动者：劳动者的智力和掌握知识的程度随着科学技术的发展不断发生着质的飞跃。 劳动资料：现代科学技术进步引起劳动资料，特别是生产工具的更新。 劳动对象：现代科学技术的进步使劳动对象扩大，作用大大提高。 二是对劳动形式、社会经济结构的改变。 社会经济结构：农业经济 → 工业经济 → 知识经济 产业结构：第一产业 → 第二产业 → 第三产业 就业结构：从事第一产业的人员占主导 → 从事第二产业的人员占主导 → 服务人员和科技人员和管理人员增多	

续表

教学阶段	教学内容	教学环节设计
阶段 2：科学技术何以是一种有力“杠杆”？	通过结合相关案例和数据具体分析科学技术对社会生产力、劳动形式以及社会经济结构的深刻影响。 （1）脑力劳动占比提升；劳动工具不断革新，木棒—石器—青铜器—铁器—信息技术自动化；沙子被加工成为一种半导体等案例资料。 （2）国产汽车自动化生产车间的视频资料。 （3）有关中西方产业结构和就业结构变化的数据资料。 2. 对生活方式的影响 生活方式指人们为满足自身的生存、发展和享受而展开的各种实践活动的典型式样和总体特征，包括人们的劳动生活、物质消费生活、家庭生活、学习和交往生活、闲暇和精神文化生活等广阔领域。 （1）日常通信的变化：书信、电报—电话、电邮、视频通信。 （2）日常购物方式和支付方式的变化：网络购物与线上支付。 （3）日常家庭生活劳动方式的变化：智能家居的出现。 3. 对思维方式的影响 科学技术的革新对思维主体、思维客体、思维工具产生深远影响。现代科技能够促使个体进一步开阔视野，扩大交往范围，变革思维方式。 思维的主体 → 个体—群体—社会 思维的客体 → 人们的社会实践随着科学技术的发展而开拓出新的领域 思维的工具 → 新的理论工具与物质技术手段的出现 结合短片《上帝也疯狂》，深入剖析科学技术革新对人们思维方式的影响。 课堂提问：基于马克思主义者对科学技术在生产力发展方面这一强大杠杆作用的强调，有人认为他们的观点是一种“科学技术决定论”和“生产力决定论”，你如何看待这种观点？	

续表

教学阶段	教学内容	教学环节设计
阶段 2：科学技术何以是一种有力“杠杆”？	重点讲授 在传统的理论研究中，有关人的生活实践的内容经常被归入哲学，而有关人的工业活动的内容经常被归入自然科学。马克思反对把科学技术与人的生活世界分割开来，脱离一定的社会历史条件空谈“纯技术”或“纯知识”。在他看来，科学技术的发展不仅仅是科学技术本身的问题，也不仅仅是生产力和经济的发展问题，而是与人的发展密切相关，尤其是与人们的现实生活相关联，对人自身的解放与全面自由发展起促进作用。这种促进作用，通过考察科学技术对我们的生产方式、生活方式与思维方式的深刻变革可以进一步窥探到。 据统计：近十年来，我国科技投入大幅提高，全社会研发经费从 1.03 万亿元增长到 2.79 万亿元，居世界第二位；研发强度从 1.91% 提高到 2.44%，接近经合组织（OECD）国家的平均水平；基础研究经费是十年前的 3.4 倍，达到历史最高值。在科研方面的大量投入充分表明当前我们党和国家对科学技术创新与发展的高度重视。 2. 强调科学技术创新与发展的方向性 任何生产活动都有其特定的社会历史背景与条件，科学技术及其所产生的社会作用也是如此。科学技术脱离正确价值导向就犹如脱缰的野马，不仅会违背科学技术的本质，也会偏离社会主义的发展要求。	
阶段 3：辩证把握科学技术的社会作用	视频教学：《福岛核电站》 课堂讨论：基于福岛核电站核泄漏这一事件，思考为什么会出现越来越多的“全球问题”。 理论讲授 20 世纪以来，现代科学技术革命所带来的人对自然的巨大干涉能力，使得人与自然间的矛盾愈加突出。现代技术对自然平衡的干涉已超出了自然界再生能力和自我调节能力的承受范围，使不同水平的自然平衡都濒临自我修复的极限。这种平衡的改变明显带来了不利于人类生存和发展的后果，从而引起了所谓全球性问题。	通过课堂案例讨论、理论讲授、视频教学展开第三阶段的主题讲解。

续表

教学阶段	教学内容	教学环节设计
阶段3：辩证把握科学技术的社会作用	重点讲解 基于对科学技术进步的辩证性分析，理解和把握“全球问题”出现的深层缘由。 1. 科学技术的运用具有两重性 引入科技乐观主义、科技悲观主义、西方马克思主义科技思想、科技价值中立论或价值无涉论等观点，展开批判性分析。 科学与技术在研究和应用时，会引起多种不同的变化，有的变化对我们有利，有的变化对我们有害。这犹如一块硬币的两面，由于目的不同，科学与技术既可以造福，也可以造祸。 2. 对科学技术的副作用缺乏全面深刻的认识 从认识论上讲，人的认识总是带有一定的局限性。在对技术应用负面作用的认识上，同样要经历一个过程。有时新技术的副作用，并非会及时显露出来，会有一定的滞后性。因而，对于技术负面作用具体出现的时间和条件，技术创新者和应用者难以精准把握和预测。 3. 资本主义的社会制度和错误政策是造成科学技术副作用更为根本的原因 以资本增值逻辑为主导是资本主义社会制度的弊病。在资本逻辑主导下，以追求利润最大化为目的，易陷入一种满足虚假需求而非真实需求的生产循环中，造成对自然资源的额外掠夺，进一步激起科学技术的副作用，引起全球性危机。这一危机的解除不可能通过纯粹技术手段或道德呼唤实现，只有限制和超越资本逻辑，建立新的生产方式和生活方式，才能真正避免。	
总结	1. 科学与技术是两个不同的概念，这两种活动虽各有特点，但联系越来越紧密，出现了科学技术化和技术科学化的趋势，日益融为一体。 2. 科学技术在社会发展中发挥着巨大的杠杆作用，对生产力的发展、社会经济结构和劳动力结构的变化、人们生活方式和思维方式的变革具有重要影响。科学技术对于人们生产生活具有双重作用，要充分驾驭好科学技术的发展方向，使其为社会进步和个体解放创造更多有利的物质条件。	从主题层面回顾本单元主讲内容。
思考题	生命医学技术、大数据与人工智能等当代新兴科技的变革创新，既给人类带来广阔发展机遇，也给当代医学实践、前沿科技探索、科技企业管理等带来一系列伦理挑战与社会问题。如何有效地应对这些新挑战与新问题呢？	设置思考题，激发学生思考。

3. 板书设计

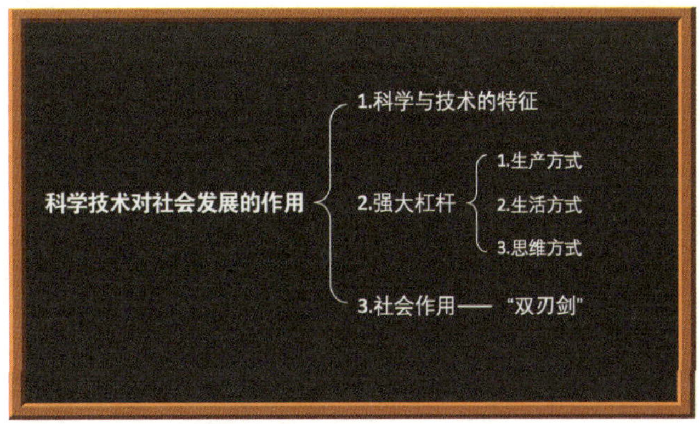

五、教学小结

1. 教学创新及其效果

在教学方法上，依托新的讲授形式，即通过情景假设、小组讨论、课堂辩论等形式，激发学生主动探寻科学技术的社会作用。在教学内容上，着重以问题为导向，引导学生对有关科学技术的内涵以及社会功能展开深入探寻，从理论系统中把握科学技术发挥作用的内在机制，洞察马克思科学技术观的人本主义意蕴，而非仅仅停留于表层的理论阐述。

2. 教学反思

在教学方法上，要不断丰富和拓展教学手段，使学生充分吸收本单元核心知识要点，自觉展开问题式探究。在教学内容和结构上，要依托教材，不断丰富授课内容，进一步革新教学结构，以问题为导向，循序渐进地引导学生展开深度思考。

六、阅读文献及拓展资料

1.《英国工人阶级状况》，《马克思恩格斯选集》第 1 卷，人民出版社 2012 年版。

2. [美] 赫伯特 · 马尔库塞:《单向度的人》，刘继译，上海译文出版社 2018 年版。

3. [德] 哈贝马斯:《技术和作为意识形态的科学》，李黎等译，学林出版社 1999 年版。

守正创新 推进法治中国建设

一、基本信息

【课程名称】形势与政策

【课程性质】本科生思想政治理论课，必修，8 学时 / 每学期，2 学分

【授课对象】北京外国语大学本科二年级学生

【本讲名称】守正创新 推进法治中国建设

【对应章节】《高校“形势与政策”课教学要点（2022 年下辑）》要点 2

【单元学时】1 学时，50 分钟

【教师简介】王曼倩，北京外国语大学马克思主义学院副教授，荣获第十二届北京高校思想政治理论课教学基本功比赛特等奖。

二、教学简介与教学目标

1. 教学简介

党的二十大召开具有重大历史意义和政治意义。党的二十大是向第二个百年奋斗目标进军的关键时刻召开的一次十分重要的大会，对鼓舞全党全国各族人民全面建设社会主义现代化国家、全面推进中华民族伟大复兴具有重大意义。我们要紧跟时代步伐、顺应实践发展，以新的理论指导实践。

21 世纪是数字时代。数字时代对法治提出了新挑战。首先，数字时代，案件的数量在大量增长。法治能否快速、省钱地化解纠纷？其次，数字时代，案件一般发生在“虚拟”空间，当事人往往是“隔空”接触的。法治能否实现隔空化解纠纷呢？最后，数字时代，跨国互联网犯罪逐渐增多。法治能否

推动全球治理呢？以上这些数字时代的挑战都需要法治能够提供回应时代挑战的治理方案。

回应数字时代挑战的法治方案，包括马克思主义的经典文本和世界先进法治经验。马克思主义经典文本中没有现成答案，世界先进法治国家也没有形成有效应对方案，中国必须自主寻求方案。

法治中国为全球治理现代化贡献了中国智慧。数字时代的网络新兴问题是全球治理现代化的难题，对于如何回应这一挑战，中外法治方案都没有解答。中国坚持守正创新，形成习近平法治思想指导实践，推进法治中国建设回应时代挑战，为数字时代的法治方案贡献了中国智慧。

2. 教学目标

知识目标：认识党的二十大召开的重大历史意义和政治意义；掌握党坚持守正创新，带领中国人民取得法治中国建设的重大成就和宝贵经验；认识法治中国建设的重要理论成果——习近平法治思想回答时代问题，指导法治中国实践，为全球治理现代化贡献了中国的法治智慧。

能力目标：通过提出问题、分析问题、解决问题环环相扣，帮助学生认识新时代法治中国建设取得的非凡成就；培养学生把握习近平新时代中国特色社会主义思想的世界观和方法论，特别是坚持守正创新的能力。

素质目标：通过学习，帮助学生理解中国立足现实，成功推进数字时代的法治中国建设、为现代化贡献中国法治智慧的重要意义，坚定新时代新征程上推进法治中国建设、为中华民族伟大复兴保驾护航的信心，树立坚持好、运用好贯穿习近平新时代中国特色社会主义思想中立场观点方法的理论自觉和行动自觉，引导学生坚定历史自信、增强历史主动，守正创新、勇毅前行，坚定不移听党话、跟党走。

三、重点难点与党的二十大精神融入

1. 重点难点

重点：法治中国建设回应数字时代新挑战，为全球治理现代化贡献中国智慧。

难点：新时代法治中国建设是怎样坚持守正创新，取得法治实践的巨大成就的?

2. 解决方案

对教学重点和难点，采用理论讲授，按照提出问题、分析问题、解决问题的思路，从数字时代的挑战、法治中国回应挑战、为全球治理现代化贡献中国法治智慧的逻辑演进，讲清法治中国建设是怎样坚持守正创新的。

在理论讲授基础上，采用案例教学，以新时代法治中国的典型案件为主线，侧重数字时代的司法实践创新和海外评价，以生动实例让学生感受法治中国的巨大成就和守正创新的重要意义。

3. 党的二十大精神融入

党的二十大报告在总结新时代成就基础上，提出开辟马克思主义中国化时代化新境界，指出“不断谱写马克思主义中国化时代化新篇章，是当代中国共产党人的庄严历史责任”。将党的二十大报告中提出“必须坚持守正创新”的要求融入课程内容。

在讲授设计上，以数字时代的法治挑战作为切入点，提出问题引起学生对数字时代的发展变化进行自主思考。通过分析现实问题，讲清楚无论是马克思主义经典文本还是世界法治经验对于如何实现新兴领域中的治理难题都是一片空白。这就需要法治中国能够立足现实，自主形成应对方案，化解治理难题。在此基础上，深入讲解中国是如何解决问题的。习近平新时代中国特色社会主义思想之所以能够指导法治中国建设，正是因为能够紧跟时代发展、立足中国实际，运用马克思主义立场观点方法解决中国现实问题，不断满足数字时代之下人民对美好生活的向往和国家治理的实践需要，因此才能实现坚持和发展马克思主义，才能为世界的网络治理难题贡献中国的法治方案。

要让学生理解守正创新的深刻含义，真正感受到马克思主义永葆青春之美妙的真理力量，真正感受到习近平新时代中国特色社会主义思想的精神伟力，就必须对习近平新时代中国特色社会主义思想回应时代发展、立足中国实际的现实意义有所感悟。数字时代对人类社会的影响是巨大的，每一个人都能从身边的细微小事感受到这些变化。故而，课程聚焦新时代法治中国建设，以数字时代的法治挑战作为切入点，以普通人、青年人在网络生活中能接触到的现实问题作为授课材料，推动学生自主发现时代发展变化对全球治理带来的全新挑战，以此讲清楚守正创新对于中国的重要意义。

四、教学内容与教学安排

1. 教学过程示意图

2. 教学内容及设计

教学阶段	教学内容	教学环节设计
导入	故宫方脊上的神兽——獬豸 1. 讲解獬豸作为法律公平正义的象征意义、法官司法裁判的过程； 2. 由古及今，讲解今天中国法院门前的獬豸，以及中国法治的巨大发展。 总结案例： 从古至今，法治都与我们的生活密不可分，法治建设的水平与国家发展息息相关。	通过互动和提问，引起学生对法治中国的兴趣，引发对法治的直观感受，推动学生对法治建设与国家发展之间的关系进行独立思考。

续表

教学阶段	教学内容	教学环节设计
阶段1：党的二十大与法治中国	1. 党的二十大胜利召开。 2. 党的二十大总结了新时代的非凡成就，包括法治中国开创的新局面，提出要开辟马克思主义中国化时代化新境界。 视频：《法治的力量》 3. 党的二十大报告指出必须坚持守正创新。	理论讲授与视频结合，让学生对党的二十大精神、对新时代法治中国建设的巨大成就具有较为直接、全面的认识，为接下来的课堂讲授提供必要的背景知识。
阶段2：互动	随机提问 1. 离开互联网你能坚持多久？ 2. 互联网对你的生活产生了哪些影响？	从生活中的微小问题出发，增强互动，引起学生对当今时代变化的主动思考。
阶段3：数字时代的法治挑战	数字时代对法治提出的新挑战 1. 案件的数量大量增长，法治能否快速、省钱地化解纠纷？ 数据分析：近年来中国网络购物合同纠纷一审案件数量统计。 2. 案件发生在“虚拟”空间，当事人“隔空”接触，法治能否实现隔空化解纠纷呢？ 案例分析：针对青少年的新型犯罪。 3. 跨国互联网犯罪增多，法治能否推动全球治理？ 案例分析：电信诈骗涉及国家广、人数多。	通过数据和案例，讲授数字时代对法治的新挑战，帮助学生认识数字时代的时代变化对法治发展提出了更高要求。
阶段4：法治中国坚持守正创新回应新挑战	1. 回应数字时代的法治方案。 理论讲授：马克思主义经典文本和世界先进法治经验。 2. 中国坚持守正创新回应数字时代挑战。 数据分析：中国已经是网络大国。 理论讲授：习近平法治思想中关于依法治理网络空间的论述，为全球治理现代化贡献了中国法治方案。	在前述时代背景下，推动学生理解面对时代问题和实践需要，习近平新时代中国特色社会主义思想坚持和发展马克思主义、拓展中国式现代化的重要意义。

续表

教学阶段	教学内容	教学环节设计
阶段 5：数字时代法治中国建设的实践探索	“小猪佩奇”著作权侵权纠纷案 1. 英国版权方选择在杭州互联网法院诉讼，是因为中国的互联网法院有效回应了前述数字时代对法治的新挑战； 2. 该案显示了中国法治建设的巨大成就，在该领域为其他国家贡献了中国智慧。	通过具体案例，切实体会法治中国建设成就，从而认识到守正创新才能紧跟时代步伐、顺应实践发展。
总结	1. 重申重难点：面对数字时代的新挑战，法治中国建设坚持守正创新，取得了法治实践的巨大成就，为全球治理现代化贡献了中国智慧。 2. 作业：结合法治中国建设，谈一谈你对守正创新的理解。	回顾总结本课时的主要内容，提醒学生及时复习。

3. 板书设计

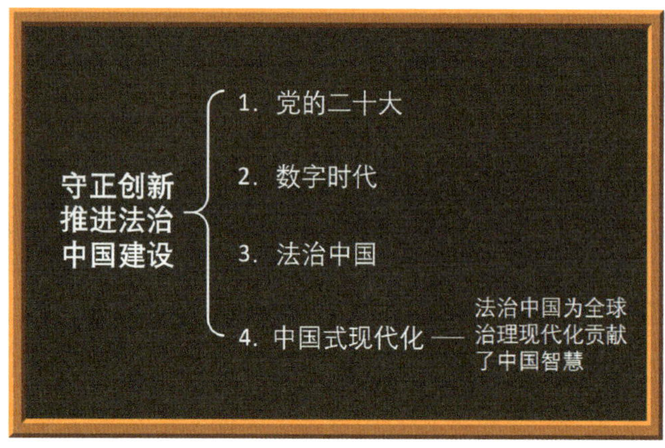

五、教学小结

1. 教学创新及其效果

教学内容。新时代的十年，是中国方方面面取得非凡成就的十年，也是法治中国建设突飞猛进的十年。实践告诉我们，法治中国能够开创新局面，就在于不断回答时代和实践提出的重大问题，开辟马克思主义中国化时代化新境界。

教学结构。通过案例导入—提出问题—分析问题—解决问题—实践展示的思路，从党的二十大的重要精神高度，有重点地针对学生的思想实际问题，通过讲清楚法治中国坚持守正创新、回应数字时代新挑战，为全球治理现代化贡献中国智慧，帮助学生认识到走中国式现代化道路的重要意义。

教学方法。导入部分，进行案例导入。通过传统中国法治形象獬豸导入课程内容，引起学生对法治的兴趣，由古及今讲述法治中国的新时代成就，形成古今对照，为后续讲清楚“守正创新”奠定传统文化基础。在“实践展示”部分，通过展示数字时代的法治中国实践，体会法治中国的建设成就，并通过援引海外评价全面、客观、真实地了解中国的法治进步，认识法治中国对治理现代化的独特贡献。

2. 教学反思

把握守正创新这一命题，对马克思主义理论水平具有较高要求。要想深入浅出地向学生讲清楚守正创新是什么，守正创新的意义有哪些，需要依靠合理的论证材料使深奥的理论易于理解。课程选取了数字时代的法治中国建设为主要内容，目的是选取新时代中国巨大成就的一个侧面作为窗口，来观察、理解守正创新的重要意义。能否实现这一目标，还需要在现场授课中通过与学生的互动和作业反馈再检测教学目标的实现成效。

六、阅读文献及拓展资料

1.《习近平谈治国理政》第一至四卷，外文出版社 2017、2018、2020、2022 年版。

2.《高举中国特色社会主义伟大旗帜 为全面建设社会主义现代化国家而团结奋斗——在中国共产党第二十次全国代表大会上的报告》，人民出版社 2022 年版。

3.《论坚持全面依法治国》，中央文献出版社 2020 年版。

4.《习近平法治思想概论》，高等教育出版社 2021 年版。

5.《学习中国化时代化的马克思主义立场观点方法》，人民出版社 2022

年版。

6. 周江洪等:《民法判例百选》，法律出版社 2021 年版。

7. 黄文艺:《推进中国式法治现代化 构建人类法治文明新形态》,《中国法学》2021 年第 6 期。

8. 景汉朝:《互联网法院的时代创新与中国贡献》,《中国法学》2022 年第 4 期。

9. 视频资料:《法治的力量》。

全过程人民民主：开创人类政治文明新形态

一、基本信息

【课程名称】形势与政策

【课程性质】本科生思想政治理论课，必修，8 学时 / 每学期，2 学分

【授课对象】北京理工大学本科一年级学生

【本讲名称】全过程人民民主：开创人类政治文明新形态

【对应章节】《高校“形势与政策”课教学要点（2022 年下辑）》要点 2

【单元学时】1 学时，45 分钟

【教师简介】李瓔珞，北京理工大学马克思主义学院助理教授，荣获第十二届北京高校思想政治理论课教学基本功比赛决赛特等奖。

二、教学简介与教学目标

1. 教学简介

要点要求讲清楚中国共产党团结带领全国各族人民成功推进和拓展了中国式现代化，探索出社会主义现代化的新道路，创造了人类文明的新形态。重点是将“中国之制”与“中国之治”的内在关系铺陈出来，引导学生坚定历史自信、增强历史主动，守正创新，勇毅前行，坚定不移听党话、跟党走。

本课程的授课对象是 00 后大一本科生，学情具有以下特点：首先，在知识结构上，00 后大学生有一定政治常识，但在知识的深度和广度方面有待挖掘，尤其是东西方比较视野下的思维训练稍显不足；其次，在心理认知上，当代大学生追求知识的高密度和高精度，有必要切中时代脉搏、引入最

新国内外相关事件，才能够击中学生灵魂、满足求知需求；最后，在行为实践上，00后大学生被称为“互联网的原住民”，学生借助互联网获取海量资讯，但同时存在不加辨别吸收、知识“碎片化”的情况。民主问题是西方进行意识形态渗透的主要领域之一，大学生由于辨别力不足很容易被“自由民主”的“幻象”诱导，因而教师应注重学生批判思维方式和能力的培养，引导学生明辨是非真伪。

2. 教学目标

知识目标：使青年学生充分理解“中国之治”源于“中国之制”和“中国之路”，认识全过程人民民主的历史、理论、实践逻辑的展开，在中国式现代化本质要求的视域下把握全过程人民民主的理念、制度与实践，在比较视野下理解全过程人民民主的优越性，进而弄清“中国特色社会主义为什么好”。

能力目标：自觉抵制西方所谓“普世价值”“普世文明”的消极影响，提高青年学生的政治敏锐性、政治鉴别力、政治判断力；在此基础上，提高政治参与的热情和回击错误思潮的能力。

价值目标：培养青年学生的民主意识和政治认同，激发青年学生关注中国特色社会主义民主建设、社会主义现代化建设的热情和决心，坚定青年学生对包括中国特色社会主义政治制度在内的“四个自信”，培养胸怀“国之大者”、可担时代大任的“时代新人”。

三、重点难点与党的二十大精神融入

1. 重点难点

重点：（1）全过程人民民主是近代以来中国共产党带领中国人民长期奋斗历史逻辑、理论逻辑、实践逻辑的创新成果；（2）全过程人民民主是中国特色社会主义政治发展道路的特色，是中国式现代化的本质要求，必须坚持党的领导、人民当家作主、依法治国的有机统一；（3）全过程人民民主的领域、环节、形式特点、实际效果。

难点：（1）如何理解我国绝不能够照搬西方政治制度模式；（2）全过程人民民主相较于西方自由民主好在哪里；（3）全过程人民民主有哪些原创性

贡献、对人类政治文明发展有何重大影响。

2. 解决方案

坚持“主导性和主体性相统一”的原则，综合采用多种教学方法，发挥教师引导、启发、监控教学过程的主导作用，又充分发挥学生作为学习主体的主动性、积极性与创造性，力争达成知识的入脑、入心、入行。

3. 党的二十大精神融入

带领学生深入理解党的二十大报告中关于中国式现代化本质要求，尤其是坚定不移走中国特色社会主义政治发展道路、发展全过程人民民主等相关论述背后的精髓要义，做到既“知其然”，又“知其所以然”。

坚持大历史观，从“五史”的视角厘清全过程人民民主提出的依据、背景及脉络；坚持问题导向，从问题链的角度出发，明确全过程人民民主为何是中国式现代化的本质要求之一、中美民主论争发展如何及如何看待、全过程人民民主的实效性怎样等问题；坚持立足中国、放眼世界，围绕民主的不同侧面，进行中西尤其是中美对比，在摆事实的过程中讲道理，真正触及重点难点问题。

四、教学内容与教学安排

1. 教学过程示意图

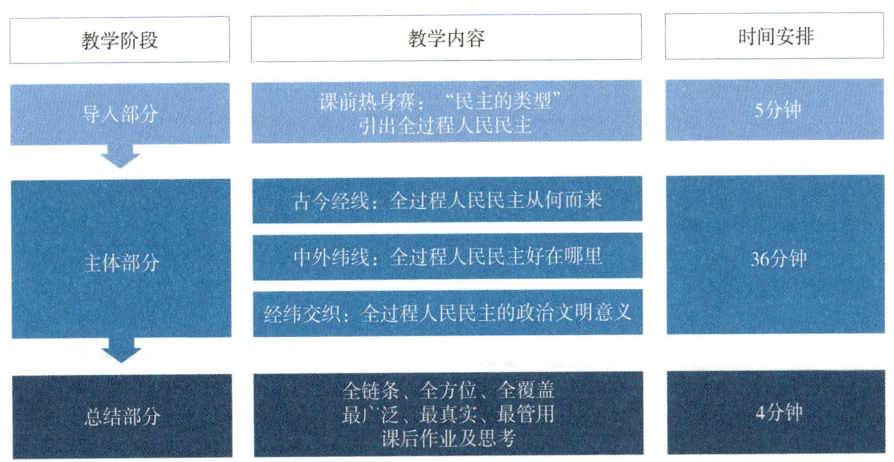

2. 教学内容及设计

教学阶段	教学内容	教学环节设计
导入	请各小组派一名代表到黑板前写下带有修饰词的民主。 全过程人民民主是中国特色社会主义民主理论的最新发展成果。党的二十大报告中指出，全过程人民民主是社会主义民主政治的本质属性，是最广泛、最真实、最管用的民主。而之所以成为最，则是在古今中外的比较视野下得出的结论，我们也必须纵横捭阖地去认知与评价。	互动教学法，考查学生预习情况，并摸底学生对知识的程度，自然引入专题的学习。
阶段1 古今经线：全过程人民民主从何而来	一、历史逻辑 《共产党宣言》明确宣告："工人革命的第一步就是使无产阶级上升为统治阶级，争得民主。"①作为无产阶级政党的中国共产党，自成立以来便高高举起人民民主的旗帜。在新民主主义革命过程中争取人民民主、在社会主义革命和建设过程中构建人民民主、在改革开放和社会主义现代化建设过程中发展人民民主，在中国特色社会主义新时代创造和总结出全过程人民民主。在中国这块东方大地上，民主从思想理论到伟大实践、从局部实践到全局实践、从价值理念到制度形态、从制度体系到治理机制，贯穿于中国共产党领导人民进行革命、建设、改革的全过程，覆盖治国理政的各环节，体现在经济社会发展的各方面，是近代以来中国发生的最根本巨变，是中国共产党对中国人民和中华民族的最伟大贡献。② 二、理论逻辑 "民主"一词源于古希腊语，意为"人民的统治"，作为一种政体形式存在着的民主，涵盖了古代雅典公民直接民主政府到现代代议制政府等多种类型，并且建构了一整套围绕民主的理论体系和话语体系。但是，西式自由民主逐渐窄化为选举民主的形式、严格限制民主范围、使民主陷入金钱和权力的迷宫，进而成为"受到资本主义剥削制度狭窄框子的限制，因此它实质上始终	讲授教学法，对理论提出的历程进行时间线的梳理，继而从理论、历史、实践三重逻辑出发，启发学生从"知其然"理解"知其所以然"。

① 《马克思恩格斯文集》第2卷，人民出版社2009年版，第52页。

② 包心鉴：《论全过程人民民主的内在逻辑和时代价值》，《当代世界与社会主义》2022年第2期，第4—12页。

续表

教学阶段	教学内容	教学环节设计
阶段 1 古今经线：全过程人民民主从何而来	是少数人的即只是有产阶级的、只是富人的民主制度”[①]。而马克思主义民主观始终坚持“人民本位”的价值内核，不仅是从理论上阐述作为国家制度的民主制，而且将自身对于民主的理解结合到了工人运动当中，将民主作为一种组织原则嵌入无产阶级政党当中。[②] 基于此，民主才能真正地服务于人民，真正实现人民当家作主。 三、实践逻辑 没有民主就没有社会主义，就没有社会主义现代化。进一步发展全过程人民民主是深入解决社会主要矛盾、不断满足人民日益增长的美好政治生活需要的迫切要求；是走好新时代新的赶考路、确保中国共产党永久跳出治乱兴衰历史周期率的迫切要求；是应对“美式民主”挑战、充分释放中国民主巨大优越性的迫切要求。[③] 全过程人民民主的基础是“民主”。全过程人民民主是全人类的共同价值，具有通约性的价值取向。而将“人民”冠于“民主”之前，彰显出社会主义民主的人民属性，并重申人民民主的科学性，具有社会主义的制度取向。而“全过程”是“人民民主”的修饰语和限定语，是人民民主的内在要求和外在体现，是对中国特色社会主义民主不断发展和完善之后在新时代的表现形态进行的新凝练与新总结，也是中国式民主区别于其他民主形态的最鲜明特征，具有明确的国别取向。 全过程人民民主的提出并非无本之木、无源之水，古今中外的理论探索、实践经验构筑出的历史经线，勾连起全过程人民民主的生成与发展，形成了既具有普遍意义又具有独特价值的普遍性与特殊性结合的民主政治文明形态。	

① 《列宁选集》第 3 卷，人民出版社 1995 年版，第 221 页。

② 孙镇、邓建华：《新时代发展全过程人民民主的四重逻辑》，《湖南行政学院学报》2022 年第 3 期，第 49—56 页。

③ 包心鉴：《论全过程人民民主的内在逻辑和时代价值》，《当代世界与社会主义》2022 年第 2 期，第 4—12 页。

续表

教学阶段	教学内容	教学环节设计
阶段 2 中外纬线：全过程人民民主好在哪里	民主，真的有“模板”可依吗？ 在具体的对比之中感受全过程人民民主的优越性所在。 一、重少数与重大众之分 民主本质上是政治上层建筑，归根结底是由相应的经济基础所决定的。西方自由民主的属性，决定了它是少数资本家的民主，资产阶级借助民主这一“政治外壳”来保障本阶级统治的特殊利益。 而全过程人民民主坚持以人民为中心的基本逻辑，无论性别、年龄、职业等，人人享有依法行使权力和民主监督的权利。数据显示，党的二十大代表中，一线工人、农民占到了 33.6%，女党员占比逐年攀升，少数民族党员覆盖面广。人大代表具有广泛的代表性，真正地实现了人民当家作主。 二、重形式与重实质之分 西方宪政民主以选举投票为中心，是时段性、间歇性的，正如习近平总书记所说：“人民只有在投票时被唤醒、投票后就进入休眠期。”① 反观中国，我们的民主不是装饰品，不是用来做摆设的。北京市东城区前门街道草厂社区的“小院议事厅”，正在讨论停车棚建在哪里、怎么建、如何维护。别看事情小，却是群众最关心的问题，停车棚雨水走向不顺墙流走会威胁房屋安全，防止僵尸车出现才能保证车位流通……在城市，在乡村，我们的人民民主让人民群众真正参与民主过程，切身感受协商民主带来的获得感和幸福感。 三、重短期和重长期之分 美国《时代》周刊不无讽刺地说，“西方政客们将选举胜利这种狭隘的利益看得重于更大的国家长远利益……他们的眼光最远也就是停在下一次选举计票上”。在西方国家，政党首先是特定利益集团的代表，因此无论哪一个政党上台执政，都会优先服务于自身狭隘利益。	案例教学法，引用典型示例和数据，在中西尤其是中美比较中说理，引发学生的情感和思想共鸣，增强教学的针对性。

① 《在庆祝中国人民政治协商会议成立 65 周年大会上的讲话》，人民出版社 2014 年版，第 14 页。

续表

教学阶段	教学内容	教学环节设计
阶段 2 中外纬线：全过程人民民主好在哪里	而在全过程人民民主中，中国共产党没有任何自身的特殊利益，而是真正代表最广大人民的根本利益，党的事业是千秋万代的，于是才有五年规划、各种中长期发展规划，并且能够确保这些目标和规划不因领导人的改变而改变，不因领导人看法和注意力的改变而改变。 四、重竞争与重协同之分 近年来，美国的政党竞争有演化为政党恶斗之势，西式民主政治正走向僵局。1977 年至今，美国政府已经停摆过 19 次之多。在英国、法国等西方国家，政治极化的蔓延现状也很严重，反映出社会撕裂、民粹泛滥等情况。否决型民主已让西方社会发展寸步难行。 而中国设置了科学的民主制度程序，如新型政党关系，中国共产党是我国唯一的执政党，与民主党派之间是执政党与参政党的关系，而非西方执政党和在野党、反对党的关系。此外，设置了根本、基本、重要三大类民主制度，纵向打通各层级，横向联动各领域，形成了中国共产党车头带，各党派、各行业、各领域协同共进的结果，造就了我国经济快速发展和社会长期稳定的两大奇迹。	讲授教学法，从现象到本质，提升学生分析问题的深度和水平。
阶段 3 经纬交织：全过程人民民主的政治文明意义	全过程人民民主之所以好，好在其遵循了民主发展的基本规律，坚持矛盾的普遍性和特殊性，融汇古今中外的治理方式和理念，创造性达成了四个相统一，在革故鼎新中聚焦于中国这一超大规模国家的治理难题，将社会中的每个体系、要素乃至细胞都嵌入民主的技能，进而实现一种广泛的、有效的“复合型民主”。① 1. 在民主的评判标准问题上形成了新叙事，纠正“单一标尺论” 民主的评判标准是否只有一个？答案显然是否定的。实现民主的形式是丰富多样的，不能拘泥于刻板的模式，更不能说只有一种放之四海而皆准的评判标准。习近平总书记明确指出：“用单一的标尺衡量世界丰富多彩的政治制度，用单调的眼光审视人类五彩缤纷的政治文明，本身就是不民主的。”	多媒体教学法，通过视频引介海外人士对全过程人民民主的评价，提升教学的感染力和说服力。

① 李璎珞：《全过程人民民主论析：结构、流程与功能》，《云南社会科学》2022 年第 4 期，第 10—17 页。

续表

教学阶段	教学内容	教学环节设计
阶段3 经纬交织：全过程人民民主的政治文明意义	在人类文明发展史上，除了中国特色社会主义制度和国家治理体系，没有任何一种国家制度和国家治理体系能够在这样短的历史时期内创造出经济快速发展和社会长期稳定两大奇迹。对于中国这样一个人口多、体量大、人均资源禀赋处于世界较低水平的最大发展中国家，没有人民的主人翁地位和主人翁精神，没有亿万人民的团结奋斗，实现这样的发展是不可能的。因而，对中国之治视而不见，抹杀中国对于人类民主政治的有益探索，必然丧失观察人类政治生活的基本客观性。 从更深层的道理上说，中国的人民民主之所以摆脱了形式主义民主的弊病，就在于：始终代表最广大人民根本利益，保证人民当家作主，体现人民共同意志，维护人民合法权益，是我国国家制度和国家治理体系的本质属性，也是我国国家制度和国家治理体系有效运行、充满活力的根本所在。占世界人口近五分之一的中国，人民真正实现当家作主，享有广泛权利和自由，提振了发展中国家发展民主的信心，为人类民主事业发展探索了新的路径。这是中国对人类政治文明的重大贡献，也是人类社会的巨大进步。 2. 在民主的生长机理问题上形成了新叙事，超越“机械挪移论” 只有从治理导向的“有机结合思维”出发，才能够抓住民主生长的真谛。正如习近平总书记指出的，“各国国情不同，每个国家的政治制度都是独特的，都是由这个国家的人民决定的，都是在这个国家历史传承、文化传统、经济社会发展的基础上长期发展、渐进改进、内生性演化的结果”。民主不是程序软件，在任何电脑上都一样运行，只需要简单下载安装即可，它一定要深深植根于具体的社会历史文化环境中才能够得以成长发展。“只有扎根本国土壤、汲取充沛养分的制度，才最可靠、也最管用。”“实现民主政治的形式是丰富多彩的，不能拘泥于刻板的模式。实践充分证明，中国式民主在中国行得通、很管用。”	

续表

教学阶段	教学内容	教学环节设计
阶段3 经纬交织：全过程人民民主的政治文明意义	3. 在民主的完善发展问题上形成了新叙事，反对“历史终结论” 中国的民主当然有一个不断发展完善的问题，正如习近平总书记指出的：“中国特色社会主义民主是个新事物，也是个好事物。当然，这并不是说，中国政治制度就完美无缺了，就不需要完善和发展了。”关键在于，按照什么样的原则完善和发展。要把坚定制度自信和不断改革创新统一起来，在坚持根本政治制度、基本政治制度的基础上，不断推进制度体系完善和发展。正因如此，“在政治制度上，看到别的国家有而我们没有就简单认为有欠缺，要搬过来；或者，看到我们有而别的国家没有就简单认为是多余的，要去除掉。这两种观点都是简单化的、片面的，因而都是不正确的”①。 全过程人民民主之所以好，根源在于有科学的马克思主义世界观和方法论指导。因为我们坚持实事求是，立足中国大地探索中国式的民主道路；坚持系统思维，发展全链条、全方位、全覆盖的民主；坚持斗争精神，敢于争夺民主的解释权和国际话语权；坚持开拓创新，继续推动制度体系的完善和发展。 播放视频资料：2022 年两会期间《多国人士点赞中国民主实践》。	
总结	重点学习了党的二十大报告中的理论热点——全过程人民民主，主要通过理论、历史、实践三重逻辑诠释其生成，并通过中美两国的对比，可以看出全过程人民民主称得上是“全链条、全方位、全覆盖的民主，是最广泛、最真实、最管用的社会主义民主”。进而能够从民主的评判标准、生长机理、完善发展等方面感受其在人类政治文明史上的开创意义。 作业：请大家利用假期做一个小调研，观察或参与你身边的民主实践，通过文字、图片、视频的方式记录和展示出来。	回顾并升华所授重点内容，加深印象、引起思考、布置作业。

① 黄相怀：《构建二十一世纪民主政治新叙事》，https://baijiahao.baidu.com/s?id=1720259977459512605&wfr=spider&for=pc，2023 年 12 月 13 日访问。

3. 板书设计

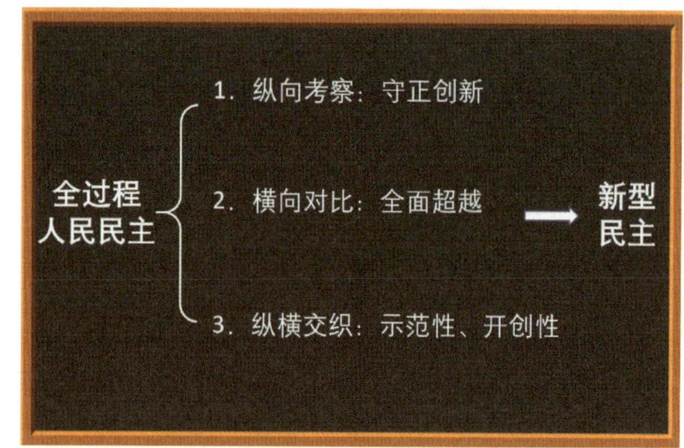

五、教学小结

1. 教学创新及其效果

教学方法运用综合灵活，尤其注重与学生的交流互动、激发学生的主体性；教学过程流畅、结构完整，联系古今中外开阔学生看待问题和分析问题的视野；教学内容牢牢依据形势与政策课程特性，紧跟海内外时事政治动态，剖析其本质和深意，完成第一时间推动党的创新理论成果进课堂的任务。

2. 教学反思

进一步细化与学生交流互动的问题和环节设计，提升学生的课堂参与度和获得感；拓展课堂形式，力争在实践教学、翻转课堂等方面有更多突破。

六、阅读文献及拓展资料

1.《论坚持人民当家作主》，人民出版社 2021 年版。

2.《高举中国特色社会主义伟大旗帜 为全面建设社会主义现代化国家而团结奋斗——在中国共产党第二十次全国代表大会上的报告》，人民出版社 2022 年版。

3.《中国的民主》，人民出版社 2021 年版。

4. 王沪宁主编：《政治的逻辑：马克思主义政治学原理》，上海人民出版社 2016 年版。

5. 佟德志主编：《全面发展全过程人民民主》，中国人民大学出版社 2022 年版。

6. [美] 乔万尼 · 萨托利：《民主新论》，冯克利、阎克文译，上海人民出版社 2011 年版。

7. [美] 约瑟夫 · 熊彼特：《资本主义、社会主义与民主》，吴良健译，商务印书馆 2021 年版。

深刻领悟“两个确立”的决定性意义

一、基本信息

【课程名称】形势与政策

【课程性质】本科生思想政治理论课，必修，8 学时 / 每学期，2 学分

【授课对象】北京航空航天大学本科一年级学生

【本讲名称】深刻领悟“两个确立”的决定性意义

【对应章节】《高校“形势与政策”课教学要点（2022 年下辑）》要点 2

【单元学时】1 学时，45 分钟

【教师简介】熊文景，北京航空航天大学马克思主义学院教师，荣获第十二届北京高校思想政治理论课教学基本功比赛决赛一等奖。

二、教学简介与教学目标

1. 教学简介

2022 年下半年高校形势与政策教育教学，要以宣传、贯彻党的二十大为主题主线，深入学习贯彻习近平新时代中国特色社会主义思想，围绕习近平总书记最新重要讲话精神和党的二十大精神，及时开展重大问题教育引导，持续激发学生青春向党、不负人民的爱党爱国热情，在全面建设社会主义现代化国家新征程中勇当开路先锋、争当事业闯将。

依据教育部《高校“形势与政策”课教学要点（2022 年下辑）》要求，在要讲清楚新时代取得伟大变革的根本原因方面，突出强调：要结合党的百年奋斗和十年历史性成就，引导学生深刻理解“两个确立”对于党和国家事

业、对于中华民族伟大复兴的决定性意义。

2. 教学目标

知识目标：深化了解“两个确立”的科学内涵和形成过程；深度认知“两个确立”的理论、历史和现实意义；自觉拥护“两个确立”，内化于心、外化于行。

能力目标：引导学生建立发现问题、分析问题和解决问题的思维意识，能够运用所学内容对“两个确立”的决定性意义进行分析和思考，力求学生具备用历史和辩证唯物主义分析问题的能力；引导学生具备深度思考的能力，能看问题不停留在表面，准确把握问题本质；引导学生具备理论联系实际的能力，把“两个确立”体现在理想信念、知行合一、踔厉奋发、笃行不怠上。

素质目标：引导学生做到对习近平新时代中国特色社会主义思想忠诚信仰，任何时候任何情况下都不改其心、不移其志；启发学生增强国家意识、民族意识、忧患意识和社会责任意识；吸引学生关注新时代十年取得的历史性成就、发生的历史性变革，将实现个人的青春梦想融入中华民族伟大复兴中国梦的实现过程中。

三、重点难点与党的二十大精神融入

1. 重点难点

重点：第一，“两个确立”的形成过程。伟大的时代能够称之为伟大，必定是以产生伟大的人物、诞生伟大的思想为标志的。新时代十年取得历史性成就、发生历史性变革，关键在于以习近平同志为核心的党中央的坚强领导。第二，“两个确立”的依据以及决定性意义。讲清“两个确立”的理论依据、历史依据和事实依据，阐明为什么“两个确立”是时代需要、历史选择，是民心所向、众望所归，以及由此阐明“两个确立”对新时代新征程上把中国特色社会主义事业推向前进的决定性意义在哪里。第三，新时代青年如何拥护“两个确立”。要结合新时代青年的自身特点和需求，引导青年深刻理解“两个确立”对于党和国家事业、对于中华民族伟大复兴的决定性意义，并做到自觉拥护、见诸行动。

难点：第一，学生对坚强领导核心和科学理论指导重要性的认识不足。结合党的二十大精神的理论学习，讲清楚“两个确立”是新时代取得伟大变革的根本原因。第二，学生对唯物史观的理解尚不深刻。讲清楚唯物史观，肯定人民群众在创造历史中的主体作用，突出强调伟大人物对群众活动的引领作用。第三，结合现实案例，讲清楚习近平总书记的领导才能，习近平新时代中国特色社会主义思想的真理力量、精神力量、实践力量，并引起学生的讨论和思考。

2. 解决方案

第一，采用大量案例帮助学生了解新时代十年的伟大变革。比如，通过脱贫攻坚取得全面胜利，提前十年完成联合国 2030 年可持续发展议程的减贫目标，在中华大地上全面建成了小康社会，说明领导核心的掌舵定向、科学理论的指引领航的实际成效。第二，通过马克思、恩格斯的经典论述，结合党不同历史时期的斗争经验，引导学生科学理性认识“两个确立”的形成依据。第三，通过互动式讨论的教学方法，调动学生的热情和积极性，并通过眼神交流和手势互动的方式密切关注学生对教学内容的课堂反应，根据情况灵活调整授课进度和内容。

3. 党的二十大精神融入

通过融入为什么党确立习近平同志党中央的核心、全党的核心地位，确立习近平新时代中国特色社会主义思想的指导地位，反映了全党全军全国各族人民共同心愿，为什么新时代新征程上把中国特色社会主义事业推向前进，最紧要的是深刻领悟“两个确立”的决定性意义等问题，结合新时代十年伟大变革的历史成就，举完成脱贫攻坚、全面建成小康社会的历史任务中的一些具体事例，有助于更好讲清“两个确立”是党在新时代取得的重大政治成果，是推动党和国家事业取得历史性成就、发生历史性变革的决定性因素。

四、教学内容与教学安排

1. 教学过程示意图

2. 教学内容及设计

教学阶段	教学内容	教学环节设计
导入	播放短视频《非凡十年》，引导学生思考十年伟大变革的根本原因。	引入主题、提出问题。
阶段1：“两个确立”的提出	“两个确立”：确立习近平同志党中央的核心、全党的核心地位，确立习近平新时代中国特色社会主义思想的指导地位。	以讨论、互动方式为主，引导学生思考，再由教师进行分析。
阶段2：“两个确立”的提出依据与决定性意义	（1）坚强的领导核心、科学的理论指导至关重要。确立坚强的领导核心、掌握科学的理论武器，是马克思主义建党学说的基本原则，也是马克思主义唯物史观的根本要求。 （2）“群龙无首”必然各自为政，“一盘散沙”必然混乱无序。如果党中央没有核心、全党没有核心，那是不可想象的，是很容易搞散的，是什么事情也办不成的。党中央有核心、全党有核心，党才有力量。 （3）“两个确立”是时代呼唤、民心所向、众望所归。	让学生从理论、历史和现实三个方面深入理解“两个确立”是党在新时代取得的重大政治成果，是推动党和国家事业取得历史性成就、发生历史性变革的决定性因素。

续表

教学阶段	教学内容	教学环节设计
阶段 3：新时代青年如何拥护“两个确立”	（1）政治上尽忠竭诚：拥护“两个确立”，首要是做到对习近平总书记忠诚拥戴、对习近平新时代中国特色社会主义思想忠诚信仰。 （2）思想上心明眼亮：深刻认识到“两个确立”决定道路方向，决定事业成败，决定党的兴衰，决定国家和民族的前途命运。 （3）感情上至真至纯：拥护“两个确立”，就是要从理论自觉润化为情感自发，从显意识内化为潜意识。 （4）行动上笃行不怠：永远以党的旗帜为旗帜、以党的方向为方向；应志存高远，以实现中华民族伟大复兴为己任，积极投身新时代各项建设为行动方向。	教师讲授要求清晰、准确，学生参与讨论，深化新时代青年对“两个确立”的认同与拥护。
总结	（1）对课堂内容总结； （2）扩展阅读； （3）课后思考题。	强化学生对课堂内容的掌握，并运用所学知识进行思考，为下一次课程做准备。

3. 板书设计

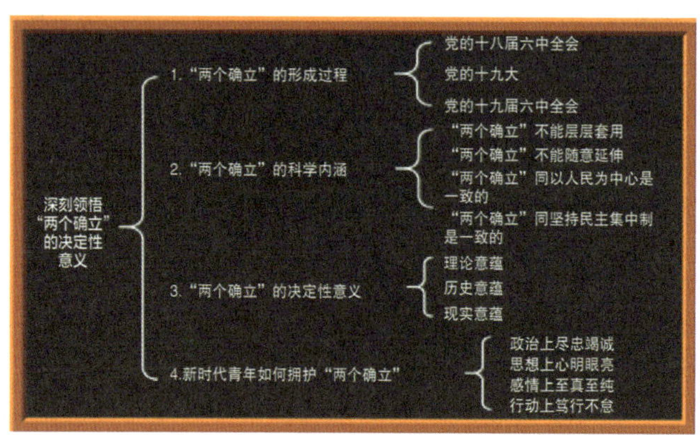

五、教学小结

1. 教学创新及其效果

教学特色。第一，案例教学。在课程讲授过程中通过大量的案例分析讨论帮助学生掌握理论知识。在从理论、历史和现实进行“两个确立”的决定性意义讲授时，每介绍一个方面就借助案例分析，有助于提高学生的学习兴趣。第二，互动教学。案例讨论分析过程中，通过互动式教学方式将学生吸引到课堂上，培养学生主动思考和参与的意识和能力。第三，比较教学。在对遵义会议进行讲授时，运用比较分析没有党的领导核心和有党的领导核心党的事业结果，帮助学生加深理解“两个确立”。

教学效果。第一，培养学生深度思考热点问题的思维方式。以“两个确立”为主要讲授对象，引入大量的案例，积极与学生互动，激发学生的思考和讨论，注重通过课程教学培养学生深度思考的思维方式。第二，系统讲授“两个确立”的理论和实践知识。为了帮助学生更深刻认识“两个确立”的决定性意义，重点对“两个确立”的提出、依据、意义等进行全面讲解，使得学生能够从理论和实践两个层面加深“两个确立”的理解。第三，夯实学生忠诚拥护“两个确立”的思想根基。通过讲授明确“两个确立”的决定性意义，培养学生在心底产生一种衷心拥护的高度自觉，进一步以时不我待的使命感融入灵魂、见诸行动。

2. 教学反思

第一，互动方式与深度进一步加强。在学生互动环节，进一步凝练讨论的问题，突出案例分析的方法，调动尽可能多的学生参与，充分发挥学生在课堂中的主体作用。

第二，教学手段进一步多样化。不断增加多种教学手段在课堂中的运用，包括视频资料、情景模拟等手段，进一步增加课程的吸引力。

第三，课程理论性内容进一步简单易懂。通过学生的反馈与交流，以学生容易接受的方式对课程内容进行进一步科学化的编排，进一步提高课堂教学效果。

六、阅读文献及拓展资料

1.《党的二十大报告学习辅导百问》，学习出版社、党建读物出版社2022年版。

2.《习近平的七年知青岁月》，中央党校出版社2017年版。

3.《中共中央关于党的百年奋斗重大成就和历史经验的决议》，人民出版社2021年版。

4.《马克思恩格斯选集》第3卷，人民出版社2012年版。

5.《百年大党面对面》，学习出版社、人民出版社2022年版。

自我革命是党跳出历史周期率的第二个答案

一、基本信息

【课程名称】形势与政策

【课程性质】本科生思想政治理论课，必修，8 学时 / 每学期，2 学分

【授课对象】中华女子学院本科一年级学生

【本讲名称】自我革命是党跳出历史周期率的第二个答案

【对应章节】《高校“形势与政策”课教学要点（2022 年下辑）》要点 2

【单元学时】1 学时，45 分钟

【教师简介】雷娜，中华女子学院马克思主义学院讲师，荣获第十二届北京高校思想政治理论课教学基本功比赛决赛一等奖。

二、教学简介与教学目标

1. 教学简介

教学内容。（1）自我革命的内涵形成。党的十七届七中全会提出，全党要“不断增强自我净化、自我完善、自我革新、自我提高能力”，党的十八大报告沿用了这一表述。（2）自我革命是党跳出历史周期率的第二个答案。首先，从理论依托上来看，主要源于马克思主义政党自身具有的纠错品质；其次，从逻辑依托上来看，党能跳出历史周期率是源于两个答案之间具有内在统一、相互促进的关系；最后，从现实依托上来看，主要源于党将自我革命进行了常态化推进和可持续发展。（3）自我革命的重要意义。首先，自我革命是对马克思主义党建思想的运用和发展；其次，自我革命是对党百年奋

斗经验的总结；再者，自我革命是党实现第二个百年奋斗目标的根本要求；最后，自我革命是对新时代党的建设伟大工程的理性思考和自觉行动。

课程设计。结合学生的兴趣点，以学生关注的热点事件作为切入点，共同探讨自我革命和让人民监督政府的关系；结合学生对党的二十大报告的了解，以分组形式让学生谈论自我革命为什么是党跳出历史周期率的第二个答案；以习近平总书记的“忧心忡忡”引入，让学生深入分析自我革命的必要性。

2. 教学目标

知识目标：通过课堂讲授，让学生能够全面了解什么是自我革命，深刻理解自我革命是党跳出历史周期率的第二个答案以及自我革命的必要性。

能力目标：通过构建问题链，引发学生思考问题、分析问题，用所学知识分析自我革命的重要意义。

素质目标：结合本节课内容，增强学生对中国道路的认同，对中国共产党的认同，坚定历史自信，增强历史主动，坚定学生听党话、跟党走的决心。

三、重点难点与党的二十大精神融入

1. 重点难点

重点：从“四自”的阐述中深刻理解为什么党将“坚持自我革命”总结为党百年奋斗的十大宝贵历史经验之一；从永葆党的先进性和纯洁性的角度深入理解为什么自我革命是党破解历史周期率的第二个答案；从党的自我革命引领社会革命的视角，理解自我革命对党和国家的深远意义。

难点：如何讲清楚自我净化、自我完善、自我革新、自我提高之间的关系，如何讲清楚自我革命成为破解历史周期率的第二个答案。

2. 解决方案

通过学生课前准备“四自”的内容，让学生进行课堂展示，结合学生展示进行深入分析，厘清“四自”之间的逻辑关系和相互联系；以案例作为切入，通过列举党在自我革命方面的实践，理解自我革命对我国社会发展产生的重要意义；通过对比不同国家在自我监督方面的不同做法，深入解读自我革命为何能成为中国共产党破解历史周期率的第二个答案。

3. 党的二十大精神融入

结合党的二十大报告中强调的“完善党的自我革命制度规范体系”，从三个部分具体融入。

一是从理论上讲清楚马克思主义政党具有自我纠错的品质与中国共产党完善自身纠错机制关系。马克思主义具有革命性，集中表现为它的批判精神和无产阶级立场，中国共产党作为马克思主义政党，本质上具备革命属性。在马克思主义政党所进行的革命中，自我革命又是首要的。

二是从逻辑上讲清楚中国共产党破解历史周期率的两个答案之间的关系。习近平总书记在党的十九届六中全会上明确指出：“我们党历史这么长，规模这么大，执政这么久，如何跳出治乱兴衰的历史周期率？毛泽东同志在延安的窑洞里给出了第一个答案，这就是‘只有让人民来监督政府，政府才不敢松懈’。经过百年奋斗特别是党的十八大以来的新实践，我们党又给出了第二个答案，这就是自我革命。”[①] 两个答案之间是内在统一、互相促进的。

三是从实践上讲清楚新时代十年中国共产党是如何做到自我革命的常态化推进和可持续发展的。党的十八大以来，面对党内存在的问题，以习近平同志为核心的党中央发扬“刀刃向内”的勇气和前所未有的定力，将全面从严治党纳入“四个全面”战略布局，在坚持严的主基调下打出一套自我革命的“组合拳”，形成了一整套党自我净化、自我完善、自我革新、自我提高的制度规范体系，使得党在革命性锻造中更加坚强，特别是反腐败斗争取得压倒性胜利并全面巩固，消除了党、国家、军队内部存在的严重隐患。让自我革命在新时代得到了更进一步的发展，保障了党的纯洁性。党的这些做法，事实上就是将自我革命进行常态化推进和可持续发展。

① 《以史为鉴、开创未来、埋头苦干、勇毅前行》，《求是》2022 年第 1 期。

四、教学内容与教学安排

1. 教学过程示意图

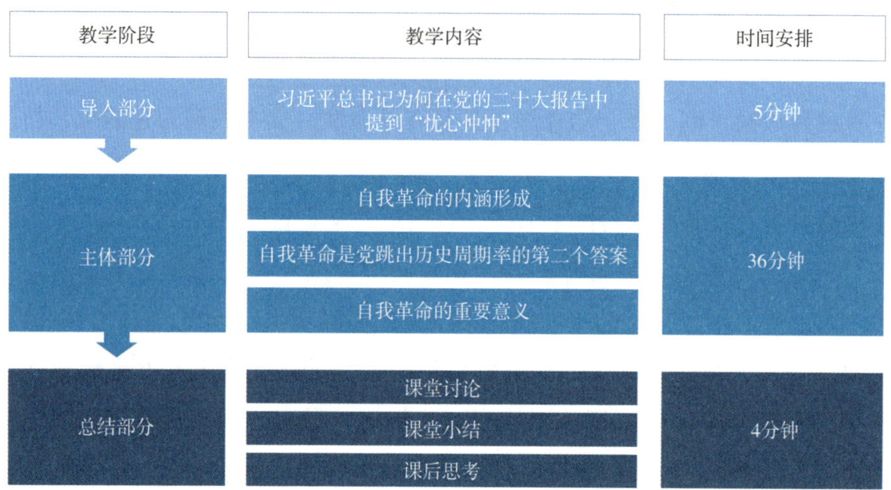

2. 教学内容及设计

教学阶段	教学内容	教学环节设计
导入	2018 年 7 月 3 日，习近平总书记在全国组织工作会议上指出："党的十八大之前，面对一个时期以来党内存在的突出问题，全党是忧心忡忡的，我是忧心忡忡的。"党的二十大报告中，习近平总书记又一次指出："当时，党内和社会上不少人对党和国家前途忧心忡忡。"为什么习近平总书记会感到忧心忡忡呢？忧心忡忡的是什么呢？	结合互动和实际体验，增强学生的代入感和参与感。
阶段 1：自我革命的内涵形成	（一）**自我净化**：过滤杂质 （二）**自我完善**：补齐短板 （三）**自我革新**：推进创新 （四）**自我提高**：不断学习	引导学生思考：①"四自"的形成过程；②自我革命与"四自"的内涵如何实现统一。

续表

教学阶段	教学内容	教学环节设计
阶段 2：自我革命是党跳出历史周期率的第二个答案	（一）理论依托：马克思主义政党自身的纠错机制 马克思主义具有革命性，集中表现为它的批判精神和无产阶级立场，中国共产党作为马克思主义政党，本质上具备革命属性。在带领人民推进革命、建设和改革的历史进程中，党不仅推行“刀刃向外”的暴力革命，而且强调“刀刃向内”的自我革命。在马克思主义政党所进行的革命中，自我革命又是首要的。 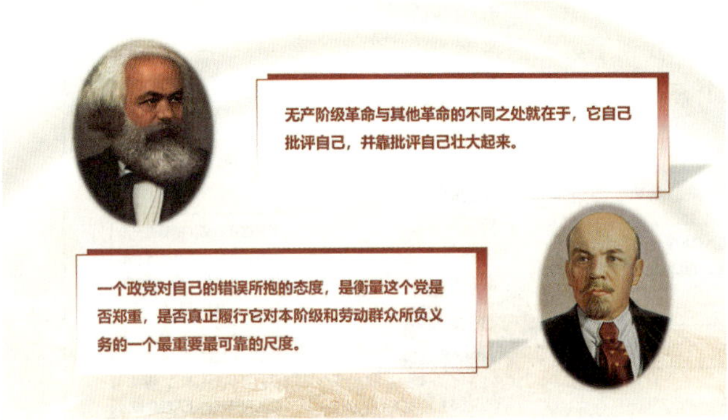 无产阶级革命与其他革命的不同之处就在于，它自己批评自己，并靠批评自己壮大起来。 一个政党对自己的错误所抱的态度，是衡量这个党是否郑重，是否真正履行它对本阶级和劳动群众所负义务的一个最重要最可靠的尺度。 回顾我国封建王朝、起义运动兴衰成败的历史，取得政权之初的封建阶级、起义将领，政治活力旺盛，所向披靡，不久即丧失革命性，风流总被雨打风吹去。归结其无法跳出历史周期率的症结，就在于“不能解决好自身存在的问题”。 我们党之所以伟大，不在于不犯错误，而在于从不讳疾忌医，敢于直面问题，勇于自我革命。 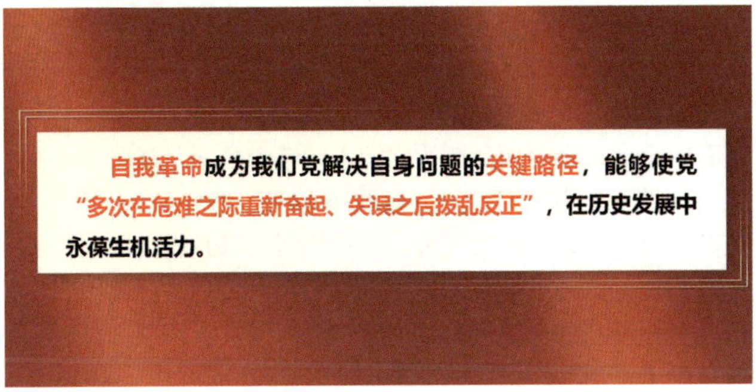 自我革命成为我们党解决自身问题的关键路径，能够使党“多次在危难之际重新奋起、失误之后拨乱反正”，在历史发展中永葆生机活力。	引导学生思考：①自我革命的理论依托；②自我革命与让人民监督政府之间的关系；③自我革命带给中国的变化。

续表

教学阶段	教学内容	教学环节设计
阶段 2：自我革命是党跳出历史周期率的第二个答案	（二）逻辑依托：两个答案之间内在统一、互相促进 抗日战争胜利前夕，民主人士黄炎培与毛泽东同志围绕破解政权建设“其兴也勃焉，其亡也忽焉”的历史性课题，进行了一场著名的“窑洞对”，找到了第一个答案。 社会主义国家如何跳出历史周期率？党的十八大以来，以习近平同志为核心的党中央强调先进的马克思主义政党是在“自我革命中淬炼而成的”，通过全面从严治党、推进党风廉政建设和反腐败斗争，探索出依靠自我革命跳出历史周期率的成功路径，找到了第二个答案。 两个答案之间有什么联系呢？ 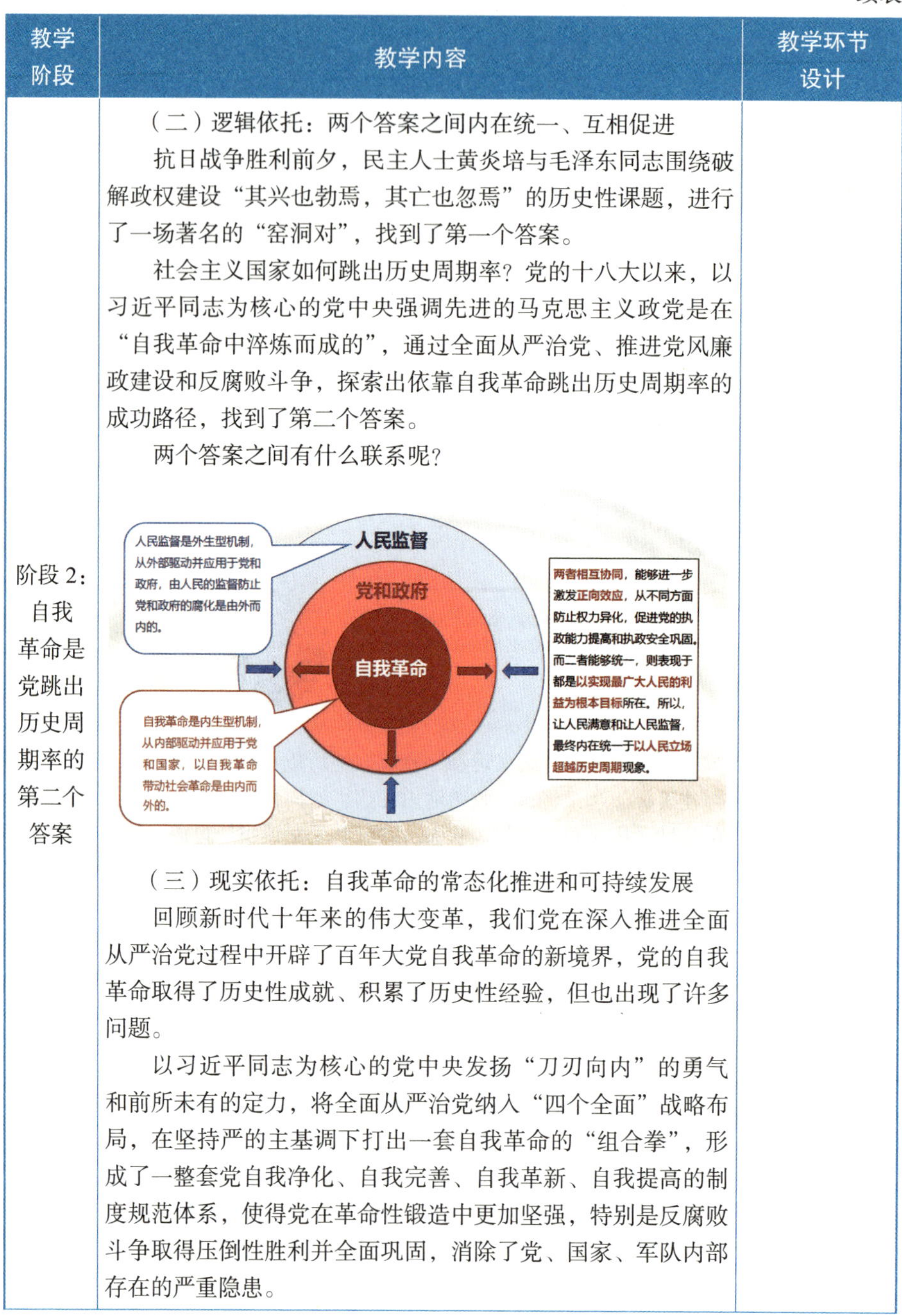 （三）现实依托：自我革命的常态化推进和可持续发展 回顾新时代十年来的伟大变革，我们党在深入推进全面从严治党过程中开辟了百年大党自我革命的新境界，党的自我革命取得了历史性成就、积累了历史性经验，但也出现了许多问题。 以习近平同志为核心的党中央发扬“刀刃向内”的勇气和前所未有的定力，将全面从严治党纳入“四个全面”战略布局，在坚持严的主基调下打出一套自我革命的“组合拳”，形成了一整套党自我净化、自我完善、自我革新、自我提高的制度规范体系，使得党在革命性锻造中更加坚强，特别是反腐败斗争取得压倒性胜利并全面巩固，消除了党、国家、军队内部存在的严重隐患。	

续表

教学阶段	教学内容	教学环节设计
阶段 2：自我革命是党跳出历史周期率的第二个答案	新时代中国共产党人将自我革命进行常态化推进和可持续发展，构成区别于世界上其他政党的显著标志和独特优势。	
阶段 3：自我革命的重要意义	自我革命的重要意义 （一）自我革命是对马克思主义党建思想的运用和发展 （二）自我革命是对党百年奋斗经验的总结 （三）自我革命是党实现第二个百年奋斗目标的根本要求 （四）自我革命是对新时代党的建设伟大工程的理性思考和自觉行动	引导学生思考：①自我革命对中国社会发展的意义；②自我革命对中国共产党保持先进性的重要意义。
总结	【活动】谈谈你对“反腐败是最彻底的自我革命”的看法。 【雨课堂】结合本讲内容和活动中的体会，在微信平台上发表留言，下节课将精选留言分享。 【作业】如何理解以自我革命推动社会革命？	目的：①使学生体会到“自我革命”与“每个党员”休戚相关；②启发思考。

3. 板书设计

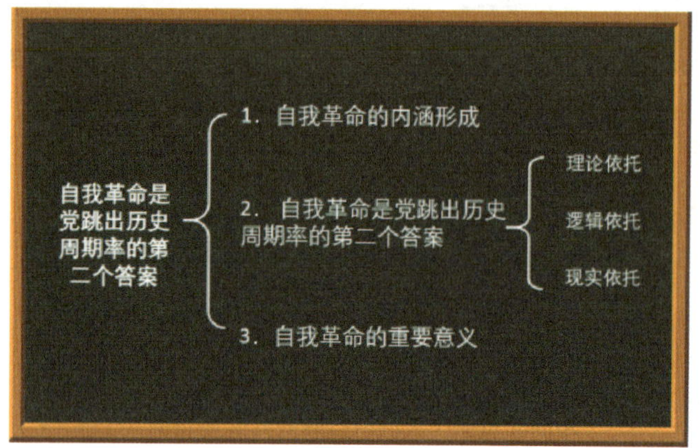

五、教学小结

1. 教学创新及其效果

本章节的内容是党的二十大报告中受关注的热点内容之一，要讲解好该内容，首先要在内容上进行创新，通过理论依托、逻辑依托、现实依托三个方面，深入解读了为什么自我革命是党跳出历史周期率的第二个答案。从教学效果上看，能够让学生对自我革命有一个深入的认识和了解，能够在接下来讨论自我革命的意义中将自我革命和社会革命有效结合，能够理解新时代十年党的自我革命的深入推进带来国家翻天覆地的变化。

2. 教学反思

在教学中尽管对内容进行了深入的分析和提炼，但仍有如下问题需要注意：在自我革命的内涵理解上，需要拓宽内涵分析的不同维度，以便更全面理解自我革命；在解答自我革命是党跳出历史周期率的第二个答案时，可以再深入挖掘案例，让学生的理解能够更加直观和形象。

六、阅读文献及拓展资料

1.《高举中国特色社会主义伟大旗帜 为全面建设社会主义现代化国家而

团结奋斗——在中国共产党第二十次全国代表大会上的报告》，人民出版社2022年版。

2.《党的二十大报告学习辅导百问》，学习出版社、党建读物出版社2022年版。

3.《中共中央关于党的百年奋斗重大成就和历史经验的决议》，人民出版社2021年版。

4. 任仲文:《深入推进自我革命》，人民日报出版社2019年版。

保障粮食安全，端牢中国饭碗

一、基本信息

【课程名称】形势与政策

【课程性质】本科生思想政治理论课，必修，8学时/每学期，2学分

【授课对象】北京化工大学本科一年级学生

【本讲名称】保障粮食安全，端牢中国饭碗

【对应章节】《高校"形势与政策"课教学要点（2022年下辑）》要点6

【单元学时】1学时，45分钟

【教师简介】董华，北京化工大学化学工程学院讲师，荣获第十二届北京高校思想政治理论课教学基本功大赛决赛二等奖。

二、教学简介与教学目标

1. 教学简介

主要讲解中国粮食政策的历史和中国粮食安全战略演变路径、内在逻辑，引导学生认清如今粮食安全面临的形势与挑战。

2. 教学目标

帮助学生深刻理解"手中有粮、心中不慌在任何时候都是真理"，充分认识保障粮食安全的必要性、长期性、艰巨性，倡导学生杜绝"舌尖上的浪费"，永远记得"粒粒皆辛苦"，始终不忘"辛苦是三农"。

三、重点难点与党的二十大精神融入

1. 重点难点

重点：我国粮食政策的百年回顾和历史性成就、我国粮食安全战略演变的路径和内在逻辑，以及粮食安全面临的挑战。

难点：深刻阐述我国粮食安全战略的内涵。

2. 解决方案

以课堂讲授为主，主要是多媒体演示，适当配合板书。

3. 党的二十大精神融入

党的二十大报告中指出："谷物总产量稳居世界首位，十四亿多人的粮食安全得到有效保障。"

通过讲解粮食安全战略演变的路径和内在逻辑以及粮食安全面临的挑战，从农民、耕地、种子、科技、党政同责等角度理解党的二十大报告中的"全方位夯实粮食安全根基，全面落实粮食安全党政同责，牢牢守住十八亿亩耕地红线，逐步把永久基本农田全部建成高标准农田，深入实施种业振兴行动，强化农业科技和装备支撑，健全种粮农民收益保障机制和主产区利益补偿机制，确保中国人的饭碗牢牢端在自己手中"。

四、教学内容与教学安排

1. 教学过程示意图

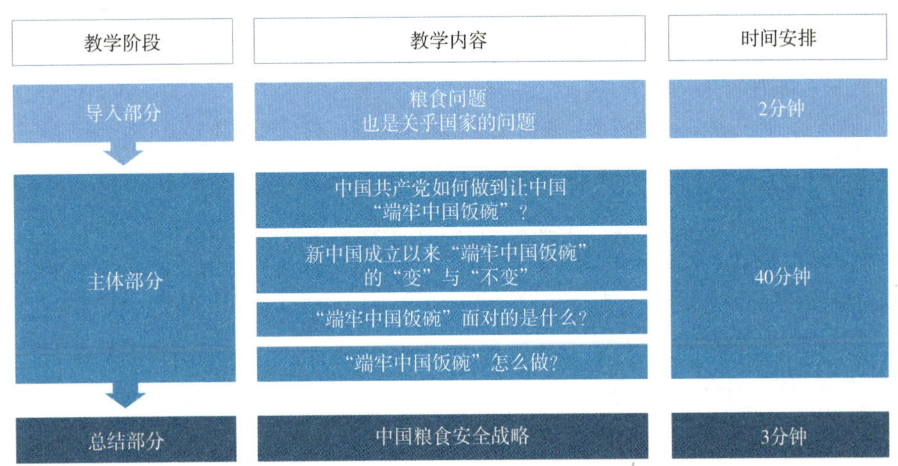

2. 教学内容及设计

教学阶段	教学内容	教学环节设计
导入	（1）每天全国消耗多少粮食？ （2）你在乎过一粒米吗？	【提问法】 锁定学生兴趣与注意力。
阶段 1：课题引入	1949 年新中国成立之际，时任美国国务卿艾奇逊预言：历代政府都没有解决中国人的吃饭问题，这是他们失败的原因。同样，共产党政权也解决不了中国人的吃饭问题，它必然会因此而垮台。1994 年，一个美国学者写了一本《谁来养活中国？》的书，声称由于人口增加、耕地减少和人们生活水平的提高，进入 21 世纪后，中国必将出现粮食短缺，进而造成世界性的粮食危机。 与国际相比，我们国内粮食连年丰收。党的二十大报告中指出："谷物总产量稳居世界首位，十四亿多人的粮食安全、能源安全得到了有效保障。"	【对比法】 通过西方对我国粮食安全的质疑以及国际粮食恐慌情绪和我国粮食安全稳定的对比，引发学生对于我国如何实现粮食安全的好奇和关注。
阶段 2：中国共产党如何做到让中国"端牢中国饭碗"？	一百多年来，党领导人民走出了一条具有中国特色的粮食安全之路。 （一）新民主主义革命时期（1921—1949 年）：开展土地革命，动员广大农民，为革命战争提供财粮保障 1. 土地革命时期，没收封建地主、豪绅等大私有主的土地分配给农民，形成了"依靠贫农、雇农，联合中农，限制富农，消灭地主阶级"的土地革命路线，极大动员了广大农民参与革命的热情； 2. 抗日战争时期，采取减租减息、增开荒地、推广植棉、调剂劳动力、增加农贷、提高农业技术、实行农业累进税等政策，开展农业大规模生产运动，提高粮食自给能力； 3. 解放战争时期，废除地主土地所有权，按乡村全部人口，统筹土地数量和质量平均分配给村民个人，并开展合作互助。 这一时期实现"耕者有其田"，但是距解决温饱问题尚有较大差距。	【历史脉络法】 理论讲授。

续表

教学阶段	教学内容	教学环节设计
阶段 2：中国共产党如何做到让中国“端牢中国饭碗”？	（二）社会主义革命和建设时期（1949—1978 年）：改造农业生产关系，改进农业基础设施，改善粮食生产发展的基础条件 1. 在农业生产关系方面，自 1952 年起，逐步改革土地所有制关系，从以换工帮忙为主的互助组，调整为以土地入股分红、重要生产资料私有为主的初级社，改革为生产资料集体所有、统一经营的高级社；到 1956 年底，基本完成农业、手工业、资本主义工商业三大改造，引导农民走互助合作道路；到 1958 年，开始由高级农业合作社向人民公社迈进。 2. 在农业生产力方面，采取大规模兴修水利设施、实行农业机械化、改进使用肥料、推广优良品种、改良土壤、扩大复种面积、种植高产作物、消灭虫害病害等措施，积累了“农业八字宪法”（土、肥、水、种、密、保、管、工）粮食种植经验。 3. 在粮食流通方面，1953 年，为解决城乡粮食供应紧缺问题，实行统购统销制度。农村作为供给端，按照土地面积和质量等级上交公粮；城市作为需求端，居民按照工作性质和年龄凭票购买粮食，逐渐建立起“以农补工”的国民经济发展模式。 总体来看，这一时期人民温饱问题虽未得到根本解决，但在改善农业基础设施、提高农业物质装备水平、加快农业科技进步等方面取得了较为明显的成效，为粮食生产的持续发展奠定了基础。 （三）改革开放和社会主义现代化建设新时期（1978—2012 年）：改革农业生产关系，解放和发展生产力，向建设全面小康社会迈出坚实步伐 1. 在农业生产关系方面，改革开放从农村实行家庭联产承包责任制率先突破，逐步确立了以家庭承包经营为基础、统分结合的双层经营体制，接续开展了承包周期为 15 年和 30 年的两轮土地承包期。 2. 在农业生产力方面，在 1987 年实施第一部《土地管理法》后，开启了较为系统的耕地保护和质量建设历程，并逐步提出守住 18 亿亩耕地红线，对耕地保有量和基本农田保护提出严格要求。	

续表

教学阶段	教学内容	教学环节设计
阶段 2：中国共产党如何做到让中国"端牢中国饭碗"？	3. 在粮食流通和市场化方面，逐渐取消农产品统购统销制度，由计划经济向市场经济转变。 4. 在粮农支持方面，连续多年出台中央"一号文件"，对"三农"工作作出总体部署；采取了"工业反哺农业、城市支持农村"的方针，实施了一系列支农惠农政策，并于 2006 年取消了延续两千多年的农业税，不断提高财政金融支农水平。 这一时期，农业生产关系、生产结构得以调整，发展多种经营，食物多样化发展较快，人民的生活质量明显提高，实现了温饱不足到基本解决温饱问题的转变，并向建设全面小康社会迈出了坚实步伐。 （四）中国特色社会主义新时代（2012 年至今）：粮食稳供给、粮农收入稳增长、粮食价格稳运行，以及粮食数量、质量、安全与营养健康的全方位保障，为全面建成小康社会奠定基础 1. 在农业生产关系方面，2013 年，党中央提出在巩固完善农村基本经营制度的基础上，推进农村土地"三权分置"，坚持农村土地集体所有权，稳定农户承包权，放活土地经营权，实现了农民集体、承包农户、新型农业经营主体对土地权利的共享；党的十九大明确提出第二轮土地承包到期后再延长 30 年。 2. 在农业生产力方面，实施"藏粮于地、藏粮于技"战略，实行最严格的耕地保护制度，严守永久基本农田保有量，强化高标准农田建设和黑土地保护工程，推进农业科技进步，推动种业科技自立自强、种源自主可控，主要农作物良种基本实现全覆盖；用现代化手段装备农业，因地制宜推动农作物耕种收全程机械化发展；优化农业布局和产品结构，提高农业整体效益；适时调整农业生产结构和生产关系，培育新型农业经营主体，稳步推进土地适度规模经营；推动化肥减量增效，促进农业绿色低碳发展。 3. 在粮食支持和流通、市场化方面，加大支农强农政策力度，完善农业支持保护体系；建设现代流通体系，加强储备应急管理；扩大农业开放从要素开放向制度型开放转变，更加充分利用"两个市场、两种资源"，优化进出口结构，深化农业国际合作。	

续表

<table>
<tr><th>教学阶段</th><th>教学内容</th><th>教学环节设计</th></tr>
<tr>
<td>阶段 3：新中国成立以来“端牢中国饭碗”的“变”与“不变”</td>
<td>
（一）粮食安全战略保障目标和范围的变化
1. 保障目标：由注重“数量”向兼顾“数量、效益、品质”转变
在改革开放之前，为了恢复农业生产、改变粮食供给全面短缺的局面，国家主要注重粮食产量的提升；在改革开放初期，随着粮食供需失衡局面的缓和，保障目标在注重产量的同时兼顾了种粮效益；进入 21 世纪，随着粮食产量不断增加，人民生活质量不断改善，粮食质量和安全也被纳入国家粮食安全保障体系中。
2. 保障范围：由“全面增产”向“谷物基本自给，口粮绝对安全”转变
随着中国耕地、淡水和劳动力资源的日趋紧张，粮食的“全面增产”已然不可持续。为充分保障 14 亿人的粮食安全，需实施有保有放、有取有舍的粮食安全战略。首先要保障的是“口粮”。目前，稻谷、小麦和玉米三者占中国粮食总产的 90% 以上，是中国粮食安全的重要保障对象。
（二）粮食安全战略实施方式和路径的变化
1. 实施方式的转变
在改革开放前，中国的粮食流通体制表现出了高度的计划性和极强的垄断性。直至 1978 年党的十一届三中全会后，中国粮食流通高度集中的计划管制开始逐渐松动。1993—2003 年期间，中国粮食市场开始探索政府宏观调控下的市场运行机制，从此结束了长达 40 年的统购统销制度。2014 年至今，中国的粮食流通体制改革朝着市场化作了进一步探索。
2. 实施路径的调整
粮食供求关系由单纯依靠国内市场转向依靠“国内 + 国际”两个市场。
（三）粮食安全保障主体的变化 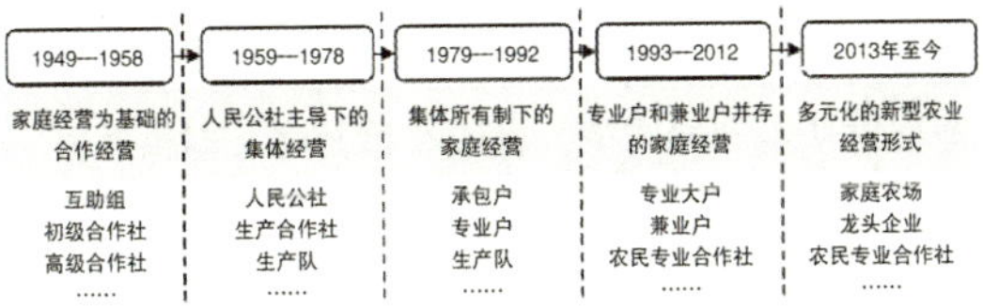
<table>
<tr><td>1949—1958</td><td>1959—1978</td><td>1979—1992</td><td>1993—2012</td><td>2013年至今</td></tr>
<tr><td>家庭经营为基础的合作经营</td><td>人民公社主导下的集体经营</td><td>集体所有制下的家庭经营</td><td>专业户和兼业户并存的家庭经营</td><td>多元化的新型农业经营形式</td></tr>
<tr><td>互助组
初级合作社
高级合作社
……</td><td>人民公社
生产合作社
生产队
……</td><td>承包户
专业户
生产队
……</td><td>专业大户
兼业户
农民专业合作社
……</td><td>家庭农场
龙头企业
农民专业合作社
……</td></tr>
</table>
中国粮食安全保障主体变迁历程简图
</td>
<td>【案例分析法】
让学生查阅口粮的种植面积和经济作物的种植面积近几年的变化，了解我国保“口粮”的决心。</td>
</tr>
</table>

续表

教学阶段	教学内容	教学环节设计
阶段3：新中国成立以来“端牢中国饭碗”的“变”与“不变”	（四）中国粮食安全战略演变的“变”与“不变” 中国粮食安全战略步步演变，这些变化不是随机的，更不是盲目的，而是在“不变”与“变”之间的矛盾性中显现出了极强的内在逻辑性。 1.“变”的是什么？ （1）粮食供求形势的变化。新中国初期，为了支持城市建设和工业化发展，国家实施了粮食的统购统销政策，降低了农民的种粮积极性，兼之三年自然灾害，国内粮食供需矛盾较为突出。在改革开放之后的较长时期内，国内粮食产量实现了快速增长，而粮食进口贸易战略的实施，又使粮食储备得到了极大保障，缓和了国内的粮食供需矛盾。而自进入21世纪以来，随着国内居民生活水平的不断提高，中国粮食供求形势又有了新的变化。一方面，基于粮食生产约束性条件的趋紧，国内粮食极难实现持续性增产；另一方面，随着居民生活质量的持续改善，居民膳食消费结构开始转型升级，工业用粮和饲料用粮的需求正在不断放大。 （2）生产约束性条件的变化。作为粮食生产约束性条件的耕地资源、水资源以及劳动力资源分别发生了不同程度的负向性变化，从而影响到中国粮食产能的稳定和提高。 2.“不变”的是什么？ 中国政府在不同时期发布的一系列文件和政策无不体现了“提产能，促平衡，保安全”这一不变的国家粮食安全战略思想。	
阶段4：“端牢中国饭碗”面对的是什么？	1. 资源环境约束明显 我国人多地少水缺的基本国情加上全球气候变化、环境污染等不利因素，都制约着粮食产量的持续增长。“一多三少”（总量多、人均占有量少、优质的耕地少、耕地后备资源少）是我国耕地的基本现状。 2. 结构性矛盾突出 我国粮食供求的结构性问题一直存在。长期以来，我国保障粮食安全着重从生产端施策，成效有目共睹，但供给侧的结构性矛盾始终没有得到根本改善。粮食阶段性供求偏紧和过剩现象反复出现，价格时有波动，对粮食安全的稳定性存在较大影响。	

续表

教学阶段	教学内容	教学环节设计
阶段4：“端牢中国饭碗”面对的是什么？	3. 粮食贸易危机加剧 经过几十年发展变化，世界形成了相对稳定的粮食供求和贸易格局。粮食适度进口也是平衡我国粮食供求关系不可或缺的手段。然而，在全球生态环境日趋恶化、国际形势云谲波诡、突发公共卫生事件暴发等特殊敏感时期粮食进口的可获得性、进口成本及其他不确定性风险问题日益凸显。	
阶段5：“端牢中国饭碗”怎么做？	1. 农民是粮食生产的主体 坚持人民主体地位必须实现劳动地位的主体性，要让农民种粮有钱赚、多得利至关重要。 2. 耕地是保障国家粮食安全的根本 耕地是粮食生产的命根子。人多地少的基本国情，决定了我们必须坚持“藏粮于地”，我国对耕地实行最严格的管理制度已经很多年，非法乱占、破坏耕地等行为基本得到遏制。 3. 种子是保障国家粮食安全的关键 种业安全是确保国家粮食安全最基本、最核心的基础。在粮食安全上要想拥有自主权，首先要必须控制好粮食生产的源头——良种，它直接关系着中国人的饭碗安全。 4. 科技是保障国家粮食安全的根本出路 农业科技是改变农民靠天吃饭的关键因素，是推动农业高质量发展、提高农业全要素生产率的重要动力。藏粮于技，就是依靠农业科技创新，提高农业综合生产能力，保障粮食稳产增产。 5. 党政同责是保障国家粮食安全的重要保证 党政同责人人尽责保障粮食安全，最终还是要落实到人的工作。不能把“米袋子”“菜篮子”的责任完全推给市场，要有高度的使命感、责任感，党政同责、社会有责、人人尽责，保护农民种粮积极性，让农民能获利、多得利，让农业成为有奔头的产业。同时，制止“舌尖上的浪费”，推动建设节约型社会，共同夯实粮食安全的基础。 6. 爱粮节粮是保障国家粮食安全的重要环节 “谁知盘中餐，粒粒皆辛苦。”爱粮节粮是中华民族的传统美德。尽管我国粮食价格、供给总体稳定，但浪费问题也必须正视。	【案例教学法】 以学生翻转课堂的案例分析如何调动农民的积极性，同时播放宣传片《中国种·中国粮·中国心》。

续表

教学阶段	教学内容	教学环节设计
总结	复习总结： 中国粮食安全战略→历史脉络（百年回顾 历史成就）；内在逻辑（演变路径 内在逻辑）；形式与挑战；战略部属 作业： 找到一个案例，分析我国针对粮食安全面临的问题和挑战，采取了什么措施？	

3. 板书设计

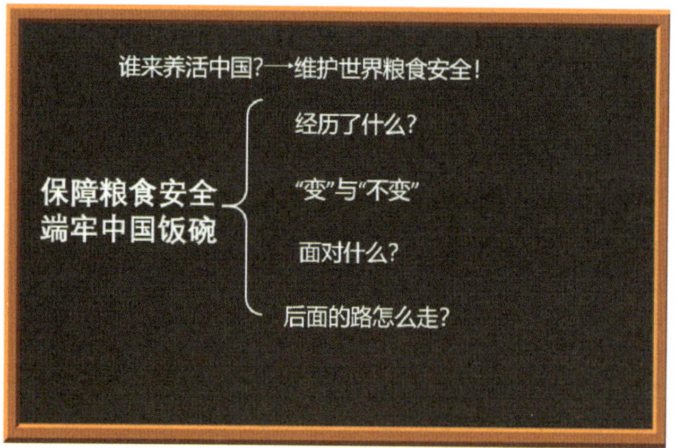

五、教学小结

1. 教学创新及其效果

案例分析教学：思政课偏重于理论，通过与政策相呼应的案例进行分析，便于学生加深理解，同时也促进师生交流和课程交流。

翻转课堂：由学生讲解案例，通过梳理和总结得出教学知识点。

2. 教学反思

课程讲解的政策相对宏观，要找到切入点贴近学生的生活才容易引起学生兴趣和共鸣。

六、阅读文献及拓展资料

1. 王宏广等:《中国粮食安全》，中信出版社 2020 年版。

2. 韩杨:《中国粮食安全战略的理论逻辑、历史逻辑和实践逻辑》,《改革》2022 年第 1 期。

3. 王钢、钱龙:《新中国成立 70 年来的粮食安全战略：演变路径和内在逻辑》,《中国农村经济》2019 年第 9 期。

如何理解和把握党的二十大主题

一、基本信息

【课程名称】形势与政策

【课程性质】本科生思想政治理论课，必修，8 学时 / 每学期，2 学分

【授课对象】中国传媒大学本科一年级学生

【本讲名称】如何理解和把握党的二十大主题

【对应章节】《高校“形势与政策”课教学要点（2022 年下辑）》要点 2

【单元学时】1 学时，50 分钟

【教师简介】李威颖，中国传媒大学马克思主义学院教师，荣获第十二届北京高校思想政治理论教学基本功比赛决赛二等奖。

二、教学简介与教学目标

1. 教学简介

本单元主要内容。围绕党的二十大主题，通过对举旗定向、指导思想、精神面貌、奋斗目标四个方面的讲授，帮助学生理解和把握好党的二十大主题。

本单元在课程体系中的方位。本学期课程以宣传、贯彻党的二十大为主题主线，深入学习贯彻习近平新时代中国特色社会主义思想，基本思路是新思想专题—二十大专题—两岸关系—外部形势。

学情分析。一是思维活跃，关注国内外形势热点问题。本科一年级学生思想政治状况主流积极向上，但缺乏深度思考，往往专注于热点问题的

表面现象，缺乏对问题本质的认识和把握。二是知识较丰富，但对新形势、新问题缺乏理论性认知。有一定理论基础但没有形成系统的理论框架，对一些问题的剖析存在感性多于理性的特点，也缺乏理论支撑，特别是对难点问题的认识还不具有系统性。三是信息获取能力强，但学习和研究意识不强。

2. 教学目标

知识目标：以党的二十大主题为主线，通过举旗定向、指导思想、精神面貌、奋斗目标四个关键词，对党的二十大主题进行深入分析，使学生深刻理解和把握党的二十大主题的科学内涵。

能力目标：引导学生建立关心国家大事、关注时事政治的思维意识，提高运用所学内容对时事热点问题进行分析和思考的能力，尤其是通过本专题的学习，能够充分认识和领悟党的二十大精神。

素质目标：基于对党的二十大主题的四个方面——举旗定向、指导思想、精神面貌、奋斗目标内容的深入分析，以及相关案例介绍，使学生增强对党和国家各项事业的了解，进一步坚定听党话跟党走的理想信念，帮助学生树立正确的形势观和政策观。

三、重点难点与党的二十大精神融入

1. 重点难点

重点：讲清楚党的二十大主题的科学内涵。引导学生深刻理解和把握党的二十大主题的科学内涵，充分认识领悟党的二十大精神，把理论讲深、讲透、讲活，使学生爱听、想听、听懂，并有所感悟。

难点：讲清楚党的二十大主题的内在逻辑。党的二十大主题言简意赅，点明了新时代新征程中国共产党人的前进方向、目标任务、战略擘画，以及继续奋斗作为的精气神。讲清楚大会主题背后的逻辑，也就能明白中国共产党为什么能，中国特色社会主义为什么好，归根结底是马克思主义行，是中国化时代化的马克思主义行。

2. 解决方案

（1）互动教学法。通过提问、小组讨论等互动形式，提升课堂效果，增加学生对知识的理解程度。通过积极有效互动，让学生参与课堂，并深刻理解课程内容。

（2）案例教学法。在课堂讲授过程中，通过大量的案例分析讨论帮助学生掌握理论知识。

（3）比较分析法。通过历史与现实的对照与分析。

3. 党的二十大精神融入

本专题的设置紧紧围绕党的二十大精神，深刻理解和把握党的二十大主题，既满足形势与政策的授课要求，也有助于推动党的二十大精神“冒着热气”进校园、进课堂、进学生头脑，使学生充分认识和领悟党的二十大精神。

四、教学内容与教学安排

1. 教学过程示意图

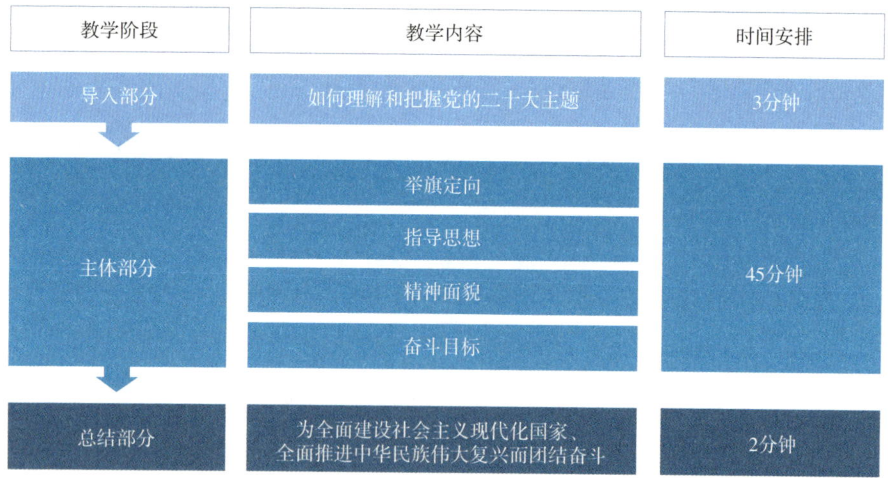

2. 教学内容及设计

教学阶段	教学内容	教学环节设计
导入	党的历次代表大会都有明确主题，尤其改革开放以来，从党的十三大到党的二十大，每次主题中都包含一个词——中国特色社会主义。 大会的主题是大会的灵魂，是大会精神的集中体现。那么，如何理解和把握党的二十大主题呢？	通过播放习近平总书记在党的二十大上作报告的视频，让学生了解这次大会的主题，引导学生思考如何理解和把握党的二十大主题？
阶段1：举旗定向	首先，提出问题。 明确举什么旗、走什么路 什么是旗帜问题？ 旗帜就是写进党章的指导思想和行动指南。简单来说，就是方向。对一个政党、一个国家来说，选择了一面旗帜，就是确立了前进的根本方向。 方向 道路 其次，分析问题。 明确举什么旗、走什么路 新时代继续高举中国特色社会主义伟大旗帜 历史与现实证明，中国共产党为了实现中华民族伟大复兴，就必须举马克思列宁主义旗帜、毛泽东思想旗帜、中国特色社会主义旗帜，就必须走解放思想实事求是之路、新民主主义革命之路、中国特色社会主义之路。新时代，我们将继续高举中国特色社会主义伟大旗帜，全面贯彻新时代中国特色社会主义思想。 最后，总结陈述。新时代我们要继续高举中国特色社会主义伟大旗帜。	课堂互动，鼓励学生积极表达自己的看法。
阶段2：指导思想	首先，提出问题。 强调用什么作为指导思想 什么是指导思想？ 党的行动指南，是指导我们党全部活动的理论体系和理论基础。 党的二十大主题强调的“全面贯彻新时代中国特色社会主义思想”，为我们进一步明确了指导思想和行动指南。 当代中国马克思主义 21世纪马克思主义	图片、案例配合讲述，做到形象、生动。

续表

教学阶段	教学内容	教学环节设计
阶段 2：指导思想	其次，分析问题。通过对党的理论创新、光辉历程回顾，帮助学生深入理解习近平新时代中国特色社会主义思想是 21 世纪马克思主义。 强调用什么作为指导思想 全面贯彻新时代中国特色社会主义思想 党的十八大以来，以习近平同志为主要代表的中国共产党人，坚持以马克思主义辩证唯物主义和历史唯物主义为指导，不断深化对共产党执政规律、对社会主义建设规律、对人类社会发展规律的认识。 赶上时代 引领时代 最后，总结陈述。	
阶段 3：精神面貌	首先，提出问题。让学生进行小组讨论。 阐明保持什么样的精神面貌 什么是精神面貌？ 精神面貌是指人的意识、思维活动和一般心理状态。 弘扬伟大建党精神 自信自强、守正创新 踔厉奋发、勇毅前行 其次，分析问题。引导学生认识到“弘扬伟大建党精神，自信自强、守正创新，踔厉奋发、勇毅前行”是站在新征程上，全党全国人民应有的精神状态。 最后，总结陈述。新时代要弘扬伟大建党精神，保持自信自强、守正创新，踔厉奋发、勇毅前行的精神状态。	启发互动式教学，紧紧抓住学生注意力，让学生积极参与课堂学习。
阶段 4：奋斗目标	首先，提出问题。让学生思考什么是奋斗目标。 指明向着什么样的目标前进 中国共产党历来重视目标的选择 为实现四个现代化而奋斗 “两个一百年”奋斗目标 以中国式现代化全面推进中华民族伟大复兴	运用互动教学法、案例教学法，引用最新时事，引起学生兴趣。

续表

教学阶段	教学内容	教学环节设计
阶段 4：奋斗目标	其次，分析问题。引导学生认识到，我们党历来重视目标的选择和确定。 指明向着什么样的目标前进 中国共产党团结带领广大人民为实现目标而奋斗 实现目标，我们靠默默的奉献 实现目标，我们靠坚强的意志 实现目标，我们靠坚定的决心 最后，总结陈述。通过分享北京坚守抗疫一线的医护人员、公安民警、社区志愿者、快递小哥等案例，引导学生认识到，我们党不仅重视目标设定，更善于团结和带领广大人民为之奋斗，逐步实现目标。实现目标，不怕起点低，不怕路途远，最重要的是团结一致。	
总结	首先，对课堂内容进行简要总结。 其次，根据本节课的学习内容，给学生留课后思考题：青年人如何学好党的二十大精神？ 最后，请学生结合教师所推荐的阅读书目，对党的二十大精神展开进一步学习。	总结归纳清晰、语言表达准确、逻辑性强。

3. 板书设计

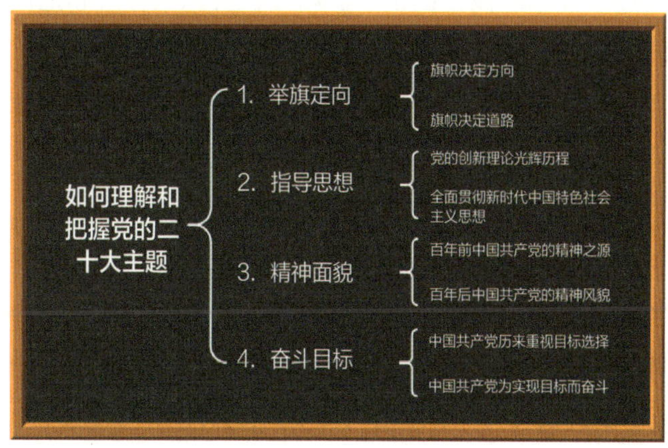

五、教学小结

1. 教学创新及其效果

教学创新

第一，互动教学。学生是教学活动的主体，只有让学生积极参与到教学活动中来，才能使学生的感受和课程教学融为一体。通过互动式教学方式将学生吸引到课堂上，培养学生主动思考和参与的意识和能力。

第二，案例教学。在教学过程中通过大量历史与现实案例的分析和讨论帮助学生理解理论内容，并能够将理论联系实际。

第三，综合运用多种教学方式。在教学过程中采用了 PPT 与板书相结合的方式，其中 PPT 运用了大量的图片和数据资料对教学重点进行形象化，对教学内容进行丰富。

教学效果

第一，明历史。通过举旗定向、指导思想、精神面貌、奋斗目标四个关键词，对党的二十大主题进行深入分析，明白党的历次代表大会都有明确主题。让学生懂得中国共产党具有无比坚强的领导力、组织力、执行力，以习近平同志为核心的党中央是全党全国人民无惧艰难险阻、战胜一切困难挑战的定盘星。

第二，担使命。通过本节课的学习，让学生明白大会的主题是大会的灵魂和主旨，是大会精神的集中体现，是党和国家事业发展的总纲，体现了党的历史发展的连续性和阶段性的统一。因此，要深刻理解和把握党的二十大主题的科学内涵，以大会的主题为指引，深入贯彻落实党的二十大精神。

第三，善分析。通过本节课内容的教学，帮助学生强化深度思考问题的能力，为今后的学习和思考奠定一定基础。

2. 教学反思

第一，互动方式与深度进一步加强。在学生互动环节，进一步凝练讨论的问题，突出案例分析的方法，调动尽可能多的学生参与，充分发挥学生在课堂中的主体作用。

第二，教学手段进一步多样化。不断增加多种教学手段在课堂中的运用，包括视频资料、情景模拟等手段，进一步增加课程的吸引力。

第三，课程理论性内容进一步简单易懂。通过学生的反馈与交流，以学生容易接受的方式对课程内容进行进一步科学化的编排，进一步提高课堂教学效果。

六、阅读文献及拓展资料

1.《高举中国特色社会主义伟大旗帜 为全面建设社会主义现代化国家而团结奋斗——在中国共产党第二十次全国代表大会上的报告》，人民出版社 2022 年版。

2.《习近平谈治国理政》第四卷，外文出版社 2022 年版。

3.《决胜全面建成小康社会 夺取新时代中国特色社会主义伟大胜利——在中国共产党第十九次全国代表大会上的报告》，人民出版社 2017 年版。

4.《在庆祝中国共产党成立 100 周年大会上的讲话》，《人民日报》2021 年 7 月 2 日第 2 版。

5.《弘扬伟大建党精神和延安精神 为实现党的二十大提出的目标任务而团结奋斗》，《人民日报》2022 年 10 月 28 日第 1 版。

6. 辛向阳：《中国共产党的领导与中国式现代化》，《马克思主义研究》2022 年第 10 期。

7. 金民卿：《深刻领会党的二十大的主题和灵魂》，《机关党建研究》2022 年第 11 期。

8. 韩振峰：《指导新时代党和国家事业发展的马克思主义纲领性文献》，《河北大学学报》（哲学社会科学版）2022 年第 6 期。

9. 贺新元：《开辟马克思主义中国化时代化新境界》，《世界社会主义研究》2022 年第 11 期。

10. 林建华：《习近平新时代中国特色社会主义思想的世界观和方法论》，《思想教育研究》2022 年第 11 期。

党的二十大的重要意义

一、基本信息

【课程名称】形势与政策

【课程性质】本科生思想政治理论课，必修，8 学时 / 每学期，2 学分

【授课对象】北京电影学院本科一年级学生

【本讲名称】党的二十大的重要意义

【对应章节】《高校“形势与政策”课教学要点（2022 年下辑）》要点 2

【单元学时】1 学时，50 分钟

【教师简介】刘菁元，北京电影学院思政部讲师，荣获第十二届北京高校思想政治理论课教学基本功比赛决赛二等奖。

二、教学简介与教学目标

1. 教学简介

目前，学生对于党的二十大重大意义的理解体现出比较明显的零散性和浅层性，这既与学生获取知识渠道的零散化有关，也与学生缺乏系统性的国际政治知识背景有关。此外，目前学生对于党的二十大的认识角度也多聚焦于国内。因此，如何在课堂上逻辑完整、重点突出地进行引导，使学生在系统思维和世界眼光的指导下，从更高层次领会党的二十大的重要精神以及习近平新时代中国特色社会主义思想的重大意义显得尤为重要。

2. 教学目标

知识目标：明确党的二十大召开的时代背景、理论价值和实践意义。在

理论向度上，理解习近平新时代中国特色社会主义思想的重大意义，理解为何国际媒体认为党的二十大是外界进一步读懂中国、读懂中国共产党、深入了解中共治国理政理念和经验的重要窗口。在实践向度上，从历史维度和世界眼光理解党的二十大报告中关于中国外交政策、宗旨和实践的论述。

能力目标：首先是理论认知力。培养学生从理论渊源、价值判断和学理体系层面理解国家大政方针和国际立场的能力。其次是历史感知力。促进学生从历史眼光、实践沿革角度深入领会习近平新时代中国特色社会主义思想的伟大意义。最后是全球思考力。提升学生对当前国际事务和中国特色大国外交的思考高度，从国际视野进一步领会党的二十大的重要意义。

素质目标：第一，提升兴趣。激发学生的学习兴趣、对时事政治的关注热情。第二，坚定信仰。促进学生进一步坚定对马克思主义的信仰、对中国特色社会主义的信念，领会新时代是中国历史发展和世界历史发展合规律性的演进阶段，坚定历史自信、增强历史主动，树立正确的成才目标和发展方向，坚定不移听党话，跟党走。第三，勇担重任。号召学生做既有家国情怀，也有人类关怀的时代新人。全方位、深层次了解世界、融入世界、拥抱世界，为建设一个持久和平、普遍安全、共同繁荣、开放包容、清洁美丽的世界贡献智慧力量、展现青春担当。

三、重点难点与党的二十大精神融入

1. 重点难点

重点：明确党的二十大召开的宏阔时代背景，从历史维度和世界眼光领会何为世界之变、时代之变、历史之变。

认识党的二十大报告中相关理论、理念的价值超越性，辨析其与西方理念的重要区别。

难点：理解人类命运共同体理念独特的中国基因，领悟其与中华优秀传统文化之间的密切联系及世界意义。

2. 解决方案

主采讲授法：实现传统教学手段与现代教育技术的有机结合，熟练运用多媒体教学课件，灵活选用丰富鲜活的教学案例素材，在国际比较中讲清中国特色。总体上做到动之以情，晓之以理，强化教学说服力和感染力。

借助讨论法：一方面，发挥学生主体性作用，提高课堂“热度”，根据教学内容，科学设置问题，组织学生进行讨论；另一方面，发挥教师引导性作用，加强课堂“深度”；同时辅助以问题链教学法。

3. 党的二十大精神融入

理论与实践结合。通过历史、理论和实践等切入视角将党的二十大取得的重大理论和实践成果融入意义分析过程，使得意义论述得以支撑，成果展示得以完整。

对比与突出结合。通过国际视野和全球视角，将党的二十大所取得的理论成果与西方主流话语体系和理念进行对比，进一步凸显习近平新时代中国特色社会主义思想的超越性和前瞻性。

四、教学内容与教学安排

1. 教学过程示意图

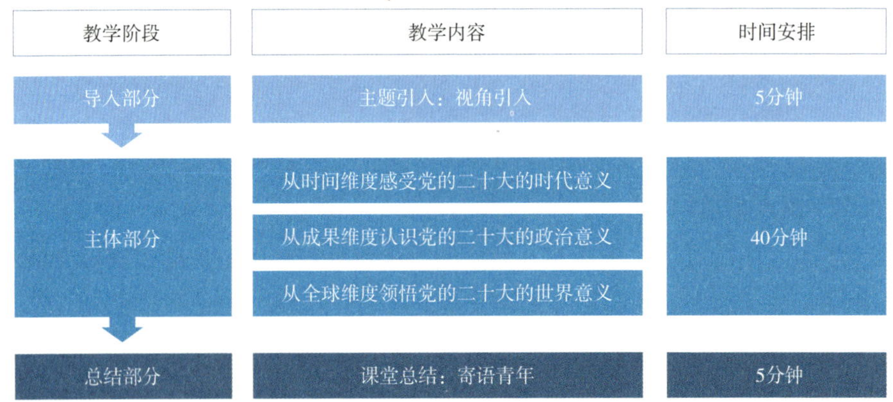

2. 教学内容及设计

教学阶段	教学内容	教学环节设计
导入	1. 主题引入 结合党的二十大胜利闭幕的时事背景，与学生就党的二十大报告及新闻内容进行简短交流，拉近师生距离，同时引入课程主题。 2. 视角引入 不谋万世者，不足谋一时； 不谋全局者，不足谋一域。 ——（清）陈澹然《寤言二·迁都建藩议》 这首古诗说明了什么道理？	播放新闻视频：《国际社会热议中共二十大：求解世界之问的“中国答案”》。
阶段1：从时间维度感受党的二十大的时代意义	（一）“中国时间” 1. 从社会主义现代化建设的历史进程来看 党的二十大，是在全党全国各族人民迈上全面建设社会主义现代化国家新征程、向第二个百年奋斗目标进军的关键时刻召开的一次十分重要的大会。 2. 从党的历史来看 党的二十大是在我们党成功走过百年奋斗历程、又踏上新的赶考之路的关键时刻召开的一次重要会议。 3. 从新时代历程来看 党的二十大是在新时代走过第一个十年、进入第二个十年的重要时刻召开的一次重要会议。新时代十年来，党和国家事业取得了历史性成就、发生了历史性变革。 （二）“世界时间” 1. 国际力量变化 20世纪80年代以来，经济全球化的快速推进造就了国际力量对比自近代以来最具革命性的变化。新兴大国的群体崛起、西方世界的整体下滑和世界权力的加速东移代表着当前国际力量对比正在发生的消长变化，这种东西方力量对比的结构性置换堪称近四百年来前所未有的国际体系大变局。[①]	环节一 教师提问：什么是新时代？中国进入新时代有哪些重要意义？ 环节二 教师提问：什么叫“世界百年未有之大变局”？“变”都体现在哪些方面？

① 吴志成、吴宇：《人类命运共同体思想论析》，《世界经济与政治》2018年第3期，第30页。

续表

教学阶段	教学内容	教学环节设计
阶段1：从时间维度感受党的二十大的时代意义	2. 不确定性突出 其一，全球性挑战日益增多；其二，冷战式冲突对抗频仍，传统安全威胁依旧，战争的阴云并未消散；其三，逆全球化思潮在一些西方国家抬头，给世界达成共识增加了难度。① 	环节一 教师提问：什么是新时代？中国进入新时代有哪些重要意义？ 环节二 教师提问：什么叫“世界百年未有之大变局”？“变”都体现在哪些方面？
阶段2：从成果维度认识党的二十大的政治意义	（一）一些重要创新 党的二十大报告提出了许多新理念、新思想。 1. 奋斗目标：新时代新征程党的奋斗目标，即“两个全面”。 2. 根本遵循：新时代党的作风建设的根本遵循，即“三个务必”。 3. 创新原则：党的理论创新原则，即“两个结合”“六个必须坚持”。 4. 突出特征：中国式现代化的特征、本质要求和重大原则。 5. 突出部署：科教兴国、全面依法治国、国家安全。 （二）一个重要回答 党的二十大科学回答了“以党的自我革命引领社会革命”这一重大历史命题。 1. 地位阐明 党的二十大报告提出“时刻保持解决大党独有难题的清醒和坚定”“两个长期存在”“两个永远在路上”。	

① 吴志成：《理性认识西方国家逆全球化思潮》，《人民日报》2017年11月2日第7版。

续表

教学阶段	教学内容	教学环节设计
阶段2：从成果维度认识党的二十大的政治意义	2. 途径举措 加强领导：提出坚持和加强党中央集中统一领导。 把握思想：坚持不懈用习近平新时代中国特色社会主义思想凝心铸魂。 完善规范：完善党的自我革命制度规范体系、建设堪当民族复兴重任的高素质干部队伍、增强党组织政治功能和组织功能、坚持以严的基调强化正风肃纪、坚决打赢反腐败斗争攻坚战持久战等。	
阶段3：从全球维度领悟党的二十大的世界意义	1. 世界和平的中国力量 世界和平的中国力量 中国始终坚持维护世界和平 独立自主的和平外交政策 发展全球伙伴关系 构建新型国际关系 全球安全倡议 2. 世界发展的中国担当 “一带一路”的发展平台。2013年，习近平总书记统筹国内国际两个大局，提出共建“一带一路”倡议。 全球发展倡议。2021年9月21日，中国国家主席习近平在第76届联合国大会上提出全球发展倡议。全球发展倡议强调，发展是解决一切问题的钥匙，这是继“一带一路”倡议提出和亚洲基础设施投资银行成立以来，中国向世界提供的又一公共产品和合作平台。 3. 世界之间的中国答案：人类命运共同体 推动构建人类命运共同体：世界之问的中国答案 鲜明的中国特色 重大的价值超越 广泛的全球共识 “和”文化 西方共同体思想 从“一方领唱”到“众声合唱”	环节一 结合电影《万里归途》的相关剧情，引发讨论。 环节二 通过人类命运共同体的具体内涵，总结这一伟大倡议的特征。

续表

教学阶段	教学内容	教学环节设计
总结	【课堂总结】 从时间维度来看，一方面，党的二十大是在全党全国各族人民迈上全面建设社会主义现代化国家新征程、向第二个百年奋斗目标进军的关键时刻召开的一次十分重要的大会，是对内指明中国方向的重要会议；另一方面，在世纪疫情和百年变局交织的全球背景下，党的二十大也是对外显示中国智慧的重要平台。 从成果维度来看，党的二十大是一次开辟马克思主义中国化时代化新境界的大会，对马克思主义、科学社会主义、世界社会主义作出了新的历史贡献。 从世界维度来看，党的二十大形成了为人类谋进步、为世界谋大同的新智慧，我们相信，中国特色社会主义必将进一步深刻影响世界历史进程，不断丰富和发展人类文明新形态。 【作业设计】 1. 党的二十大是如何回答中国之问、世界之问、人民之问、时代之问的？ 2. 为什么说党的二十大具有重要里程碑意义？	

3. 板书设计

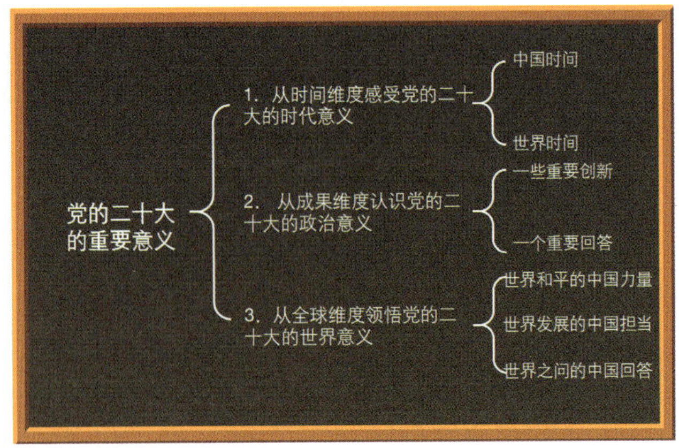

五、教学小结

1. 教学创新及其效果

方法创新：讨论式和案例式相结合，突破传统单向讲授式授课模式，选取具有代表性的案例，引导学生讨论，凝练课程内容，升华课程主题。

结构创新：三维视角切入，从时间、理论与实践、空间等维度对党的二十大的意义进行全面解读。

教学效果：一方面，解读全面，使学生从历史纵深的视角认识到党的二十大的历史意义，从全球治理的视角认识到党的二十大的世界意义，从理论与实践相结合的视角认识到党的二十大的重大成果；另一方面，重点突出，通过案例选取、中西对比等方式，突出中国智慧，彰显中国优势，深化学生信念，坚定学生信仰。

2. 教学反思

课堂节奏把控：通过课前规划和课堂技巧进一步做到详略得当、节奏适度。学生相对比较了解、具有一定基础的部分适度从简，保证课堂内容的完整度；学生相对陌生、学理性较强的部分适度扩展，保证课堂重点的突出性。

六、阅读文献及拓展资料

1.《论坚持推动构建人类命运共同体》，中央文献出版社 2018 年版。

2. 韩庆祥：《强国时代》，红旗出版社 2018 年版。

3. 王帆、凌胜利：《人类命运共同体——全球治理的中国方案》，湖南人民出版社 2017 年版。

4. 邓纯东：《人类命运共同体思想研究》，人民日报出版社 2018 年版。

5. [英] 马丁 · 阿尔布劳：《中国在人类命运共同体中的角色——走向全球领导力理论》，严忠志译，商务印书馆 2020 年版。

在发展中保障和改善民生

一、基本信息

【课程名称】新时代中国特色社会主义理论与实践

【课程性质】硕士研究生思想政治理论课，必修，36 学时，2 学分

【授课对象】北方工业大学硕士一年级学生

【本讲名称】在发展中保障和改善民生

【对应章节】第六章第二节

【单元学时】1 学时，50 分钟

【教师简介】周伟婷，北方工业大学马克思主义学院讲师，荣获第十二届北京高校思想政治理论课教学基本功比赛决赛特等奖。

二、教学简介与教学目标

1. 教学简介

本单元主要是关于民生建设的内容，是新时代中国特色社会主义社会建设的重要组成部分。从知识结构看，学生已经学习了新时代中国特色社会主义社会建设的理论与制度，对于社会建设的主题要义、核心内容和精神内涵已经有了初步认识，这为本单元的学习奠定了知识基础；从学生的成长特点看，与本科生被动地接受知识不同，硕士研究生除接受、吸收外还需要探索，表现为被动学习与主动研究并举，分析问题能力进一步提升。

根据“国家大学生学习情况调查”相关数据，我国高校大学生学情有以下特点：第一，大学生学习方式单一，大部分学生持记忆知识的学习观，使

用表层的学习方式，在一定程度上影响了学习质量；第二，师生课堂互动较低，教师主要是通过灌输方式进行教学；第三，大学生学习投入度随着年级的升高，呈现“高—低—低—高”的趋势，故研究生一年级学习投入相对较高；第四，大学生学习投入度中的同伴互动因子对学习收获有较高的解释力，同伴互动对学生成长有明显影响。[①]

2. 教学目标

知识目标：了解民生的内涵，充分认识保障和改善民生的重要意义。

能力目标：理解如何在发展中保障和改善民生，认识我国在保障和改善民生的制度优势。

素质目标：准确把握发展和改善民生的辩证关系，增强社会主义主人翁意识，以实际行动参与改善民生的工作。

三、重点难点与党的二十大精神融入

1. 重点难点

正确理解民生的深刻内涵，准确把握发展与保障和改善民生的关系。

2. 解决方案

将抽象的民生概念转化为具体的生活现实，实现理论与现实相融合；结合中华文明史、社会主义发展史和中国共产党党史讲解民生是执政之本，实现理论与历史相融合；通过中外对比、数据分析，凸显保障和改善民生的制度优势，实现理论与实践相融合。

3. 党的二十大精神融入

党的二十大报告以“江山就是人民，人民就是江山”点明民生工作是一切工作的出发点和落脚点，突出民生工作是党的执政之基。本单元将通过现实的案例讲清民生的内涵和民生工作的极端重要性，使学生在案例分析中理解保障和改善民生是中国共产党区别于其他政党的重要标志，是践行“以人民为中心”的发展理念的内在要求。

---

① 汪雅霜：《大学生学习投入度的实证研究——基于 2012 年“国家大学生学习情况调查”数据分析》，《中国高教研究》2013 年第 1 期，第 34—35 页。

党的二十大报告指明了未来民生工作的重点，分别是完善分配制度、实施就业优先战略、健全社会保障体系和推进健康中国建设。本单元要通过讲解民生工作的基本思路，使学生懂得如何以发展促民生，进而准确把握发展与保障和改善民生之间的关系。

党的二十大报告指出，民生工作“要坚持尽力而为、量力而行，采取更多惠民生、暖民心举措，着力解决好人民群众急难愁盼问题”。保障和改善民生没有终点，只有连续不断的新起点。通过讲解“拉美陷阱”，使学生明白我国仍处于并将长期处于社会主义初级阶段，改善民生不能脱离这个最大实际，提出过高目标。

四、教学内容与教学安排

1. 教学过程示意图

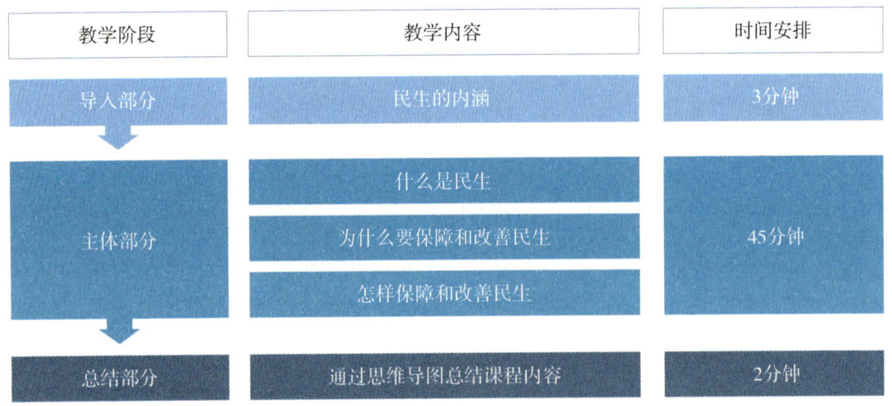

2. 教学内容及设计

教学阶段	教学内容	教学环节设计
导入	大家对“民生”一词并不陌生，什么是民生呢？请同学们谈谈自己对“民生”的理解。	以“雨课堂”弹幕形成学生关于“民生”理解的词云。

续表

教学阶段	教学内容	教学环节设计
阶段1：什么是民生	1.“生命”：维持基本的“生命”形态是民生发展的基本前提。 民生首先体现为对人的基本生命权的尊重，因为只有有“生命”，其他的一切才会有意义。以“为人民服务”为根本宗旨的中国共产党深知这一道理。在保障和改善民生的过程中，始终把人的生命权放在第一位，这在抗击新冠疫情的过程中体现得尤为突出。	案例分析。
	2.“生活”：保障现实的“生活”需求是民生的具体内容。 “生命”是民生的基本前提，“生活”就是民生的具体内容。早在1934年时，毛泽东就提出，党要关心群众生活，苏维埃机关最重要的工作就是“能够完全适合发展革命战争与改善群众生活的要求”[①]。 从建党到建国，从革命到建设，中国共产党人始终把人民群众的生活放在心上。习近平总书记2021年4月在广西考察时指出，“要从人民群众普遍关注、反映强烈、反复出现的问题出发，拿出更多改革创新举措，把就业、教育、医疗、社保、住房、养老、食品安全、生态环境、社会治安等问题一个一个解决好，努力让人民群众的获得感成色更足、幸福感更可持续、安全感更有保障”[②]。	史论结合讲解。
	3.“生产”：不断提高“生产”水平是改善民生的根本保障。 改善民生离不开生产的发展。马克思说，劳动是“生活的第一需要”[③]。中国共产党一直高度重视“生产”对改善民生的重要作用。革命时期，面对日寇的进攻和国民党的经济封锁，毛泽东号召“自己动手，丰衣足食”，延安军民在南泥湾开荒种地、纺纱织布、养猪养鸡，发展生产，有效保障了根据地军民的吃饭、穿衣等民生问题。[④]	以图片形式呈现中国共产党人重视生产的瞬间。

① 《毛泽东文集》第1卷，人民出版社1993年版，第343页。

② 汪晓东、李翔、马原：《江山就是人民 人民就是江山——习近平总书记关于以人民为中心重要论述综述》，《人民日报》2021年6月28日。

③ 《马克思恩格斯选集》第3卷，人民出版社1972年版，第12页。

④ 唐任伍、叶天希：《中国共产党百年重视民生的红色基因：本质特征、演变历程、发展逻辑和经验启示》，《贵州师范大学学报》（社会科学版）2022年第1期，第24—27页。

续表

教学阶段	教学内容	教学环节设计
阶段 1：什么是民生	改革开放后，邓小平同志提出“坚持以经济建设为中心”、衡量工作是非得失的“三个有利于”标准，都是使生产发展服务于人民的生活。江泽民同志的“三个代表”、胡锦涛同志的“以人为本”、习近平同志的“以人民为中心”都体现了中国共产党人始终如一的为民情怀。 4.“生态”：保护良好“生态”环境是提升民生品质的重要条件。 习近平总书记强调：“环境就是民生，青山就是美丽，蓝天也是幸福。”① 良好的生态环境是最公平的公共产品，是最普惠的民生福祉。	案例分析：以微视频展示北京新变化。
阶段 2：为什么要保障和改善民生	党的二十大报告指出，“江山就是人民，人民就是江山。中国共产党领导人民打江山、守江山，守的是人民的心”。 1. 中国共产党的初心使然 中国共产党的初心和使命是为中国人民谋幸福，为中华民族谋复兴。 播放电视剧《觉醒年代》片段。 2. 马克思主义的理论必然 唯物史观认为，人民群众是社会物质财富和精神财富的创造者，是推动社会变革和社会前进的决定性力量。马克思说：“历史承认那些为共同目标劳动因而自己变得高尚的人是伟大人物，经验赞美那些为大多数人带来幸福的人是最幸福的人。……如果我们选择了最能为人类幸福而劳动的职业，那么，重担就不能把我们所压倒，因为这是为人类而献身。”② 说明马克思主义的理论是为广大人民群众服务的。 3. 中国民本思想之本然 “民为邦本，本固则邦宁。”重视民生体现了中国共产党对中华优秀传统文化民本思想的传承。中国古代民本思想主要包括三个层次，即经济上富民、政治上重民、文化上教民。③	播放视频，结合视频讲解。 结合经典文本，进行解读。

① 《在省部级主要领导干部学习贯彻党的十八届五中全会精神专题研讨班上的讲话》，人民出版社 2016 年版，第 19 页。

② 《马克思恩格斯全集》第 40 卷，人民出版社 1982 年版，第 7 页。

③ 刘余莉、申静思：《民为邦本是中国传统民本思想的集中体现》，《学习时报》2022 年 11 月 14 日。

续表

教学阶段	教学内容	教学环节设计
阶段 3：怎样保障和改善民生	1. 保障和改善民生的出发点 保障和改善民生的出发点是人民的生活，其实质就是“现实的人”的生活。以“现实的人”为出发点是马克思主义哲学区别于其他哲学的根本标志，从“现实的人”出发将有效避免从“抽象的人”出发而片面地理解民生。 2. 保障和改善民生的关键点 保障和改善民生的关键点就是紧紧抓住人民最关心最直接最现实的利益问题。 3. 保障和改善民生的着力点 党的十八大以来，以习近平同志为核心的党中央始终坚持以人民为中心的发展思想，在发展中保障和改善民生，民生建设取得重大成就。成绩的取得和我们在民生领域始终坚持“针对性更强、覆盖面更大、作用更直接、效果更明显”的工作要求紧密相关。 在保障和改善民生的过程中，还要警惕陷入“拉美陷阱”。 警惕“拉美陷阱” 20世纪50年代中期，拉美国家依托工业化和城市化的强大动力，促进了经济的快速增长。到60年代，拉美国家人均GDP基本都超过了1000美元。 在保障和改善民生工作中，要合理引导预期，使改善民生符合社会主义初级阶段这个最大的实际。	以习近平总书记基层考察为例，讲解“现实的人”的生活。 通过中外的对比，说明我国在改善民生方面的制度优势。
总结	通过思维导图总结，思考：你关心的民生问题有哪些？近十年取得了哪些进展？	

3. 板书设计

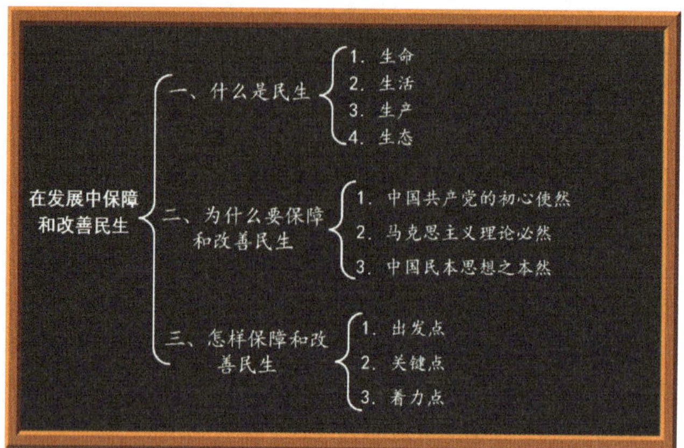

五、教学小结

1. 教学创新及其效果

课程导入：既开门见山，又画龙点睛。

框架结构：既点点相连，又环环相扣。

内容把握：既见景见事，又走心走实。

2. 教学反思

本课程为硕士研究生思想政治理论课，如能进一步加强学术性会更好。

六、阅读文献及拓展资料

1.《〈黑格尔法哲学批判〉导言》，《马克思恩格斯选集》第1卷，人民出版社2012年版。

2.《关于费尔巴哈的提纲》，《马克思恩格斯选集》第1卷，人民出版社2012年版。

3.《习近平关于社会主义社会建设论述摘编》，中央文献出版社2017年版。

4.《习近平在正定》，中共中央党校出版社2019年版。

5.《摆脱贫困》，福建人民出版社1992年版。

中国式现代化是走和平发展道路的现代化

一、基本信息

【课程名称】中国马克思主义与当代

【课程性质】博士研究生思想政治理论课，必修，32 学时，2 学分

【授课对象】北京邮电大学博士一年级学生

【本讲名称】中国式现代化是走和平发展道路的现代化

【对应章节】第八章第二节

【单元学时】1 学时，45 分钟

【教师简介】任瑞姣，北京邮电大学马克思主义学院讲师，荣获第十二届北京高校思想政治理论课教学基本功比赛决赛一等奖。

二、教学简介与教学目标

1. 教学简介

教学内容：

（1）现代化的含义与世界现代化的整体推进过程是走和平发展道路的中国式现代化的理论基础。弄清楚现代化是什么、世界现代化的整体推进过程，是分析走和平发展道路的中国式现代化所要回答的首要问题。

（2）中国式现代化是走和平发展道路的现代化。在中西比较视域下基于世界和平的建设者、全球发展的贡献者、国际秩序的维护者三个维度，具体分析中国式现代化是走和平发展道路的现代化的丰富内涵。

（3）走和平发展道路的中国式现代化的世界意义。通过从历史与现实、

中国与世界、问题与超越等维度的分析，帮助学生理解走和平发展道路的中国式现代化在价值立场上实现了对西方现代化的超越，拓宽了世界社会主义的实践场域；在经验与方法上实现了对西方现代化的突破，拓展了发展中国家实现现代化的路径选择；在体系结构上实现了对西方现代化的超越，彰显了中国式现代化对人类文明的贡献。

授课对象特点

首先，知识结构特点。博士研究生具有一定的思想政治基础理论和政治常识，但呈现出碎片化的特点。同时，由于理工科学生偏多，在文史哲等社会科学的知识储备方面相对有限。

其次，心理认知特点。博士研究生由于学业任务和压力等原因，学习过程坚持以“有用”为导向，注重结果而忽略过程。并且，部分学生对于思想政治理论课有一定的抵触心理，也有“学不懂”“没有用”的误解，一旦无法调动学生参与课堂，学生将逐渐失去学习的兴趣和动力。

最后，行为实践特点。在互联网的影响之下，当代大学生，特别是博士研究生，善于从网络上获取图文、视频、音频等资料，但网络意识形态领域信息鱼龙混杂，一些错误观点和思潮以较为隐蔽的方式潜移默化地影响学生。

2. 教学目标

知识目标：根据学生的认知规律和心理特点，通过理论讲授、案例分析、研究性学习等方式帮助学生理解“现代化”的基本内涵；明确中国在世界现代化进程中所处的历史方位；理解西方现代化所遵循的对抗性的霸权逻辑；深刻理解走和平发展道路的中国式现代化的丰富内涵与世界意义。

能力目标：本节课的重难点涉及理论、历史、现实、价值诸多层面，既要从理论层面进行深入分析，也要将问题放到历史和世界发展大势中予以把握，引导学生用理论—历史—现实—价值的逻辑理路全面思考问题，培养和锻炼学生使用比较视域和整体性视域进行独立分析思考的能力。

素质目标：通过中西对比引导学生科学辨别走和平发展道路的中国式现代化与西方现代化在内在价值逻辑上的本质区别，以此为基础引导学生坚定“四个自信”，进而深化为实现中华民族伟大复兴中国梦的自觉行动。

三、重点难点与党的二十大精神融入

1. 重点难点

重点：从世界和平的建设者理解走和平发展道路的中国式现代化的丰富内涵，从全球发展的贡献者理解走和平发展道路的中国式现代化的丰富内涵，从国际秩序的维护者理解走和平发展道路的中国式现代化的丰富内涵。

难点：走和平发展道路的中国式现代化对世界社会主义的意义，走和平发展道路的中国式现代化对发展中国家的意义，走和平发展道路的中国式现代化对人类文明发展的意义。

2. 解决方案

理解走和平发展道路的中国式现代化的丰富内涵，是从中西比较的角度通过经典论述、典型案例以及著名理论的呈现和讨论，引导学生在直观感受西方现代化过程中由于霸权侵略导致的问题的同时，理解中国式现代化没有走西方霸权侵略的现代化道路，而是走和平发展的现代化道路。

理解走和平发展道路的中国式现代化的世界意义，是通过对比历史与现实、资本逻辑与人本逻辑，引导学生理解走和平发展道路的现代化对世界社会主义的意义；通过师生参与研讨巴西经济在“奇迹”和“陷阱”中的反复，引导学生理解走和平发展道路的中国式现代化丰富了发展中国家实现现代化的道路选择；通过分析现代化过程中以西方为中心的文明形态与命运与共的文明形态的对比，引导学生理解走和平发展道路的现代化超越了资本主义文明，创造了人类文明新形态。

3. 党的二十大精神融入

党的二十大报告指出：“中国式现代化是走和平发展道路的现代化。我国不走一些国家通过战争、殖民、掠夺等方式实现现代化的老路，那种损人利己、充满血腥罪恶的老路给广大发展中国家人民带来深重苦难。我们坚定站在历史正确的一边、站在人类文明进步的一边，高举和平、发展、合作、共赢旗帜，在坚定维护世界和平与发展中谋求自身发展，又以自身发展更好维护世界和平与发展。”[①] 深刻理解这一内容，主要从构建人类命运共同体做世界和平的建设者、开启人类文明新形态做全球发展的贡献者、共担全球治理责任做国际秩序的维护者三个方面，结合典型案例和经典论述对走和平发展道路的中国式现代化的丰富内涵进行分析，使学生在直观感知、对比分析中形成对走和平发展道路的中国式现代化的理解，并在领悟中增进对中国特色社会主义的政治认同、思想认同、理论认同、情感认同。在此基础上，从历史与现实、中国与世界、问题与超越等维度，通过师生研讨、案例分析等方法对走和平发展道路的中国式现代化的世界意义进行总结和升华，使学生在层层递进中形成对理论的理解和感悟，切实做到内化于心、外化于行。

四、教学内容与教学安排

1. 教学过程示意图

① 《高举中国特色社会主义伟大旗帜 为全面建设社会主义现代化国家而团结奋斗——在中国共产党第二十次全国代表大会上的报告》，人民出版社2022年版，第23页。

2. 教学内容及设计

教学阶段	教学内容	教学环节设计
导入	基于现代化过程中随着大国崛起而出现的“中国威胁论”“修昔底德陷阱论”“金德尔伯格陷阱论”等。 设问：中国在现代化过程中是否会遵循西方大国崛起的霸权逻辑？	启发式教学法，令学生轻松、自然地进入学习状态。
阶段1：现代化与人类文明发展演进的历史进程	“现代化是什么？”“在人类文明发展演进过程中，现代化的历史方位是什么？”这是阐释中国式现代化丰富内涵必须要回答的基础性问题。 引述《中国大百科全书》中关于现代化理论的相关论述。解析现代化既是一个历史范畴，也是一个总体性范畴。 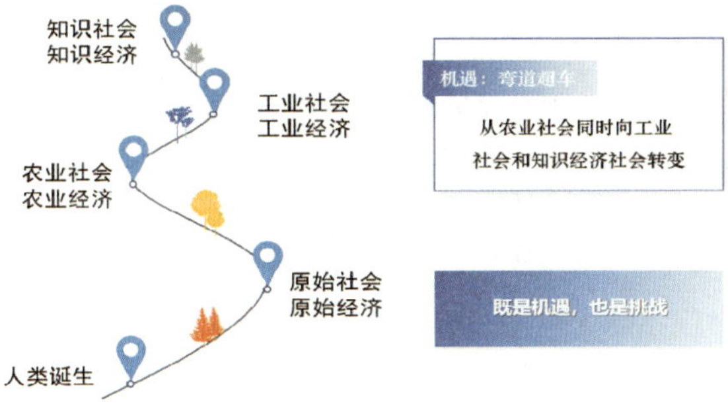 知识社会 知识经济 工业社会 工业经济 农业社会 农业经济 原始社会 原始经济 人类诞生 机遇：弯道超车 从农业社会同时向工业社会和知识经济社会转变 既是机遇，也是挑战 世界现代化的进程为中国实现弯道超车提供了机遇。	引导式教学：把现代化置于人类文明发展演进的历史进程来思考中国推进现代化所面临的机遇与挑战。
阶段2：走和平发展道路的中国式现代化的丰富内涵	1. 世界和平的建设者：构建人类命运共同体 （1）中华民族历来爱好和平 举例：“和”文化，如“天下一家”“大道之行，天下为公”“天下大同”。 古代丝绸之路是和平之路。 郑和七次下西洋没有进行任何的对外侵略。 （2）西方资本文明崇尚对抗与博弈 资本主义生产关系基于“理性经济人”的前提假定内在包含着侵略和冲突。资产阶级的发家史就是一部罪恶的掠夺史，如“圈地运动”“西进运动”等。	理论教学与互动式教学：基于理论讲述，联系中华优秀传统文化进行思考。 案例教学法：将经典引申到真实具体的历史事实中，引发学生情感和思想上的共鸣。

续表

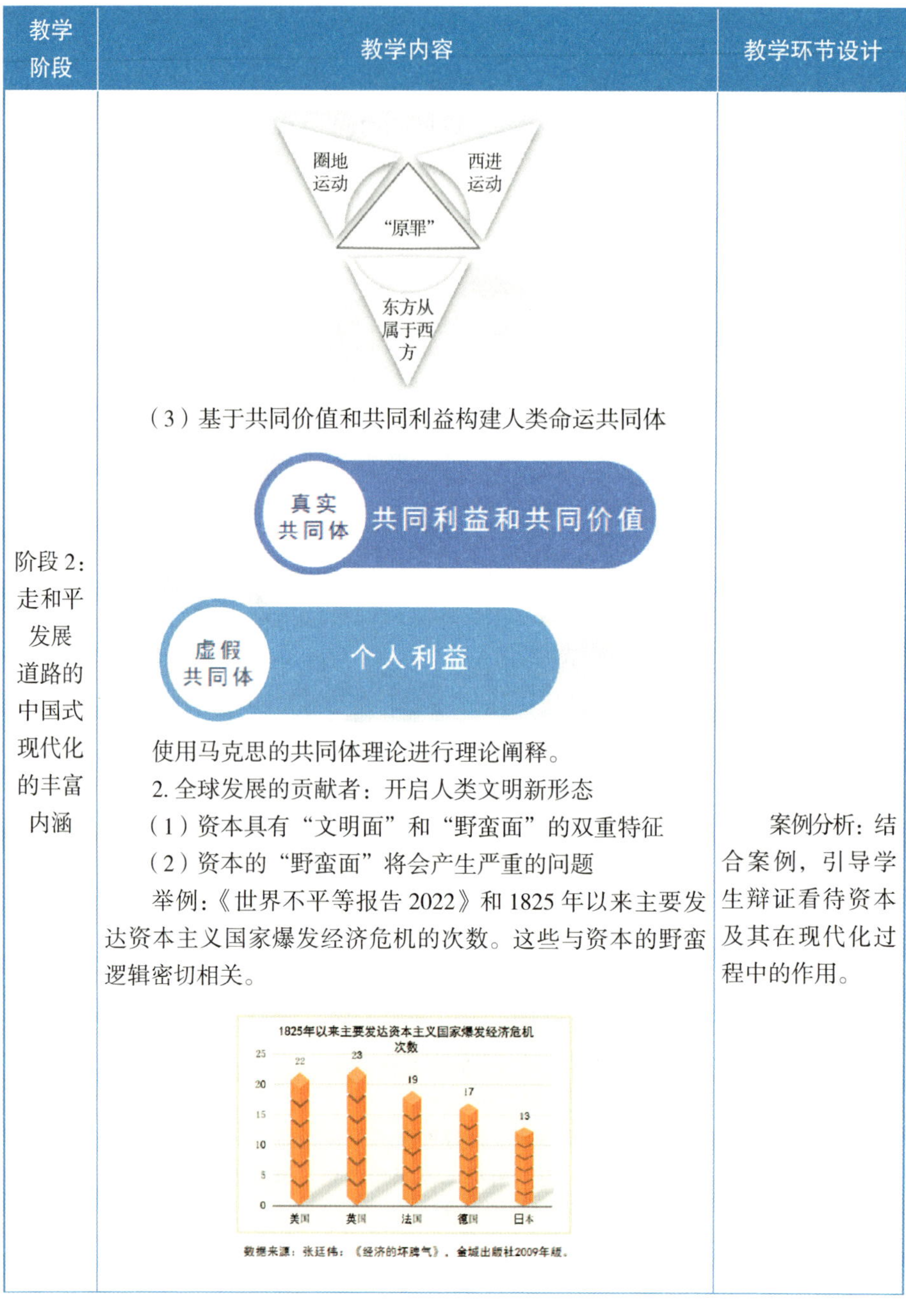

教学阶段	教学内容	教学环节设计
阶段 2：走和平发展道路的中国式现代化的丰富内涵	圈地运动 西进运动 “原罪” 东方从属于西方 （3）基于共同价值和共同利益构建人类命运共同体 真实共同体　共同利益和共同价值 虚假共同体　个人利益 使用马克思的共同体理论进行理论阐释。 2. 全球发展的贡献者：开启人类文明新形态 （1）资本具有“文明面”和“野蛮面”的双重特征 （2）资本的“野蛮面”将会产生严重的问题 举例：《世界不平等报告 2022》和 1825 年以来主要发达资本主义国家爆发经济危机的次数。这些与资本的野蛮逻辑密切相关。 1825年以来主要发达资本主义国家爆发经济危机次数 美国 22　英国 23　法国 19　德国 17　日本 13 数据来源：张廷伟：《经济的坏脾气》，金城出版社2009年版。	案例分析：结合案例，引导学生辩证看待资本及其在现代化过程中的作用。

续表

教学阶段	教学内容	教学环节设计
阶段 2：走和平发展道路的中国式现代化的丰富内涵	（3）激活资本文明面，开启人类文明新形态 习近平总书记在 2021 年中央经济工作会议上指出：“社会主义市场经济是一个伟大创造，社会主义市场经济中必然会有各种形态的资本，要发挥资本作为生产要素的积极作用，同时有效控制其消极作用。要为资本设置‘红绿灯’，依法加强对资本的有效监管，防止资本野蛮生长。” 举例：中国创造了“两个奇迹”，并且对世界经济增长作出了巨大贡献。同时致力于实现“富起来”和“绿起来”的有机统一，而不是两者的相悖。 3. 国际秩序的维护者：共担全球治理责任 （1）全球治理中的“金德尔伯格陷阱” 2017 年 1 月，美国政治学家约瑟夫・奈在欧洲新闻网发表的文章里提出“金德尔伯格陷阱”理论。 举例：美国疯狂退群。 原因有二：一是全球问题和全球治理都是有成本的，二是治理收益享有是不排他的。这不符合资本的本性。 （2）推进全球治理，构建国际新秩序 反观中国，中国认真履行自身国际义务。 举例：中国的朋友圈越来越大并积极地推进全球治理，贡献中国力量。 2013年9月和10月出访中亚和东南亚国家 —— “一带一路”倡议 2021年9月21日，第七十六届联合国大会 —— 全球发展倡议 2022年4月21日，博鳌亚洲论坛年会开幕式 —— 全球安全倡议	

续表

教学阶段	教学内容	教学环节设计
阶段 3：走和平发展道路的中国式现代化的世界意义	1. 拓展了科学社会主义的实践场域 对照历史与现实：中国式现代化在探索过程中曾在器物—制度—文化层面向西方学习，但并没有改变自身的命运，毛泽东形象比喻道："为什么先生总是侵略学生呢？" 原因：立场和价值选择的不同。 进一步举例："小康"与中国式现代化以及中国式现代化发展所取得的巨大成就。	案例教学法：从历史与现实的对比中提升教学的感染力。
	2. 丰富了发展中国家实现现代化的道路选择 理论分析：过度依赖甚至依附于西方现代化的发展模式并不能从根本上解决其他国家实现现代化的问题。 举例并讨论：巴西在"奇迹"和"陷阱"中的反复。 对照中国，中国在推动实现现代化的过程中，一方面推进深度融入全球化，积极利用国际市场、国际资源；另一方面在推动经济发展的同时，注重内需对经济发展的拉动作用。 教师总结：中国式现代化在世界现代化中彰显了中国特色，为发展中国家的现代化提供了新的选择，发展中国家可以摆脱对西方现代化国家的依附，独立自主地走适合本国国情的现代化发展道路。	师生参与讨论：引导学生理解中国式现代化对发展中国家的意义。
	3. 超越资本主义文明，创造了人类文明新形态 以西方为中心的文明形态和话语体系引发社会各领域的冲突与对抗。 举例：美国国会山冲击事件是对抗式的文明形态在社会政治领域的体现。 相反，中国式现代化是"为解决人类重大问题，建设持久和平、普遍安全、共同繁荣、开放包容、清洁美丽的世界贡献了中国智慧、中国方案、中国力量"的新文明[①]。 教师总结：人类现代化的道路不是"终结"于西方模式，而是超越这种内在撕裂的文明，走向基于人的解放、社会进步的社会主义现代化道路，因而实现了对西方资本对抗逻辑下的文明形态的超越。	理论讲授和案例教学相结合：对比分析西方文明的分裂，增进理论的说服力。

① 《中国共产党第十九届中央委员会第六次全体会议文件汇编》，人民出版社 2021 年版，第 93 页。

续表

教学阶段	教学内容	教学环节设计
总结	本节课主要分析以下三个方面的问题 1. 现代化的含义及世界现代化的整体推进过程； 2. 走和平发展道路的中国式现代化的丰富内涵； 3. 走和平发展道路的中国式现代化的世界意义。 本节课后思考题和下节课任务 1. 课后思考：如何理解现代化过程中的“资本逻辑”和“人本逻辑”的差异与影响？ 2. 课堂讨论：中国化时代化的马克思主义为什么行？中国特色社会主义为什么好？	总结复习所学知识，并围绕问题准备课程资料。

3. 板书设计

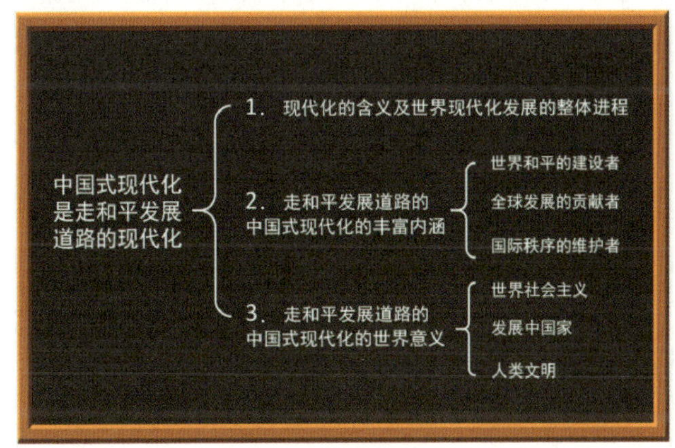

五、教学小结

1. 教学创新及其效果

第一，注重理论的系统性与教学的灵活性、理论的深刻性与思想的引导性的有机统一，在教师与学生双主体的有效互动中，不断实现对学生的思想引领和价值引导。采用“问题式教学法”“案例式教学法”等，将深刻晦涩的理论以生动、直观、循序渐进、学生乐于接受的形式呈现出来，使学生在认同中接受，在接受中不断升华和外化。

第二，尊重并调动学生的发散思维，切实增强思政课的思想性、理论性、亲和力和针对性。通过使用情景素材、巧妙设置问题、调动学生参与，及时推动知识生成和价值提升，课后鼓励学生积极参与研讨，通过讨论和答疑，针对学生知识有限且不成体系而提出的一些发散式问题，及时将其置于理论体系之中给予引导和分析，避免知识碎片化、教学封闭化。

第三，坚持以学生获得感为评价导向，坚持过程性与结果性评价、定性与定量评价、专题与综合评价。在课程考核上，把课堂表现、平时作业与期末作业等各项成绩指标组合；注重过程考核和结果考核相结合，最终产生评价结果，并基于对教学评价结果的分析和思考，更加精准地满足学生个性化的学习需求。

2. 教学反思

从课后学生的反馈来看，教学目标基本实现，学生对案例、理论联系实际等教学安排尤为欢迎，大部分学生对进一步深入了解和研究中国式现代化，特别是从中西对比的角度深入了解走和平发展道路的中国式现代化产生了浓厚兴趣。但是观察学生的课堂表现，发现教学过程中存在的一个重要问题，即启发学生思考的问题应高度准确、凝练，避免产生歧义。如果学生对提出的问题理解不准确，则会适得其反。

六、阅读文献及拓展资料

1.《高举中国特色社会主义伟大旗帜 为全面建设社会主义现代化国家而团结奋斗——在中国共产党第二十次全国代表大会上的报告》，人民出版社2022年版。

2.《中国共产党第十九届中央委员会第六次全体会议文件汇编》，人民出版社2021年版。

3.《共产党宣言》，《马克思恩格斯选集》第1卷，人民出版社2012年版。

4. 人民日报理论部：《中国式现代化》，东方出版社2021年版。

5. 陈学明等：《走向人类文明新形态》，天津人民出版社2022年版。

我们需要什么样的科技教育

一、基本信息

【课程名称】自然辩证法概论

【课程性质】硕士研究生思想政治理论课，必选，16学时，1学分

【授课对象】北京航空航天大学硕士一年级学生

【本讲名称】我们需要什么样的科技教育

【对应章节】第四章第二节

【单元学时】1学时，45分钟

【教师简介】张正清，北京航空航天大学马克思主义学院讲师，荣获第十二届北京高校思想政治理论课教学基本功比赛决赛一等奖。

二、教学简介与教学目标

1. 教学简介

结合党的二十大精神，重新阐述教育对于科技发展的四个影响，围绕“我们需要什么样的科技教育”这个问题，讨论科技发展史上的三个典型案例，思考科技教育教什么、怎么教、教出什么样的人，从而梳理科学教育从古代到近代在教学内容选择、教育方式方法、精神传承上发生的变化，向学生描绘科技共同体精神气质的变迁过程，以及专业化、职业化形成的线索。

2. 教学目标

知识目标：掌握马克思主义科技社会观关于科技发展的社会支撑经典论述，掌握科技共同体与科学精神气质的概念内涵；掌握党的二十大关于强化

现代化建设人才支撑的重要论述，以及科教兴国战略、教育强国战略关于科技共同体精神传承与科技人才培养的顶层设计。

能力目标：学习正确运用马克思主义唯物史观分析科技发展的内生动力，理解科技文化是影响科技共同体的机制，同时关注科学知识教育中的政治、文化、价值塑造功能，并掌握一定的育人规律与方法。

素质目标：立足专业学习掌握科技教育的设计思维与教、学底层逻辑，辨析科技共同体的教育线索与共同体成员个体的学习线索，掌握对本专业相关的战略决策、行业规划的政策解读方法。

三、重点难点与党的二十大精神融入

1. 重点难点

教学重点是理解历史中每种科技教育模式的优缺点，以及今天我国科技教育如何融合这些历史经验推动科教兴国和教育强国。通过“问题呈现—历史变迁—理论解析—现实应对”整体逻辑，重点阐述在科教兴国战略下如何坚持教育优先发展。

理解教育背后的社会建制原因是教学的难点。学生需要理解科学事业是一种社会事业，科学的本质是一种社会建制。如果只把科技理解为知识，而不是一整套社会运行机制，就无法理解科技教育的内容、方式、目标为什么会发生巨大的变化，以及为什么科技教育始终是科学事业中的重中之重。

2. 解决方案

为了解决教学重点问题，采用访谈式提问的方式，引导学生从现象到本质，解析“科技教育到底教什么、怎么教”。

为了解决教学难点问题，可以立足教育强国目标，以教育在党和国家事业、民族复兴中的全局性地位为出发点，以为人民办教育为中心，判断我们需要什么样的科技教育，并通过一定标准帮助学生判断科技教育是否对科技发展起到支撑作用。

3. 党的二十大精神融入

本讲融入党的二十大关于实施科教兴国战略，强化现代化建设人才支撑的重要论述。

在融入方法上采用“核心立意—分解阐发—思想提升”的模式。首先，向学生阐明党的二十大关于实施科教兴国战略的重要论述所对应的本节内容，从而引出科技创新与教学的关系问题，为本节讲授立下科技建制中教育事业的时代意涵；其次，在每个案例讲解中使用习近平总书记关于科技创新的重要论述来进一步说明，通过逐句分解寻找理论、现实依据，给抽象的文本以实践观照，提升学生对于党的二十大报告的感性把握、理论认同，洞悉重要论述背后的因果关系、政策逻辑；最后，在课程结尾处再次引用党的二十大报告原文，对课程内容进行思想提升，给出科技精神教育的中国底色。

四、教学内容与教学安排

1. 教学过程示意图

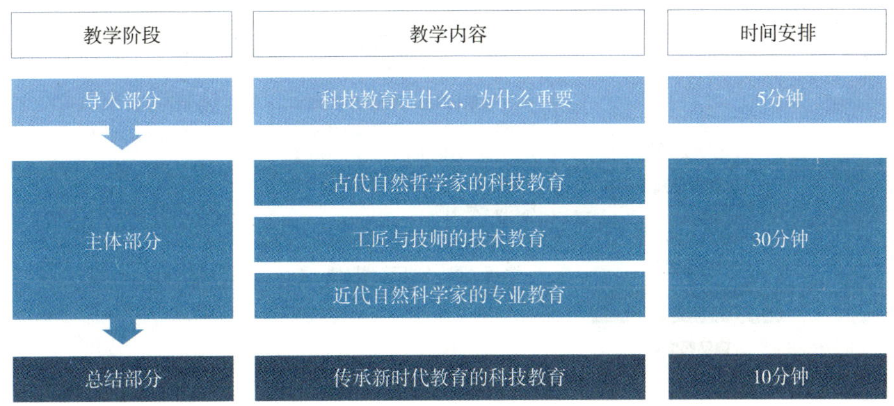

2. 教学内容及设计

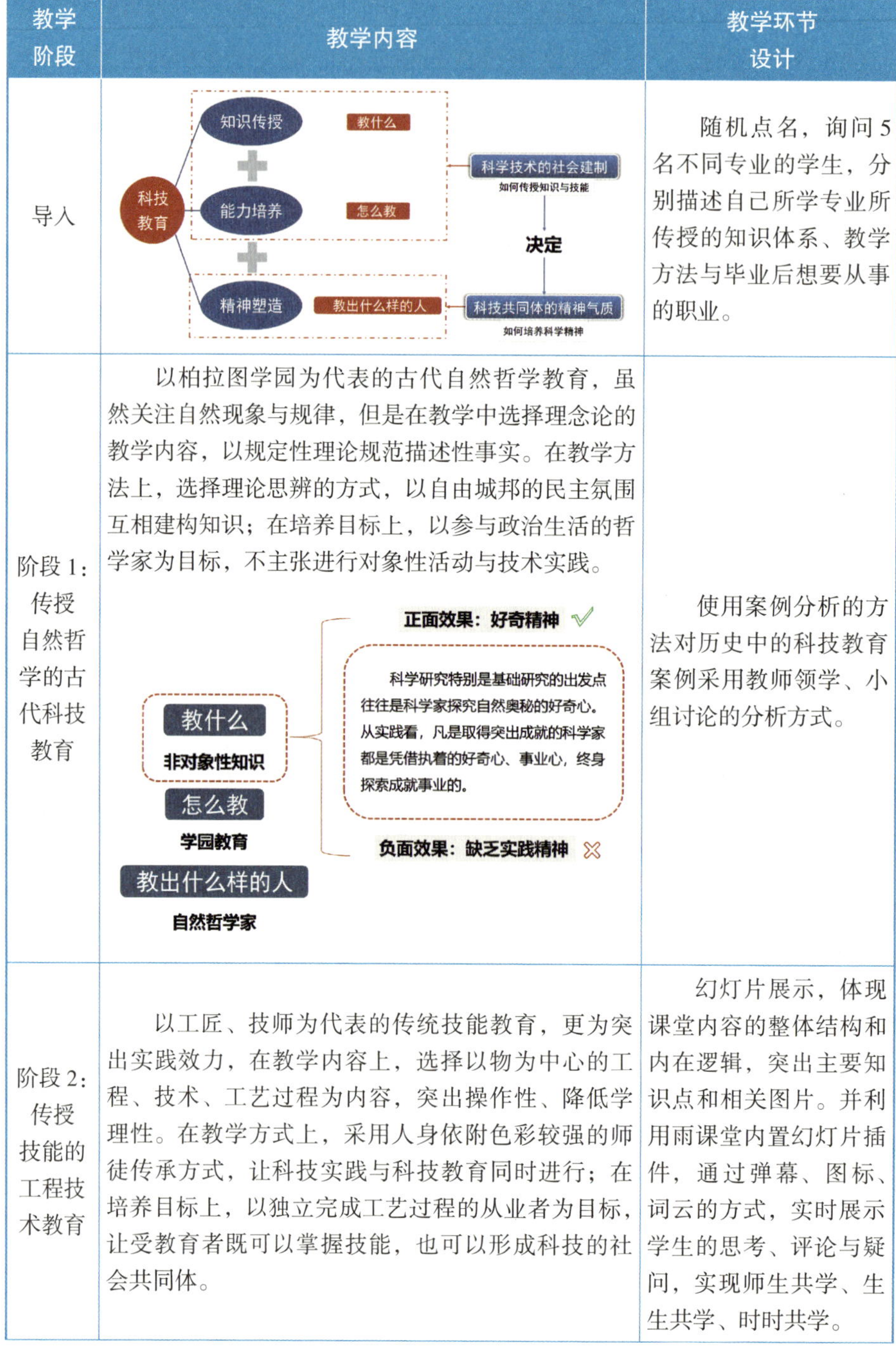

教学阶段	教学内容	教学环节设计
导入	科技教育 知识传授 教什么 能力培养 怎么教 精神塑造 教出什么样的人 科学技术的社会建制 如何传授知识与技能 决定 科技共同体的精神气质 如何培养科学精神	随机点名，询问5名不同专业的学生，分别描述自己所学专业所传授的知识体系、教学方法与毕业后想要从事的职业。
阶段1：传授自然哲学的古代科技教育	以柏拉图学园为代表的古代自然哲学教育，虽然关注自然现象与规律，但是在教学中选择理念论的教学内容，以规定性理论规范描述性事实。在教学方法上，选择理论思辨的方式，以自由城邦的民主氛围互相建构知识；在培养目标上，以参与政治生活的哲学家为目标，不主张进行对象性活动与技术实践。 教什么 非对象性知识 怎么教 学园教育 教出什么样的人 自然哲学家 正面效果：好奇精神 科学研究特别是基础研究的出发点往往是科学家探究自然奥秘的好奇心。从实践看，凡是取得突出成就的科学家都是凭借执着的好奇心、事业心，终身探索成就事业的。 负面效果：缺乏实践精神	使用案例分析的方法对历史中的科技教育案例采用教师领学、小组讨论的分析方式。
阶段2：传授技能的工程技术教育	以工匠、技师为代表的传统技能教育，更为突出实践效力，在教学内容上，选择以物为中心的工程、技术、工艺过程为内容，突出操作性、降低学理性。在教学方式上，采用人身依附色彩较强的师徒传承方式，让科技实践与科技教育同时进行；在培养目标上，以独立完成工艺过程的从业者为目标，让受教育者既可以掌握技能，也可以形成科技的社会共同体。	幻灯片展示，体现课堂内容的整体结构和内在逻辑，突出主要知识点和相关图片。并利用雨课堂内置幻灯片插件，通过弹幕、图标、词云的方式，实时展示学生的思考、评论与疑问，实现师生共学、生生共学、时时共学。

续表

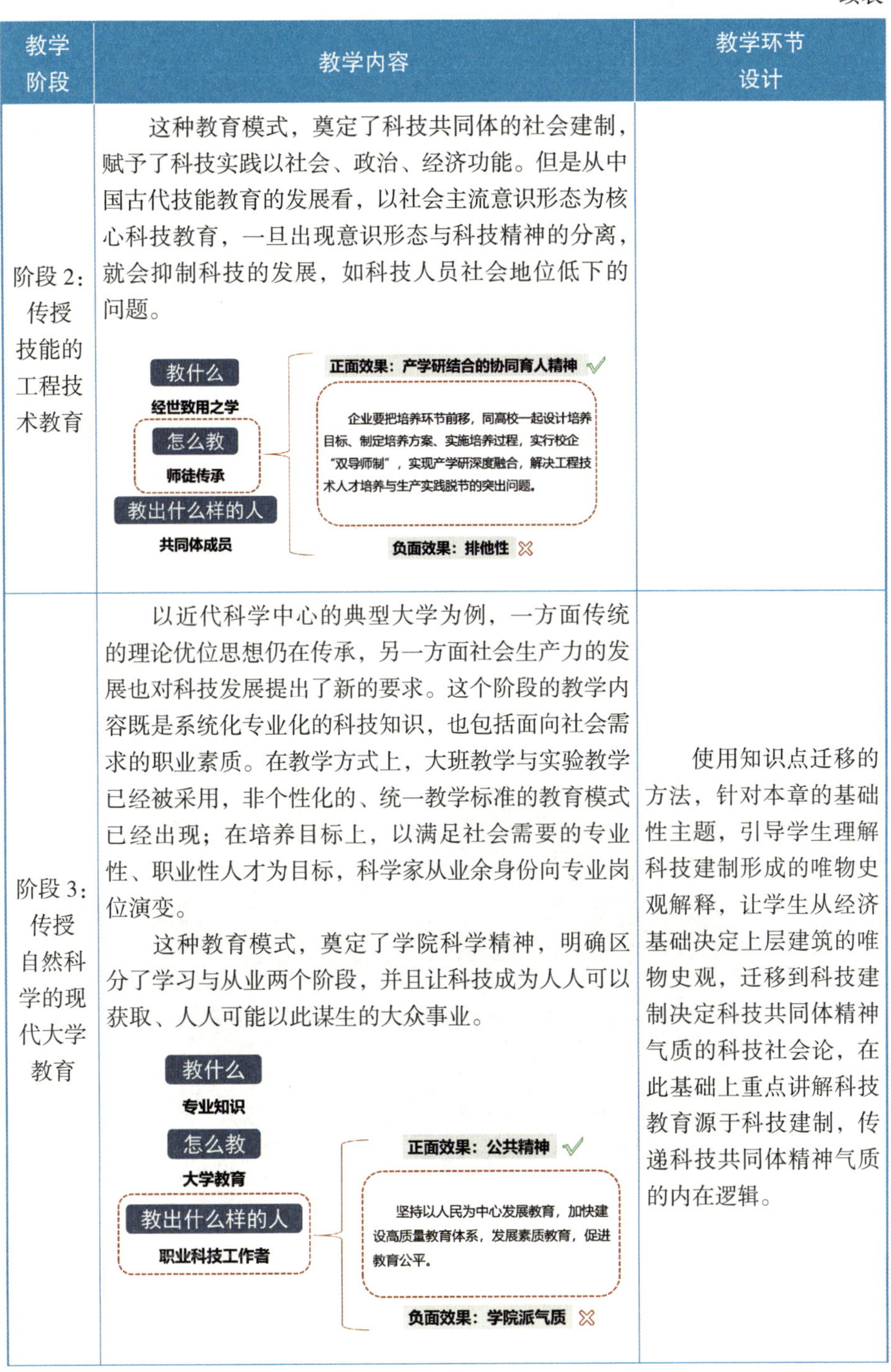

教学阶段	教学内容	教学环节设计
阶段 2：传授技能的工程技术教育	这种教育模式，奠定了科技共同体的社会建制，赋予了科技实践以社会、政治、经济功能。但是从中国古代技能教育的发展看，以社会主流意识形态为核心科技教育，一旦出现意识形态与科技精神的分离，就会抑制科技的发展，如科技人员社会地位低下的问题。 教什么 经世致用之学 怎么教 师徒传承 教出什么样的人 共同体成员 正面效果：产学研结合的协同育人精神 企业要把培养环节前移，同高校一起设计培养目标、制定培养方案、实施培养过程，实行校企“双导师制”，实现产学研深度融合，解决工程技术人才培养与生产实践脱节的突出问题。 负面效果：排他性	
阶段 3：传授自然科学的现代大学教育	以近代科学中心的典型大学为例，一方面传统的理论优位思想仍在传承，另一方面社会生产力的发展也对科技发展提出了新的要求。这个阶段的教学内容既是系统化专业化的科技知识，也包括面向社会需求的职业素质。在教学方式上，大班教学与实验教学已经被采用，非个性化的、统一教学标准的教育模式已经出现；在培养目标上，以满足社会需要的专业性、职业性人才为目标，科学家从业余身份向专业岗位演变。 这种教育模式，奠定了学院科学精神，明确区分了学习与从业两个阶段，并且让科技成为人人可以获取、人人可能以此谋生的大众事业。 教什么 专业知识 怎么教 大学教育 教出什么样的人 职业科技工作者 正面效果：公共精神 坚持以人民为中心发展教育，加快建设高质量教育体系，发展素质教育，促进教育公平。 负面效果：学院派气质	使用知识点迁移的方法，针对本章的基础性主题，引导学生理解科技建制形成的唯物史观解释，让学生从经济基础决定上层建筑的唯物史观，迁移到科技建制决定科技共同体精神气质的科技社会论，在此基础上重点讲解科技教育源于科技建制，传递科技共同体精神气质的内在逻辑。

续表

教学阶段	教学内容	教学环节设计
总结	1. 总结 人才 实施 √ 人才强国战略 建设 √ 人才强国 坚持教育优先发展 培养一流科技人才 坚持人才引领驱动 建设科技创新高地 科技 教育 实施 √ 科教兴国战略 建设 √ 教育强国 创新 实施 √ 创新驱动发展战略 建设 √ 科技强国 坚持创新核心地位 推进产学研深度融合 2. 课后作业 （1）从科技的社会建制角度，尝试分析 19 世纪末德国面向工业发展的新式大学教育与今天你所接受的大学教育有何异同； （2）党的二十大报告中提出，要“加强基础学科、新兴学科、交叉学科建设，加快建设中国特色、世界一流的大学和优势学科”，结合本讲内容论述如何形成具有中国特色的科技教育。	

3. 板书设计

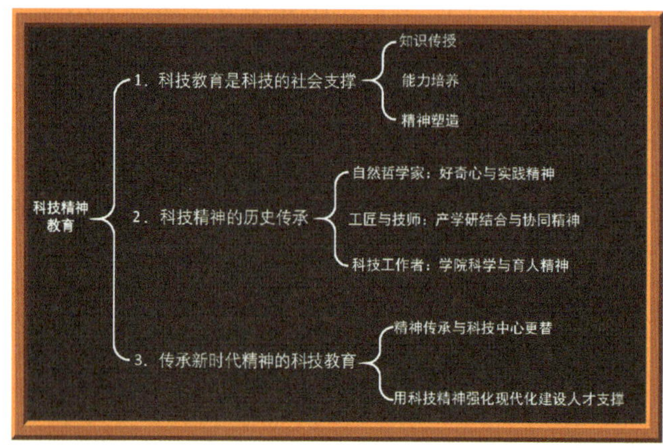

五、教学小结

1. 教学创新及其效果

首先，使用了具有现实性、针对性的新案例材料。为了回答“科技教育教什么、怎么教、教出什么样的人”的问题，使用了三个科技史案例，涵盖了古今中外科技教育的教学内容、教学方式、教学组织，让学生透过教育者的视角，了解专业教学的设置、规划背后的建制原因。同时，三个案例中的学生角色也对应了今天不同的学习心态，提升了抽象内容的针对性、亲和力，向学生充分证明了个人发展必须与国家和社会对科技事业的要求结合在一起。

其次，丰富了讲解教材知识的理论选择。为了展开阐述科技与教育的内在关系，分别使用了“拯救现象”“李约瑟难题”“马克思主义科学编史学纲领”三个切入点，呈现科技教育中面临的问题，让学生可以深入领会党的二十大重要论述的现实指导意义，认识到培育与传承具有中国特色的科学家精神、科学精神，既是在不断推进马克思主义中国化、时代化，也对我国建成世界主要科学中心、世界重要人才中心和创新高地有重要作用。

2. 教学反思

学生在本节的困惑点集中在两个方面。

一个是对教育的重要性认识不足。学生一般对于科学知识本身的重要性认识较为充分，但是对于如何传承、发展科学精神关注不足，因此对于教育、科普等科技传播活动不重视，这是当下很多学科中重科研、轻教学的实际后果。

另一个是学生对教育的方式方法理解不深。学生认为科技教育的规律与方法是将来从事教学工作后才需要关注的事情，当下作为一个受教育者没基础也没有必要了解。教学内容需要从教育是科技事业的必要组成部分以及学习与教学的现实关系入手，向学生阐明了解教学规律可以更好地进行专业学习、理解共同体的来源与建制的功能，做一名合格的科研工作者。

六、阅读文献及拓展资料

1.《高举中国特色社会主义伟大旗帜 为全面建设社会主义现代化国家而团结奋斗——在中国共产党第二十次全国代表大会上的报告》，人民出版社2022年版。

2.《共产主义原理》，《马克思恩格斯文集》第1卷，人民出版社2009年版。

3. [澳]迈克尔·马修斯：《科学教学——科学史和科学哲学的贡献》，刘恩山、郭元林、黄晓译，外语教学研究出版社2017年版。

4. [美]凯瑟琳·E.斯诺、肯妮·A.迪布纳：《科学素养：概念、情境与影响》，裴新宁、郑太年译，中国科学技术出版社2020年版。

5. 美国科学促进协会：《科学素养的基准》，中国科学技术协会译，科学普及出版社2001年版。

自我革命是党跳出历史周期率的第二个答案

一、基本信息

【课程名称】新时代中国特色社会主义理论与实践

【课程性质】硕士研究生思想政治理论课，必修，36 学时，2 学分

【授课对象】北京理工大学硕士一年级学生

【本讲名称】自我革命是党跳出历史周期率的第二个答案

【对应章节】第十章第三节

【单元学时】1 学时，45 分钟

【教师简介】张廷广，北京理工大学马克思主义学院讲师，荣获第十二届北京高校思想政治理论课教学基本功比赛决赛二等奖。

二、教学简介与教学目标

1. 教学简介

本次课程重点围绕“为什么”展开设计和讲授，即重点围绕中国共产党开展自我革命的主要实践活动具有的内在逻辑关系、中国共产党始终能够开展自我革命的基本逻辑、自我革命是党跳出历史周期率第二个答案的基本依据这三个重要问题进行展开。

2. 教学目标

第一，让学生更加深入理解“自我革命”相关知识及其内在联系；

第二，培养学生更加热爱党、拥护党，自觉维护党的执政地位，自觉向以习近平同志为核心的党中央靠拢，树立正确的人生观和利益观，筑牢人民

利益至上的价值立场；

第三，增强研究生综合运用原理性知识和科学思维分析难点问题的能力。

三、重点难点与党的二十大精神融入

1. 重点难点

研究生对“自我革命”的逻辑关系或内在关系，理解起来相对比较困难，如何给研究生透彻分析中国共产党始终能够开展自我革命的原因所在，从而让研究生彻底相信中国共产党是与众不同的马克思主义政党，比世界上其他政党都能更好地、更持续地开展自我革命；如何给研究生透彻分析“自我革命”与“人民群众监督”之间的关系，从而让研究生真正相信自我革命是党跳出历史周期率的第二个答案。

2. 解决方案

根据本专题教学内容的特征，本节课主要采用问题教学法、引导教学法、互动教学法、案例教学法、比较分析法、故事分析教学法、文献资料分析法、概念分析教学法、数据资料分析法、实物展示教学法、体验式教学法、抽象思维教学法、（动态）图表分析教学法、例证分析教学法、推理归纳教学法，力争在综合运用教学方法的基础上讲透知识点和问题。

3. 党的二十大精神融入

在讲授的过程中通过图片、文献资料列举等方式融入党的二十大关于自我革命的重要论述、关于共同富裕的重要论述、关于复杂矛盾的重要论述，从而在与过去相关情况的对比中让研究生更好地理解“自我革命”涉及的“为什么”等逻辑关系、内在关系问题，更好地理解“自我革命”与“人民群众监督”之间到底是什么关系。

四、教学内容与教学安排

1. 教学过程示意图

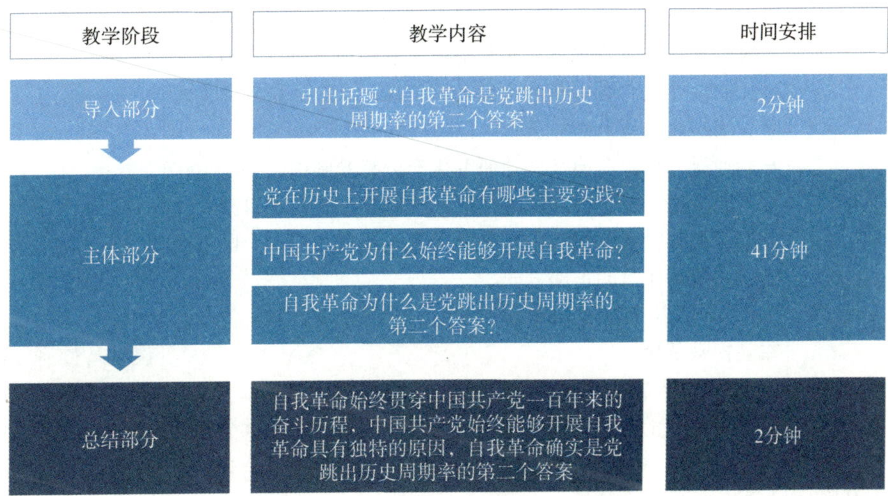

2. 教学内容及设计

教学阶段	教学内容	教学环节设计
导入	**小游戏：一句话猜谜语** 谜题：刀刃向内才能更有效避免腐朽衰败。 提示一 论断 提示二 党的二十大	在趣味性游戏互动中引出教学内容。
阶段 1：党在历史上开展自我革命有哪些主要实践？	［知识点一］“八七会议”通过自我革命明确斗争方向 【经典原文节选】 经典原文一：我们胜过敌人的地方，正在于我们是最先进的阶级，无产阶级之先锋队能够在自己错误经验里学习出来，绝无畏惧的披露自己的错误并且有力量来坚决的纠正。①	

① 《建党以来重要文献选编（1921—1949）》第 4 册，中央文献出版社 2011 年版，第 411 页。

续表

教学阶段	教学内容	教学环节设计
阶段1：党在历史上开展自我革命有哪些主要实践？	经典原文二：秋收暴动非军事不可，此次会议应重视此问题，新政治局的常委要更加坚强起来注意此问题。湖南这次失败，可说完全由于书生主观的错误，以后要非常注意军事。须知政权是由枪杆子中取得的。① 通过分析经典原文，让研究生充分感受到中国共产党在“八七会议”中进行自我革命的无比坚决，并通过自我革命改变党的方针和路线，在革命紧急关头及时为全党全国人民指明了武装斗争的正确方向。 ［知识点二］“遵义会议”通过自我革命挽救党、挽救红军、挽救革命 【不同人物的观点对比资料】 以图片的形式分别呈现不同人物的军事路线，并分别呈现毛泽东、张闻天、周恩来、博古等人对第五次反“围剿”失败原因的观点分析。 【经典原文节选】 广大的反对“左”倾路线的干部和党员，都在毛泽东同志的领导下团结起来，因而在一九三五年一月，在毛泽东同志所领导的在贵州省遵义城召开的扩大的中央政治局会议上，得以胜利地结束了“左”倾路线在党中央的统治，在最危急的关头挽救了党……才能够胜利地结束了长征，在长征的极端艰险的条件下保存了并锻炼了党和红军的基干……组织了抗日民族统一战线，推动了神圣的抗日战争的爆发。② 通过分析、对比，让研究生明白中国共产党通过独立自主召开遵义会议，结束“左”倾冒险主义在中共中央的统治，事实上重新确立以毛泽东为代表的新的中央的正确领导和正确路线，从而挽救了党、挽救了红军、挽救了中国革命，让研究生明白党在遵义会议上开展自我革命的力度之大、作用之大前所未有。	讲授“八七会议”“遵义会议”“整风运动”“十一届三中全会”“全面从严治党”等体现党开展自我革命的主要实践活动，展现勇于自我革命是中国共产党的优良传统和一贯做法。

① 《毛泽东军事文集》第1卷，军事科学出版社、中央文献出版社1993年版，第2页。

② 《建党以来重要文献选编（1921—1949）》第22册，中央文献出版社2011年版，第87页。

续表

教学阶段	教学内容	教学环节设计
阶段 1：党在历史上开展自我革命有哪些主要实践？	［知识点三］“整风运动”扭转了教条主义在党内流行的局面 【经典原文节选】 反对主观主义以整顿学风，反对宗派主义以整顿党风，反对党八股以整顿文风，这就是我们的任务。[①] 通过欣赏毛泽东在中央党校做整风报告的油画资料，并结合经典原文感受整风运动肩负的三大艰巨任务，让研究生更好地把握延安整风运动是党在抗战期间开展的一次深入的自我革命。 ［知识点四］“十一届三中全会”是党的历史上具有深远意义的伟大转折 【经典原文节选】 1978 年 12 月召开的十一届三中全会……果断地停止使用“以阶级斗争为纲”这个不适用于社会主义社会的口号，作出了把工作重点转移到社会主义现代化建设上来的战略决策……这些在领导工作中具有重大意义的转变，标志着党重新确立了马克思主义的思想路线、政治路线和组织路线。[②] 通过分析第二个历史决议对党的十一届三中全会会议内容的简短介绍，将党的十一届三中全会前后的情况进行比较，让研究生自觉得出“党的十一届三中全会是党开展的一场伟大自我革命”的结论。 ［知识点五］“全面从严治党”消除党、国家、军队内部存在的严重隐患 通过分析党的十八大以来反腐败领域取得重大成就的数据资料，并通过对权威文献资料的分析，对新时代以前和以后党内情况的对比分析，让研究生明白党在新时代的全面从严治党的力度大、成就大，新时代全面从严治党是最广泛、最深刻的自我革命。	

① 《毛泽东选集》第 3 卷，人民出版社 1991 年版，第 812 页。

② 《改革开放三十年重要文献选编》上，中央文献出版社 2008 年版，第 202 页。

续表

教学阶段	教学内容	教学环节设计
阶段 2：中国共产党为什么始终能够开展自我革命?	两张不同寻常的图片 图片一：苏共二十八大现场 图片二：中共二十大现场 将两张图片进行对比，让研究生在比较中发现核心问题：苏共越到后来越不能开展自我革命，中共为什么却始终能够开展自我革命? [知识点一] 中国共产党在文化基因层面能不能自觉开展自我革命? 通过分析《易经》中的经典原文以及我国古代对世界科技的贡献率的数据图表，得出结论：我国古代人民具有与当前开展自我革命相契合的革故鼎新的革新精神。 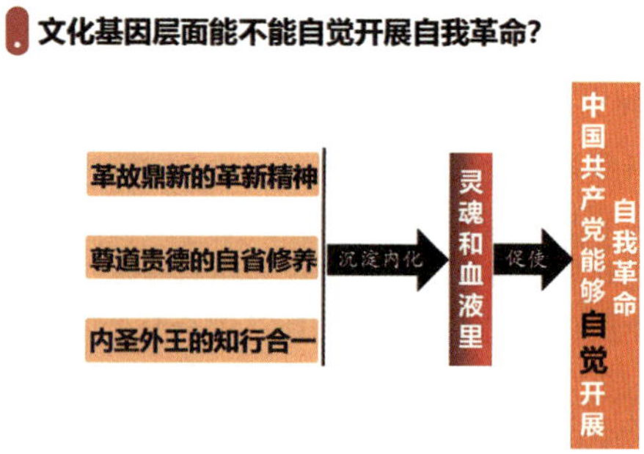 **文化基因层面能不能自觉开展自我革命?** 革故鼎新的革新精神 尊道贵德的自省修养 内圣外王的知行合一 沉淀内化 灵魂和血液里 促使 中国共产党能够自觉开展自我革命 通过分析习近平总书记在党的二十大等重要场合关于中华优秀传统文化的经典讲话原文，让研究生明白革故鼎新的革新精神、尊道贵德的自省修养、内圣外王的知行合一等独特的传统文化精华已经内化在中国共产党人的灵魂和血液里了，这使得中国共产党能够自觉开展自我革命。 [知识点二] 中国共产党在政党性质层面能不能勇于开展自我革命? 图片一：孔子谈无欲则刚 子曰："吾未见刚者。" 或对曰："申枨。" 子曰："枨也欲，焉得刚?" ——《论语·公冶长第五》	从文化基因层面展现中国共产党能自觉开展自我革命，从政党性质层面展现中国共产党能勇于开展自我革命，从哲学方法层面展现中国共产党能持续开展自我革命。这三个层面共同决定了中国共产党始终能够开展自我革命。

续表

教学阶段	教学内容	教学环节设计
阶段 2：中国共产党为什么始终能够开展自我革命？	图片二：林则徐虎门销烟，并配上其写的对联“海纳百川有容乃大，壁立千仞无欲则刚” 通过讲述成语典故，让研究生明白“不正常的私欲越少，克制内心的勇气就越大”的观点；再通过讲解林则徐在追求中国人民整体利益这一公利的基础上锻造了无比强大的内心，并敢于同帝国主义对抗，强势发动虎门销烟，让研究生明白追求的不正常的私利越少，代表的广大人民根本利益的公利越大，就越具有自我革命和社会革命的勇气。 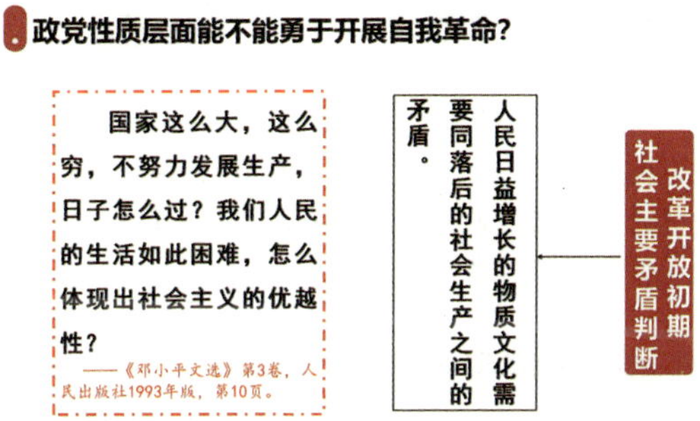 **政党性质层面能不能勇于开展自我革命？** 国家这么大，这么穷，不努力发展生产，日子怎么过？我们人民的生活如此困难，怎么体现出社会主义的优越性？ ——《邓小平文选》第3卷，人民出版社1993年版，第10页。 人民日益增长的物质文化需要同落后的社会生产之间的矛盾。← 改革开放初期社会主要矛盾判断 通过用四川话模仿式地朗读邓小平同志的讲话原文，最大限度再现小平同志讲话的语气和风格原貌，增强研究生对我国在改革开放初期整体贫困落后状况的体验和感悟，并呈现“落后的社会生产”成为当时我国社会主要矛盾的主要方面，成为生产力发展面临的最大问题，进一步说明改革开放初期我国生产力整体处于落后状态。 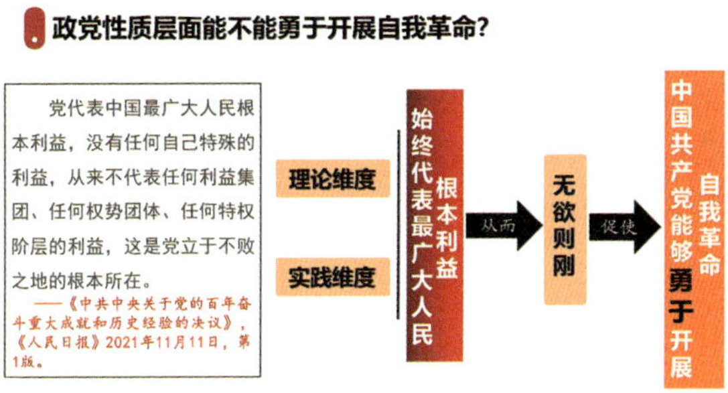 **政党性质层面能不能勇于开展自我革命？** 党代表中国最广大人民根本利益，没有任何自己特殊的利益，从来不代表任何利益集团、任何权势团体、任何特权阶层的利益，这是党立于不败之地的根本所在。 ——《中共中央关于党的百年奋斗重大成就和历史经验的决议》，《人民日报》2021年11月11日，第1版。 理论维度 实践维度 始终代表最广大人民根本利益 → 从而 → 无欲则刚 → 促使 → 中国共产党能够勇于开展自我革命	

续表

教学阶段	教学内容	教学环节设计
阶段2：中国共产党为什么始终能够开展自我革命？	［知识点三］中国共产党在哲学方法层面能不能持续开展自我革命？ 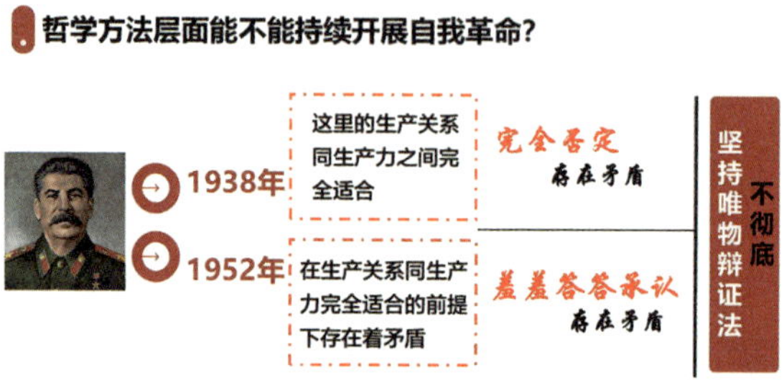 哲学方法层面能不能持续开展自我革命? 1938年 这里的生产关系同生产力之间完全适合 完全否定 存在矛盾 1952年 在生产关系同生产力完全适合的前提下存在着矛盾 羞羞答答承认 存在矛盾 坚持唯物辩证法 不彻底 设计意图：通过比较分析斯大林关于“社会主义苏联是否存在矛盾”的两次经典讲话原文，让研究生明白斯大林对苏联社会矛盾的否定或者遮遮掩掩的事实，实际上是对唯物辩证法中的矛盾普遍性原理的否定。 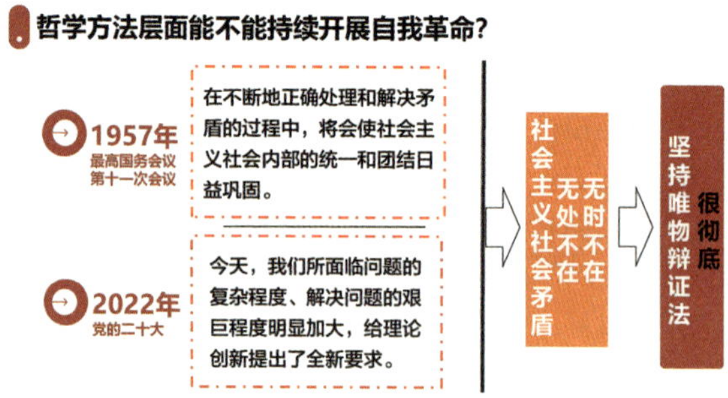 哲学方法层面能不能持续开展自我革命? 1957年 最高国务会议第十一次会议 在不断地正确处理和解决矛盾的过程中，将会使社会主义社会内部的统一和团结日益巩固。 2022年 党的二十大 今天，我们所面临问题的复杂程度、解决问题的艰巨程度明显加大，给理论创新提出了全新要求。 社会主义社会矛盾 无处不在 无时不在 坚持唯物辩证法 很彻底 设计意图：通过列举呈现和比较分析毛泽东主席和习近平总书记在不同时代理直气壮地承认社会主义社会普遍存在矛盾的经典原文，让研究生明白中国共产党是始终彻底坚持唯物辩证法的，是始终彻底坚持矛盾的普遍性原理的。	

续表

教学阶段	教学内容	教学环节设计
阶段 2：中国共产党为什么始终能够开展自我革命？	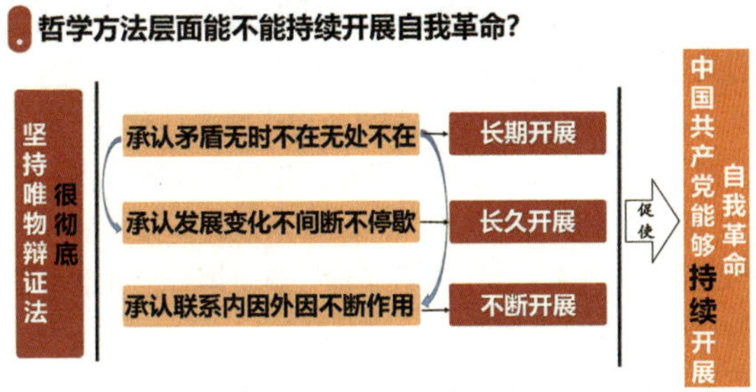 **哲学方法层面能不能持续开展自我革命?** 坚持唯物辩证法 很彻底 承认矛盾无时不在无处不在 → 长期开展 承认发展变化不间断不停歇 → 长久开展 承认联系内因外因不断作用 → 不断开展 促使 中国共产党能够持续开展自我革命 设计意图：通过图表分析和比较分析，让研究生明白：承认矛盾无时不在无处不在，才能更好地承认发展变化的不间断不停歇以及事物联系的内因外因不断作用。	
阶段 3：自我革命为什么是党跳出历史周期率的第二个答案？	［知识点一］“神”一致，“形”不同 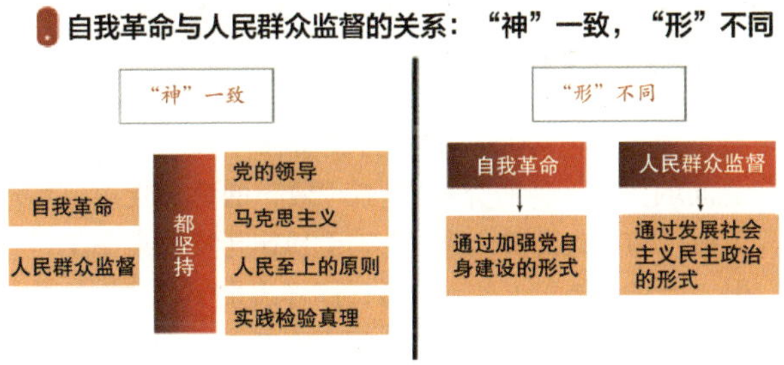 **自我革命与人民群众监督的关系：“神”一致，“形”不同** “神”一致 自我革命 人民群众监督 都坚持 党的领导 马克思主义 人民至上的原则 实践检验真理 “形”不同 自我革命 → 通过加强党自身建设的形式 人民群众监督 → 通过发展社会主义民主政治的形式 通过在“神—形”层面比较“自我革命”和“人民群众监督”之间的关系，让研究生明白：“神”的一致性决定了“自我革命”和“人民群众监督”对党跳出历史周期率具有关键性作用，但二者在“形”上的差异性决定了彼此不是“同一体”，而是“相异体”，即“人民群众监督”是党跳出历史周期率的第一个答案，那“自我革命”就是第二个答案。 ［知识点二］“脉”相连，“域”有别 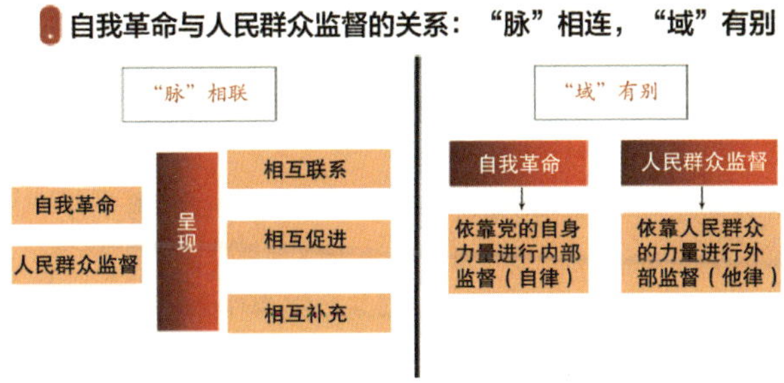 **自我革命与人民群众监督的关系：“脉”相连，“域”有别** “脉”相联 自我革命 人民群众监督 呈现 相互联系 相互促进 相互补充 “域”有别 自我革命 → 依靠党的自身力量进行内部监督（自律） 人民群众监督 → 依靠人民群众的力量进行外部监督（他律）	从“神”与“形”、“脉”与“域”、“效”与“体”三个层面展现自我革命是党跳出历史周期率第二个答案的基本逻辑。

续表

<table>
<tr><th>教学阶段</th><th>教学内容</th><th>教学环节设计</th></tr>
<tr><td>阶段 3：自我革命为什么是党跳出历史周期率的第二个答案？</td><td>通过在“脉—域”层面比较“自我革命”和“人民群众监督”之间的关系，让研究生明白：“脉”的关联性决定了“自我革命”和“人民群众监督”对党跳出历史周期率具有不可或缺的作用，但二者在“域”上的差别性，也决定了彼此不是“同一体”，而是“相异体”，即“人民群众监督”是党跳出历史周期率的第一个答案，那“自我革命”就是第二个答案。
［知识点三］“效”叠加，“体”相异 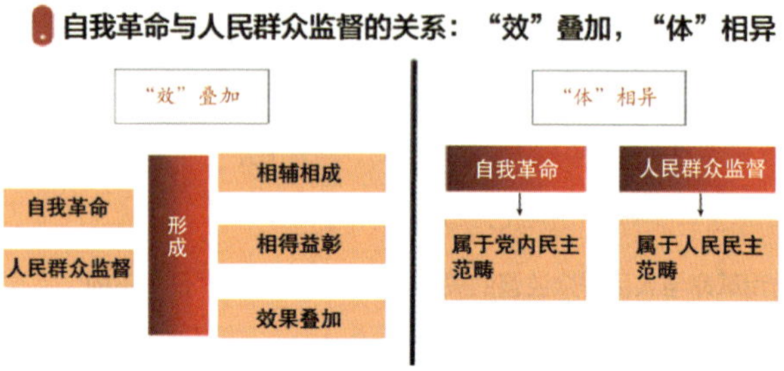
自我革命与人民群众监督的关系：“效”叠加，“体”相异
“效”叠加
自我革命
人民群众监督
形成
相辅相成
相得益彰
效果叠加
“体”相异
自我革命
属于党内民主范畴
人民群众监督
属于人民民主范畴
通过在“效—体”层面比较“自我革命”和“人民群众监督”之间的关系，让研究生明白：“效”的叠加性决定了“自我革命”和“人民群众监督”对党跳出历史周期率至关重要，但二者在“体”上的差异性，同样决定了彼此不是“同一体”，而是“相异体”，即“人民群众监督”是党跳出历史周期率的第一个答案，那“自我革命”就是第二个答案。</td><td></td></tr>
<tr><td>总结</td><td>［小结］
1. 勇于自我革命，是中国共产党的优良传统，始终贯穿中国共产党一百年来的奋斗历程；
2. 文化基因层面、政党性质层面、哲学方法层面共同决定了中国共产党始终能够开展自我革命；
3. “神—形”层面、“脉—域”层面、“效—体”层面决定了“自我革命”确实是党跳出历史周期率的第二个答案。
［课后思考题］
1. 请从文化基因层面谈谈，中国共产党为什么能自觉开展自我革命？
2. 请从政党性质层面谈谈，中国共产党为什么能勇于开展自我革命？
3. 请从哲学方法层面谈谈，中国共产党为什么能持续开展自我革命？</td><td></td></tr>
</table>

3. 板书设计

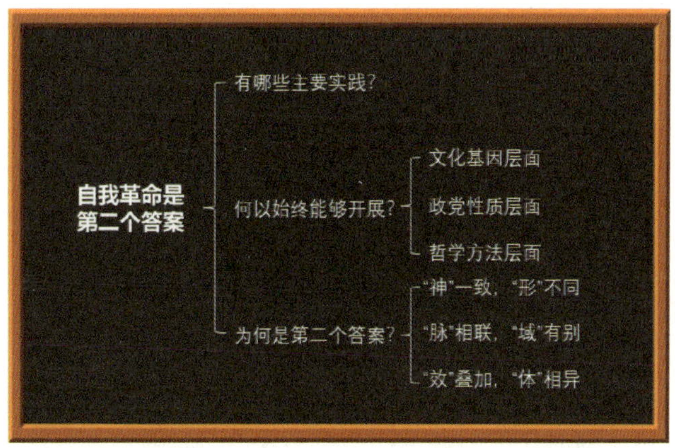

五、教学小结

1. 教学创新及其效果

通过运用动态图表呈现、比较分析法等综合性、多样化的方法以实现讲授方法的整体创新,通过从文化基因层面、政党性质层面、哲学方法层面实现讲授结构和内容上的创新,达到以理服人、以情感人、以文化人的效果,让研究生更好地理解自我革命的知识点。

2. 教学反思

教学需要详略得当、需要情理结合、需要衔接提升。

六、阅读文献及拓展资料

1.《高举中国特色社会主义伟大旗帜 为全面建设社会主义现代化国家而团结奋斗——在中国共产党第二十次全国代表大会上的报告》,人民出版社2022年版。

2.《中共中央关于党的百年奋斗重大成就和历史经验的决议》,《人民日报》2021年11月11日第1版。

自我革命：长青之道，贵在自胜

一、基本信息

【课程名称】新时代中国特色社会主义理论与实践

【课程性质】硕士研究生思想政治理论课，必修，32 学时，2 学分

【授课对象】北京城市学院硕士一年级学生

【本讲名称】自我革命：长青之道，贵在自胜

【对应章节】第十章第三节

【单元学时】1 学时，50 分钟

【教师简介】刘尧，北京城市学院马克思主义学院讲师，荣获第十二届北京高校思想政治理论课教学基本功比赛决赛二等奖。

二、教学简介与教学目标

1. 教学简介

授课对象为硕士研究生一年级学生。学生通过本科思想政治理论课的学习及自身的生活经验，对党的自我革命有基本认知。他们思想活跃，整体知识技能水平较高，对党的建设问题比较关心，容易在纷繁复杂的国内外意识形态斗争的过程中产生困惑甚至迷茫。所以，教师需对教学内容进行深入研究，做好教学设计，使学生对本部分内容更好入耳入脑入眼入心。

2. 教学目标

知识目标：了解党的初心和使命，掌握"自我革命"的深刻内涵；理解自我革命的必要性，认知新时代自我革命的鲜明特色、具体措施。

能力目标：了解新时代党坚持从严治党，提高党的执政能力及方法；掌握党的自我革命的特点、成就及意义；深刻理解自我革命是跳出治乱兴衰历史周期率的第二个答案。

素质目标：以一种主人翁的热诚姿态积极投身于中国共产党自我革命精神的学习、体悟与践行中来；更加紧密地团结在以习近平同志为核心的党中央周围，高举习近平新时代中国特色社会主义思想伟大旗帜，让青春在为祖国、为人民的奉献中焕发出更加绚丽的光彩。

三、重点难点与党的二十大精神融入

1. 重点难点

教学重点：

（1）自我革命内涵及必要性；

（2）新时代自我革命措施、成就及意义。

教学难点：

（1）勇于自我革命是党最鲜明的品格；

（2）以党的自我革命引领伟大社会革命。

2. 解决方案

以党的二十大报告中的“经过不懈努力，党找到了自我革命这一跳出治乱兴衰历史周期率的第二个答案，确保党永远不变质、不变色、不变味”为切入点，直击学生关心的问题，采取问题链方式深入讲授“自我革命的内涵和必要性”“新时代自我革命的措施和特点”“新时代自我革命的成就和意义”。通过讲解使学生理解大力反腐既是对广大人民群众呼声的回应，也是人民领袖习近平总书记个人品格和担当精神的体现，引导学生增强“四个意识”。

3. 党的二十大精神融入

第一，导入部分引用党的二十大报告中的“我们党作为世界上最大的马克思主义执政党，要始终赢得人民拥护、巩固长期执政地位，必须时刻保持解决大党独有难题的清醒和坚定”。推进伟大社会革命，就必须敢于直面问题，深刻把握党的自我革命宝贵经验，不断深化对推进新时代党的自我革命的规律性认识。

第二，讲述新时代自我革命时引用党的二十大报告中的“腐败是危害党的生命力和战斗力的最大毒瘤，反腐败是最彻底的自我革命。只要存在腐败问题产生的土壤和条件，反腐败斗争就一刻不能停，必须永远吹冲锋号”。使学生清楚了解，新时代的自我革命就是反腐败。

第三，党的二十大报告强调，推进政治监督具体化、精准化、常态化。必须把坚持和加强党中央集中统一领导作为党的建设第一位的任务，坚决纠正在落实“两个维护”上存在的温差、落差、偏差，确保全党深刻领悟“两个确立”的决定性意义，坚决做到“两个维护”。

最后，引导学生了解，反腐败是一个世界性难题，腐败形成的原因是多种多样的，要彻底铲除腐败依然任重而道远，正如党的二十大报告强调：“全面从严治党永远在路上，党的自我革命永远在路上，决不能有松劲歇脚、疲劳厌战的情绪，必须持之以恒推进全面从严治党，深入推进新时代党的建设新的伟大工程，以党的自我革命引领社会革命。”

四、教学内容与教学安排

1. 教学过程示意图

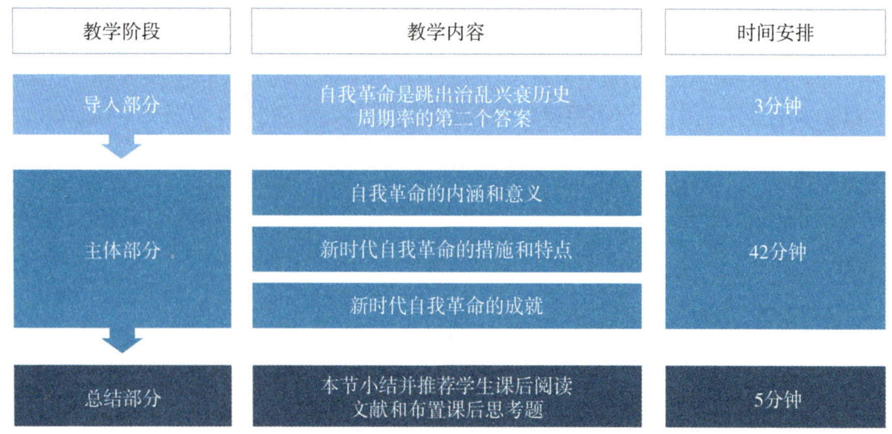

2. 教学内容及设计

教学阶段	教学内容	教学环节设计
导入	播放视频《百年归来，仍是少年》。	视频导入，激发学生的学习兴趣。
阶段 1：自我革命的内涵和意义	（1）自我革命的科学内涵。从哲学意义上讲，自我革命的本质是“主体在主动意义上和自觉意义上的自我扬弃，即事物发展过程中的‘否定之否定’”。自我革命的提出，说明中国共产党对在社会主义市场经济和改革开放条件下党执政规律认识的不断深化。党的自我革命既是一种管党治党的实践形态，也是一种精神品格。 （2）“自我革命”是跳出历史周期率的第二个答案，同时有重要意义。 自我革命的意义 1 跳出治乱兴衰历史周期率的时代答案 2 中国共产党百年辉煌奋斗的独特优势 3 中国共产党永葆青春活力的强大支撑	引导学生从学理层面和实践层面对党自我革命的必要性有充分认知。
阶段 2：新时代自我革命的措施和特点	（1）新时代反腐败就是最彻底的自我革命。 新时代党的自我革命 反腐 腐败 腐败是危害党的生命力和战斗力的最大毒瘤，反腐败是最彻底的自我革命。 （2）反腐败斗争一严到底、永不停歇。 “打虎”无禁区。2022 年，中央纪委国家监委网站共发布 32 名中管干部接受审查调查的消息，有的已经退休，但仍受到党纪国法的惩处。	插入正义之剑，鲜活生动，新时代以来的十年，党中央敢于对一切腐败行为“亮剑”“用剑”。

续表

教学阶段	教学内容	教学环节设计
阶段 2：新时代自我革命的措施和特点	“拍蝇”不手软。坚持“有什么问题就解决什么问题，什么问题突出就集中整治什么问题”，聚焦群众反映强烈的突出问题，深入推进整治群众身边不正之风和腐败问题工作，令“蝇贪”无所遁形。 “猎狐”不止步。2022 年 1 月至 11 月，共追回外逃人员 840 人，其中党员和国家工作人员 132 人、“红通人员”21 人，追回赃款 65.5 亿元…… （3）党的二十大报告指出：“只要存在腐败问题产生的土壤和条件，反腐败斗争就一刻不能停，必须永远吹冲锋号。”并结合傅政华、王勇、童道驰、肖毅等例子加以说明。 新时代党的自我革命特点 范畴维度：全过程 全方位 全覆盖 打铁还需自身硬 方向维度：刀刃向内 力度维度：壮士断腕 时间维度：永不停歇	结合事例，使学生深刻认识到，新时代新征程对深入推进反腐败斗争提出新的更高的要求。反腐败斗争只能加强、不能放松。必须坚决打赢反腐败斗争攻坚战持久战，以最彻底的自我革命推进伟大社会革命。
阶段 3：新时代自我革命的成就	（1）展示权威数据。 新时代党的自我革命成就 党的十八大以来，全国纪检监察机关共立案 464.8万余件， 其中，立案审查调查： 中管干部 553 人 处分厅局级干部 2.5万多人　县处级干部 18.2万多人 十八届中央委员、中央候补委员 49人　十八届中央纪委委员 12人 十九届中央委员、中央候补委员 12人　十九届中央纪委委员 6 人 全国纪检监察机关共立案审查调查各级“一把手”20.7万人 查处违反中央八项规定精神问题 76.1万多件 思考：为什么会取得这样史无前例的成就？	（1）通过展示权威数据，说明新时代十年党的自我革命取得的史无前例的成就； （2）通过国外领导人和媒体对中国反腐成就的积极评价，进一步阐释新时代反腐败的重要意义；

续表

教学阶段	教学内容	教学环节设计
阶段 3：新时代自我革命的成就	（2）播放国外政要、媒体对中国新时代反腐败成就的高度肯定和褒奖视频。 （3）2022 年 12 月 6 日，习近平总书记主持中央政治局会议研究部署 2023 年党风廉政建设和反腐败工作时指出，全面从严治党十年磨一剑，反腐败斗争取得压倒性胜利并全面巩固，但还远未到大功告成的时候。要时刻保持解决大党独有难题的清醒和坚定，时刻保持永远在路上的坚韧和执着，进一步增强坚定不移全面从严治党的政治定力，把严的基调、严的措施、严的氛围长期坚持下去，把新时代党的伟大自我革命进行到底。	（3）在全面建设社会主义现代化国家，实现中华民族伟大复兴的新征程中，必须持之以恒推进全面从严治党，推进党的自我革命，党的自我革命永远在路上。
总结	（1）总结：勇于自我革命，是我们党最鲜明的品格，也是我们党最大的优势。正是党拥有自我革命这个鲜明品格，才使党能够永葆旺盛的生命力，百年归来仍是少年。 （2）布置作业：根据文科理科学生基础知识不同分别设计两道不同的思考题。	

五、教学小结

1. 教学创新及其效果

（1）注重问题意识，引导学生主动思考。教学过程中使用雨课堂，采用启发式、探究式教学的方式，提高学生参与度，师生之间形成更好互动。

（2）运用视频、音频等多媒体技术立体揭示和说明自我革命的必要性和取得的重大成就，通过视觉和听觉的感官触动，帮助学生更好地理解记忆。

（3）采用即时回顾的教学方法，注重知识的连贯性，增强学生的情感认同并对所学知识真正做到入眼入耳入脑入心。

2. 教学反思

第一，新时代自我革命相关内容对于硕士一年级学生而言相对抽象，借助视频及党的二十大中的“经过不懈努力，党找到了自我革命这一跳出治乱兴衰历史周期率的第二个答案”作为教学导入，并结合时事政治，引发学生关注。第二，在教学过程中，利用音频、视频及权威的数据揭示和说明反腐败斗争的必要性和取得的重大成就，言之有据，论证充分，便于学生理解。同时，设计问题调动学生积极思考并参与互动。第三，关注学生差异，依据文理科学生基础知识的不同分别进行课堂设计。

六、阅读文献及拓展资料

1.《习近平关于党风廉政建设和反腐败斗争论述摘编》，中央文献出版社 2015 年版。

2.《中共中央关于党的百年奋斗重大成就和历史经验的决议》，人民出版社 2021 年版。

3.《在庆祝中国共产党成立 100 周年大会上的讲话》，人民出版社 2021 年版。

4.《在党史学习教育动员大会上的讲话》，人民出版社 2021 年版。

5.《习近平关于全面从严治党论述摘编》，中央文献出版社 2021 年版。

6.《高举中国特色社会主义伟大旗帜 为全面建设社会主义现代化国家而团结奋斗——在中国共产党第二十次全国代表大会上的报告》，人民出版社 2022 年版。